Projektmanagement lehren

Claudia Stöhler · Claudia Förster · Lars Brehm

Projektmanagement lehren

Studentische Projekte erfolgreich
konzipieren und durchführen

Claudia Stöhler
Hochschule für angewandte Wissenschaften
Augsburg
Deutschland

Lars Brehm
Hochschule München
München
Deutschland

Claudia Förster
Hochschule Rosenheim
Rosenheim
Deutschland

ISBN 978-3-658-18278-6   ISBN 978-3-658-18279-3 (eBook)
https://doi.org/10.1007/978-3-658-18279-3

Die Deutsche Nationalbibliothek verzeichnet diese Publikation in der Deutschen Nationalbibliografie; detaillierte bibliografische Daten sind im Internet über http://dnb.d-nb.de abrufbar.

Springer Gabler
© Springer Fachmedien Wiesbaden GmbH 2018
Das Werk einschließlich aller seiner Teile ist urheberrechtlich geschützt. Jede Verwertung, die nicht ausdrücklich vom Urheberrechtsgesetz zugelassen ist, bedarf der vorherigen Zustimmung des Verlags. Das gilt insbesondere für Vervielfältigungen, Bearbeitungen, Übersetzungen, Mikroverfilmungen und die Einspeicherung und Verarbeitung in elektronischen Systemen.
Die Wiedergabe von Gebrauchsnamen, Handelsnamen, Warenbezeichnungen usw. in diesem Werk berechtigt auch ohne besondere Kennzeichnung nicht zu der Annahme, dass solche Namen im Sinne der Warenzeichen- und Markenschutz-Gesetzgebung als frei zu betrachten wären und daher von jedermann benutzt werden dürften.
Der Verlag, die Autoren und die Herausgeber gehen davon aus, dass die Angaben und Informationen in diesem Werk zum Zeitpunkt der Veröffentlichung vollständig und korrekt sind. Weder der Verlag, noch die Autoren oder die Herausgeber übernehmen, ausdrücklich oder implizit, Gewähr für den Inhalt des Werkes, etwaige Fehler oder Äußerungen.

Gedruckt auf säurefreiem und chlorfrei gebleichtem Papier

Springer Gabler ist Teil von Springer Nature
Die eingetragene Gesellschaft ist Springer Fachmedien Wiesbaden GmbH
Die Anschrift der Gesellschaft ist: Abraham-Lincoln-Str. 46, 65189 Wiesbaden, Germany

Geleitwort von Prof. Dr. rer. nat. Harald Wehnes

Projektmanagement hat sich in nahezu allen Branchen und Industrien etabliert. Der Trend, Arbeiten aus der Linie in Projekte zu verlagern, ist weiter ungebrochen. Projektmanagement ist dabei zu einer Schlüsselkompetenz für die Wettbewerbsfähigkeit von Unternehmen geworden. Auch für die erfolgreiche Umsetzung der digitalen Transformation bildet professionelles Projektmanagement einen entscheidenden Schlüsselfaktor.

Der Einfluss der Hochschulen auf das Projektmanagement in der Praxis ist enorm. Hier haben die Projektmanager und Linienverantwortlichen von morgen ihren ersten Kontakt zu den Methoden des Projektmanagements, und ihr Verständnis für dieses Führungskonzept wird geprägt.

Der aktuelle Stand „Projektmanagement an deutschen Hochschulen" lässt sich wie folgt zusammenfassen:

- Projektmanagement hat sich an den Fachhochschulen etabliert: In nahezu allen Studiengängen werden PM-Grundlagenveranstaltungen angeboten. Einige Hochschulen für angewandte Wissenschaften bieten darüber hinaus einen „PM Kanon" an, d.h. ein Bündel von aufeinander aufbauenden PM-Vorlesungen. Der Grund für diese hohe Verbreitung liegt sicher darin, dass FH-Professoren die Wichtigkeit von Projektmanagement in ihrer betrieblichen Praxis persönlich erfahren haben.
- An den Universitäten bietet sich dagegen noch ein nahezu umgekehrtes Bild, obwohl hier besonders viele (Forschungs-)Projekte stattfinden. Das aktuelle Angebot an PM-Veranstaltungen spiegelt hier nicht die Anforderungen wider, die auf Studienabgänger in der Praxis warten.
- Studiengänge im Projektmanagement haben derzeit Hochkonjunktur: Allein in den letzten beiden Jahren betrug die Steigerung über 50%, von 12 auf 19, wobei auch hier die Fachhochschulen mit 17 zu 2 gegenüber den Universitäten klar dominieren.

„Learning by Doing" ist der wirkungsvollste Weg, die Methoden des Projektmanagements zu erfahren, anzuwenden und zu verinnerlichen. Durch die Anwendung von Projektmanagement in studentischen Teamprojekten können wertvolle Erkenntnisse für die spätere berufliche Praxis gewonnen werden. Daher gehen immer mehr Hochschulen dazu über, die Vorlesungen zur PM-Theorie durch praxisorientierte Projektarbeiten zu bereichern.

Für die Planung und Durchführung studentischer Projekte ist das vorliegende Buch eine wertvolle Hilfe. Es vermittelt zum einen den Rahmen für studentische Projekte und liefert darüber hinaus viele wertvolle Anregungen, Ideen und Tipps – insbesondere durch die zahlreichen Referenzbeispiele und die vier ausführlich beschriebenen Fallstudien. Das Buch schließt damit eine Lücke in der PM-Literatur.

Würzburg, März 2017 Prof. Dr. rer. nat. Harald Wehnes

Vorwort der Autoren

Wer aufhört, besser zu werden, hat aufgehört, gut zu sein.

Philip Rosenthal (1916–2001)

Wir möchten mit diesem Buch eine Hilfestellung geben, die eigenen Lehrveranstaltungen weiter zu verbessern. Zum einen möchten wir Kollegen, die an Hochschulen lehren und dabei studentische Projekte konzipieren und durchführen, einen Orientierungsrahmen vorstellen, mit dem diese die eigene praktizierte Lehre reflektieren können. Viele Praxisbeispiele sollen Impulse geben und mancher Tipp mag aus bislang ungelösten Fragestellungen heraus helfen. Zum anderen möchten wir Personen, die bisher noch keine studentischen Projekte in der Lehre einsetzen, die didaktische Methode mit all ihren charakteristischen Merkmalen und Besonderheiten vorstellen. Sie sollen einen Eindruck bekommen, welche Gestaltungsoptionen damit verbunden sind und was bei der konkreten Umsetzung zu beachten ist.

Bei der Entstehung dieses Buches haben uns viele Gespräche, Workshops und der Austausch mit verschiedenen Personen weitergeholfen. Dank an alle Gesprächspartner für diese informative und reflexive Unterstützung, die dazu beigetragen hat, das komplexe Themenfeld zu durchdringen und in systematischer Weise niederzuschreiben. Unser besonderer Dank geht an: Prof. Dr. Harald Wehens, Prof. Dr. Thilo Büsching mit seinem Autorenteam Martina Schwarz, Prof. Dr. Karsten Kilian, Prof. Dr. Markus Besenbeck sowie Prof. Dr. Gerd Beneken, Prof. Dr. Martin Deubler, Prof. Dr. Holger Günzel, Prof. Dr. Dorothee Feldmüller, Nadine Sticherling, Prof. Dr. Holger Timinger, Sascha Zinn, das projektbegeisterte Kollegium der Hochschule Augsburg, Dana Faust und natürlich an unsere Lektorin Ulrike Lörcher vom Springer Verlag.

Abschließend möchten wir uns ganz ausdrücklich und herzlich bei unseren Familien für die entgegengebrachte Geduld und die Unterstützung bedanken. Danke für Euer Verständnis, dass viel Freizeit anstatt mit Euch für dieses Buch verwendet wurde.

München, Rosenheim, Augsburg, März 2017   Lars Brehm, Claudia Förster und Claudia Stöhler

Inhaltsverzeichnis

1 Einführung.. 1
  1.1 Projektmanagement an deutschen Hochschulen 1
  1.2 Zielgruppe und Nutzen dieses Buches............................. 4
  1.3 Inhalt und Aufbau dieses Buches................................ 7
  Literatur.. 11

2 Theoretische Grundlagen...................................... 13
  2.1 Theoretische Grundlagen des Projektmanagements 13
    2.1.1 Projektmanagement-Standards und Normen.................... 14
    2.1.2 Vorgehensmodelle im Projektmanagement 23
    2.1.3 Wettbewerbe und Awards im Projektmanagement................ 33
  2.2 Theoretische Grundlagen der Didaktik 35
    2.2.1 Allgemeine Einführung in die Hochschuldidaktik 35
    2.2.2 Übersicht der Projektmanagement-Kompetenz.................. 44
    2.2.3 Zielkompetenzwürfel für studentische Projekte 46
    2.2.4 Studentische Projekte als Lehrformat 54
  2.3 Psychologische Grundlagen für ein Coaching in studentischen
     Projekten 57
    2.3.1 Persönlichkeiten...................................... 57
    2.3.2 Team... 67
    2.3.3 Motivation und Volition für Engagement in der Projektarbeit....... 73
    2.3.4 Konfliktfähigkeit 79
  Literatur.. 88

**3 Studentische Projekte konzipieren, planen, steuern
und weiterentwickeln** 93
  3.1 Konzeption von studentischen Projekten........................... 95
    3.1.1 Strategische Ausrichtung im Studiengang..................... 96
    3.1.2 Festlegung des Rahmens durch die Modulbeschreibung........... 104
    3.1.3 Konzeption des Ressourceneinsatzes......................... 107
    3.1.4 Definition des Portfolios der Projektarbeiten................... 111

		3.1.5	Festlegung der Lerninhalte	114
		3.1.6	Bewertung von Projektarbeiten	120
		3.1.7	Ergebnis der Konzeption	128
	3.2	\multicolumn{2}{l}{Planung und Durchführung von studentischen Projekten}	128

- 3.1.5 Festlegung der Lerninhalte ... 114
- 3.1.6 Bewertung von Projektarbeiten ... 120
- 3.1.7 Ergebnis der Konzeption ... 128
- 3.2 Planung und Durchführung von studentischen Projekten ... 128
  - 3.2.1 Rollen und Aufgaben der Akteure im Projekt ... 129
  - 3.2.2 Planung der Projektdurchführung ... 136
  - 3.2.3 Organisationsaspekte für Projektarbeiten ... 142
  - 3.2.4 „Vermarktung" von Projektarbeiten ... 145
- 3.3 Steuerung von studentischen Projekten ... 155
  - 3.3.1 Steuerung eines einzelnen Projekts ... 155
  - 3.3.2 Koordination über alle studentischen Projekte ... 159
  - 3.3.3 Projektmanagement Software ... 161
  - 3.3.4 Softwareeinsatz im studentischen Projekt ... 164
- 3.4 Weiterentwicklung des Moduls ... 167
  - 3.4.1 Analysen zur Weiterentwicklung des Moduls ... 168
  - 3.4.2 Austausch und Weiterbildung ... 173
- Literatur ... 179

4 Studentische Projekte durchführen ... 183
- 4.1 Startphase ... 185
  - 4.1.1 Teamrollentest ... 186
  - 4.1.2 Arbeitsfähigkeit des Teams fördern ... 189
  - 4.1.3 Project Canvas ... 191
  - 4.1.4 Projektstrukturierung ... 195
  - 4.1.5 Projektsimulationen ... 200
  - 4.1.6 Projektvertrag ... 207
  - 4.1.7 Kick-off-Workshop ... 209
- 4.2 Durchführungsphase ... 210
  - 4.2.1 Regelmäßige Treffen mit dem studentischen Projektteam ... 211
  - 4.2.2 Zwischenpräsentationen mit mehreren Projektteams ... 215
  - 4.2.3 Feedback-Techniken ... 216
  - 4.2.4 Methoden zur Ideenfindung ... 218
  - 4.2.5 Methoden zur Problemlösung ... 220
  - 4.2.6 Praktische Übungen zur Teamarbeit ... 225
  - 4.2.7 Projekttagebuch ... 228
- 4.3 Abschlussphase ... 230
  - 4.3.1 Projektdokumentation im Team ... 231
  - 4.3.2 Variantenvielfalt des Projektberichts ... 235
  - 4.3.3 Abschlusspräsentation beim/mit Auftraggeber ... 239
  - 4.3.4 Poster-Präsentation ... 241

	4.3.5	Projektmesse	243
	4.3.6	Review des Projekts	245
4.4	Benotung von Projektarbeiten	248
	4.4.1	Bewertung eines Lernberichts zur Projektarbeit	248
	4.4.2	Bewertungsrichtlinien im Modul mit Kompetenzorientierung	249
	4.4.3	Zielkompetenzwürfel und Notengebung	251
4.5	Coaching von studentischen Projekten	254
	4.5.1	Definition von Coaching in studentischen Projekten	255
	4.5.2	Anforderungen an den Projektcoach	258
	4.5.3	Methodenübersicht im Coaching von studentischen Projektteams	259
	4.5.4	Typische Schwierigkeiten in studentischen Projekten	269
	4.5.5	Handlungsfeld für den Coach im Kontext von studentischen Projekten	273
Literatur			277

5 Fallbeispiele 281

5.1	Fallbeispiel: Hochschule Augsburg	281
	5.1.1 Vorstellung der Hochschule Augsburg	281
	5.1.2 Verbreitung von studentischen Projekten im Curriculum der Fakultäten	282
	5.1.3 Das Organisationskonzept zu studentischen Projekten an der Fakultät Informatik	284
	5.1.4 Studentische Projekte mit Partnerhochschulen im Ausland	294
	5.1.5 Benotung der Projekte	297
	5.1.6 Wesentliche Erkenntnisse	298
5.2	Fallbeispiel: Hochschule München	299
	5.2.1 Vorstellung der Hochschule München	299
	5.2.2 Projektarbeit an der Fakultät Betriebswirtschaft	300
	5.2.3 Konzept und Idee	300
	5.2.4 Organisatorischer Ablauf	302
	5.2.5 Benotung	307
	5.2.6 Wesentliche Erkenntnisse	308
5.3	Fallbeispiel: Hochschule Rosenheim	308
	5.3.1 Vorstellung der Hochschule Rosenheim	308
	5.3.2 Projektarbeit und organisatorische Rahmenbedingungen an der Fakultät Informatik	309
	5.3.3 Erstes Pflichtprojekt: Festpreis im iterativen Wasserfall	311
	5.3.4 Zweites Pflichtprojekt: Agile Produktentwicklung mit Scrum	315
	5.3.5 Technische Infrastruktur	318
	5.3.6 Wesentliche Erkenntnisse	318

5.4	Fallbeispiel: Hochschule Würzburg		323
	5.4.1	Vorstellung der Hochschule Würzburg	323
	5.4.2	Projektarbeit an der Fakultät Wirtschaftswissenschaften	323
	5.4.3	Konzeptionelle Gestaltung mit dem Projektnavigator ZAPAZ	325
	5.4.4	Teamtraining	328
	5.4.5	Projektmanagement-Standards für Studierende	334
	5.4.6	Coaching von Studentengruppen	338
	5.4.7	Dokumentation und Qualitätssicherung	339
	5.4.8	Wesentliche Erkenntnisse	340
Literatur			343

Einführung 1

Zusammenfassung

Projekttätigkeit ist über alle Wirtschaftsbereiche hinweg ein essentieller Bestandteil der Arbeitsleistung in Deutschland. Projektmanagement wird daher heutzutage an deutschen Hochschulen nahezu flächendeckend gelehrt – jedoch in sehr unterschiedlichen Ausprägungen, Reifegraden und Qualitäten. Projektwissen lebt durch Erfahrung und lässt sich am erfolgreichsten über kompetenzorientierte Lehr- und Lernformen wie die problembasierte didaktische Methode „Projektarbeit" vermitteln, die mit der Verschränkung von theoretischer und praktischer Wissensvermittlung einhergeht. Es stellt sich jedoch die Frage: Was ist ein erfolgreiches studentisches Projekt und wie kann man als Dozent dieses „gewährleisten"? Dieser Frage sind die Autoren nachgegangen. Dieses Buch ist als Orientierungshilfe so aufgebaut, dass es sowohl theoretisches Hintergrundwissen vermittelt als auch Antworten zur erfolgreichen Gestaltung und Durchführung von studentischen Projekten gibt. Zudem zeigt es Umsetzungsbeispiele auf und liefert Quellen, Impulse und Ideen.

1.1 Projektmanagement an deutschen Hochschulen

Der Anteil der Projekttätigkeit im geschäftlichen Umfeld ist in Deutschland erheblich. Nach der Studie „Makroökonomische Vermessung der Projekttätigkeit in Deutschland" aus dem Jahr 2015 kann sie über alle Wirtschaftsbereiche hinweg auf 34,7 Prozent beziffert werden – mit steigender Tendenz (vgl. GPM 2015). Der Stellenmarkt für Projektmanager boomt: Bei Stepstone liegt die Trefferanzahl bei knapp 11.000 offenen Jobs mit „Projektmanagement" in der Stellenbezeichnung (Stand: März 2017). Für Studienabgänger ist es daher „normal", dass sie in ihrer ersten Anstellung in Projekten arbeiten und auch sehr rasch Projekte leiten. Ferner bietet Projektmanagement mit seiner teamorientierten Organisationsform die besten Möglichkeiten, um mit den aktuellen Herausforderungen umzugehen, welche die durch die Digitalisierung veränderte Arbeitswelt mit sich bringt. Dabei stellt professionelles Projektmanagement eine wesentliche Schlüsselkompetenz dar, um die digitale Transformation erfolgreich umzusetzen.

Basierend auf den gegebenen Bedingungen drängt sich nun folgende Frage auf: **Wie reagieren Hochschulen und Universitäten auf die Nachfrage von Absolventen mit Projektmanagementkompetenzen?**

Die Situation zur Jahrtausendwende zeigte, dass es Projektmanagement-Vorlesungen fast ausschließlich in den projektgetriebenen Branchen, wie Bauwirtschaft und Informatik, sowie im Bereich der Wirtschaftswissenschaften zur Unternehmensgründung oder im Kontext von Beratungsprojekten gab. Dabei wurde Projektmanagement-Wissen fast ausschließlich über die klassische Vorlesung vermittelt, praktische Übungen fehlten nahezu vollständig. Mit der Kompetenzorientierung im Rahmen des Bologna-Prozesses begann ein Umdenken an deutschen Hochschulen und Universitäten. Die Studiengänge sollten nun einem roten Faden kompetenzorientierter Modularisierung folgen, wie in Abb. 1.1 zu sehen ist.

So wurde gefordert, dass in der Studiengangskonzeption eine zeitliche Reihenfolge der einzelnen Module vorzusehen ist, die mit einer stetig aufeinander aufbauenden Entwicklung des Kompetenzniveaus einhergeht. Projektarbeit, die ein Paradebeispiel der kompetenzorientierten Lehre darstellt, wurde nun vereinzelt als didaktische Methode zur Erarbeitung von Sachthemen eingesetzt (vgl. Michl 2013, S. 47). Wie Abb. 1.2 zeigt, spielen bei kompetenzorientierter Lehre für die Learning Outcomes folgende Elemente zusammen: Der Lehr- und Lernprozess, die Prüfung sowie die Weiterentwicklung der Kompetenzen.

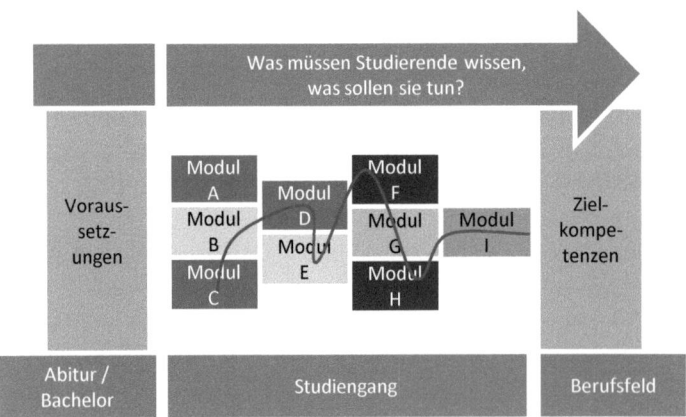

Abb. 1.1 Kompetenzorientiertes Prüfen als zentrales Element gelungener Modularisierung (vgl. Reis und Ruschin 2007, S. 6-9)

1.1 Projektmanagement an deutschen Hochschulen

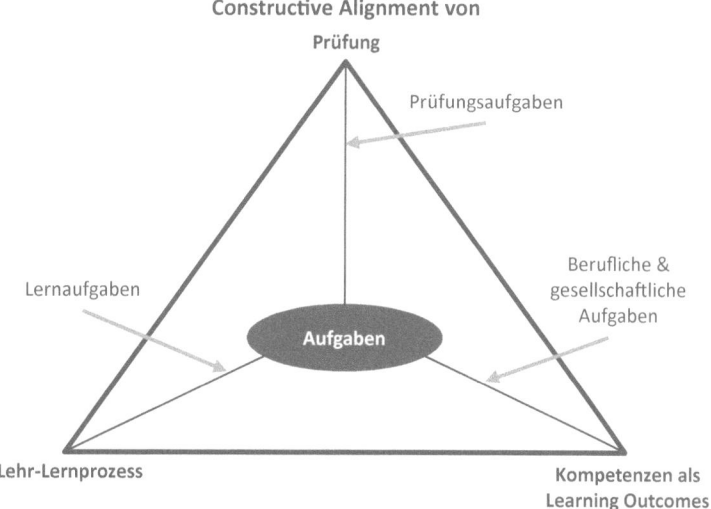

Abb. 1.2 Constructive Alignment (nach Shaper und Hilkenmeier 2013, S. 22)

Da dieses Lehrformat teilweise mit höherem Aufwand der Dozierenden verbunden ist, limitiert die Lehrkapazität oftmals deren Einsatz.

Als eigenständiges Lehrgebiet ist Projektmanagement an Universitäten nur schwach besetzt. Dies zeigt sich an der auch heute noch sehr überschaubaren Professorenanzahl an Universitäten in diesem Gebiet. An den Hochschulen für angewandte Wissenschaften besteht eine größere Verbreitung und Projektmanagement wird zumindest als Wahlfach heute flächendeckend angeboten. Bereits 2002 richteten Prof. Dr. Nino Grau, Prof. Dr. Richard Roth und Prof. Dr. Ulrich Vossebein, von der Fachhochschule Gießen-Friedberg den ersten Weiterbildungsstudiengang „Projektmanagement" mit Abschluss Diplom Projektmanager/in (FH) ein (vgl. Wehens 2016).

In Deutschland studieren derzeit 2,8 Millionen Menschen, davon 60 % an den Universitäten, oftmals mit Großveranstaltungen, die Frontalveranstaltungen als klassische Vorlesungen erzwingen. Für Arbeit in kleineren Gruppen, wie in Seminaren, bestehen oft Wartezeiten. Die Hochschulen für angewandte Wissenschaften arbeiten traditionell mit kleineren Semesterstärken, Jahrgänge mit 60 Studierenden oder weniger sind die Regel. An großen Hochschulen für angewandte Wissenschaften, wie an der Hochschule München mit über 200 Studienanfängern in der BWL, werden Veranstaltungen mehrfach parallel angeboten, um in kleineren Gruppen lehren und lernen zu können. Laut dem Deutschen Akademischen Austausch Dienst (DAAD), in dem rund 16.000 Studienabschlüsse gelistet sind, gibt es aktuell 92 Projektmanagement Bachelor-Abschlüsse und 87 Master-Abschlüsse (vgl. DAAD 2017). In den meisten Fällen ist Projektmanagement ein Schwerpunkt im Hauptstudium.

Der Lehrinhalt der Projektmanagement-Veranstaltungen folgt nicht zwangsläufig einem Projektmanagementstandard wie PMI, IPMA, Prince2 oder den ISO- oder DIN-Normen. Es werden auch nicht flächendeckend moderne Projektmanagement-Vorgehensmodelle, wie agile oder hybride Modelle, oder neuere Methoden, wie „Design Thinking" in der Produktentwicklung oder Kanban im Bauwesen vermittelt. Angebot und Inhalt bestimmen sich meistens aus dem Erfahrungsschatz der Lehrenden. Projektmanagement-Veranstaltungen werden (nach einem Screening der Autoren von über 200 Lehrveranstaltungen an deutschen Hochschulen) sehr häufig von Lehrbeauftragten durchgeführt. Diese sind zwar sehr gut geeignet, ihre eigenen praktischen Erfahrungen weiter zu geben. Die Vielfalt der praktischen und theoretischen Möglichkeiten können sie aber nur bedingt abdecken. Didaktisch gesehen haben sie oft nur geringe Vorkenntnisse, um die Veranstaltung studiergerecht auszugestalten. In diesen Fällen bedarf es der Unterstützung des Modulverantwortlichen, der sowohl geeignete Lehrinhalte und didaktische Konzepte festlegen muss. Aus Gründen der Vergleichbarkeit der Qualität von Projektmanagement-Lehre setzen sich Zertifikate der großen Standards durch, mit denen Hochschulen auch werben (vgl. Basiszertifikat 2017).

Wie im Verlauf des Buches vorgestellt wird, werden an vielen Hochschulen und Universitäten Projektarbeiten durchgeführt. Diese legen einen Schwerpunkt auf die praxisnahe Vermittlung von Projektmanagement-Kompetenzen und nutzen Projektarbeit nicht nur als Lehrmethode, um Fachkenntnisse und Fachkompetenzen aufzubauen, sondern auch um die Teamfähigkeit der Studierenden zu stärken. Häufig sind im Curriculum der Studiengänge Projektarbeiten zu finden, die mit anderen Lehrveranstaltungen verschränkt sind. Das angebotene Spektrum ist sehr breit und reicht von Projektsimulationen innerhalb weniger Stunden, über kleine Projekte mit der Dauer von zwei Tagen, Projektwochen, Projekt-Blockveranstaltungen und Projekten, die parallel das Curriculum ein oder mehrerer Semester begleiten, bis hin zu einem Vollzeit-Projektsemester mit 30 ECTS. Einige praktische Umsetzungsbeispiele in Form von Fallbeispielen finden sich hierzu im Kap. 5.

Um auf die Anfangsfrage zurückzukommen: Ja, die Hochschulen und Universitäten haben reagiert. Der Aufbau von Projektmanagement-Kompetenzen wird als wichtiges Element der Ausbildung zukünftiger Fach- und Führungskräfte für den Standort Deutschland gesehen. Als zentrale Schlüsselkompetenz hat sich Projektmanagement jedoch (noch) nicht etabliert.

1.2 Zielgruppe und Nutzen dieses Buches

Dieses Buch richtet sich an alle Lehrenden, die studentische Projektarbeiten anbieten, konzipieren und durchführen, unabhängig von der jeweiligen Fachrichtung. Es zeigt einen Rahmen und offeriert Ausgestaltungsmöglichkeiten, um studentische Projekte erfolgreich zu konzipieren und durchzuführen. Womit sich die Frage anschließt, wie sich Erfolg definiert: „Grundsätzlich gilt ein Projekt als erfolgreich, wenn es seine Ziele (Ergebnis,

1.2 Zielgruppe und Nutzen dieses Buches

Termintreue und Budgettreue), erreicht oder übertroffen hat. Neben diesen objektiv messbaren Kriterien hängt die Beurteilung des Projekterfolgs aber auch vom Standpunkt des jeweiligen Projektbeteiligten ab" (vgl. ProjektMagazin 2017).

„Wann war Ihr Projekt erfolgreich?" – dieser Frage wurde an der Hochschule Augsburg 2015 im Rahmen eines studentischen Projekts unter der Leitung von Claudia Stöhler nachgegangen. Rund 450 Studierende und 50 Lehrende aus allen Fakultäten der Hochschule Augsburg (mit mindestens einer Projekterfahrung) beteiligten sich an der Online-Umfrage. Die Frage wurde offen gestellt und es waren Mehrfachnennungen möglich. Die Antworten wurden anschließend geclustert. So war es möglich, die Assoziationen zum Projekterfolg zu erhalten. In Abb. 1.3 ist die Sicht der Studierenden und in Abb. 1.4 die Sicht der Lehrenden dargestellt.

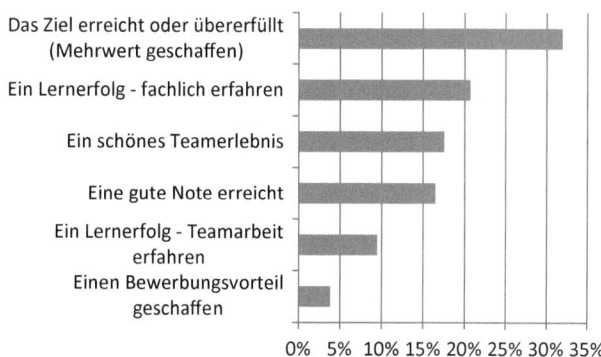

Abb. 1.3 Sicht der Studierenden auf Projekterfolg (vgl. Stöhler 2016, S. 5)

Abb. 1.4 Sicht der Lehrenden auf Projekterfolg (bislang unveröffentlicht)

Für die Studierenden ist es wichtig, das Ziel zu erreichen und damit möglichst einen Mehrwert zu schaffen. Projekte für die „Schreibtischschublade", wie sie häufig ohne externen Auftraggeber stattfinden, haben keinen hohen Motivationswert für sie. Sie wollen einen Lernerfolg und ein schönes Teamerlebnis und erst an vierter Stelle eine gute Note erreichen. Dies führt zu den Fragen: Sind die Noten für Projektarbeiten sowieso in einem sehr guten Bereich, so dass sie kein Indiz mehr für Erfolg sind? Oder haben Teamerfahrungen mit konkreten, zu erstellenden Ergebnissen einen höheren Stellenwert gegenüber den „normalen" Lehrveranstaltungen? Häufig ist ein so großes Engagement der Studierenden in der Projektarbeit zu sehen, dass andere Lehrveranstaltungen teils vernachlässigt werden.

Der Lernerfolg im Team und die Möglichkeit, ihre eigene Projekterfahrung bereits in zukünftige Bewerbungen einzubringen, zeigt das Interesse der Studierenden und ihr Wissen über die Bedeutung von Projekt- und Teamerfahrung für das weitere Berufsleben.

Für die Lehrenden ist es wichtig, dass ein Lernerfolg im Projektmanagement stattfindet und die Studierenden sich persönlich weiterentwickeln. Sie sehen ihren eigenen Beitrag darin, dass die Projekte gut vorbereitet und gut betreut werden. Somit kann das sachliche Projektziel auch erreicht werden und der Auftraggeber ist zufrieden – und die Reputation der Hochschule wird positiv verstärkt. Die Vermittlung des fachlichen Lernerfolgs steht deutlich hinter dem Lernerfolg im Projektmanagement zurück. Dies zeigt, dass Projektarbeit bei den befragten Lehrenden nicht als Mittel zum Zweck der fachlichen Fortbildung eingesetzt wurde. Als weitere Faktoren gelten auch bei ihnen das positive Teamerlebnis und das Engagement, das alle Beteiligten einbringen. Der Spaßfaktor und die Rückmeldung zur eigenen Lehre sind auch den Lehrenden wichtig, welche sonst oft eher wenig direktes Feedback erhalten und im universitären Alltag eher „Einzelkämpfer" sind.

Aus den Erfahrungen der Autoren und Gesprächen im Kollegium, Austausch in Fachgruppen und auf Konferenzen, ist die Idee zu diesem Buch entstanden. Es findet sich sehr viel Literatur zu Projektmanagementthemen in verschiedenen Ausprägungen und Qualitäten – fast schon inflationär. Amazon hat über 3.400 Bücher zum Projektmanagement im Angebot (vgl. Amazon 2017), die Deutsche Nationalbibliothek listet über 6.400 Werke (vgl. Nationalbibliothek 2017). Einige selektive Literatur zu didaktischen Konzepten der Projektarbeit als Methode des problembasierten Lernens ist verfügbar, jedoch überwiegend für den schulischen Einsatz. Nur eine Promotion zur Projektmethode in der universitären Ausbildung konnte an der Universität Dortmund in dem Bereich Bauingenieurwesen gefunden werden: „Projektstudium als Beitrag zur Steigerung der beruflichen Handlungskompetenz in der wissenschaftlichen Ausbildung von Ingenieuren". Deren Gegenstand ist der Nachweis der Wirksamkeit von Projektarbeit für die bessere Berufspraxis von Bauingenieuren (vgl. Junge 2009).

Leider gibt es auf dem Markt bislang keine Literatur, wie studentische Projekte zu konzeptionieren und durchzuführen sind, damit sie den Erfolgskriterien der beteiligten Akteure, wie oben bereits angeführt, entsprechen. Qualität in der Lehre ist ein Anliegen aller Dozenten und mit diesem Buch wird ein „Handwerkszeug" zur Verfügung gestellt.

Die Autoren wünschen ihren Lesern viele erfolgreiche Projektrealisierungen und damit eine erstklassige Berufsvorbereitung von zukünftigen Projektmanagern und Projektmitarbeitern in ihrem jeweiligen Berufsfeld.

1.3 Inhalt und Aufbau dieses Buches

Dieses Buch gliedert sich nach diesem Kapitel in vier weitere Hauptkapitel:

Im Kap. 2 werden die relevanten theoretischen Grundlagen erläutert. Dies umfasst die theoretischen Grundlagen von Projektmanagement und der Didaktik in der Hochschullehre sowie die psychologischen Grundlagen zum Coaching von studentischen Projekten.

In Kap. 3 wird die Konzeption von studentischen Projektarbeiten, deren Planung und Steuerung, sowie deren Vermarktung und Weiterentwicklung ausgeführt. Dabei werden viele praktische Tipps, Referenzbeispiele und Leitgedanken mitgegeben.

Im Kap. 4 werden Methoden für die einzelnen Projektphasen vorgestellt, damit die Projektarbeit entsprechend ausgestaltet werden kann. Ferner werden verschiedene Möglichkeiten zur Bewertung und Notenfindung erörtert. Eine Definition von Projekt-Coaching im Kontext von studentischen Projekten wird gegeben und der Handlungsrahmen mit den Aufgaben eines Coaches wird beschrieben. Zusätzlich wird auf typische Schwierigkeiten der Studierenden während der Projektarbeit eingegangen und Lösungsmöglichkeiten für den Dozenten aufgezeigt. Dabei kann auf ausgewählte Coachingmethoden zurück gegriffen werden.

Weiteren Nutzen kann der Leser in Kap. 5 aus vier ausführlich beschriebenen Fallstudien von sehr erfolgreichen Konzepten zu studentischen Projekten an verschiedenen Hochschulen, Fakultäten und Studiengängen ziehen. Abb. 1.5 gibt die Struktur des Buches grafisch wieder.

Für die Konzeption von Projektarbeiten sind einige **theoretische Vorkenntnisse** notwendig. Hierfür werden in Kap. 2 zunächst die Prinzipien der wichtigsten Projektmanagement-Standards, Normen und Vorgehensmodelle kurz vorgestellt, die im Projektverlauf eingesetzt werden können. Auch die Darstellung aktueller, innovativer Projektmethoden fehlt nicht, die als Impulsgeber genutzt werden können. Hinweise zu akademischen Awards im Projektmanagement werden gegeben, um Ideen für die zusätzliche Anerkennung der erreichten Projekterfolge zu geben.

Anschließend wird eine Definition des Kompetenzbegriffs gegeben und eine Auswahl essentieller didaktischer Grundlagen zu kompetenzorientierter Lehre und dem Lehrformat Projektarbeit werden vorgestellt. Die für die Ausbildung von zukünftigen Projektmanagern relevanten PM-Kompetenzen werden beschrieben und münden in einen Zielkompetenz-Würfel für studentische Projektarbeiten, welcher in den Kap. 3 und 4 als zentrales Element wiederzufinden ist. Die Ausgestaltung von Projektthemen und Inhalten sollte sich an den Zielkompetenzen und deren Handlungsbefähigung richten.

Für das Coaching von Projektteams werden theoretische Grundlagen zu Persönlichkeitsprofilen, Teamentwicklung und Motivation zusammengestellt und deren Bedeutung

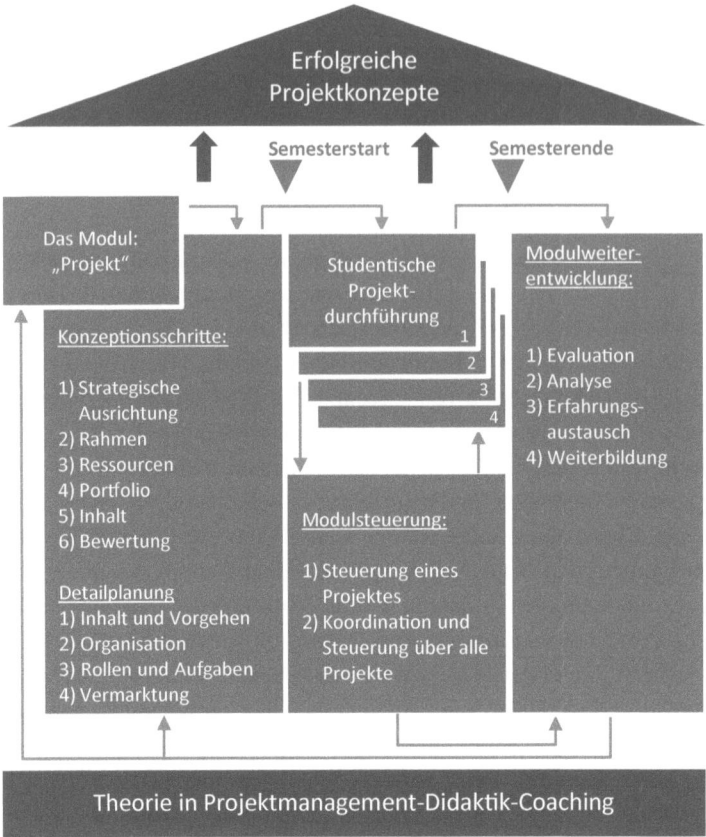

Abb. 1.5 Aufbau des Buches

im Bezug zum studentischen Projekt erklärt. Ebenso werden Grundlagen zur Förderung der Konfliktfähigkeit der Studierenden und Lehrenden aufgezeigt.

Die Konzeption eines Moduls mit Projektarbeit bedarf zunächst der Einbindung in das Curriculum. Im Anschluss müssen alle Rahmenbedingungen in einer entsprechenden Modulbeschreibung festgehalten werden. Anschließend kann ein konkretes Durchführungskonzept für die Lerhveranstaltung erstellt werden. Die Bewertung von studentischen Projekten ist nicht so einfach wie eine schriftliche Klausur, bei der die Studierenden eine individuelle Note aufgrund der erzielten Punktezahl erreichen. Deshalb wird in diesem Kapitel auf Möglichkeiten der Bewertung und Benotung eingegangen. Auf Basis der Umsetzungsempfehlung der Hochschulrektoren zum kompetenzorientierten Prüfen (vgl. Shaper und Hilkenmeier 2013) werden Rahmenbedingungen für Projektarbeiten im Detail erklärt und in Kap. 4 dann Umsetzungsbeispiele an verschiedenen Hochschulen vorgestellt.

Die beteiligten Akteure mit ihren Rollen und Aufgaben werden erläutert, denn „Projektmanagement braucht stabile Rahmenbedingungen im Sinne von festen Rollen. Nur so kann die Projektaufgabe effizient bewältigt werden" (vgl. Hinz 2008). Um den Inhalt

1.3 Inhalt und Aufbau dieses Buches

des Projekts auszugestalten, bedarf es der Festlegung von Zielkompetenzen. Nach ihnen richtet sich der Anspruch und, wie bereits einleitend beschrieben, hängen Aufgaben, Prüfungen und Learning Outcomes zusammen. Zur Planung von Projekten gehört auch deren Vermarktung. Dabei geht es weniger um finanzielle Aspekte, sondern vorrangig um Werbung für die eigene Hochschule oder Studiengang. Hierfür werden praktische Beispiele gegeben.

Finden mehrere Projekte bei einem Dozenten statt oder werden Projekte in einem Modul von mehreren Dozenten oder Tutoren betreut, so ist ein Multi-Projektmanagement – insbesondere bei zusammenhängenden Projektthemen – von Bedeutung. Neben koordinativ organisatorischen Aspekten und Aufgaben ist der Überblick über den Verlauf der Projektarbeiten wichtig, um gegebenenfalls rechtzeitig steuernd eingreifen zu können. Der Einsatz von Software kann sich hierfür eventuell lohnen. Eine Marktübersicht über relevante Software wird gegeben und die Ergebnisse einer Untersuchung zum Softwareeinsatz in studentischen Projekten selbst werden vorgestellt. Der abschließende Fokus im Kap. 3 liegt in der Weiterentwicklung des Projektmoduls durch Lernprozesse, aber auch auf dem Austausch und den Weiterbildungsmöglichkeiten von Dozierenden. Eine Übersicht der Möglichkeiten in Form von regionalen und überregionalen Angeboten, wie Fachgruppen und Weiterbildungen in den Didaktik-Zentren der Bundesländer wird gegeben. Dies kann auch eine Motivation darstellen, sich als Dozent neue Impulse zu holen bzw. diese weiterzugeben.

Bei der Durchführung eines Projekts können verschiedene Methoden verwendet werden. In Kap. 4 werden die Aufgaben des Dozenten beschrieben, welche er in den drei verschiedenen Projektphasen Start, Durchführung und Abschluss zu erfüllen hat. Abb. 1.6 zeigt den typischen Ablauf von studentischen Projekten.

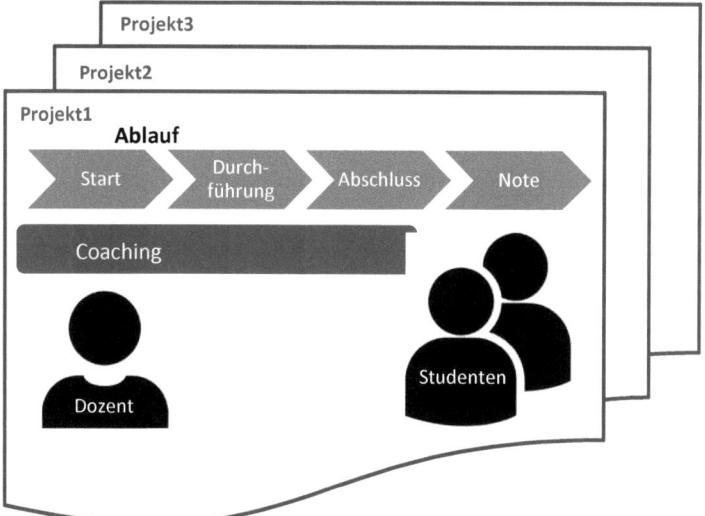

Abb. 1.6 Ablauf der studentischen Projekte als Phasenmodell

Für jede Projektphase werden verschiedene konkrete Methoden vorgestellt, die eingeplant werden können – beispielsweise Kick-off-Event oder Projekt-Canvas in der Startphase, Statusbesprechungen und Zwischenpräsentationen in der Durchführungsphase oder abschließende Elemente, wie eine Projektmesse oder Poster-Ausstellung für einen gebührenden Rahmen am Projektende. Aber auch situative Methoden wie Problemlösung, Ideenfindung, praktische Übungen oder „Projektspiele" werden beschrieben.

Die Begleitung von studentischen Projekten bedarf der Ausstattung mit genügend Lehrkapazität. Ein Coaching-Ansatz kann nur funktionieren, wenn die Dozenten als Projekt-Coach qualifiziert sind und ihnen genügend Zeit zur Verfügung steht. Prof. Dr. Michl, ehemaliger Leiter des Didaktikzentrums der bayerischen Hochschulen, vertritt die Meinung, dass Lernen ein Wagnis ist. Im Fall des Lernens mit Projekten gilt dies für beide: Professoren wie Studierende. „Wer sonst viel Fleiß in die Vorbereitung von Vorlesungen steckt, soll nun auf einmal nur steuern, beraten, Teamkonflikte lösen und zum Coach werden?" (vgl. Michl 2013, S. 47). Die Coaching-Funktion erfordert daher zusätzliche Kompetenzen, deren sich ein Dozent bewusst sein sollte. Daher wird die Definition und der Rahmen von Coaching in studentischen Projekten beschrieben, in Bezug zur allgemeinen Definition von Projektcoaching wird auch das Verständnis der Autoren aufgezeigt. Dann wird auf die Anforderungen an den Projekt-Coach eingegangen und eine Methodenübersicht für das Coaching gegeben. Die wichtigsten Methoden werden im Detail vorgestellt. Abschließend wird auf die am häufigsten auftretenden Schwierigkeiten im Kontext von studentischen Projekten eingegangen und Handlungsempfehlungen für den Coach ausgesprochen.

Nach diesen Kapiteln verfügt der Leser dann über das Handwerkszeug, um selbst erfolgreich studentische Projekte zu konzipieren und durchzuführen. In Kap. 5 werden ganz unterschiedliche, erfolgreiche **Konzepte zu Projektarbeiten an verschiedenen Hochschulen** vorgestellt: Die Verbreitung von Projektarbeiten über eine ganze Hochschule ist möglich, wie das Beispiel der Hochschule Augsburg zeigt. Exemplarisch wird das didaktische Konzept für Projektarbeiten an der Fakultät Informatik vorgestellt. An der Hochschule Rosenheim werden in der Informatik in zwei aufeinander folgenden Projektarbeiten konträre Ansätze zur Softwareentwicklung mit den Studierenden und in Kooperation mit regionalen Unternehmen praktiziert (klassisches Festpreisprojekt – agiles Projekt), so dass die Studierenden mit einem breiten Erfahrungsschatz ins Berufsleben starten können. Studentische Beratungsprojekte finden sehr erfolgreich an der Hochschule München in Kooperation mit Unternehmen statt und tragen damit auch zum Image der Hochschule bei. Ein letztes Fallbeispiel beschreibt die Realisierung unternehmerisch orientierter Medienprojekte an der Hochschule Würzburg, für welche das didaktisches Gesamtkonzept ZAPAZ entwickelt wurde.

Literatur

Amazon. (2017). Suchergebnis auf Amazon.de für „Projektmanagement" Buch [WWW Document]. https://www.amazon.de/s/ref=nb_sb_noss/253-8764581-4660535?__mk_de_DE=%C3%85M%C3%85%C5%BD%C3%95%C3%91&url=search-alias%3Daps&field-keywords=Projektmanagement+buch. Zugegriffen: 28. März 2017.

DAAD. (2017). Alle Studiengänge – DAAD – Deutscher Akademischer Austauschdienst [WWW Document]. https://www.daad.de/deutschland/studienangebote/studiengang/de/?a=result&q=&degree=&courselanguage=&locations=&admissionsemester=&sort=name&page=1. Zugegriffen: 28. März 2017.

Deutsche Nationalbibliothek. (2017). Ergebnis der Suche nach: „projektmanagement" [WWW Document]. https://portal.dnb.de/opac.htm?query=projektmanagement&method=simpleSearch. Zugegriffen: 28. März 2017.

GPM Deutsche Gesellschaft für Projektmanagement e. V. (2017). Basiszertifikat für Projektmanagement (GPM) [WWW Document].https://www.gpm-ipma.de/qualifizierung_zertifizierung/basiszertifikat_fuer_projektmanagement_gpm.html. Zugegriffen: 28. März 2017.

GPM Deutsche Gesellschaft für Projektmanagement e. V. (2015). GPM e.V.: Studie: Makroökonomische Vermessung der Projekttätigkeit in Deutschland. GPM e.V.

Hinz, O. (2008). Effektive Rollen im Projekt. *MQ Management und Qualität*, 22–24.

Junge, H. (2009). *Projektstudium zur Förderung beruflicher Handlungskompetenzen in der Ingenieurausbildung*. Dortmund.

Michl, W. (2013). Aktuelle Titel. Weiterbildung. *Zeitschrift für Grundlagen, Praxis und Trends*, 47–48.

ProjektMagazin. (2017). Projekterfolg, Definition im Projektmanagement-Glossar des Projekt Magazins [WWW Document]. https://www.projektmagazin.de/glossarterm/projekterfolg. Zugegriffen: 28. März 2017.

Reis, O., & Ruschin, S. (2007). Kompetenzorientiertes Prüfen als zentrales Element gelungener Modularisierung. *Journal Hochschuldidaktik*, *18*, 6–9.

Shaper, N., & Hilkenmeier, F. (2013). Umsetzungshilfen für kompetenzorientiertes Prüfen, HRK-Zusatzgutachten. Hochschulektorenkonferenz – Projekt Nexus.

Stöhler, C. (2016). *Projektmanagement im Studium: vom Projektauftrag bis zur Abschlusspräsentation*, 2. Aufl. Wiesbaden: Lehrbuch. Springer Gabler.

Wehnes, H. (2016). Status und Entwicklungstrends von Projektmanagement an den Hochschulen in Deutschland. Presented at the 7. PM-Tag Rhein-Ruhr: Bildung und Ausbildung der Projektmanager der Zukunft am 2016 Sep. 9, Düsseldorf.

Theoretische Grundlagen 2

> **Zusammenfassung**
>
> Für die Konzeption und Durchführung von studentischen Projektarbeiten sind einige theoretische Vorkenntnisse notwendig. Hierfür werden in diesem Kapitel zunächst die Prinzipien der wichtigsten PM-Standards, Normen und Vorgehensmodelle aufgezeigt und Hinweise zu akademischen Awards im Projektmanagement gegeben. Eine Auswahl wichtiger didaktischer Grundlagen zu kompetenzorientierter Lehre und dem Lehrformat Projektarbeit werden vorgestellt. Relevante Projektmanagement-Kompetenzen werden beschrieben und münden in einen Zielkompetenz-Würfel für studentische Projektarbeiten. Für das Coaching von Projektteams sind theoretische Grundlagen zum Coaching, Persönlichkeitsprofile, Teamentwicklung und Motivation zusammengestellt und deren Bedeutung im Bezug zum studentischen Projekt erklärt, ebenso wie Grundlagen zur Förderung der Konfliktfähigkeit der Studierenden und Lehrenden.

2.1 Theoretische Grundlagen des Projektmanagements

Es gibt kein Projekt, das nicht einer Form des Managements bedarf. Um dies effizient und effektiv zu leisten, kann auf Standards und Normen zurückgegriffen werden, von denen die gängigsten Vertreter kurz beschrieben werden. Vorgehensmodelle und moderne Ansätze werden vorgestellt, so dass Impulse für die Gestaltung der eigenen studentischen Projekte mitgenommen werden können. Letztlich erfolgt eine Auflistung von Awards im Projektmanagement, die für Studierende und Lehrende relevant sein können – Motivation, um mehr aus seinem Projekt zu machen.

2.1.1 Projektmanagement-Standards und Normen

Weltweit gibt es zwei große Verbände, die sich dem Thema Projektmanagement verschrieben haben und deren Vertretungen in den Ländern die für Projektmanager entscheidenden Zertifizierungen anbieten: das Project Management Institute (PMI) und die International Project Management Association (IPMA). Hinzu kommt die vor allem in Großbritannien und der Niederlande verbreitete Methode PRINCE2 (Projects in Controlled Environments), deren Rechte beim englischen Office of Government Commerce (OGC) liegen. Normen sind spezifiziert in der DIN, ISO und ANSI.

2.1.1.1 GPM/IPMA

Die International Project Management Association (IPMA) ist der führende internationale Promotor des Projektmanagements. Als Dachverband vereint er mehr als 60 Mitgliedsgesellschaften auf allen Kontinenten. Die IPMA wurde 1965 gegründet, ihr Sitz ist in der Schweiz.

Der deutsche Vertreter der IPMA ist die Deutsche Gesellschaft für Projektmanagement e.V. (GPM). Als gemeinnütziger Verein für alle Fragen des Projektmanagements bietet die GPM seit über 30 Jahren umfangreiche Serviceleistungen wie Zertifizierung, Publikationen, Awards sowie Forschung und Entwicklung, Bildung und Training. Mit über 7.800 Mitgliedern (Stand: Ende 2016) ist die GPM das größte Kompetenznetzwerk von Projektmanagement-Experten in Europa. Die GPM ist in 39 regionalen, 19 themenspezifischen und 13 branchenübergreifenden Fachgruppen organisiert und veranstaltet einmal jährlich im Oktober den größten Projektmanagement Fachkongress in Europa (vgl. GPM 2017a).

- Internetauftritt der GPM mit weiteren Informationen unter: www.gpm-ipma.de
- Internetauftritt mit weiteren Informationen zum Fachkongress unter: https://www.pm-forum.de/

Die IPMA ICB® ist ein Standard, der die Kompetenzen definiert, die der Einzelne benötigt, um in einer bestimmten Domäne tätig zu sein und die gewünschten Ergebnisse zu erzielen. Sie ist weder ein Lehr- noch ein Rezeptbuch für das Projekt-, Programm- und Portfoliomanagement. Es werden Methoden und Instrumente beschrieben, die in der Projektarbeit eingesetzt werden können. Die drei Kompetenzsäulen sind:

- Kontextkompetenzen,
- Persönliche und soziale Kompetenzen und
- Technische Kompetenzen.

Seit 2015 ist die englische Version der ICB® 4.0 verfügbar. Die deutschsprachige Version ist seit Dezember 2016 abrufbar unter:

- Englisch: http://products.ipma.world/ipma-product/icb/
- Deutsch: https://www.gpm-ipma.de/know_how/pm_normen_und_standards/icb4.html

Tab. 2.1 Übersicht der ICB Kompetenzen

Kontext-Kompetenzen	Persönliche und soziale Kompetenzen	Technische Kompetenzen
• Strategie • Governance, Strukturen und Prozess • Compliance, Standards und Regularien • Macht und Interessen • Kultur und Werte	• Selbstreflexion und Selbstmanagement • Persönliche Integrität und Verlässlichkeit • Beziehungen und Engagement • Führung • Teamarbeit • Konflikte und Krisen • Vielseitigkeit • Verhandlungen • Ergebnisorientierung	• Projekt-Programm oder Portfoliodesign • Anforderungen, Nutzen und Ziele • Leistungsumfang und Lieferobjekt • Ablauf und Termine • Organisation, Information und Dokumentation • Qualität • Kosten und Finanzierung • Ressourcen • Beschaffung und Partnerschaft • Planung und Steuerung • Chancen und Risiken • Stakeholder • Change und Transformation • Programm- und Projektselektion und Portfoliobalance

Nach Überarbeitung der Zertifizierungsunterlagen ersetzt die ICB® 4.0, voraussichtlich 2018 die ICB® 3.0, die seit 2006 Grundlage der Zertifizierungen war. Eine Übersicht der Kompetenzen mit ihren 29 Elementen ist in Tab. 2.1 zu sehen. Auf diese wird im Abschn. 2.2 noch näher eingegangen und darauf aufbauend der Zielkompetenzwürfel für studentische Projekte von den Autoren entwickelt.

Unabhängig von gewählten Vorgehensmodellen wird von fünf Phasen in einem Projekt ausgegangen:

- Initiierung,
- Planung,
- Umsetzung & Steuerung,
- Abschluss und
- Nachbearbeitung.

In Abb. 2.1 sind die Phasen mit einigen Beispielen der zugehörigen Aktivitäten dargestellt. Im Kap. 3 und 4 dieses Buchs wird auf diesem Modell aufbauend auf die verschiedenen Phasen bei der Konzeption und Durchführung im studentischen Projekt eingegangen.

Abb. 2.1 Projektphasen und Aktivitäten

2.1.1.2 Project Management Institute (PMI)

Das Project Management Institute (PMI) ist ein weltweit aktiver Fachverband für Projektmanagement, welcher 1969 in Philadelphia, USA, gegründet wurde und dort seinen Sitz hat. Das PMI betrachtet sich als Expertenverband mit dem Ziel, die „Profession of Project Management" durch weltweit anerkannte Standards, Zertifizierungen, Ressourcen, Werkzeuge, Forschungen, Veröffentlichungen, Weiterbildungskurse und Gelegenheiten zum Netzwerken weiter zu entwickeln. Zudem zielt es auf die Verbesserung von Projekterfolgen und die professionelle Weiterentwicklung von Projektmanagern (vgl. Project Management Institute 2017).

Als Expertenverband können bei dem PMI nur Einzelpersonen Mitglieder sein. Die Finanzierung erfolgt aus Beiträgen und anderer Abgaben der Mitglieder. Seit 1996 engagiert sich PMI auch außerhalb der USA. Im Jahr 2017 umfasst es mehr als 475.000 Mitglieder, welche in über 280 regionalen Gruppen, sogenannten Chaptern, organisiert sind (Stand vom Okt. 2016, vgl. Project Management Institute 2016, S. 5).

Im deutschsprachigen Raum gibt es Chapter in Berlin, Frankfurt, Köln, Southern Germany (ehemals PMI Chapter Munich), Wien (Chapter Austria) und Bern (Chapter Switzerland) (vgl. PMI Southern Germany Chapter e.V 2017).

Bekannt ist PMI insbesondere für den PMBOK® Guide, den „Guide to the Project Management Body of Knowledge". Das PMBOK zählt neben der IPMA Competence Baseline und PRINCE2 zu den führenden Projektmanagementmethoden und ist ein weit verbreiteter Projektmanagement-Standard.

In der Einführung bezeichnet sich das PMBOK als „Zusammenfassung des Wissens der Fachrichtung Projektmanagement". Die beschriebenen Best Practices stellen eine allgemeine Wissensbasis dar und sind auf Projekte aus verschiedenen Anwendungsbereichen anwendbar. Dazu zählen u.a. Bauwesen, Software-Branche, Maschinenbau- und Automobilindustrie (vgl. Project Management Institute 2013, S. 2 ff).

Der PMBOK Guide verfolgt einen prozessbezogenen Ansatz. Ein Projekt wird durch das Zusammenwirken vieler Prozesse durchgeführt. Anhand der Prozesse strukturiert der PMBOK Guide das gesammelte Methodenwissen und bündelt dieses in die 11 Wissensbereiche: Integrationsmanagement, Inhalts- und Umfangsmanagement, Terminmanagement, Kostenmanagement, Qualitätsmanagement, Personalmanagement, Kommunikationsmanagement, Risikomanagement, Beschaffungsmanagement und Management der Stakeholder. Zu jedem der Prozesse innerhalb dieser Wissensbereiche werden Input, Output, Werkzeuge und Verfahren beschrieben. Für jedes einzelne Projekt soll die Wissensbasis bzw. die Prozesse angemessen zugeschnitten werden. In Abbildung Abb. 2.2 ist die Struktur des PMBOKs dargestellt.

Der PMBOK Guide liegt aktuell in der 5. Version vor, welche 2013 veröffentlicht wurde, und ist (neben Englisch) in 11 Sprachen verfügbar. Im regelmäßigen Abstand von circa vier Jahren wird er mit Hilfe von erfahrenen Praktikern weiterentwickelt (vgl. Bea et al. 2011, S. 403 f). Eine neue Version ist für das dritte Quartal 2017 angekündigt.

Das PMI bietet Zertifizierungen zu mehreren Themenbereichen im Projektmanagement an. Es umfasst unter anderen folgende „PMI exams" (vgl. Project Management Institute 2013):

- Certified Associate in Project Management (CAPM)
- Project Management Professional (PMP)
- Portfolio Management Professional (PfMP)
- Program Management Professional (PgMP)
- PMI Risk Management Professional (PMI-RMP)
- PMI Agile Certified Practitioner (PMI-ACP)
- PMI Scheduling Professional (PMI-SP)
- PMI Professional in Business Analysis (PMI-PBA)

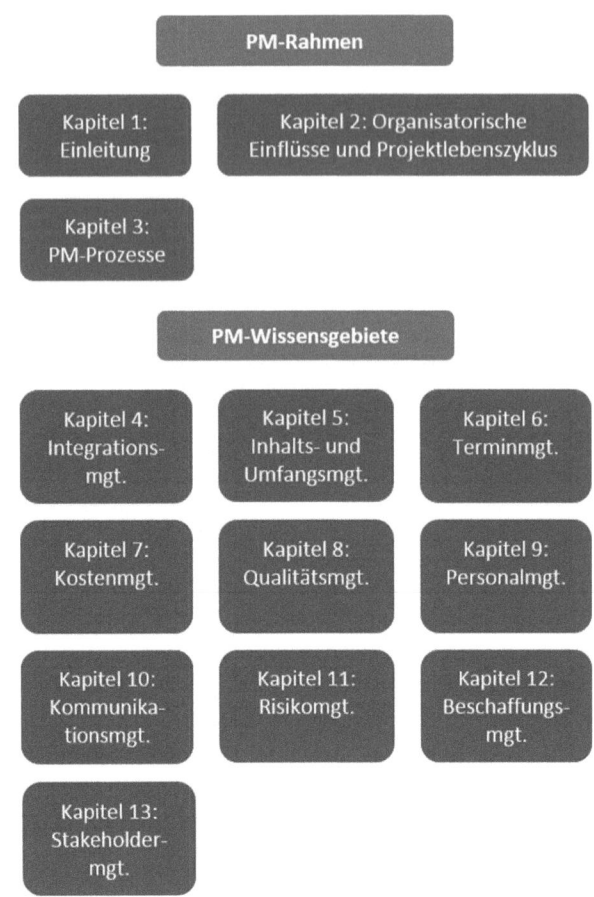

Abb. 2.2 Struktur des PMBOK Guides in Anlehnung an Wagner und Grau (2014, S. 73)

Am weitesten verbreitet ist der PMP mit weltweit über 740.000 Projektmanagern, die das PMP-Exam erfolgreich abgelegt haben. Im deutschsprachigen Raum gibt es ca. 16.000 PMP (vgl. Project Management Institute 2016, S. 5).

2.1.1.3 PRINCE2

PRINCE (Projects in Controlled Environments) wurde ursprünglich 1989 von der britischen Central Computer and Telecommunications Agency (CCTA) als Regierungsstandard für Projektmanagement im Bereich der Informationstechnik entwickelt. Aus der Erkenntnis, dass die Methode für alle Arten von Projekten verwendet werden soll, wurden einige Vereinfachungen vorgenommen und PRINCE2 wurde 1996 als allgemeine Projektmanagement-Methode veröffentlicht. PRINCE2 entwickelte sich zum De-facto-Standard

2.1 Theoretische Grundlagen des Projektmanagements

Tab. 2.2 Prince2

Prinzipien	Themen	Prozesse
Fortlaufende geschäftliche Rechtfertigung	Business Case	Vorbereiten eines Projekts
Lernen aus Erfahrungen	Organisation	Lenken eines Projekts
Definierte Rollen und Verantwortlichkeiten	Qualität	Initiieren eines Projekts
Steuern über Managementphasen	Pläne	Steuern einer Phase
Steuern nach dem Ausnahmeprinzip	Risiken	Managen der Produktlieferung
Produktorientierung	Änderungen	Managen eines Phasenübergangs
Anpassen an die Projektumgebung	Fortschritt	Abschließen eines Projekts

für Projektmanagement in Großbritannien. Die Anwendung ist mittlerweile in mehr als 50 anderen Ländern verbreitet (vgl. PRINCE2 Project Management 2017).

PRINCE2 besteht aus vier integrierten Bausteinen: sieben Grundprinzipien, sieben Themen, sieben Prozesse und Anpassung an die Projektumgebung. Die Themen beschreiben die Aspekte des Projektmanagements, die bei der Abwicklung eines Projekts kontinuierlich behandelt werden müssen. Die Prozesse beschreiben das schrittweise Vorgehen im Projektlebenszyklus von der Vorbereitung bis zum Projektabschluss. Zu jedem Prozess gehören Checklisten empfohlener Aktivitäten, Produkte und dazugehörige Verantwortlichkeiten (vgl. Heitcon 2017). In Tab. 2.2 sind wichtige Prinzipien, Themen und Prozesse zusammenfassend dargestellt.

Den verschiedenen Projektphasen sind drei Managementebenen zugewiesen: Lenken, Managen und Liefern, die im Projektverlauf strikt einzuhalten sind, sie sind in Abb. 2.3 zusammenfassend dargestellt.

2.1.1.4 Vergleich der Standards

Aktuell gibt es in vielen projektführenden Unternehmen eine Entwicklung weg von den drei traditionellen Projektmanagement-Methoden, hin zu Agilem Projektmanagement. Unabhängig von den Stärken agiler Verfahren bleiben die traditionellen Methoden jedoch auch in Zukunft unverzichtbar. Denn je größer das Projekt wird und je mehr Schnittstellen es in diesem Projekt gibt, desto stärker sind und bleiben PMI, IPMA und PRINCE2 relevant (vgl. Winkelmann 2017). Tab. 2.3 gibt die Standards im Überblick wieder.

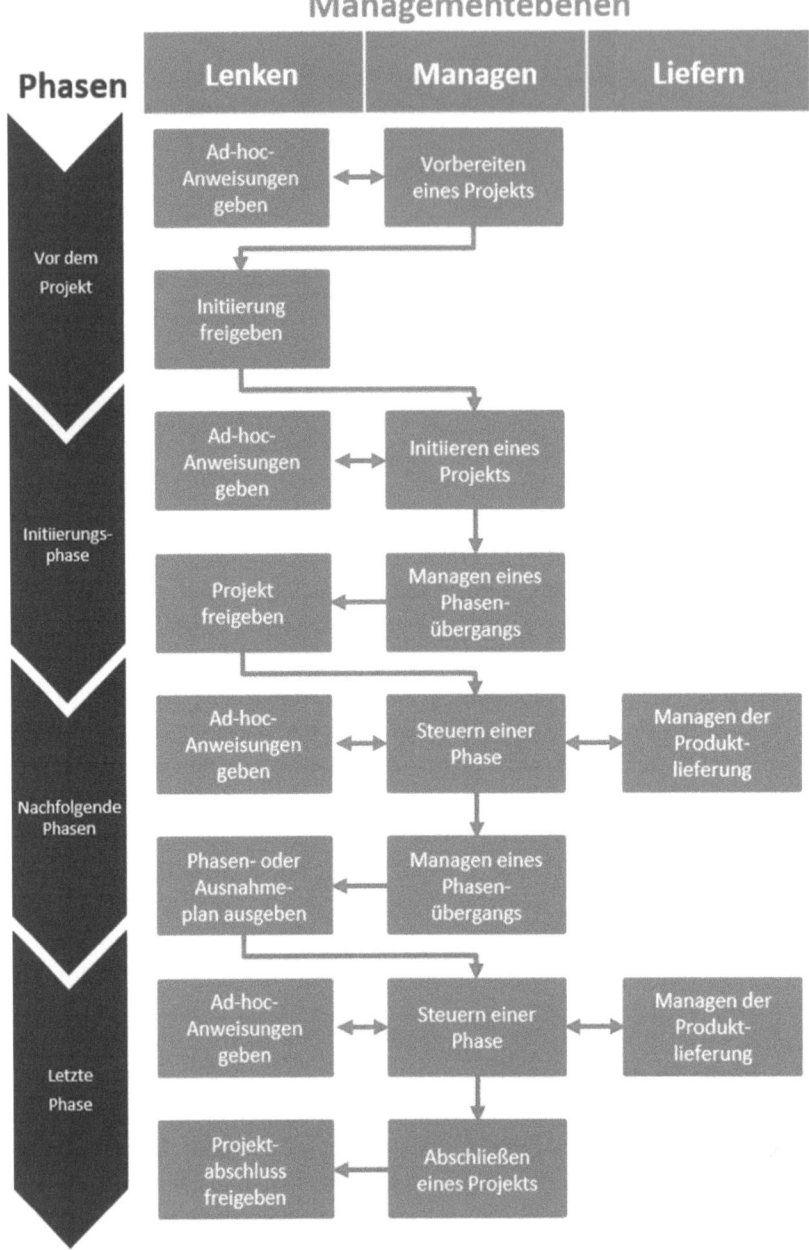

Abb. 2.3 PRINCE2 Prozess-Übersicht, nach Landkarte Prince2

2.1 Theoretische Grundlagen des Projektmanagements

Tab. 2.3 Die Standards im Vergleich

	PMI Project Management Institute	IPMA International Project Management Association	APMG Association for Project Management Group
Website	www.pmi.org	www.gpm-ipma.de	www.prince2.org
Prinzip	PMI ist von der Zertifizierungszahl her weltweit die am weitesten verbreitete Methodik. Transparenz und hohe Skalierbarkeit durch die Orientierung an Geldwerten und Leistungszahlen stehen im Vordergrund.	IPMA ist im deutschsprachigen Raum die am weitesten verbreitete Methodik. Sie fokussiert das kompetenzbasierte Management von Projektmitarbeitern mit Abstand am stärksten.	Das in Großbritannien entwickelte PRINCE2 ist von den drei Projektmanagement-Methoden ein Sonderfall. Es ist ein in sich geschlossenes System und erfordert sehr detailliertes Projektmanagement.
Regeln und Vorschriften	Prioritäten, Tiefe und Intensität können in den verschiedenen Bereichen problemlos situativ und variabel festgelegt werden.	Kompetenzen stehen am stärksten im Fokus. Ein Angebot an Methoden und Instrumenten aus denen situativ gewählt werden kann.	Der Projektmanager und sein Team müssen den strikten Anweisungen, die dieses System vorgibt, penibel folgen, Rollen sind festgeschrieben.
Vergebene Zertifikate	CAPM, PMP, PgMP, PMI-RMP, PMI-SP Preiswerter als IPMA und Prince2	Level D: PMA Level C: PM Level B: SPM Level A: CPD Aufeinander aufbauend	Prince2 Practitioner Prince2 Foundation
Prüfungen	CAPM & PMP: 200 Multiple-Choice-Fragen, die innerhalb von vier Stunden zu beantworten sind. Vier Antwortmöglichkeiten stehen zur Verfügung.	Die einzelnen Levels erfordern schriftliche Prüfungen (Basiswissen und levelbezogenes Wissen), sowie einen Transfernachweis, eine mündliche Prüfung, Projekterfahrungsbericht, Workshop und/oder ein Interview.	Foundation: 1-stündiger Multiple-Choice-Test Practitioner: 2,5-stündiger Multiple-Choice-Test
Haltbarkeit der Zertifikate	Eine Verlängerung muss alle drei Jahre, unabhängig von der Wahl der Projektmanagement-Zertifizierung, erfolgen	Die 4L-Zertifikate laufen nach fünf Jahren ab und können über eine Rezertifizierung zur Zertifikatsverlängerung erweitert werden.	Alle drei bis fünf Jahre muss eine Re-Registrierung erfolgen, um den entsprechenden Status beizubehalten.

Tab. 2.3 (Fortsetzung)

	PMI Project Management Institute	IPMA International Project Management Association	APMG Association for Project Management Group
Zertifikate für Studierende	Certificated Associate in Project Management (CAPM) für PM-Einsteiger sowie Studenten	Basiszertifikat für Studierende, das unbegrenzt haltbar ist: https://www.gpm-ipma.de/qualifizierung_zertifizierung/basiszertifikat_fuer_projektmanagement_gpm.html	Prince2 Foundation für PM-Einsteiger sowie Studenten

2.1.1.5 Normen

Die Begriffe „Normen" und „Standards" werden oftmals synonym verwendet. Dabei sind Normen eine Spezialisierung von Standards. Ein Standard im Projektmanagement stellt eine grundlegende Beschreibung dar, die dokumentiert, publiziert, breit akzeptiert, angewendet und in einer Rückkopplung weiter entwickelt wird (vgl. Klotz 2013, S. 739). Die drei für Deutschland gebräuchlichsten Standards IPMA/GPM, PMI und Prince2 wurden bereits vorgestellt.

Normen beschreiben „wissenschaftlich begründete Arbeitsmethoden zur Bewältigung rationeller, meist wiederholbarer Arbeitsprozesse … bzw. Qualitäts-und Sicherheitsanforderungen" (vgl. Berndt et al. 2008, S. 18). Sie werden von Normungsorganisationen als Ergebnis eines systematischen, festgelegten Normungsverfahrens beschlossen und veröffentlicht. Eine Norm ist ein „Dokument, das mit Konsens erstellt und von einer anerkannten Institution angenommen wurde und das für die allgemeine und wiederkehrende Anwendung Regeln, Leitlinien oder Merkmale für Tätigkeiten oder deren Ergebnisse festlegt, wobei ein optimaler Ordnungsgrad in einem gegebenen Zusammenhang angestrebt wird" (vgl. DIN EN 45020 2007, S. 25).

Für das Projektmanagement sind insgesamt 13 Normen relevant, die sich in drei Normgruppen aufteilen: DIN, ISO, ANSI. Eine Übersicht der Normen ist in der Fachgruppe Normen der GPM entstanden (vgl. GPM 2017b). Darauf aufbauend ist die Zusammenstellung in Tab. 2.4 dargestellt.

Auf eine Beschreibung der Normen wird an dieser Stelle verzichtet, die Aufstellung erfüllt lediglich den Zweck der Quellenzusammenstellung für den interessierten Leser. Die ICB® 4 enthält ein Mapping vom IPMA- Standard zu den ISO Normen. Die GPM engagiert sich außerordentlich bei der Definition und dem Unterhalt der Normen. Die ANSI- Normen stützen sich hauptsächlich auf Standards von PMI, die im amerikanischen Raum bei der NSSN (Search Engine der ANSI) als Normen gelistet sind.

Tab. 2.4 Übersicht der Normen

Normungsorganisation	Relevante Normen
DIN-Normen www.din.de	DIN 69.900 Projektmanagement – Netzplantechnik – Beschreibungen und Begriffe DIN 69.901–1 Grundlagen DIN 69.901–2 Prozesse DIN 69.901–3 Methoden DIN 69.901–4 Datenmodell DIN 69.901–5 Begriffe DIN 69.909–1 Multiprojektmanagement, Grundlagen DIN 69.909–2 Multiprojektmanagement, Prozesse
ISO-Normen www.iso.org	ISO 10.006 Guidelines for quality management in projects ISO 21.500 Guidance on project management ISO 21.504 Guidance on portfolio management
ANSI-Normen www.ansi.org http://www.standardsportal.org/usa_en/sdo/pmi.aspx http://www.nssn.org/search/IntelSearch.aspx mit Suchterm „PMI"	PMBOK® Guide http://marketplace.pmi.org/Pages/ProductDetail.aspx?GMProduct=00101500401 The Standard for Program Management The Standard for Portfolio Management

2.1.2 Vorgehensmodelle im Projektmanagement

2.1.2.1 Begriffsklärung

Laut Timinger fasst ein Vorgehensmodell „Methoden und Elemente, Prozesse und Phasen für einen standardisierten Projektablauf zusammen" und bietet den am Projekt beteiligten Personen Orientierung, mit welchen

- Methoden,
- Prozessen und
- Sonstigen Elementen (wie Dokumentvorlagen, Checklisten, Musterplänen)

das Projekt durchzuführen ist.

Die Abb. 2.4 gibt einen Überblick über die typischen Bausteine eines Vorgehensmodells, wenn auch nicht bei jedem Vorgehensmodell alle Elemente anzutreffen sind (vgl. Timinger 2015, S. 55).

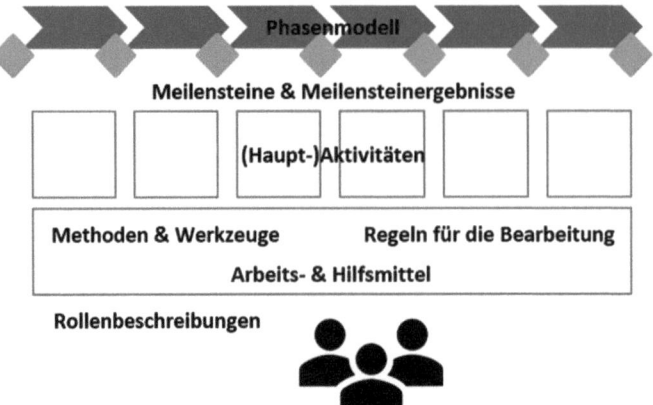

Abb. 2.4 Bausteine von Vorgehensmodellen nach Timinger (2015, S. 56)

2.1.2.2 Arten von Vorgehensmodellen

Es gibt verschiedene Unterscheidungen hinsichtlich der Vorgehensmodelle (vgl. Timinger 2015, S. 57 ff):

1. Es werden **allgemeine bzw. übergreifende Vorgehensmodelle** von den **spezifischen** getrennt. Die spezifischen gelten zum Beispiel nur für eine spezielle Branche, technische Lösung oder ein spezifisches Unternehmen und werden meist aus einem übergreifenden Vorgehensmodell abgeleitet.
2. Hinsichtlich der Arten von Vorgehensmodellen werden häufig die **klassischen, sequenziellen Vorgehensmodelle** von den neueren **agilen Vorgehensmodellen** unterschieden. Weitere Arten, auf die hier nicht weiter eingegangen wird, sind nebenläufige/parallele, wiederholende und prototypische Vorgehensmodelle.

Im Folgenden wird auf die sequentiellen und agilen Vorgehensmodelle genauer eingegangen (vgl. Timinger 2015, S. 57 ff):

Die klassischen, *sequenziellen Vorgehensmodelle* strukturieren Projekte in Phasen, die nacheinander abgearbeitet werden. Bei einer strengen Auslegung muss eine Phase komplett und erfolgreich abgearbeitet sein, bevor die nächste Phase starten kann. Typische Vertreter sind das Wasserfallmodell und das in Deutschland verbreitete V-Modell.

Bei dem **Wasserfallmodell** ist für jede Phase genau definiert, was in dieser erreicht und dokumentiert werden muss, beispielsweise ein Pflichtenheft in der Anforderungsphase. Erst wenn eine Phase komplett abgeschlossen ist, erfolgt der Übergang in die nächste Phase. Das Modell ist in Abb. 2.5 dargestellt.

2.1 Theoretische Grundlagen des Projektmanagements

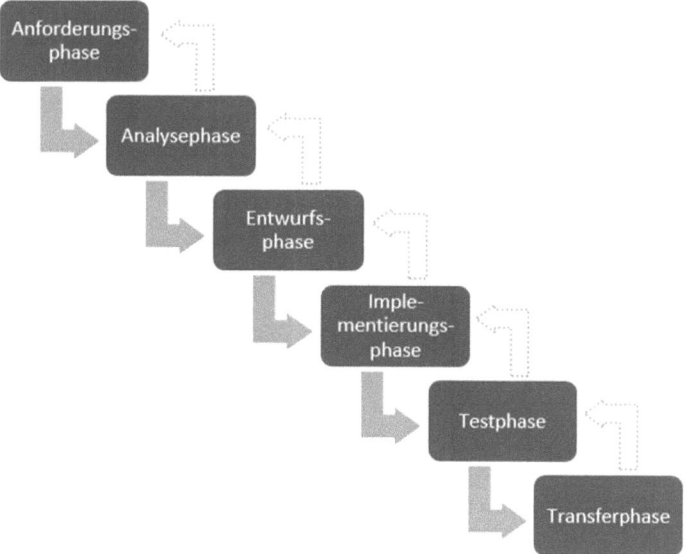

Abb. 2.5 Wasserfallmodell nach Timinger (2015, S. 60)

Wird ein Fehler in einer nachfolgenden Phase festgestellt, kann ein Rücksprung in eine vorausgegangene Phase erfolgen. Das Wasserfallmodell besitzt verschieden Stärken und Schwächen:

+ Leicht verständlich und nachvollziehbar.
+ Hohe Qualität der Ergebnisse durch strikte Überprüfung am Phasenende.
− Recht starr und nur begrenzt flexibel.
− Bei strenger Auslegung keine Parallelisierung möglich.
− Ergebnis steht erst ganz am Ende bereit, ohne dass frühe Rückmeldungen an Projektteam und Kunden vorgesehen sind.

In Branchen mit besonders hohen Anforderungen hinsichtlich der Produktsicherheit, wie z. B. der Luft- und Raumfahrtbranche oder der Medizintechnik, wird häufig auf das **V-Modell** zurückgegriffen. Dies vereint den sequenziellen Ablauf des Wasserfallmodells mit besonderem Augenmerk auf den Nachweis der Anforderungserfüllung und der qualitativen Prüfung der Anforderungsimplementierung. Das Modell ist in der Abb. 2.6 dargestellt.

Dazu werden den einzelnen Phasen auf dem linken Ast spezielle Phasen auf dem rechten Ast zur Verifizierung und Validierung der Anforderungen zugeordnet. Die Stärken und Schwächen sind analog zum Wasserfallmodell.

Agile Vorgehensweisen verfolgen eine ganz andere Art von Projektmanagement. Diese entstammen der Softwareentwicklung und setzen auf die Prinzipien der Selbstorganisation

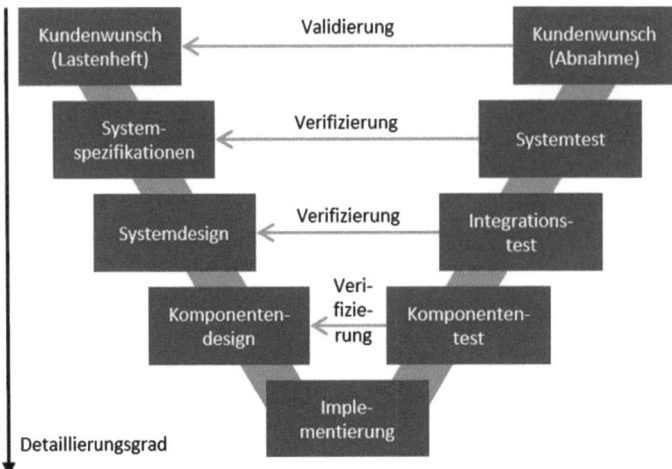

Abb. 2.6 V-Modell nach Timinger (2015, S. 62)

und Eigenverantwortlichkeit von Projektteams. Im Jahr 2001 erstellten mehrere Vordenker dieser Idee das agile Manifest, welches im Kern Folgendes besagt:

- Individuen und Interaktion sind wichtiger als Prozesse und Werkzeuge,
- Funktionierende Software ist wichtiger als umfassende Dokumentation,
- Zusammenarbeit mit den Kunden ist wichtiger als Vertragsverhandlungen und
- Reagieren auf Veränderungen ist wichtiger als das Befolgen eines Plans.

Der Gegensatz zu den prozessorientierten bzw. dokumentationslastigen Vorgehensmodellen ist sofort ersichtlich. Bedeutende Vertreter der agilen Vorgehensweise sind Extreme Programming, Feature Driven Development und Scrum in der Softwareentwicklung.

Insbesondere **Scrum** hat in den letzten Jahren stark an Popularität gewonnen. Es basiert auf dem nur 16-seitigen Scrum-Guide von Jeff Sutherland und Ken Schwaber (vgl. Sutherland and Schwaber 2013). Die Abb. 2.7 zeigt die wesentlichen Elemente.

Der Ablauf eines Projekts nach Scrum: Die Projektidee wird in Form von sogenannten User Stories (Anforderungen in einer bestimmten Formulierungsart) konkretisiert und diese werden im Product Backlog (einer nach Priorität gestaffelten Liste) gesammelt. Anschließend beginnt der wiederkehrende Zyklus (der sogenannte Sprint) mit dem Sprint Planning Meeting (Feinplanung des Sprint Umfangs, dem sogenannten Sprint Backlog). Es folgen die eigentliche Entwicklung mit dem Daily Scrum Meeting (tägliches 15-minütiges morgendliches Update), ein Review und die Retrospektive. Am Ende eines jeden Sprints liegt ein verwendbares Produktinkrement vor, nach meist mehreren Sprints ein komplettes Produkt, z. B. in Form eines Software-Releases (vgl. Timinger 2015, S. 70 ff).

2.1 Theoretische Grundlagen des Projektmanagements

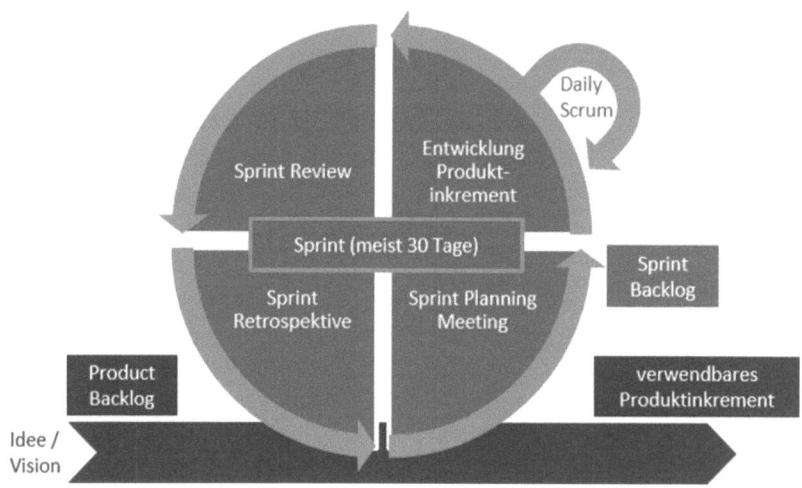

Abb. 2.7 Scrum nach Timinger (2015, S. 70)

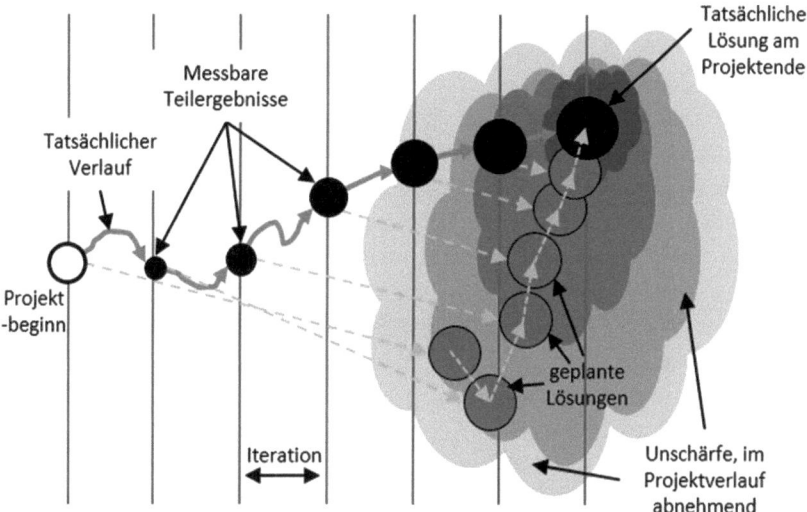

Abb. 2.8 Iterations-Wolken-Metapher im agilen Projektmanagement nach Oestereich, B. et al. (2008, S. 3)

Als Vorteil von agilen Methoden wird deren Flexibilität gegenüber sich verändernden oder unscharfen Anforderungen und schlecht vorab ermittelbaren Lösungen gesehen. Die Abb. 2.8 verdeutlicht diesen Vorteil.

Die Vorteile und Nachteile von agilen Vorgehensmodellen:

+ Flexibilität bei sich verändernden oder unscharfen Anforderungen.
+ Intensive Einbeziehung des Kunden und frühe Rückmeldungen über Produktinkremente.

+ Motivation des Scrum-Teams durch mehr Freiheiten und Selbstorganisation.
- Risiko von Mehraufwendungen, wenn später Korrekturen an früheren Produktinkrementen durchgeführt werden müssen.
- Herausfordernd bei großen Teams umzusetzen, da die Selbstkoordination zunehmend schwieriger wird.
- Notwendige Dokumentation bei sicherheitskritischen Projekten nur schwierig zu erfüllen.
- Projektgegenstände müssen für iterative Änderungen geeignet sein.

2.1.2.3 Moderne Ansätze zu Vorgehensweisen

In diesem Unterkapitel werden exemplarisch drei moderne Ansätze als Erweiterung zu den genannten Vorgehensmodellen vorgestellt. Dies sind:

- die hybriden Vorgehensweisen,
- das Scaled Agile Framework als Vertreter der Skalierung von agilen Vorgehensmodellen auf große Teams und Projektumfänge und
- das Design Thinking als moderne Methode zur Findung kreativer neuer Lösungen für den Kunden.

Hybride Vorgehensweisen

Hybride Vorgehensweisen beschreiben den Ansatz, verschiedene Vorgehensmodelle zu kombinieren und das Beste aus den unterschiedlichen klassischen und agilen Vorgehensmodellen zu verbinden. Das hybride Vorgehen wird aktuell in der Literatur hinsichtlich geeinigter Formen und Anwendungsbereiche sehr intensiv diskutiert (vgl. Feldmüller und Sticherling 2016; Habermann 2013; Hüsselmann 2014).

Ein Beispiel ist der Ansatz von Feldmüller für die Entwicklung mechatronischer Systeme als Kombination des V-Modells mit agilen, iterativen Elementen. Dieser Ansatz ist in der Abb. 2.9 dargestellt.

Scaled Agile Framework (SAFe)

Scaled Agile Framework ist ein deskriptives Framework, das beschreibt, wie agile Praktiken nicht nur in kleinen Teams, sondern auch auf Unternehmensebene implementiert werden können. Das SAFe hat sich über mehrere Jahre entwickelt und vereint in sich die Stärken verschiedener Frameworks der Softwareentwicklung. Der initiale Entwickler des Frameworks, Dean Leffingwell, verknüpft dafür die Ansätze agiler Softwareentwicklungsmethoden, wie Scrum und eXtreme Programming, mit den Elementen des Lean Thinking und des Product Development Flow und gleicht diese kontinuierlich mit Erfahrungen ab, die in der Unternehmenspraxis gemacht wurden.

Die ersten Konzepte des Frameworks sind in den Büchern Scaling Software Agility: Best Practices for Large Enterprises (vgl. Leffingwell 2007) und Agile Software Requirements: Lean Requirements for Teams, Programs and the Enterprise (vgl. Leffingwell 2011) sowie in dem Blog Scaling Software Agility beschrieben. Im Jahr 2011 wurde

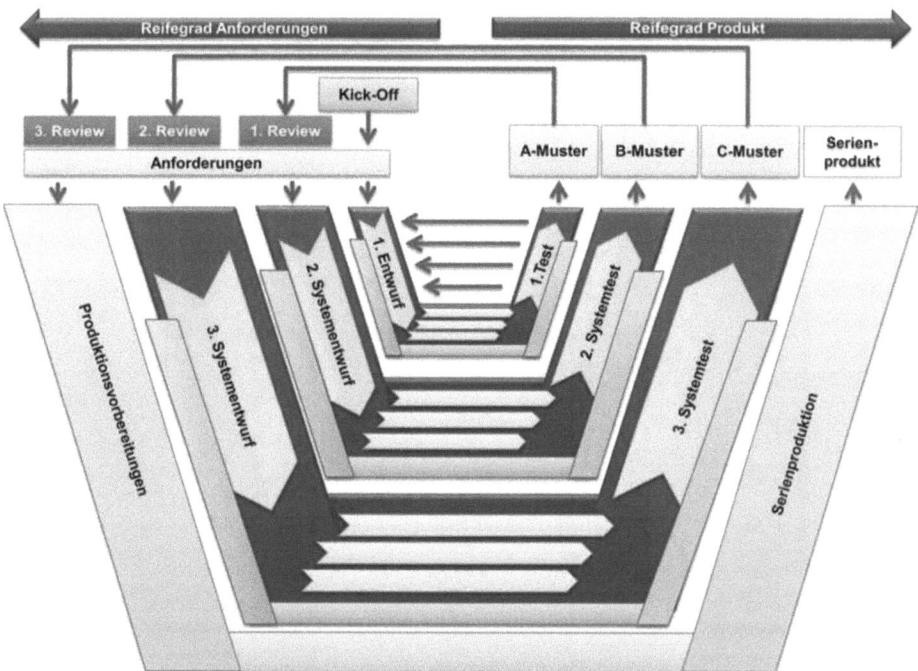

Abb. 2.9 Hybrides Vorgehensmodel für die Entwicklung mechatronischer Systeme (vgl. Feldmüller und Sticherling 2016, S. 19)

SAFe erstmals unter http://scaledagileframework.com publiziert. Als zentraler Orientierungspunkt von SAFe gilt das sogenannte Big Picture. Das Big Picture ist eine Grafik, welche individuelle Rollen, Teams, Aktivitäten, Artefakte und Werte beschreibt, die notwendig sind, um Agilität vom einzelnen Team bis zur Unternehmensebene hin skalieren zu können. Abb. 2.10 zeigt das Big Picture.

Dies zeigt, dass die Skalierung über die drei Ebenen Team, Programm und Portfolio erfolgt:

- Die Team-Ebene bildet mit den agilen Teams, welche Software-Inkremente definieren, entwickeln, testen und vollständig an das Gesamtsystem liefern, die „Fabrik" der Softwareentwicklung.
- Auf der Programm-Ebene des Frameworks wird die Leistung der agilen Teams abgestimmt und integriert, um einen größeren Wert für die Bedürfnisse des Unternehmens sowie seiner Stakeholder zu schaffen.
- Die höchste Ebene von SAFe ist die Portfolio-Ebene, auf der die Programme entlang von Wertschöpfungsketten nach der Geschäftsstrategie des Unternehmens ausgerichtet werden. Die Portfolio-Vision repräsentiert die höchste Ebene der Lösungsfindung und -definition. Die hier getroffenen Entscheidungen steuern die gesamte Wirtschaftlichkeit des Portfolios.

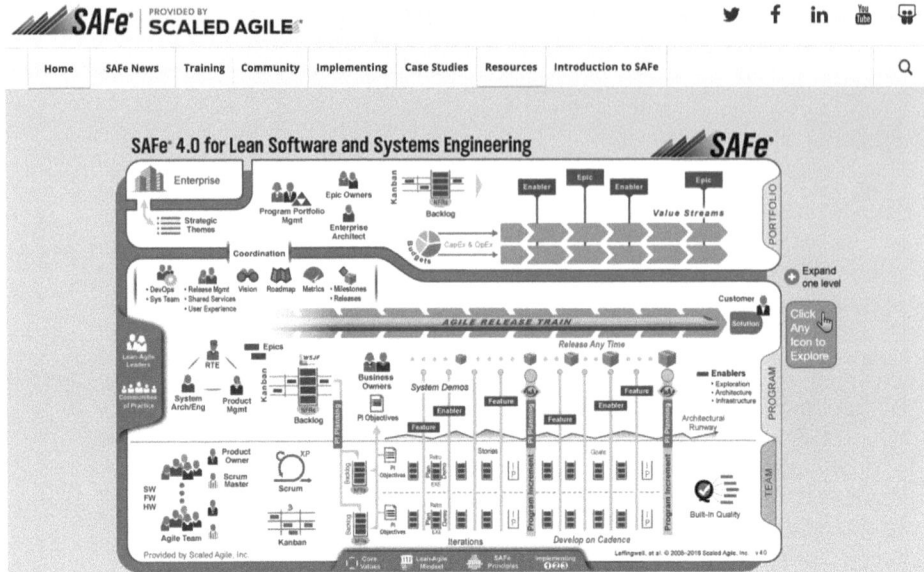

Abb. 2.10 Scaled Agile Framework-Website (vgl. Scaled Agile Framework 2017)

Design Thinking

Design Thinking wurde von Winograd, Leifer und Kelley Ende der 1980er Jahre entwickelt. Unter dem Namen „Design Thinking Research Symposia" finden seit 1991 Tagungen zu diesem Thema statt. Die Methode hat sich inzwischen weltweit verbreitet und wird von ihnen vermarktet. Zahlreiche internationale Unternehmen und Organisationen jeglicher Größe nutzen Design Thinking als Projekt-, Innovations-, Portfolio- und/oder Entwicklungsmethode, da die Herausforderungen der heutigen Märkte zu komplex sind, um von Einzelpersonen oder Fachabteilungen allein gemeistert zu werden. Das ist auch der Grund für den Erfolg anderer kollaborativer Ansätze wie Open Innovation oder Open Source in der Web 2.0-Welt.

Unabdingbare Voraussetzung für gute Ergebnisse eines Design Thinking Prozesses sind interdisziplinäre Teams, die vielfältige Kompetenzen und Erfahrungen nutzen können. Die Mitglieder müssen eine große Tiefe ihres fachspezifischen und analytischen Wissens einbringen sowie eine persönliche Neugier, Offenheit gegenüber anderen Disziplinen und Menschen und die Fähigkeit besitzen, das eigene Wissen mit dem der anderen zu vernetzen (vgl. Grots und Pratschke 2009, S. 19).

Grundidee ist ein sechsstufiger iterativer Prozess, der die Methodik des Ingenieurwesens mit den experimentellen Aspekten aus der Designlehre verknüpft. Ideenfindung soll damit planbar werden, ein Werkzeugkasten an Methoden steht hierfür zur Verfügung. Design Thinking bezieht seine Effektivität aus der Generierung neuer Innovationen aber auch daraus,

2.1 Theoretische Grundlagen des Projektmanagements

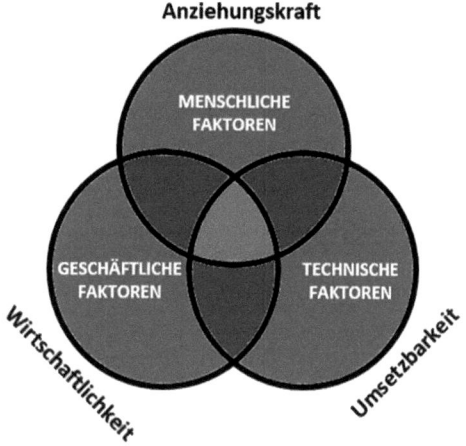

Abb. 2.11 Design Thinking Schnittmengen, nach Weiss (2002, S. 33–38)

dass es die Schnittmenge aus Anziehungskraft, damit „Human Factors", der Umsetzbarkeit, damit „Technical Factors", und der Wirtschaftlichkeit, also „Business Factors", als Innovationsumgebung nutzt (vgl. Weiss 2002), wie in Abb. 2.11 veranschaulicht ist.

Der Prozess folgt den nachfolgend kurz umrissenen sechs Stufen (vgl. Hasso-Plattner-Institut 2017): Verstehen, Beobachten, Sichtweise definieren, Ideen finden, Prototypen entwickeln und Testen, wie er in Abb. 2.12 zu sehen ist. Dabei ist der feste Prozessablauf mit klassischen Meilensteinen, wie er üblicherweise im Projektmanagement angewendet

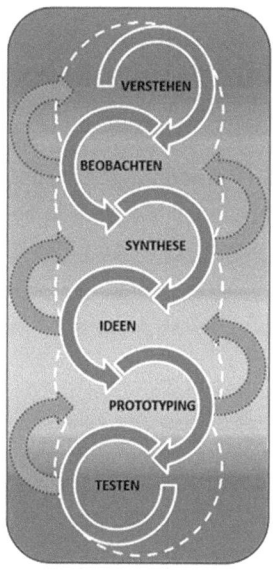

Abb. 2.12 Prozessablauf Design Thinking mit Iterationen

wird, zugunsten von Iterationen zu verlassen. Das Risiko von Fehlschlägen wird dabei bewusst in Kauf genommen, da hierbei frühzeitig erkannte Fehlentwicklungen genutzt werden, um unnötige Entwicklungskosten zu sparen, die bei klassischen Entwicklungsprojekten oft zu spät auffallen. Auch die zu frühe Fixierung auf Ideen wird vermieden und eine Offenheit in dieser Arbeitsweise bringt reichhaltige Ideen hervor. Während des Prozesses wird auf neun Prinzipien gebaut: Beim Thema bleiben, Kritik zurückstellen, auf Ideen anderer bauen, nur einer spricht, bildlich darstellen, früh und oft scheitern, wilde Ideen ermutigen, Quantität ist wichtig, nutzerzentriert denken.

Nachfolgend werden die sechs Prozessstufen jeweils kurz charakterisiert:

- **Verstehen:** Die ersten zwei Prozessschritte dienen der Recherche zur Problemstellung und des Umfeldes. Ziele werden hinterfragt und ein gemeinsames Expertenverständnis entwickelt sich im Team. Nicht selten wird die Problemstellung selbst mit dem gewonnenen Verständnis verändert. Daher wird viel Zeit für die Planung und Durchführung der Recherche verwendet.
- **Beobachten:** Die weitere Recherche erfolgt durch eine Kombination von aufmerksamer Beobachtung und darauf aufbauenden Dialogen und Interaktionen der Menschen in ihrem natürlichen Umfeld mit der Problemstellung – immer Vorort! Dabei erfolgt keine Fokussierung auf die Problemstellung selbst, sondern das Umfeld wird als Impulsgeber einbezogen – Augen auf! Unerlässlich ist es, die Erkenntnisse des Verstehens und Beobachtens zu visualisieren. Dafür wird Material gesammelt, um die Informationen so gut wie möglich zu dokumentieren und für alle Teammitglieder sichtbar im Arbeitsraum zu machen, der für derartige Arbeitsweisen eingerichtet ist.
- **Sichtweise definieren:** In einem ersten Schritt findet durch Erzählungen und Interpretationen eine gemeinsame Verknüpfung des gesammelten Materials im Team statt. Dabei wird die visuelle Sammlung des Materials (große Sammlungen von Bildern, Darstellungen, Notizen usw. an Wänden) implizit gedeutet. Im zweiten Schritt der Synthese werden sie explizit zusammengefasst, um Gemeinsamkeiten, Muster, Schlagwörter usw. zu finden, die die Aussagen gruppieren und Abstraktionen zulassen. Als Ergebnis liegt dann ein Framework vor. Neben den nun übersichtlich dargestellten Informationen, drückt das Framework auch Spannungsverhältnisse innerhalb der erhobenen Daten und Erkenntnisse aus und weist somit auf mögliche Innovationsfelder hin.
- **Ideen finden:** Grundidee bleibt die visuelle Sammlung und Sortierung von möglichen Ideen, die über verschiedene Methoden entwickelt werden und deren gemeinsame, sehr offene Diskussion im Team. Schließlich werden aus dieser Übersicht die vielversprechendsten Ideen unter den Gesichtspunkten von Anziehungskraft, Umsetzbarkeit und Wirtschaftlichkeit ausgewählt. Vorrangig werden die Ideen mit hoher Anziehungskraft ausgewählt, da sich Desgin Thinking vorrangig am Menschen und dessen Bedürfnissen orientiert.

- **Prototypen entwickeln:** Das schnelle und iterative Prototyping kann viele verschiedene Formen annehmen: rudimentäres „Storytelling", Papier- und Pappmodelle usw., Rollenspiele bis hin zu voll funktionsfähigen Ausarbeitungen oder Modellen. Entscheidend dabei ist, den jeweiligen „Prototypen" zuallererst als weiteren Ideengeber zu sehen und iterativ mit dem Team zu verbessern. Die hohe Geschwindigkeit der Iterationen hilft dabei, sehr rasch nicht zielführende Lösungen auszuschließen.
- **Testen:** Mit den Prototypen werden Feedbackschleifen und Tests durchlaufen. Dabei werden Menschen mit den konkreten, oft greifbaren, erfahrbaren Ideen, möglichst wieder in ihrem Anwendungsumfeld, konfrontiert. Anhand der Reaktion der Befragten wird sehr deutlich, ob etwas nicht verfolgt werden sollte und auch warum, sowie welche Ideen seine Bedürfnisse ansprechen und befriedigen und somit Potenzial bieten. Um die Reaktionen richtig zu deuten, ist ein hohes Maß an Empathie erforderlich. Anhand der Beobachtungen werden durch Dialoge und Interaktionen erneut neue Ideen gewonnen.

2.1.3 Wettbewerbe und Awards im Projektmanagement

Ein Anreiz für die Förderung des Projektmanagements an Hochschulen sind Angebote zur Teilnahme an Wettbewerben im Projektmanagement, sowie die Verleihung von Auszeichnungen von Verbänden. Nachfolgend sind einige Wettbewerbe aufgelistet, es besteht kein Anspruch auf Vollständigkeit:

- **Von der IPMA** gibt es einen internationalen Studenten-Projektmanagement Wettbewerb mit nationalen Vorentscheiden. Informationen dazu unter:
  - International: https://www.become.pm/projectmanagementchampionships/
  - Deutschland: http://youngcrew.de/pm-championships/

  In einer ersten Stufe müssen 100 Fragen zum Projektmanagement nach dem Standard der IPMA beantwortet werden. Der Test ist Online und dauert 100 Minuten. Die drei besten Teams eines Landes müssen dann in einer nationalen Ausscheidung eine Fallstudie bearbeiten (vier Stunden Zeit) und vor der Jury präsentieren. Das Gewinnerteam wird dann zum zwei-tägigen internationalen Finale eingeladen und vertritt sein Land. Ein Team besteht aus drei bis vier Vollzeit-Studenten.
- **Doka-Studentenwettbewerb** – Doka bietet allen Studierenden der Fachrichtung Bau jährlich die Möglichkeit, ihre Kenntnisse aus Studium und Praxis gewinnbringend zu vertiefen und sich so optimal auf den Berufseinstieg vorzubereiten. Es können Teams von bis zu vier Personen aus Deutschland, Österreich, der Schweiz und Luxemburg teilnehmen. Anhand des Neubaus eines Hochhauses im Innenstadtbereich müssen die Studierenden eine Angebotskalkulation, Baustelleneinrichtung, Bau-Ablaufplanung und Schalungsplanung realitätsnah ausführen. Die besten Teams erhalten wertvolle Sachpreise und gehen auf eine eindrucksvolle, mehrtägige Städtereise mit attraktivem

Rahmenprogramm. Viele Universitäten und Hochschulen akzeptieren die Ausarbeitung als Studien- oder Bachelorarbeit. Informationen sind dazu abrufbar unter: https://www.doka.com/de/career/studentenwettbewerb
- „5-Euro-Business" – Der praxisorientierte Wettbewerb zum Thema Existenzgründung für Studenten. Hier gründen Studenten verschiedener Fachrichtungen für die Dauer eines Semesters ihr eigenes Unternehmen und wagen den Sprung ins Unternehmertum auf Zeit. Sie bekommen das nötige Fachwissen in Seminaren in den Bereichen Marketing, Projektmanagement und Recht vermittelt. Führungskräfte aus ortsansässigen Unternehmen beraten und begleiten die Teams in der Rolle des Wirtschaftspaten. Auf einer großen Abschlussveranstaltung stellen die Studierendenteams die Ergebnisse ihres Schaffens vor und wetteifern um die besten Plätze an ihrer Universität oder Hochschule. Informationen sind dazu abrufbar unter: http://www.5-euro-business.com/

Preise für Abschlussarbeiten im Projektmanagement und Lehrveranstaltungen werden ebenfalls von verschiedenen Anbietern verliehen. Nachfolgend werden einige kurz vorgestellt. Es besteht kein Anspruch auf Vollständigkeit:

- **Deutscher Studienpreis Projektmanagement (DSPM) der GPM**
  Mit dem Preis werden wissenschaftliche Abschlussarbeiten mit zukunftsweisenden Ideen oder originellen Lösungen zu Teilbereichen des Projektmanagements ausgezeichnet. Jährlich werden drei Arbeiten von der Jury ausgewählt (Bachelor, Master, Dissertation). Die Preisträger werden mit einer Urkunde und einem Geldpreis von jeweils 1.000 € ausgezeichnet. Zudem haben sie die Möglichkeit, kostenlos am PM Forum, Europas größtem Projektmanagement-Event, teilzunehmen. Informationen sind dazu abrufbar unter: https://www.gpm-ipma.de/gpm_awards/deutscher_studienpreis_pm.html
  In Österreich wird ebenfalls ein Award dazu verliehen. Informationen sind dazu abrufbar unter: https://www.p-m-a.at/menu-pma-awards.html
- **Young Project Manager Award** in der Schweiz, gefördert von der IPMA
  Der Award zeichnet junge, talentierte Nachwuchs-Projektmanagerinnen und Projektmanager aus, die zum Zeitpunkt der Einreichung über 18 Jahre alt sind und das 35. Lebensjahr noch nicht vollendet haben. Der nationale Award wird an die Personen verliehen, die trotz ihrer jungen Projektmanagement-Karriere in beeindruckender Weise darlegen, dass sie ein komplexes und vielseitiges Projekt managen und nachhaltig zum Erfolg führen können. Dabei soll der innovative Einsatz von Projektmanagementmethoden und der eigene Beitrag zur Exzellenz des Projekts dargestellt werden. Informationen sind dazu abrufbar unter: http://www.spm.ch/ipma/young-crew/young-crew-award/
- **PMI Research Awards**
  Das Project Management Institute (PMI) vergibt internationale Preise im akademischen Umfeld für Projekte, Forschungen und Lehre im Projektmanagement, sowie Literaturpreise für Veröffentlichungen.
  – Scholar-Practitioner Award

Der Award würdigt und honoriert eine Einzelperson oder eine Gruppe von Einzelpersonen für herausragende Leistungen in der Durchführung der wissenschaftlichen Forschung und den Transfer in die berufliche Praxis.
– PMI Research Achievement Award
Der Award würdigt und ehrt eine Einzelperson oder eine Gruppe von Einzelpersonen, deren Arbeit die Konzepte, das Wissen und die Praktiken des Projektmanagements durch seine akademische Forschung signifikant vorangebracht hat.
– PMI Teaching Excellence Award
Der Award würdigt und honoriert eine Einzelperson für Exzellenz in der Lehre des Projektmanagements und ihr starkes Engagement für die Verbesserung der Projektmanagement-Curricula in der Hochschulbildung insgesamt.
– PMI David I. Cleland Project Management Literature Award
– PMI Project Management Journal® Paper of the Year Award
Informationen sind dazu abrufbar unter:
http://www.pmi.org/about/awards/research-academic
- **DVP-Förderpreis**
Gefördert durch die „Immobilien Zeitung", lobt der Deutscher Verband der Projektmanager im Bau und der Immobilienwirtschaft (DVP) seit 2002 den DVP-Förderpreis aus. Prämiert werden herausragende wissenschaftliche Bachelor-, Diplom-/Masterarbeiten und Dissertationen zu den Themen Projektentwicklung und Projektmanagement. Der DVP verfolgt damit das Ziel der Förderung des wissenschaftlichen Nachwuchses. Informationen sind dazu abrufbar unter: https://www.dvpev.de/foerderpreis

2.2 Theoretische Grundlagen der Didaktik

Zur Gestaltung von studentischen Projekten ist es wichtig, die anzustrebenden Zielkompetenzen zu definieren und die didaktischen Anforderungen im Hochschulkontext zu kennen. Daher wird nach einer allgemeinen Einführung in die Hochschuldidaktik, des Handlungsspielraums und der Klärung des Kompetenzbegriffs, auf die Projektmanagementkompetenzen eingegangen, die in der Definition eines Zielkompetenzwürfels enden. Abschließend wird Projektarbeit als didaktische Methode beleuchtet.

2.2.1 Allgemeine Einführung in die Hochschuldidaktik

In diesem Abschnitt sollen die begrifflichen Grundlagen zur Didaktik im Kontext des Hochschulumfelds kompakt erläutert werden. Dazu wird als erstes allgemein der Begriff der Didaktik betrachtet und anschließend die Hochschuldidaktik beleuchtet.

2.2.1.1 Allgemeine Definition von Didaktik

Nach Stelzer-Rothe und Brinker (2008, S. 171) muss prinzipiell bei der Definition des Begriffs der Didaktik allgemein zwischen zwei unterschiedlichen Kontexten unterschieden werden, dem Alltagsverständnis und der wissenschaftlichen Definition und deren Ansätze, die nachfolgend kurz umrissen werden:

1. **Alltagsverständnis**
   Hier wird Didaktik häufig auf Methodik reduziert. Dabei liefert die Didaktik Methoden und Hinweise zur Gestaltung von Lehrveranstaltungen. Im Extremfall wird dabei Didaktik zur Verpackungswissenschaft für das als wichtig erachtete Fachwissen. Hierbei sind Lehrende häufig auf der Suche nach Rezepten und Techniken für ihre Lehrveranstaltungen. Dieses Verständnis ist sehr einseitig an Lehrmethoden orientiert.
2. **Wissenschaftliche Definitionen und Ansätze**
   Bei diesem Verständnis bezieht sich Didaktik auf wissenschaftliche Theorien und Forschungsergebnisse im Kontext von Theorie und Praxis des Lehrens und Lernens. Somit stellt die Didaktik einen Bezugsrahmen für praktische Methodenentscheidungen bereit. Dabei werden drei verschiedene didaktische Ansätze unterschieden: Lerntheoretische, Bildungstheoretische und Konstruktivistische Didaktik.

   A) Lerntheoretische Didaktik:
   Hierbei erfolgt eine Orientierung am Leitbegriff des Lernens und ist eng mit dem Berliner Modell verbunden. Deswegen wird dieser Ansatz auch mit Berliner Didaktik bezeichnet. Hier kann Didaktik als Theorie des Lehrens und Lernen verstanden werden, wobei der Lehrende unter spezifischen Voraussetzungen verschiedene Entscheidungen in den Entscheidungsfeldern treffen muss.
   Nach Hubwieser (2007, S. 27) sind folgende Entscheidungsfelder mit den entsprechenden Fragen zu bedienen:

   - Intentionen: Welche Zielsetzung hat der Unterricht?
   - Lerninhalte: Was wird gelehrt?
   - Methoden: Wie wird der Stoff vermittelt?
   - Medien: Womit wird der Lernstoff transportiert?
   - Folgen des Unterrichts: Welche soziokulturellen und anthropologisch-psychologischen Auswirkungen wird der Lernvorgang haben?

Als Kernstück und übersichtliche Darstellung der lerntheoretischen Didaktik kann das Berliner Modell von Heimann, Otto und Schulz angesehen werden, welches in der Abb. 2.13 dargestellt ist. Es kann zur Analyse und Planung von Lehr-Lern-Prozessen verwendet werden.

2.2 Theoretische Grundlagen der Didaktik

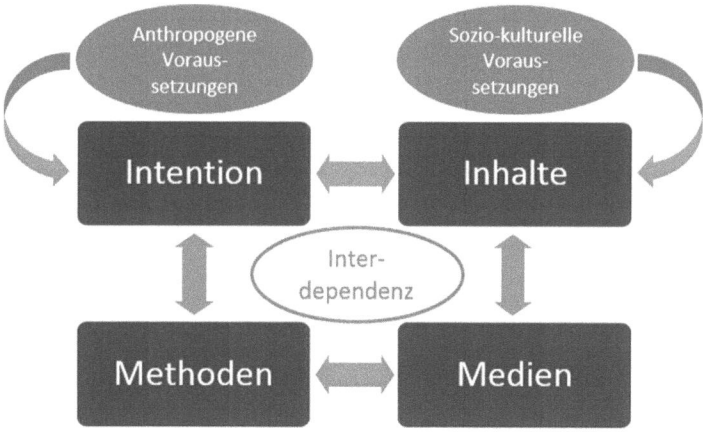

Abb. 2.13 Berliner Modell in Anlehnung an Stelzer-Rothe und Brinker (2008, S. 183)

B) Bildungstheoretische Didaktik:
In der bildungstheoretischen Didaktik ist der Begriff Bildung die zentrale Bezugsgröße. Als zentrales Ziel sieht Klafki die Förderung der Entwicklung eines Menschen mit einer kritischen Allgemeinbildung, mit deren Hilfe dieser sachlich, selbstbewusst und mit der Gemeinschaft verbunden denkt und handelt (vgl. Klafki 1963). D. h. der Fokus liegt auf der Bildung einer Persönlichkeit, insbesondere auf der Entwicklung von Selbstbestimmungs-, Mitbestimmungs- und Solidaritätsfähigkeit und geht somit deutlich über das Aneignen von Fakten und Informationen hinaus. Dieser Ansatz wird auch Göttinger Schule genannt.

C) Konstruktivistische Didaktik
In der konstruktivistischen Didaktik erfolgt eine Konzentration auf die selbständige Konstruktion von Wissen durch Lernende. Dem liegt das Verständnis zu Grunde, dass Wissen nicht vermittelt werden kann, sondern die individuellen Prozesse der Wissenskonstruktion durch anregende Lernumgebungen optimal durch den Lehrenden zu unterstützen sind. D. h. die konstruktivistische Didaktik versteht Lernen als Prozess der Selbstorganisation des Wissens, welches sich auf Basis der Wirklichkeits- und Sinnkonstruktion jeder einzeln lernenden Person vollzieht. Was also jemand unter bestimmten Bedingungen lernt, hängt stark von dem Lernenden selbst und seinen Erfahrungen ab.

Projektarbeit im Studium folgt daher als Methode sowohl der bildungstheoretischen als auch der konstruktivistische Didaktik, da durch die Teamarbeit die Bildung einer Persönlichkeit, insbesondere hinsichtlich von Selbstbestimmungs-, Mitbestimmungs- und Solidaritätsfähigkeit gefördert wird und sie ein hohes Maß an Selbstorganisation von Wissen bedingt, um die Projektarbeit zu vollziehen.

2.2.1.2 Dimensionen des didaktischen Handlungsspielraums

Unabhängig vom didaktischen Ansatz muss immer der didaktische Handlungsspielraum analysiert werden. Der didaktische Handlungsspielraum wird durch drei Dimensionen abgesteckt:

1. Lehrende,
2. Lernende sowie
3. Lehr- und Studienbedingungen

Die erste Dimension die Lehrenden bewegen sich in ihrer Lehre in einem Spielraum, der u.a. durch folgende Aspekte begrenzt wird:

- Äußere Rahmenbedingungen,
- Fachwissen,
- Didaktisch-methodisches Wissen und Können,
- Persönlichkeit des Lehrenden,
- Selbstverständnis des Lehrenden (subjektive Lehrkonzeptionen) und
- Motivation, die eigene Lehre zu verbessern.

Die zweite Dimension des didaktischen Handlungsspielraums stellen die Lernenden dar, d. h. die Voraussetzungen und Ziele der Studierenden sollten berücksichtigt werden. Bei einer Analyse könnten folgende Aspekte einbezogen werden:

- Fach- und themenbezogenes Vorwissen, Studierende müssen ihr Vorwissen überprüfen und ggf. neu strukturieren und systematisch ausbauen.
- Subjektive Lernkonzepte, darunter fallen Einstellungen und Überzeugungen bezogen auf Lernen generell bspw. Lernen, mit dem ein tiefergehendes Wissen angestrebt wird versus Lernen, das auf kurzfristiges Behalten zielt.
- Selbstwirksamkeitserwartungen, hierunter fallen die Erwartungen von Studierenden bezogen auf den Erfolg eigener (Lern)-Anstrengungen.
- Themenbezogenes Interesse, im Mittelpunkt steht hier die Frage wie interessiert sind die Studierenden an dem Thema.
- Lernstrategische Kompetenz, entscheidend ist die Fähigkeit zum selbstgesteuerten Lernen, speziell die Metakognition. D. h. können die Studierenden das eigene Wissen sowie die Fähigkeit zur Planung, Überwachung und Bewertung des eigenen Lernens einschätzen. Ferner ist die Kenntnis und Verfügbarkeit von Lernstrategien und Wissen über deren effektiven Einsatz entscheidend. Besitzen Studierende beispielsweise Strategien zum effektiven Lesen von Texten, Strategien zur Strukturierung und Verarbeitung von Lernmaterial oder auch Strategien zur Aufrechterhaltung der Lernmotivation.
- Intrinsische versus extrinsische Lernmotivation, Lernen aus Interesse an der Sache versus Lernen, um positive Folgen zu erreichen oder negative Sanktionen zu vermeiden.

2.2 Theoretische Grundlagen der Didaktik

Die dritte Dimension des didaktischen Handlungsspielraums stellen die Lehr- und Studienbedingungen dar. Dabei haben beispielsweise folgende Aspekte wesentlichen Einfluss:

- Studien- und Prüfungsordnungen (u.a. Modulhandbuch mit den Lerninhalten),
- Anzahl der Studierenden in der Lehrveranstaltung,
- Leitlinien der Hochschule,
- Fachspezifische Lehr-Lern-Kultur,
- Art und Relevanz zur Überprüfung der Lehrqualität,
- Zeitliche Ressourcen von Lehrenden und Studierenden,
- Finanzielle und personelle Ressourcen, z. B. Begleitung durch Tutorien,
- Technische und räumliche Ressourcen und
- Unterstützende Ressourcen (z. B. kollegialer Austausch, hochschuldidaktische Weiterbildung und Beratung).

In Kap. 3 wird daher auf die dritte Dimension eingegangen, um die Rahmenbedingungen in der Konzeption von studentischen Projektarbeiten zu berücksichtigen. In Kapitel vier werden Aspekte im Coaching vorgestellt, insbesondere reflektierende Maßnahmen, die die zweite Dimension fördern können. Mit Hinweisen auf Weiterbildung und Erfahrungsaustausch kann Motivation für die erste Dimension gegeben werden.

2.2.1.3 Kompetenzorientierung in der Hochschullehre

Der didaktische Handlungsraum kann auch durch Modelle dargestellt werden. Ein klassisches Modell zur Veranschaulichung des Lehr-Lern-Prozesses stellt das sogenannte didaktische Dreieck dar, welches in Abb. 2.14 abgebildet ist.

Betrachtet man die historische Entwicklung der Hochschuldidaktik, so kann prinzipiell festgestellt werden, dass mit der 1999 stattfindenden Bologna-Reform eine Umorientierung in dem grundlegenden didaktischen Verständnis zu erkennen ist. Dadurch wurden Kompetenzen das zentrale Konzept zur Charakterisierung der Zielsetzung von Bildungssystemen (vgl. Harting und Klieme 2007). In der Zeit vor der Bologna-Reform war das didaktische Handeln durch eine Lernzielorientierung gekennzeichnet. Eine zentrale

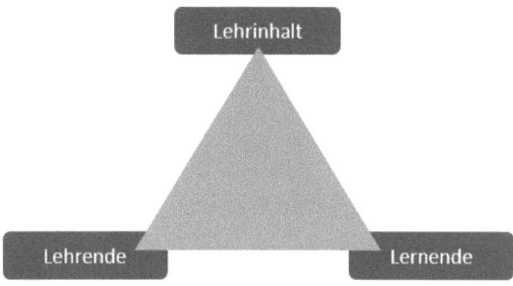

Abb. 2.14 Didaktisches Dreieck in Anlehnung an Stelzer-Rothe und Brinker (2008, S. 183)

Anforderung der Bologna-Reform ist es, Studiengänge, Lehrveranstaltungen und Prüfungen kompetenzorientiert zu gestalten (vgl. Schaper et al. 2012, S. 6). Darauf baut die Konzeption von studentischen Projektarbeiten in diesem Buch auf, Leitlinien der Hochschulrektoren wurden berücksichtigt.

In der lernzielorientierten Didaktik wurden Taxonomien entwickelt, in denen Lernziele inhaltlich unterschieden werden. Die Didaktik ist somit auf das Konzept der Lernziele ausgerichtet. Prinzipiell können bei Lernzielen drei verschiedene Arten unterschieden werden:

1. Kognitive Lernziele: Diese beziehen sich auf das Wissen und die intellektuellen Fertigkeiten.
2. Affektive Lernziele: Diese beziehen sich auf Interessen, Einstellungen und Werthaltungen.
3. Psychomotorische Lernziele: Diese beziehen sich auf physische, manuelle, motorische, sensorische oder technische Fertigkeiten.

Eine weit verbreitete Taxonomie ist die von Bloom. Bloom teilt die kognitiven Lernziele in sechs Komplexitätsstufen ein, welche in Abb. 2.15 dargestellt sind.

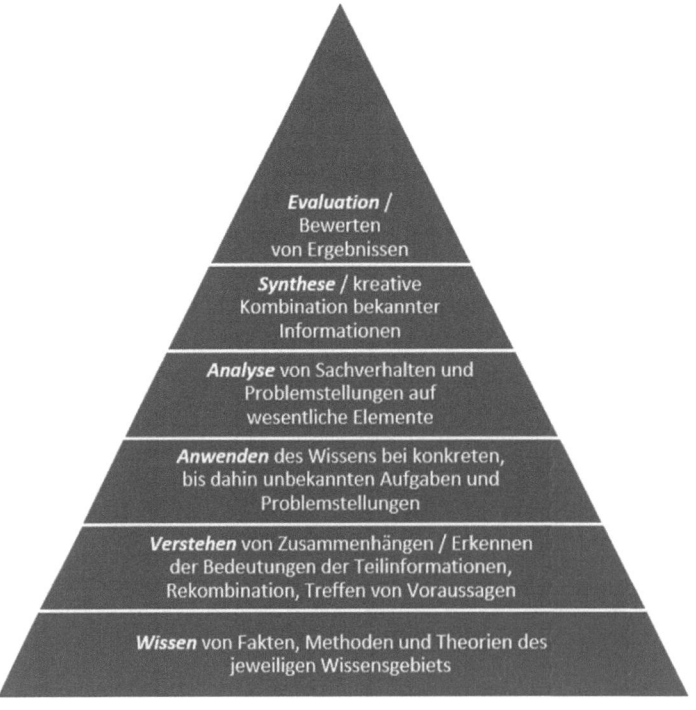

Abb. 2.15 Taxonomie nach Bloom in Anlehnung an Glameyer (vgl. Glameyer 2017)

Nach Macke et al. (2016) weist die Lernzielorientierung folgende charakteristischen Merkmale auf:

- Das didaktische Handeln wird hauptsächlich am zu vermittelnden (fachlichen) Wissen und an den Fähigkeiten ausgerichtet, über die eine handelnde Person verfügen muss, wenn diese mit Wissen umgeht (bspw. Wissen analysieren, Wissen anwenden, Wissen zu neuen Wissenseinheiten zusammenfügen, Wissen bewerten, Wissen prüfen, etc.).
- Lernzielorientiertes didaktisches Handeln ist primär auf die handelnde Person und ihre internen Handlungsvoraussetzungen fokussiert.
- Dabei werden die erforderlichen Handlungsvoraussetzungen überwiegend kognitiv interpretiert und affektive und psychomotorische Aspekte vernachlässigt.

Derzeit liegt der Fokus von Dozierenden an Hochschulen und Universitäten auf einer kompetenzorientierten Entwicklung von Studiengängen und Curriculum, die die Basis bilden für die daraus abzuleitende, kompetenzorientierte Lehr-, Lern- und Prüfungsgestaltung. Dieser Aufbau findet sich in den allermeisten Modulhandbüchern zum Studieninhalt wieder. Darauf wird in Kapitel drei, bei der Konzeption von Lehrveranstaltungen mit studentischer Projektarbeit, noch näher eingegangen.

2.2.1.4 Definitionen von Kompetenz

Ein Blick in die Literatur offenbart, dass im Kontext des Begriffs Kompetenz eine Vielfalt an Begriffen bzw. Erläuterungen existieren. Dabei wird der Konstrukt Kompetenz sehr unterschiedlich aufgefasst und definiert. Anbei eine exemplarische Auswahl verschiedener Begriffsdefinitionen:

- Kompetenz ist eine Fähigkeit, eine bestimmte Klasse von Situationen zu bewältigen und die dazu notwendigen Kenntnisse und Fertigkeiten (kurz: Ressourcen) zu mobilisieren (vgl. Le Boterf 1998).
- Kompetenz ist eine Disposition, die dem Individuum ermöglicht, variable Situationen selbstständig, erfolgreich und verantwortungsvoll zu gestalten (vgl. Wilbers 2013).
- Nach Macke sind bei der Definition des Kompetenzbegriffs mindestens folgende vier Merkmale zu berücksichtigen: (1) Die Handlungssituation, deren Anforderungen ein Handelnder bewältigen soll. (2) Die Ressourcen, die er dafür benötigt, also kognitive Fähigkeiten, Fertigkeiten, Kenntnisse. (3) Die Bereitschaft seine Ressourcen zu mobilisieren. (4) Die Bereitschaft seine Ressourcen verantwortungsvoll zu nutzen (vgl. Macke et al. 2016).

Nach Schaper geht es bei Kompetenz im Kern um die Fähigkeit und Dispositionen zur Bewältigung kontextspezifischer Anforderungen. Was darunter jeweils verstanden wird, ist daher sehr vom theoretischen und disziplinären Zugang und vom Anwendungskontext, auf den sich die Kompetenzen beziehen, abhängig (vgl. Schaper et al. 2012, S. 12). Exemplarisch eine Auswahl unterschiedlicher Kompetenzverständnisse:

1. **Sozial- und verhaltenswissenschaftliches Verständnis**
   Der Kompetenzbegriff weist unterschiedliche Facetten auf, die sowohl mit Zuständigkeit (der sozialen bzw. organisationalen Facette), mit Fähigkeit (der kognitiven Facette) und mit Bereitschaft (der motivationalen Facette) zu tun haben. Bei einem kompetenten Handeln muss sich Zuständigkeit, Fähigkeit und Bereitschaft in Deckung miteinander befinden bzw. gebracht werden.
2. **Kompetenzverständnis im Rahmen der empirischen Bildungsforschung**
   Weinert, einer der einflussreichsten empirischen Bildungsforscher postulierte folgende Definition: „Kompetenzen sind die bei Individuen verfügbaren oder erlernbaren kognitiven Fähigkeiten und Fertigkeiten, bestimmte Probleme zu lösen, sowie die damit verbundenen motivationalen, volitionalen und sozialen Bereitschaften und Fähigkeiten, um die Problemlösungen in variablen Situationen erfolgreich und verantwortungsvoll nutzen zu können" (vgl. Weinert 2014). Dabei wird angenommen, dass Kompetenzen durch Lernen erworben werden können und dass der Kompetenzerwerb das Sammeln von Erfahrungen in den entsprechenden Situationen bzw. Kontexten und den damit verbundenen Aufgaben voraussetzt.
3. **Kompetenzverständnis im Rahmen der Berufsbildungsforschung bzw. -pädagogik**
   Dieses Kompetenzverständnis stellt die Entwicklung beruflicher Handlungskompetenz, d. h. die Befähigung für bestimmte berufliche Handlungsfelder in den Mittelpunkt. Handlungskompetenz wird dabei als Fähigkeit verstanden, aus einem begrenzten Regelsystem (Wissensbasis) heraus eine unendliche Vielzahl von situationsadäquaten Handlungen generieren zu können. Übergeordnetes Ziel dieses didaktischen Ansatzes ist der Erwerb beruflicher Handlungskompetenz. Dabei wird angenommen, dass sich berufliche Handlungskompetenz in fast allen beruflichen Domänen zwar aus unterschiedlichen Kompetenzfacetten zusammensetzt, diese aber den folgenden vier Kompetenzkategorien zugeordnet werden können:
   – **Fachkompetenz:** spezifische Kenntnisse und Fertigkeiten, die zur Bewältigung beruflicher Aufgaben benötigt werden.
   – **Methodenkompetenz:** situationsübergreifend einsetzbare kognitive und metakognitive Fähigkeiten (z. B. zur Problemlösung oder Entscheidungsfindung), die zur selbständigen Bewältigung komplexer Aufgaben gefordert werden.
   – **Sozialkompetenz:** Wissen, Fertigkeiten und Fähigkeiten zur erfolgreichen Realisierung von Zielen und Plänen in sozialen Interaktionssituationen. Dies zeigt sich in kommunikativen und kooperativen Verhaltensweisen.
   – **Personale- oder Selbstkompetenz:** Hierzu gehören persönlichkeitsbezogene Dispositionen wie Einstellungen, Werthaltungen und Motive, die das Arbeitshandeln beeinflussen. Ferner aber auch Fähigkeiten zur Selbstwahrnehmung (z. B. Reflexion eigener Fähigkeiten) und Selbstorganisation (z. B. Zeitmanagement).

Der Kompetenzbegriff im akademischen Umfeld weist Besonderheiten auf. Zum einen soll das Studium an einer Hochschule die Absolventen und Absolventinnen auf eine berufliche Tätigkeit vorbereiten sowie den Studierenden stärker an aktuelle Anforderungen des

2.2 Theoretische Grundlagen der Didaktik

entsprechenden Arbeitsmarktsegments angepasste Fertigkeiten, Kenntnisse und Kompetenzen vermitteln. D. h. eine Befähigung zum Eintritt und Erfolg in adäquate berufliche Tätigkeitsfelder gehört zur zentralen Zielkonzeption eines Studienabschlusses und somit muss akademische Kompetenz tätigkeitsbezogen sein. Andererseits muss eine im Hochschulstudium zu entwickelnde akademische bzw. wissenschaftlich geprägte Kompetenz noch weitere Anforderungen erfüllen (vgl. Schaper et al. 2012):

- **Reflexiv und explikationsfähig:** Die Fähigkeit zur Reflexion und damit auch, dass Kompetenzen und ihre Grundlagen expliziert werden können, ist ein zentrales Element in der Erwerbs- und Bildungsphase als auch in den Tätigkeitsfeldern von Akademikern.
- **Erkenntnisbasiert**: Ein systematisches, methodenkritisches sowie theorie- und erkenntnisgeleitetes Herantreten an theoretische und praktische Situationen im Bewusstsein der Vorläufigkeit der Erkenntnis.
- **Disziplinär organisiert:** Kompetenzentwicklung an den Hochschulen erfolgt aus der Perspektive und dem Paradigma der gewählten fachlichen Disziplin. Somit ist diese daher eher sowohl am Fach als auch an praktisch-konkreten Problemstellungen orientiert.
- **Auf komplexe neuartige Situationen und Aufgaben bezogen:** Der Umgang mit Neuartigkeit und Komplexität ist bei akademikeradäquaten Arbeitsplätzen eine bestimmende Eigenschaft. Kompetentes Handeln orientiert sich daher an grundlegenden Herangehensweisen und Handlungsplänen sowie den Einsatz von wissenschaftlichen Methoden.

Zusammenfassend kann festgestellt werden, dass eine akademische Kompetenzauffassung einerseits in hohem Maße von Anforderungen akademischer Berufsfelder ausgehen sollte (Umgang mit komplexen und neuartigen Problemstellungen, Orientierung am Fach und an praktisch konkreten Problemstellungen) sowie andererseits aber auch von den Anforderungen an ein wissenschaftlich fundiertes Handeln (Fähigkeit zur Reflexion und systematisches, methodenkritisches sowie theorie- und erkenntnisgeleitetes Herantreten an Situationen).

Nach Macke et al. (2016) sollte das didaktische Handeln im Kontext von Hochschulen auf zwei Bezugspunkte, wie in Abb. 2.16 vorgestellt, ausgerichtet sein:

- Kompetenzen, die erworben werden sollen.
- Die Lernenden, die verstehen und mit dem Wissen umzugehen lernen sollen.

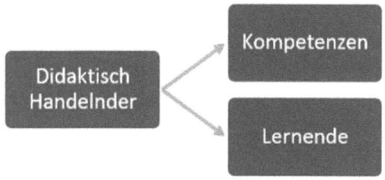

Abb. 2.16 Bezugspunkte didaktischen Handelns in Anlehnung an Macke et al. (2016, S. 58)

Dabei sollte sich ein didaktisch Handelnder stets an folgenden zwei zentralen Fragestellungen orientieren: Wie handele ich kompetent? Wie handele ich so, dass meine Studierenden kompetent Handelnde werden?

Das sind auch zu berücksichtigende Leitfragen bei der Ausgestaltung und Betreuung von studentischen Projekten. Der Dozent hat hier auch eine Vorbildfunktion wahrzunehmen und sollte daher die dafür nötigen Kompetenzen hinsichtlich Fachkenntnissen, Projektmanagement-Kenntnissen und psychologischen und soziologischen Kenntnissen für die Betreuung von Projektarbeiten einbringen. Um dem Rechnung zu tragen, sind diese drei Schwerpunkte im Theorieteil dieses Buchs gewählt worden.

2.2.2 Übersicht der Projektmanagement-Kompetenz

Nachdem im vorangegangenen Kapitel sowohl die Themen Didaktik und Kompetenz allgemein als auch im Hochschulkontext kompakt beleuchtet wurden, steht im Mittelpunkt dieses Abschnitts die Projektmanagement-Kompetenz. In diesem Kapitel soll nun analysiert werden, welche Kompetenz notwendig ist, um Projekte erfolgreich umzusetzen.

Wie in Kap. 2 exemplarisch erläutert, gibt es am Markt verschiedene Standards, die auf Basis von Best-Practice-Ansätzen und anhand von Prozessmodellen Orientierung geben, wie Projekte erfolgreich durchgeführt werden sollen. Die von der IPMA/GPM entwickelte Individual Competence Baseline (ICB®) dagegen verfolgt einen anderen Ansatz, denn hier steht die Handlungskompetenz der am Projekt beteiligten Personen im Mittelpunkt. Im Dezember 2016 erfolgte die Veröffentlichung von ICB® 4.0, der aktuelle Standard für individuelle Projektmanagement-Kompetenz.

Im vorangegangenen Kapitel wurde erläutert, dass u.a. eine wichtige Anforderung an den Kompetenzbegriff im akademischen Umfeld, die Vermittlung von aktuellen an das entsprechende Arbeitsmarktsegment angepasste Kompetenzen darstellt. In diesem Abschnitt erfolgt eine kurze Einführung und Überblick über das Kompetenzverständnis und die geforderten Kompetenzelemente in ICB® 4.0. In ihr sind eine Reihe von Kompetenzelementen für das Führen von und die Mitarbeit in Projekten, Programmen und Portfolios zusammengefasst.

Die ICB® 4.0 stellt eine Art Leitfaden für Einzelpersonen dar, die ihre Projektmanagement-Kompetenz entwickeln wollen. Daher erfolgt beim Kompetenzbegriff eine Fokussierung auf die individuelle Kompetenz. Dort findet sich folgende Definition: „Individuelle Kompetenz ist die Anwendung von Wissen, Fertigkeiten und Fähigkeiten, um die gewünschten Ergebnisse zu erzielen" (vgl. IPMA/GPM 2016).

Die drei genannten Begriffe bauen dabei aufeinander auf und haben folgende Abhängigkeiten (vgl. auch Abb. 2.17):

- Das Besitzen einer Fertigkeit setzt bestimmtes, relevantes Wissen voraus.
- Das Besitzen einer Fähigkeit setzt relevante Fertigkeiten und Wissen voraus.

2.2 Theoretische Grundlagen der Didaktik

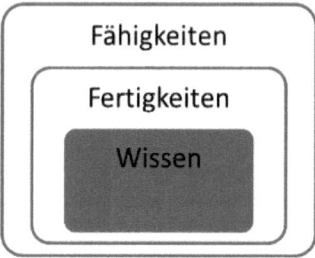

Abb. 2.17 Kompetenzelemente der ICB (IPMA/GPM 2016, S. 17)

Um kompetent zu handeln, muss dann allerdings noch die praktische Umsetzung auf die richtige Art und Weise und zur richtigen Zeit hinzugefügt werden.

Das ICB® 4.0 ist ein umfassendes Kompetenzinventar, welches als „Eye of Competence" bezeichnet wird, das der Einzelne besitzen oder entwickeln muss, um Projekte, Programme und Portfolios erfolgreich umsetzen zu können. Der Leitfaden stellt ein generisches Modell dar, welches für alle Branchen und Wirtschaftszweige relevant ist. Die Bedeutung der verschiedenen Kompetenzen kann sich je nach Projektart z. B. IT, Produktion, Forschung und Entwicklung und Branche z. B. Bau, Unternehmensdienstleistungen, jedoch deutlich unterschiedlich ausfallen.

In der ICB® 4.0 werden, wie in Abb. 2.18 gezeigt, drei Kompetenzbereiche unterschieden.

In den Bereich der Kontext-Kompetenzen fallen alle Methoden, Werkzeuge und Techniken, durch die ein Einzelner mit seiner Umgebung interagieren kann. Ferner gehören in den Bereich auch die Grundüberlegungen, die Menschen, Organisation und Gesellschaften motiviert, Projekte, Programme oder Portfolios auf den Weg zu bringen.

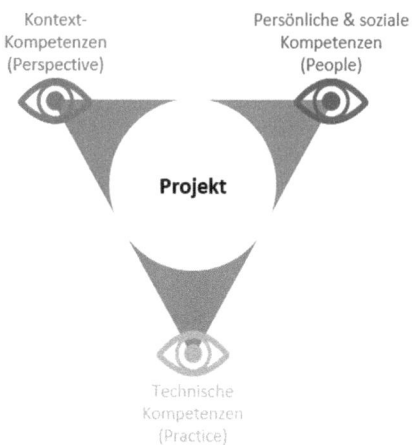

Abb. 2.18 Drei Kompetenzbereiche der ICB 4.0 (IPMA/GPM 2016, S. 27)

Tab. 2.5 Kompetenzfaktoren der drei Bereiche

Kontext-Kompetenzen	Persönliche und soziale Kompetenzen	Technische Kompetenzen
• Strategie • Governance, Strukturen und Prozess • Compliance, Standards und Regularien • Macht und Interessen • Kultur und Werte	• Selbstreflexion und Selbstmanagement • Persönliche Integrität und Verlässlichkeit • Beziehungen und Engagement • Führung • Teamarbeit • Konflikte und Krisen • Vielseitigkeit • Verhandlungen • Ergebnisorientierung	• Projekt-Programm oder Portfoliodesign – Anforderungen, Nutzen und Ziele – Leistungsumfang und Lieferobjekt – Ablauf und Termine – Organisation, Information und Dokumentation – Qualität – Kosten und Finanzierung – Ressourcen – Beschaffung und Partnerschaft – Planung und Steuerung – Chancen und Risiken – Stakeholder – Change und Transformation – Programm- und Projektselektion und Portfoliobalance

Zu den persönlichen und sozialen Kompetenzen gehören alle Attribute, die ein Einzelner benötigt, um erfolgreich an Projekten, Programmen oder Portfolios mitzuarbeiten oder diese zu leiten.

Alle Methoden, Werkzeuge und Techniken, die in Projekten, Programmen und Portfolios eingesetzt werden, um diese erfolgreich zu verwirklichen, werden in den Technischen Kompetenzen zusammengefasst.

Die Kompetenzen werden nicht rollenspezifisch beschrieben, sondern tätigkeits-/domänenbezogen (bspw. Personen, die im Projektmanagement arbeiten). Ferner sind Kompetenzindikatoren beschrieben, welche aussagekräftige Kennzahlen für erfolgreiches Projekt-, Programm- und Portfoliomanagement für die jeweilige Domäne definieren.

In Tab. 2.5 ist ein Überblick über die einzelnen Kompetenzfaktoren der drei Bereiche gegeben.

2.2.3 Zielkompetenzwürfel für studentische Projekte

In diesem Kapitel wird nun das Verständnis der Autoren bzgl. des Kompetenzkonstrukts im Kontext der Durchführung von studentischen Projekten vorgestellt. Dazu wird als erstes kurz beleuchtet, welche grundlegenden Vorgehensweisen bzw. Ansätze zur Definition des Kompetenzkonstrukts/ -profil in der Literatur zu finden sind. Anschließend wird dann basierend auf einem ausgewählten Ansatz sowie unter Verwendung der elementaren Ergebnisse der Vorkapitel das dem Buch zugrundeliegende Kompetenzkonstrukt abgeleitet.

Nach Schaper et al. (2012, S. 57) sind Kompetenzen dadurch charakterisiert, dass ihre Beherrschung auf unterschiedlichen Anforderungs-, Schwierigkeits- oder Komplexitätsstufen beschrieben werden kann. Häufig wird dies auch mit unterschiedlichen Graden der Beherrschung bzw. Expertise in einer Aufgaben- oder Berufsdomäne gekennzeichnet. Daraus resultiert, dass auch der Kompetenzerwerb in der Regel stufenweise erfolgt bzw. gestaltet werden sollte. Somit wird zur effektiven Gestaltung eines kompetenzorientierten Lehr-/Lernprozess notwendig, Transparenz über die verschiedenen Stufen eines Kompetenzerwerbsprozesses im Kontext einer Aufgaben- /Anforderungsdomäne zu bekommen. Auf dieser Grundlage lässt sich der Lernprozess wirkungsvoll gestalten: Ausgehend von einfachen (Vor-)Formen der Kompetenz bzw. Handlungsstruktur und stufenweise weiter zu komplexeren und anspruchsvolleren Formen der Handlungsbeherrschung.

Zur Gestaltung und Überprüfung eines entsprechenden Kompetenzaufbaus ist es notwendig, dass als Grundlage der Lehr-, Lern- und Prüfungsgestaltung ein Kompetenzniveau- bzw. Kompetenzentwicklungsmodell entwickelt wird, anhand dessen die zum Kompetenzaufbau erforderlichen Lernschritte und zu erreichenden Kompetenzniveaus abgeleitet und konkret beschrieben werden können (vgl. Bruckmann und Scheidler 2011; Schaper et al. 2012, S. 16). Dieses kann dann für die Konzeption und Umsetzung der kompetenzorientierten Lehre verwendet werden. Ein Beispiel hierfür wird in Kapitel drei für die Planung eines studentischen Projekts gegeben.

Um entsprechende zu vermittelnde Kompetenzen präzise und valide beschreiben und sie darüber hinaus einer Messung bzw. Prüfung zugänglich zu machen, bedarf es so genannter Kompetenzmodelle bzw. -profile.

Zur Entwicklung des dem Buch zugrundeliegenden Kompetenzportfolios wird bewusst auf Instrumente zurückgegriffen, die sich in der Didaktik bewährt haben, bspw. auf eine zweidimensionale Beschreibung von Handlungszielen sowie auf eine taxonomische Ordnung von Handlungszielen nach ihrer Komplexität.

2.2.3.1 Ausprägung der Kompetenzen durch Handlungsstufen

Eine Dimension stellt die **Stufen des Handelns** dar. Dabei erfolgt eine Anlehnung an Macke et al., die sich an der kognitiven Lerntaxonomie von Bloom orientieren und diese handlungstheoretisch leicht abwandeln. Als Ergebnis werden sechs verschiedene Handlungsstufen definiert. Der Idee von Taxonomien folgend werden das jeweilige Handeln und die dem Handeln zugrundeliegenden Fähigkeiten mit jeder Stufe komplexer. Die Tab. 2.6 gibt eine Benennung und kurze Charakterisierung der sechs definierten Handlungsstufen wieder.

Dabei liegt das Verständnis zugrunde, dass eine Person dann und nur dann kompetent handelt, wenn sie in einer Handlungssituation, in der es im Allgemeinen mehrere Handlungsoptionen gibt, in der Lage ist, die zentralen Aspekte des Handelns zu reflektieren und ihre Entscheidung für eine der Handlungsoptionen begründen kann. Somit spiegelt die höchste Stufe des Handelns wichtige Anforderungen des akademisch bzw. wissenschaftlich geprägten Kompetenzverständnisses, der Fähigkeit zur Reflexion und systematisches, methodenkritisches sowie theorie- und erkenntnisgeleitetes Herantreten an Situationen, wieder.

Tab. 2.6 Charakterisierung der Handlungsstufen

Bezeichnung der Handlungsstufe	Charakterisierung der Handlungsstufe
Verstehen	Aussagen über Inhalte / Sachverhalte mit eigenen Worten wiedergeben können.
Anwenden	Allgemeine Aussagen auf Handlungssituationen übertragen.
Analysieren	Relevante charakteristische Eigenschaften einer Situation für die Wahl von Handlungsmöglichkeiten erkennen können. Verschiedene Handlungsmöglichkeiten benennen können.
Bewerten	Verschiedene Handlungsmöglichkeiten nach Kriterien beurteilen können.
Entscheiden	Entwickeln eines neuen Vorgehens bzw. sich für ein neues Vorgehen entscheiden.
Begründen	Gewählte Handlungsoption begründen können.

Quelle: In Anlehnung an Macke et al. (2016, S. 90)

2.2.3.2 Auswahl der Kompetenzdimensionen

Die zweite Dimension des Zielkompetenzwürfels der Autoren stellen die **Kompetenzdimensionen** dar. Diese wurden aus den theoretischen Grundlagen (Kompetenzverständnis beruflich, akademisch sowie bildungsorientiert) abgeleitet bzw. ausgewählt. Für die Konzeption von studentischen Projekten schlagen die Autoren die drei zentralen Kompetenzdimensionen vor: 1. Fachlich, 2. PM-Technisch und 3. Persönlich und sozial. Die einzelnen Kompetenzdimensionen setzen sich aus weiter unterschiedlichen Kompetenzelementen zusammen, welche die Dimensionen weiter spezifizieren.

Als Ergebnis resultiert ein dreidimensionaler Kompetenzwürfel, der als Orientierungsrahmen für die Konzeption und Umsetzung konkreter Lehrveranstaltungen verwendet werden kann. Die drei Kompetenzdimensionen sind mit ihrer Handlungsstufe in Tab. 2.7 als Übersicht zu sehen und anschließend mit ihren Elementen beschrieben.

Tab. 2.7 Kompetenzdimensionen des Kompetenzwürfels

Kompetenz-dimensionen Stufen des Handelns	Fachlich	PM-technisch	Persönlich und sozial
Verstehen			
Anwenden			
Analysieren			
Bewerten			
Entscheiden			
Begründen			

1. Kompetenzdimension: Fachliche Kompetenzen

Die erste Kompetenzdimension stellt fachliche Aspekte dar. Wichtig bei der Definition eines Kompetenzkonstrukts ist die Festlegung des entsprechenden fachlichen Kontexts. Hier gilt es, sich zu überlegen, welche fachlichen Kompetenzanforderungen in der jeweiligen Domäne existieren. Dabei kann anhand der Identifizierung und Analyse von realen Situationen überlegt werden, welche Anforderungen bewältigt werden müssen. Die fachlichen Kompetenzanforderungen müssen in verschiedenen Levels / Ebenen beschrieben werden. Hierzu ein Beispiel:

Die Fremdsprachenkompetenz stellt die Fähigkeit zum erfolgreichen mündlichen und schriftlichen Kommunizieren in der jeweiligen Sprache dar. Je nach Ausbildungsziel können viele (Berufs-) Situationen eingeschlossen werden und darauf aufbauend gemeinsame ähnliche Anforderungen beschrieben werden. Beispielsweise muss reines Wissen (z. B. über grammatische Regeln) aber auch dessen Anwendung in verschiedenen kommunikativen Situationen vermittelt werden.

Wichtig ist, es die wesentlichen Kompetenzanforderungen der jeweiligen Fachdisziplin herauszuarbeiten, und in verschiedenen Kompetenzbereichen darzustellen, wobei die verschiedenen Stufen des Handelns reflektiert werden sollten.

2. Kompetenzdimension: PM-technische Kompetenzen

Die zweite Dimension stellen die PM-technischen Kompetenzelemente dar. Bei der Abwicklung von studentischen Projekten sind nach Einschätzung der Autoren folgende Kompetenzelemente besonders wichtig. Die Autoren orientieren sich dabei an der ICB® 4.0 und haben folgende Kompetenzelemente ausgewählt:

- **Projektdesign**
  Zentrale Zielsetzung ist die Befähigung einzelner Personen, alle kontextuellen und sozialen Aspekte erfolgreich in das Projekt zu integrieren und daraus den vorteilhaftesten Ansatz zur Projektabwicklung abzuleiten, um aktive Beteiligung und Erfolg sicherzustellen. D. h. Studierende müssen in die Lage versetzt werden, einen angemessenen Projektmanagementansatz auszuwählen und anzupassen sowie ein Konzept für die Projektdurchführung zu entwerfen. Dabei sollten sowohl die Projektkomplexität als auch Erfolgskriterien gebührend Berücksichtigung finden.
- **Anforderungen und Ziele**
  Im Mittelpunkt dieses Kompetenzelements steht der Erkenntnisgewinn, die Beziehungen zwischen den Ergebnissen, die die Stakeholder erreichen wollen und denen, die das Projekt erfüllen wird, einschätzen zu können. D. h. Studierende müssen befähigt werden, gemeinsam mit den Stakeholdern zu definieren, was das Projekt für diese erreichen soll und dieses muss dann in eindeutig definierte Leistungen und Ergebnisse des Projekts übertragen werden. Dazu müssen diese angemessen mit Stakeholdern kommunizieren und dessen Erwartungen kontinuierlich managen. Ferner müssen Studierende lernen Workshops zu moderieren, um den Abgleich zwischen den Stakeholdern zu unterstützen.

- **Leistungsumfang und Lieferumfang**
  Im Fokus dieses Elements steht die Kompetenz, den spezifischen Schwerpunkt bzw. Inhalt des Projekts festzulegen. D. h. die Studierenden müssen die Grenzen in Inhalt und Umfang des Projekts erkennen, Lieferobjekte und Arbeitspakete definieren und den Leistungsumfang strukturieren, konfigurieren und kontrolliert umsetzen.
- **Ablauf und Termine**
  Im Zentrum dieses Elements steht die Befähigung des Einzelnen, alle Komponenten, die für die Lieferung der vereinbarten Ergebnisse des Projekts notwendig sind, zu definieren, in eine zeitliche Abfolge zu bringen, zu optimieren, zu überwachen und zu steuern. D. h. die Studierenden müssen in die Lage versetzt werden, die zur Projektabwicklung notwendigen Aktivitäten zu definieren und für diese den Arbeitsaufwand und Dauer festzulegen. Ferner müssen sie geeignete Abfolgen für die Projektaktivitäten entwerfen können sowie Ablauf- und Terminpläne erstellen können. Auch die Fortschrittsüberwachung anhand des Terminplans und die Durchführung von notwendigen Anpassungen müssen entwickelt werden.
- **Organisation, Information und Dokumentation**
  Dieses Kompetenzelement fokussiert auf die Befähigung von Einzelnen, um diese in die Lage zu versetzen, eine hochleistungsfähige temporäre Organisation aufzubauen. D. h. Studierende sollten befähigt werden, die Bedürfnisse der Stakeholder bzgl. Information und Dokumentation zu bestimmen und beurteilen zu können. Ferner sollten sie in der Lage sein, geeignete Infrastrukturen, Prozesse und Informationssysteme aufzubauen sowie geeignete Strukturen, Rollen und Verantwortlichkeiten zu definieren.
- **Qualität**
  Im Mittelpunkt dieses Kompetenzelements steht die Sicherung der Qualität des zu liefernden Produkts bzw. der zu erbringenden Dienstleistung sowie des zu organisierenden Lieferprozesses. D. h. Studierende sollten befähigt werden, dass sie Qualitätsmanagementpläne für Projekte entwickeln und diese auch implementieren sowie überwachen und ggf. anpassen können. Ferner sollten diese mit der Sicherstellung von Qualität im Verlauf des Projekts vertraut sein und für eine qualitätsgerechte Auslieferung der Projektlieferobjekte Sorge tragen können.
- **Planung und Steuerung**
  Zentrale Zielsetzung dieses Elements ist die Kompetenz sich einen ausgewogenen und ganzheitlichen Überblick über das Management eines Projekts verschaffen und aufrechterhalten zu können. Dazu müssen Studierende befähigt werden, sowohl einen ausgewogenen Projektplan für ein Projekt erstellen zu können als auch dessen Ausführung angemessen überwachen zu können. Ferner sollten Studierende in die Lage versetzt werden, geeignete Berichte über den Projektfortschritt erstellen zu können.
- **Chancen und Risiken**
  Im Zentrum dieses Kompetenzelements steht die Befähigung des Einzelnen, Chancen und Risiken zu verstehen und diese effektiv managen zu können. D. h. Studierende müssen dazu befähigt werden, eine angemessene Chancen- und Risikomanagementstruktur in ihren Projekten zu entwickeln und implementieren zu können. Ferner sollten sie in der Lage sein, Chancen und Risiken zu identifizieren, diese zu analysieren,

geeignete Strategien und Maßnahmen auszuwählen und zu implementieren sowie auch die Auswirkungen zu überwachen.
- **Stakeholder**
Im Fokus dieses Elements steht die Fähigkeit, die Interessen, den Einfluss und die Erwartungen von Stakeholdern zu managen, die Stakeholder zu beteiligen und ihre Erwartungen effektiv zu managen. D. h. Studierende sollten befähigt werden, Stakeholder zu identifizieren und deren Interessen sowie deren Einfluss zu analysieren. Ferner sollten Sie in die Lage versetzt werden, geeignete Stakeholderstrategien und Kommunikationspläne zu entwickeln und aufrechtzuerhalten. Zusätzlich sollten sie mit der Bedeutung von unterschiedlichen Stakeholdern vertraut sein und ein angemessener Umgang mit dessen Interessen und Erwartungen definiert und gelebt werden.

3. Kompetenzdimension: Persönliche und soziale Kompetenzen
Die dritte Dimension stellen persönliche und soziale Kompetenzen dar. Folgende Aspekte aus der ICB® 4.0 könnten im Kontext von studentischen Projekten besonders wichtig sein:

- **Selbstreflexion und Selbstmanagement**
Zentrale Zielsetzung dieses Kompetenzelements ist es, einzelne Personen in die Lage zu versetzen, ihr Verhalten zu kontrollieren und zu lenken, indem sie den Einfluss der eigenen Emotionen, Vorlieben und Werte erkennen. Dadurch wird ein effektiver und effizienter Einsatz der eigenen Ressourcen ermöglicht, was zu einer positiven Energie bei der Arbeit beiträgt. D. h. Studierenden sollte bewusst gemacht werden, dass die eigenen Emotionen, Vorlieben und Werte die eigenen Entscheidungen und das Handeln leiten. Sie sollten dadurch befähigt werden, sich selbst zu führen. Ferner sollten diese an einem systematischen und disziplinierten Ansatz bei der täglichen Arbeit, was ein effektives Zeitmanagement beinhaltet, herangeführt werden.
- **Persönliche Kommunikation**
Im Mittelpunkt dieses Elements steht, wie der Einzelne befähigt wird, in unterschiedlichen Situationen, mit verschiedenen Zielgruppen und über verschiedene Kulturen hinweg effizient und effektiv zu kommunizieren. D. h. Studierende müssen dazu befähigt werden, mit den wichtigsten Aspekten einer effektiven Kommunikation vertraut zu sein. Dazu gehört, dass sowohl Inhalt als auch die Art zu kommunizieren (Tonfall, Informationskanal und –menge) klar verständlich auf die Zielgruppe ausgerichtet sind. Ferner sollten Studierende erlernen, wie sie sicherstellen, dass die Botschaften auch verstanden wurden, indem sie der Zielgruppe aktiv zuhören und Feedback einholen. Zusätzlich sollten sie mit dem Einsatz unterschiedlicher Kommunikationsmittel (Präsentationen, Meeting, schriftliche Dokumente usw.) vertraut werden.
- **Teamarbeit**
In diesem Kompetenzelement geht es darum, Einzelne in die Lage zu versetzen, die richtigen Teammitglieder auszuwählen, die Ausrichtung des Teams zu fördern sowie ein Team effektiv zu leiten. D. h. Studierende müssen erlernen, wie sie die Teambildung durch geeignete Mittel bestmöglich unterstützen können.

- **Konflikte und Krisen**
  Im Mittelpunkt dieses Elements steht die Befähigung von Einzelnen, effektive Maßnahmen zu ergreifen, wenn eine Krise oder ein Aufeinanderprallen gegensätzlicher Interessen oder inkompatibler Persönlichkeiten auftritt. D. h. Studierende sollten dazu befähigt werden, potenzielle Konflikte und Krisen zu erkennen und entsprechend darauf zu reagieren.
- **Verhandlungen**
  Im Fokus dieses Kompetenzelements steht, wie Einzelne in die Lage versetzt werden können, durch den Einsatz von Verhandlungstechniken zufriedenstellende Einigungen mit Dritten zu erzielen. D. h. Studierende sollten erlernen, wie sie die Interessen verschiedener Parteien, die an einer Verhandlung beteiligt sind, identifizieren und analysieren sowie angemessene Techniken, Taktiken und Strategien gezielt einsetzen können.
- **Ergebnisorientierung**
  Zentraler Inhalt dieses Elements ist es, wie Einzelne in die Lage versetzt werden, sich auf vereinbarte Ergebnisse zu konzentrieren und diese anzustreben, so dass das Projekt zum Erfolg geführt wird. D. h. die Studierenden müssen befähigt werden, die Aufmerksamkeit des Einzelnen und des Teams auf die Hauptziele zu lenken, um so das optimale Ergebnis aller Beteiligten zu erreichen.

2.2.3.3 Darstellung des Zielkompetenzwürfels

In diesem Abschnitt soll das in dem Buch abgeleitete Kompetenzkonstrukt anhand von Beispielen veranschaulicht werden. Die Abb. 2.19 und die Abb. 2.20 zeigen zwei

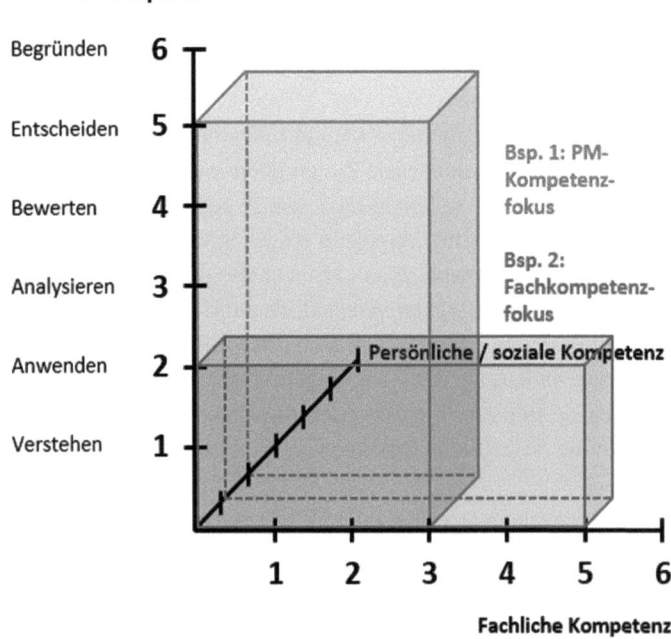

Abb. 2.19 Zielkompetenzwürfel mit Beispielen

2.2 Theoretische Grundlagen der Didaktik

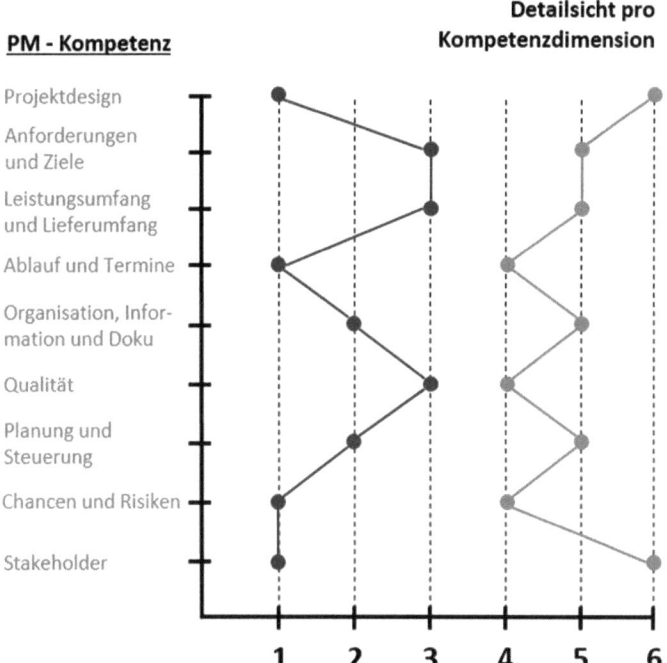

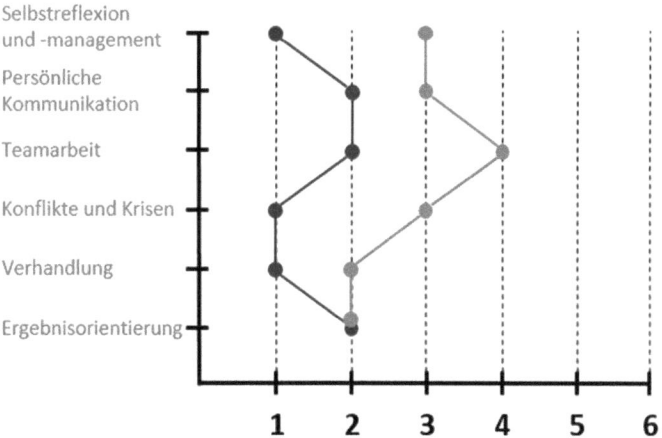

Abb. 2.20 Detailsicht pro Kompetenzdimension

exemplarische Ausprägungen der angestrebten Zielkompetenzen. In Beispiel eins wird auf die Entwicklung von PM-Kompetenzen ein besonderer Schwerpunkt gelegt. Dagegen wird im Beispiel zwei ein besonderer Fokus auf die Entwicklung der ersetzen mit persönlichen Kompetenzen gesetzt.

Die Felder der Matrix stellen konkrete zu entwickelnde Kompetenzelemente dar. Mit Hilfe dieser Kompetenzmatrix können die Kompetenzanforderungen bzw. Learning

Outcomes eines Moduls systematisch über verschiedene Kompetenzstufen abgeleitet werden. Zur Definition der zu erwerbenden Kompetenzen kann eine konkrete Anzahl an verschiedenen Kompetenzelementen ausgewählt werden. Diese ausgewählten Kompetenzelemente stellen dann die Teilziele der angestrebten Kompetenzziele dar. Ferner könnten ggf. je nach Ausrichtung der Lehrveranstaltung noch spezielle akademische bzw. wissenschaftlich orientierte Kompetenzelemente mit aufgenommen werden.

Die für eine Lehrveranstaltung ausgewählten Kompetenzelemente können abschließend zur Bewertung der Leistungserbringung herangezogen werden. Es müssen nur noch Kriterien festgelegt werden, an denen man erkennt, ob und in welchem Grad die Kompetenzelemente aufgebaut wurden. Daraus resultieren Kompetenzindikatoren, die in das Bewertungsraster zur Projektarbeit und der einzelnen Studierenden einfließen können. Ein Beispiel hierzu ist in Kap. 4 zu lesen.

2.2.4 Studentische Projekte als Lehrformat

Im vorangegangenen Kapitel wurde ein Kompetenzmodell/-profil formuliert, welches als zentrale Grundlage für die Umsetzung von Lehrveranstaltungen dienen kann, in denen studentische Projekte abgewickelt werden. Dabei erfolgte eine kompetenzorientierte Ausgestaltung.

Nun soll kurz reflektiert werden, wie Lehr-/Lernprozesse zu gestalten sind, damit diese besonders die Entwicklung entsprechender Kompetenzen fördern. D. h. es soll ein kurzer Überblick gegeben werden, welche Aspekte bei der Gestaltung von kompetenzorientierter Lehre (Lehr-Lern-Prozess) besonders zu berücksichtigen sind.

2.2.4.1 Prinzipien für kompetenzorientierte Lehr-/Lerngestaltung

Nach Schaper et al. (2012, S. 55) sind folgende grundlegenden Prinzipien für eine kompetenzorientierte Lehr-/Lerngestaltung zu beachten:

Konsequente Orientierung an den zu erreichenden Kompetenzzielen bzw. angestrebten „Learning Outcomes". D. h. die didaktische Ausgestaltung sollte an der Art und Komplexität der zu erzielenden „Learning Outcomes" ausgerichtet sein. Je nach angestrebten Kompetenzen sind die passenden didaktischen Ansätze zu verwenden. Sollen bspw. die Fähigkeiten zur Beurteilung komplexer Sachverhalte angemessen vermittelt werden, so sind didaktische Ansätze zu verwenden, die eine mehrperspektivische und kriteriengeleitete Auseinandersetzung mit diesen Sachverhalten fördern. Ein geeigneter didaktischer Ansatz wäre die Verwendung von Fallstudien. Die Behandlung der Sachverhalte mittels Referate wäre ein nicht so geeigneter Ansatz und weniger zielführend.

Fokussierung auf eine exemplarische Behandlung von Lehrgegenständen bzw. Themen. Da der Erwerb von Kompetenzen, die über das reine Wissen hinausgehen, meist besondere Lernzeit erfordert, muss man sich in der Regel von einer inhaltlich umfassenden Behandlung von Lehrgegenständen bzw. Themen verabschieden. Das bedeutet, dass der Kompetenzerwerb für bestimmte Aufgabendomänen somit nicht einher geht mit der umfassenden wissensbezogenen Beherrschung eines Themengebiets, sondern eher auf die Erprobung und den Erwerb zentraler Fähigkeitselemente anhand von ausgewählten Lerninhalten fokussiert.

Kompetenzerwerb gelingt nicht durch rezeptives Lernen, sondern fordert die aktive, handelnde und problemorientierte Auseinandersetzung mit den Lehrgegenständen (vgl. Reinmann und Mandl 2006). Für eine wirkungsvolle Aneignung und Erwerb der angestrebten Kompetenzen in einer Aufgabendomäne ist somit die Gestaltung von entsprechenden Lerngelegenheiten für eine aktive und handlungsbezogene Beschäftigung notwendig. Grundsätzlich sind alle aktivierenden Lehr-/Lernformen geeignet, welche die Beschäftigung mit den Lerninhalten in Aufgaben- und Anwendungskontexten situieren, in denen das anzueignende Wissen zur Anwendung kommt.

Sollen praktische Fertigkeiten bzw. Kompetenzelemente erworben werden, so bedarf es außerdem übender und transferorientierter Lerngelegenheiten. Stehen Problemlösefähigkeiten oder komplexe Beurteilungs-, Planungs- und Entscheidungsleistungen im Mittelpunkt, so sollten problem- und projektorientierte Lehr-/Lernarrangements für den Kompetenzerwerb realisiert werden.

Um zusätzlich auch sozial-kommunikative und personale Kompetenzen beim Lernen zu fördern, ist es notwendig, dass in den Lehr-/Lernarrangements auch Anforderungen an das selbstgesteuerte, kooperative und reflexive Lernen gestellt werden. D. h. die Studierenden sollen befähigt werden, sich in unbekannten bzw. neuartigen Situationen selbstorganisiert Wissen und Fähigkeiten aneignen zu können, um diese Situationen problemlösend und handlungsorientiert zu bewältigen. Ferner sind die Bereitstellung und Gestaltung von Lernsituationen mit sozial-kommunikativen und kooperativen Lernanforderungen wesentlich, um sowohl domänenspezifische als auch fachübergreifende Kommunikations- und Kooperationskompetenzen in hochschulischen Lehr-/Lernkontexten zu entwickeln und zu fördern. Durch die reflexiven Auseinandersetzungen mit den eigenen oder kooperativen Aufgaben- und Problemlösungen sowie Lernprozessen eignen sich die Studierenden ferner metakognitive Fähigkeiten und metakognitives Wissen zur eigenständigen und selbstverantwortlichen Steuerung des Handelns in komplexen Aufgaben-, Problem- und Lernsituationen an. Um auch auf diesen Feldern effektive Lernprozesse zu bewirken, sind die entsprechenden Anforderungen an das Lernen (selbstgesteuert, kooperativ und reflexiv) möglichst in den fachbezogenen Kompetenzerwerb zu integrieren und somit ebenfalls in authentischen und problemhaltigen Aufgaben- und Anforderungskontexten zu situieren.

Wie bereits oben beschrieben, muss auf der einen Seite der Lernende eine deutlich aktivere und selbstbestimmtere Rolle beim Lernen einnehmen. Auf der anderen Seite sollte sich der Lehrende stärker als Bereitsteller und Arrangeur von Lerngelegenheiten sowie Begleiter und Berater des Lernenden im Lernprozess verstehen. Entscheidend ist, dass es dem Lehrenden gelingt, einen Sichtwechsel auf den Lehr-/Lernprozess zu vollziehen, der als „Shift from Teaching to Learning" in der Literatur beschrieben wird. Dabei muss das Lehren vom

Lernen her gesehen werden und von den Anforderungen des Lernprozesses her konzipiert werden. Die Aufgaben der Wissenspräsentation und der Instruktion des Lehrenden fallen dabei nicht vollständig weg, sollten aber zugunsten von Phasen des selbstgesteuerten und kooperativen Lernens deutlich reduziert werden. Der Lehrende muss verstehen, wie sich der Kompetenzerwerb aus Sicht des Lernenden darstellt und welche Hinweise sowie Unterstützung dieser benötigt, um sich Fähigkeiten für die Aufgaben- und Anforderungsbewältigung in einer Domäne anzueignen. Dafür ist es erforderlich, dass sich der Lehrende in die Rolle des Lernenden hineinversetzt und somit eine veränderte Sicht auf die Rollen von Lehrenden und Lernenden im Lernprozess bzw. beim Kompetenzerwerb erwirbt.

2.2.4.2 Lehr-und Lernmethodik in der Kompetenzorientierung

Als Lehrender muss man sich die Frage stellen, welche Lehr-/Lernmethodik geeignet ist, um den entsprechenden Kompetenzentwicklungsprozess effektiv zu fördern bzw. die gewünschten „Learning Outcomes" zu erreichen. Prinzipiell werden methodisch an den Hochschulen verschiedene Veranstaltungstypen eingesetzt: Vorlesung, seminaristische Vorlesung, Seminar, Übung, Laborübung, Praktikum, Exkursionen, Zukunftswerkstatt, Kolloquium u.a. – sowie Projektarbeiten. Nach Rummler (2012, S. 29) eignet sich Projektarbeit im Studium besonders, um dem gegenwärtig geforderten Qualifikationsziel „Kompetenzen" gerecht zu werden. Als zentrale Chancen der Projektarbeit werden genannt:

- Lernende können berufsfeldbezogene Kompetenzen üben und aufbauen,
- Lernende können Theorien in der Praxis erproben, umsetzen und erweitern.

Projektarbeiten bereiten somit vielfältig und besonders gut auf die spätere Berufspraxis vor, weil sie auf dem Prinzip der problemorientierten Lehr- und Lernform beruhen. „ Ein Gramm Erfahrung ist besser als eine Tonne Theorie, einfach deswegen, weil jede Theorie nur in der Erfahrung lebendige und der Nachprüfung zugängliche Bedeutung hat" (vgl. Jung 2002, S. 3).

Die Ausgangssituation eines Problems, das es zu lösen gilt, ist gängige Berufspraxis. Mit der Vermittlung von Projektmanagement-Kenntnissen, als methodischer standardisierter Ansatz zur Bewältigung des Problems, werden die Studierenden mit der Fachsprache, den Vorgehensweisen und Schwierigkeiten dabei vertraut. Ergänzend oder anstatt einer Projektmanagement-Vorlesung ist die Projektarbeit eine praxisnahe Möglichkeit, dies ganz konkret erfahrbar zu machen. Die Sinnfrage ist einfach aus dem Kontext zu erklären, vielfältige Bedürfnisse können eingebracht werden und eine hohe Eigenmotivation genutzt werden. Es ist zu beobachten, mit welchem ganz außerordentlichen Engagement Studierende sich in Projekte einbringen, fast schon muss darauf geachtet werden, dass der sonstige Lehrbetrieb nicht darunter leidet. Mit oft großem Stolz und viel Freude präsentieren Studierende ihre Ergebnisse, insbesondere wenn ihre Arbeit eine Außenwirkung (also nicht nur eine Arbeit für sich selbst) hat oder ein Mehrwert (Verwendung der Resultate z. B. beim Auftraggeber) geschaffen wird.

Jedoch sind bei der Durchführung von studentischen Projekten auch gewisse Stolpersteine zu beachten. Laut Pfäffli (2005, S. 205 f) sind u.a. folgende Aspekte zu berücksichtigen:

- Mangelhafte Begleitung und Einflussnahme durch den Dozierenden,
- Fehlende Voraussetzungen für eigenverantwortliche Lernprozesse bei den Studierenden,
- Mangelhafte inhaltliche Voraussetzungen bei den Studierenden und
- Geringe Beachtung der Funktion der Metakognition und Reflexion.

Mit diesem Buch wollen die Autoren einen Orientierungsrahmen zur Konzeption und Umsetzung von studentischen Projektarbeiten geben. Dabei liegt der Fokus auf dem Aufzeigen der umfangreichen Gestaltungsmöglichkeiten durch den Lehrenden sowie dem Bereitstellen eines Art Werkzeugkoffers mit bewährten Methoden und Tools als auch dem exemplarischen Aufzeigen von konkreten Fallbeispielen.

2.3 Psychologische Grundlagen für ein Coaching in studentischen Projekten

Immer wenn mit Menschen gearbeitet wird – dann „menschelt" es. In diesem Abschnitt wird daher auf einige psychologische und soziologische Grundkenntnisse eingegangen, die nach Ansicht der Autoren für die Betreuung von studentischen Projekten relevant sind. So wird zunächst auf verschiedene Modelle zur Persönlichkeit eingegangen und beschrieben, wie sie sich in der Teamarbeit auswirken. Motivationsfaktoren und Modelle werden vorgestellt und letztlich wird Hintergrundwissen vermittelt, um die Konfliktfähigkeit im Team zu fördern.

2.3.1 Persönlichkeiten

In einem Projekt arbeiten verschiedene Persönlichkeiten zusammen. Die Psychologie tut sich mehr oder weniger schwer mit einer wissenschaftlichen Definition des Begriffs „Persönlichkeit". So existiert eine Vielzahl unterschiedlicher Beschreibungen. Im Allgemeinen lässt sich jedoch sagen, dass die Persönlichkeit als höchst individuelles, „dynamisches Ordnungssystem" bezeichnet werden kann. Eine erste Unterscheidung zwischen der differentiellen Psychologie (Differenzierung zwischen einzelnen Personen im Hinblick auf psychologische Eigenschaften und Zustände) und der Personologie (das Studium der Person, des gesamten menschlichen Individuums) nahm beispielsweise William Stern (1871–1938) vor. Mit dem Begriff Persönlichkeit sind Temperament (relativ konstante, daher typische Merkmale des Verhaltens) und Charakter (persönliche Kompetenzen, die die Voraussetzung für ein moralisches Verhalten bilden) eng verknüpft.

Umgangssprachlich werden Persönlichkeit, Temperament und Charakter oft vermischt und beurteilend verwendet, beispielsweise: Redewendungen wie „schlechter Charakter" oder „ungezügeltes Temperament". Es ist wichtig, verstanden zu haben, dass Eigenschaften von Personen wertfrei beschrieben werden können und ihre Struktur bestimmte Verhaltensweisen erklärt. Es ist nicht das Ziel, Persönlichkeitsmerkmale zu verändern, damit das Projektteam erfolgreich zusammenarbeitet, sondern die Persönlichkeiten so anzunehmen und zu integrieren, wie sie sind. Es sollte daher jedem Dozenten bewusst sein, dass Teammitglieder unterschiedliche Bedürfnisse an das Team und den Betreuer haben. Je nach Entwicklungsstand des Teams und jedes einzelnen Mitglieds in seiner jeweiligen Aufgabe verändern sich diese Bedürfnisse auch noch.

Ein gutes Coaching ist also keine leichte Aufgabe und höchst individuell. Um sich selbst und andere systematisch besser einschätzen zu können, gibt es Persönlichkeitsmodelle, auf die zurückgegriffen werden kann. Diese werden nachfolgend vorgestellt.

2.3.1.1 Persönlichkeitsmodell

Das Big-Five-Persönlichkeitsmodell, auch Fünf-Faktoren-Modell (FFM) genannt, gilt heute international als das universelle Standardmodell in der Persönlichkeitsforschung und wurde, innerhalb der letzten zwanzig Jahre in über 3000 wissenschaftlichen Studien verwendet (vgl. Asendorpf und Neyer 2012). Wichtige Erkenntnisse daraus werden nachfolgend vorgestellt.

Mehrere unabhängige Forschergruppen haben die fünf umfangreichen Faktoren aufgrund empirischer datengetriebener Forschung definiert. Grundlage ist hierfür ein lexikalischer Ansatz. Tupes und Christal haben das Ausgangsmodell, das auf Arbeiten im amerikanischen Luftwaffen-Personallabor in den späten 1950er Jahren gründete, entwickelt. Digman schlug sein Fünf-Faktor-Persönlichkeitsmodell 1992 vor und Goldman baute es 1993 zu einer höchsten Stufe eines Organisationsgrades aus. Demnach lässt sich jeder Mensch auf den folgenden Skalen einordnen: Verträglichkeit, Extraversion, Offenheit für Erfahrungen, Gewissenhaftigkeit und Neurotizismus. Dabei sind jeweils Tendenzen ober- oder unterhalb der statistischen Norm abzulesen. Es ordnet eine Person also nicht einem „Typ" zu, es gibt kein gut oder schlecht. Die Dimensionen werden in Facetten weiter unterteilt (vgl. Borkenau und Ostendorf 2008). In Abb. 2.21 ist ein Beispiel zu sehen.

Die fünf Faktoren des Fünf-Faktoren-Modells sind nachfolgend kurz umrissen und in Tab. 2.8 mit ihren Facetten dargestellt:

- **Verträglichkeit:** Diese Personen sind freundlich, hilfsbereit und mitfühlend. Personen mit niedrigen Werten bei Verträglichkeit sind distanzierter. Typische Eigenschaften sind freundlich, herzlich und sympathisch.
- **Extraversion:** Extrovertierte Personen schöpfen Kraft aus der Interaktion mit anderen; introvertierte Personen schöpfen Kraft aus sich selbst. Extraversion umfasst Eigenschaften wie energiegeladen, gesprächig und durchsetzungsstark.

2.3 Psychologische Grundlagen für ein Coaching in studentischen Projekten

- **Offenheit:** Personen, die aufgeschlossen sind für Neues und gern Neues ausprobieren, erzielen bei Offenheit meist hohe Werte. Offenheit beinhaltet Eigenschaften wie einfühlsam und einfallsreich sowie ein breites Interessenspektrum.
- **Gewissenhaftigkeit:** Personen mit einem hohen Maß an Gewissenhaftigkeit sind zuverlässig und bereitwillig. Zu den Eigenschaften zählen organisiert, methodisch und sorgfältig sein.
- **Neurotizismus:** Neurotizismus wird auch manchmal als emotionale Stabilität bezeichnet. Personen mit hohen Neurotizismuswerten empfinden häufig emotionale Instabilität und negative Emotionen. Typische Charakterzüge sind launisch und angespannt.

Erstaunlich ist, dass die Norm sich in den Kulturkreisen zwar geringfügig unterscheidet, nicht jedoch die fünf Faktoren selbst, es gibt nur einzelne lokale Ergänzungen z. B. Verbundenheit mit der Familie. Der Unterschied zwischen den Kulturkreisen ist deutlich geringer als zwischen Individuen innerhalb eines Kulturkreises. Ein Unterschied zwischen Frauen und Männern besteht weltweit, Frauen erleben sich extravertierter, verträglicher, gewissenhafter und neurotischer als Männer. Der Unterschied ist jedoch dort am größten, wo es am wenigsten zu erwarten ist: in fortschrittlichen Industriekulturen, wie Europa oder Nordamerika. Wieso sich das so verhält, ist bislang nicht eindeutig geklärt (vgl. Paulus 2009).

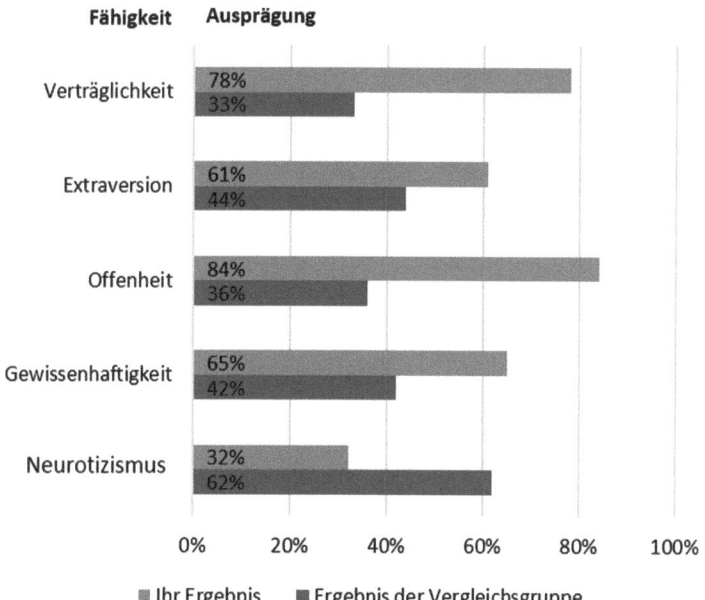

Abb. 2.21 Ergebnisübersicht des Fünf-Faktor-Persönlichkeitsmodells

Tab. 2.8 Facetten der Merkmale des FFM

Neurotizismus	Extraversion	Offenheit	Verträglichkeit	Gewissenhaftigkeit
Ängstlichkeit	Herzlichkeit	Phantasie	Vertrauen	Kompetenz
Reizbarkeit	Geselligkeit	Ästhetik	Freimütigkeit	Ordnungsliebe
Depression	Durchsetzungsfähigkeit	Gefühle	Altruismus	Pflichtbewusstsein
Befangenheit	Aktivität	Handlungen	Entgegenkommen	Leistungsstreben
Impulsivität	Erlebnishunger	Ideen	Bescheidenheit	Selbstdisziplin
Verletzlichkeit	Frohsinn	Werte und Normen	Gutherzigkeit	Besonnenheit

Ändert sich die Persönlichkeitsstruktur im Laufe des Lebens?
Die Persönlichkeitsstruktur eines Menschen geht anscheinend zu einer Hälfte auf angeborene Eigenschaften zurück, die andere wird aufgrund von Erfahrungen erworben (vgl. Bouchard und McGue 2003). Sie wird maßgeblich in den ersten drei Lebensjahren geprägt, stabilisiert sich bis zum 30. Lebensjahr und verändert sich im Laufe des Lebens dann nur noch geringfügig. Altersspezifisch sinken die Ausprägungen insgesamt bei Offenheit im letzten Lebensabschnitt (vgl. Specht et al. 2011). Ein offener Mensch wird auch im Alter noch offener sein als seine Altersgenossen, aber nicht mehr so viel Bereitschaft zur Experimentierfreudigkeit haben, wie in jungen Jahren. Massive persönliche Erfahrungen können die Persönlichkeitsstruktur grundlegend verändern. Veränderungen im Sinne von Anpassungen, aufgrund von Erfahrungen, geschehen dagegen ein Leben lang.

Was ist normal?
Nur wenn Persönlichkeitszüge unflexibel und unangepasst sind, zu wesentlichen Funktionsbeeinträchtigungen (z. B. sozial, Scheitern bei den alltäglichen Aufgaben des Lebens) führen, subjektives Leid und/oder erhebliches Leid bei Bezugspersonen auslösen, spricht man von einer Persönlichkeitsstörung im Sinne einer psychiatrischen Diagnose. Diese bedarf ggf. fachkundiger Hilfe, die ein Dozent nicht leisten kann. Falls so ein Verdacht besteht, ist es hilfreich z. B. auf den Psychiatrischen Dienst an der Universität hinzuweisen. Prokrastination („Aufschieberitis") wäre dafür ein häufig vorkommendes Beispiel.

2.3.1.2 Verhaltenstendenzen verschiedener Persönlichkeitsstrukturen

Aufgrund ihrer Persönlichkeit verhalten sich Menschen unterschiedlich. Das in Deutschland verbreitetste Modell zur Beschreibung von Verhaltenstendenzen verschiedener Persönlichkeiten ist das DISG®-Modell. Es basiert auf den Ergebnissen der Arbeit des amerikanischen Psychologen William Moulton Marston (1893–1947) und wurde von Prof. Dr. John G. Geier (1934–2009) entwickelt. Es orientiert sich an den vier

2.3 Psychologische Grundlagen für ein Coaching in studentischen Projekten

Verhaltensausprägungen: Dominanz, Initiative, Stetigkeit und Gewissenhaftigkeit (vgl. DiSG 2017). Sie sind nachfolgend kurz umrissen:

- **Dominante Personen**, treffen gern Entscheidungen, sind innovativ und willensstark. Sie handeln meist schnell und direkt. Die direkte Art dominanter Menschen und ihre Zielstrebigkeit wirken auf andere hart und aggressiv.
- **Initiative Personen** sind ausdrucksstark und begeisterungsfähig, sie haben kein Interesse an Details. Sie lieben die soziale Interaktion und haben gern Spaß bei der Arbeit. Ihre unstrukturierte Art wirkt mitunter inkompetent.
- **Stetige Personen** wirken sehr ausgleichend, sie brauchen Harmonie und Stabilität und sind Veränderungen gegenüber schwer zugänglich. Sie suchen stets nach Lösungen, die für alle akzeptabel sind und vermeiden Konflikte.
- **Gewissenhafte Personen** fordern Genauigkeit ein und schätzen hohe Standards. Sie gehen logisch und systematisch vor und arbeiten detailgenau. Ihre distanzierte Art und der Fokus auf Logik wirken mitunter kühl und abweisend.

Das DISG®-Modell beschreibt den Intensitätsindex der vier Dimensionen, welche bei einer klaren Dominanz für die grundlegenden Persönlichkeitstypen stehen. Daraus lassen sich bestimmte Verhaltenstendenzen ablesen, sie ermöglichen somit die schnelle systematische Einschätzung des Verhaltens des Gegenübers. In Abb. 2.22 sind die Verhaltenstendenzen dargestellt. Grundsätzlich kann einerseits zwischen Ziel- und Prozessorientierung verschiedener Verhaltenstypen unterschieden werden und in der Orientierung in Sach- oder Beziehungsthemen. Argumentationsketten der Personen folgen diesem Muster.

Es wird dem DISG®-Modell angelastet, die sehr vielfältigen Persönlichkeitsstrukturen auf diesen einfachen Zusammenhang zusammenzustreichen. Es ist jedoch eine einfache und praktikable Möglichkeit, die jeweilige Kommunikationssituation besser einzuschätzen und somit auf das Gegenüber sicherer zu reagieren. In der Arbeitswelt wird der DISG-Modell vor allem für die bessere Kommunikation in Teams und im Verkauf eingesetzt.

Andere gängige Modelle sind, beispielsweise der Myers-Briggs-Typenindikator (MBTI), der Temperament Sorter oder die Reiss Profile, ihnen allen fehlt aber der wissenschaftliche Nachweis, daher haben sie in der Psychologie keine Relevanz. Grundsätzlich gilt für alle Arten der Typologie: „Wer mit anderen Menschen sinnvoll kommunizieren will, sollte

Abb. 2.22 Verhaltensmuster in Anlehnung an DISG Modell (vgl. DiSG 2017)

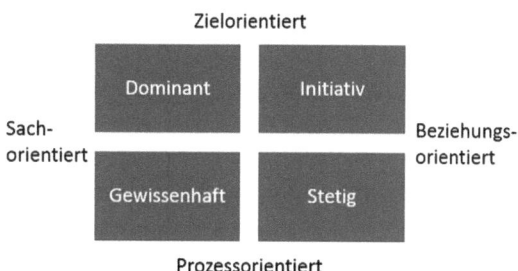

ein aufrichtiges Interesse an ihnen entwickeln und die Fähigkeit zur Empathie trainieren, statt sie zu klassifizieren" (vgl. LeDoux und Griese 2006, S. 322 ff).

- Der Myers-Briggs-Typenindikator (MBTI) analysiert die Persönlichkeit eines Probanden und ordnet ihn einem von 16 Persönlichkeitstypen zu. Er wurde in Anlehnung an die von C.G. Jung aufgestellte Typentheorie von Briggs und Myers bereits 1962 konzipiert und veröffentlicht. Er ist daher schon sehr alt und Basis für etliche Tests zur Persönlichkeitsstruktur, die heute im Umlauf sind.
- Der 1978 von Prof. Dr. David Keirsey (1921–2013) an der California State University entwickelte Temperament Sorter ist dem DISG sehr ähnlich, er ordnet Personen in vier Basistemperamente mit unterschiedlicher Ausprägung. Keirseys Temperament Sorter basiert im Wesentlichen auf dem MBTI. Informationen dazu unter: http://keirsey.com/.
- Die Reiss Profile werden zur Motivationsanalyse eingesetzt: Was Menschen intrinsisch antreibt und motiviert. Sie unterstützen Unternehmen bei der Personalentwicklung und Teambildung und wurden in den 1990er Jahren von Prof. Reiss (1947 –2016) an der Ohio State University aufgrund von Statistiken entwickelt (vgl. Reiss 2009). Informationen dazu unter: http://www.reiss-profile.de/

Für die Arbeit mit jungen Menschen in der Berufsausbildung eignet sich das Bochumer Inventar zur berufsbezogenen Persönlichkeitsbeschreibung (BIP). Es ist ein psychologisches Testverfahren, um berufsrelevante Persönlichkeitsmerkmale systematisch zu erfassen und ist mit wissenschaftlich anerkannten Studien belegt. Die Ausprägung von 17 Merkmalen wird im Vergleich zu einer jeweils relevanten Vergleichsgruppe dargestellt z. B. im Vergleich zu anderen Berufsanfängern. In Abb. 2.23 ist eine Übersicht dazu zu sehen. Weiterführende Informationen dazu finden sich im Internetauftritt der Universität Bochum unter http://www.testentwicklung.de/testverfahren/BIP/index.html.de

Das BIP-SI erfasst das Selbstbild des Teilnehmers. In einigen Anwendungsfällen kann es besonders nützlich sein, auch das Fremdbild zu erheben, also andere Personen zu befragen, wie sie den Teilnehmer hinsichtlich der 17 berufsrelevanten Persönlichkeitseigenschaften einschätzen. Ein Auswertungsbeispiel ist in Abb. 2.24 zu sehen. Der Test dauert ca. 60 Minuten.

Für die Projektarbeit ist das Wissen um die Verhaltenstendenzen verschiedener Persönlichkeiten wichtig. Es erleichtert die Zusammenarbeit im Team durch Einschätzung der Gründe für Verhaltensweisen und hilft bei Konfliktsituationen, die passenden Reaktionen und Sprache zu finden, um Lösungen zu erarbeiten. Der Hinweis und der Einsatz von Testverfahren zur Analyse der Persönlichkeit und deren Motivations- und Handlungstendenzen können dazu beitragen, dass die Studierenden über sich selbst nachdenken und sich ihrer Fähigkeiten bewusst werden, auch im Verhältnis zu anderen.

2.3.1.3 Einflüsse auf die Leistungsfähigkeit von Projektgruppen

In der sozialpsychologischen Gruppenforschung sind in zahlreichen Studien und Experimenten Einflussfaktoren auf die Leistungsfähigkeit von Teams untersucht worden.

2.3 Psychologische Grundlagen für ein Coaching in studentischen Projekten

Abb. 2.23 Überfachliche Kompetenzen im BIP (vgl. Universität Bochum 2017a)

Miebach hat aus einer Vielzahl von Forschungsarbeiten Erkenntnisse dazu zusammengestellt, die Basis für die nachfolgenden Ausführungen sind (vgl. Miebach 2017).

So haben Peeters et al. mit einer Metaanalyse die Frage untersucht, welche Big-Five-Faktoren empirisch nachweisbar die Teamleistung beeinflussen. Dort wird Teamfähigkeit als eine soziale Kompetenz definiert, die sich in sechs Subdimensionen aufteilen lässt (vgl. Seelheim und Witte 2007, S. 82):

- Kommunikationsfähigkeit,
- Interaktionsfähigkeit,
- Kooperationsfähigkeit,
- Konfliktfähigkeit,
- Integrationsfähigkeit und
- Konsensfähigkeit.

Zentrale Ergebnisse der Studien waren, dass keine starken Zusammenhänge zwischen Persönlichkeitsmerkmalen und Teamleistungen bestehen. Lediglich die Faktoren „Verträglichkeit" und „Extraversion" korrespondieren mit den Subdimensionen der Teamfähigkeit, wie in Tab. 2.9 dargestellt wird.

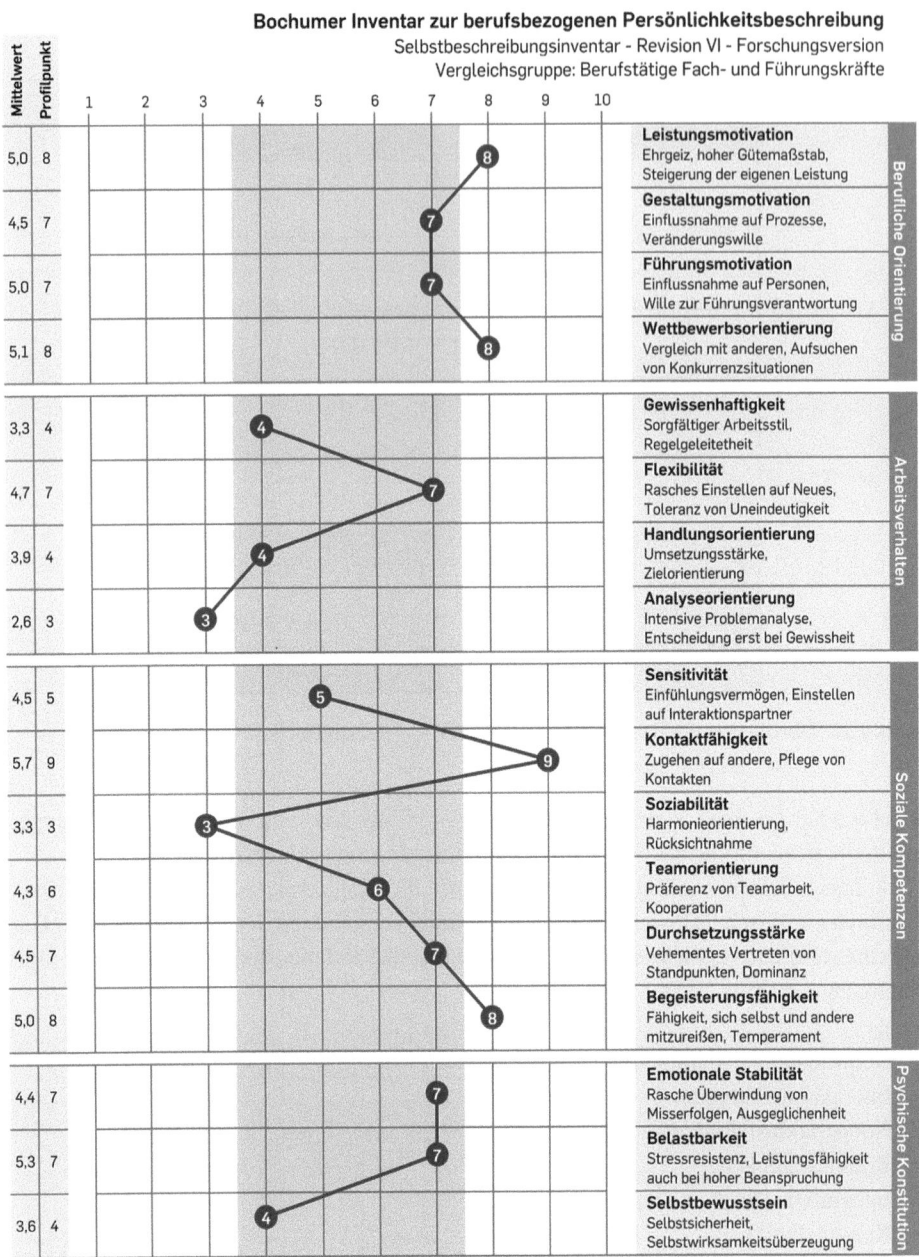

Abb. 2.24 BIP-Beispielauswertung (vgl. Universität Bochum 2017b)

Tab. 2.9 Subdimensionen der Teamfähigkeit

Teilkompetenz der Teamfähigkeit	Facetten des FFM Verträglichkeit	Facetten des FFM Extraversion
Kommunikationsfähigkeit	–	gesprächig, gesellig, offen, freundlich, fröhlich
Interaktionsfähigkeit, Kontaktfähigkeit	mitfühlend, nett, herzlich, warm, freundlich	gesprächig, offen, gesellig, herzlich, aktiv, sozial
Kooperationsfähigkeit	kooperativ, entgegenkommend, nett, weichherzig, warm, hilfsbereit, nachsichtig, großzügig, vertrauensvoll, wohlwollend, gutherzig, bescheiden	sozial, herzlich
Konfliktfähigkeit	–	–
Integrationsfähigkeit	bewundernd, weichherzig, hilfsbereit, feinfühlig, gutmütig, entgegenkommend	sozial, durchsetzungsfähig
Konsensfähigkeit	entgegenkommend	–

Dieses Ergebnis ist für die Modelle der Teamarbeit eine Bestätigung: Teamprozesse setzen zwar individuelle Kompetenzen der Mitglieder voraus, generieren aber ihren produktiven Effekt aus der Kommunikation und Kooperation im Teamprozess (vgl. Peeters et al. 2006, S. 389 ff).

Teams leisten also nur dann einen Mehrwert gegenüber der Summe von Einzelleistungen, wenn durch Kommunikations- und Koordinationsprozesse eine Gruppensynchronisation stattfindet. Dabei kann Gruppensynchronisation als die Summe aller Aktivitäten gesehen werden, die darauf abzielen, das kollaborative Generieren, Modifizieren und Integrieren individueller Beiträge in einer Gruppe zu optimieren. Als Vergleichswert zur Bewertung der Synchronisation wird die potenzielle Gruppenleistung herangezogen, also die Leistung, die erzielt worden wäre, wenn die Mitglieder einer Gruppe unabhängig voneinander und nicht als Gruppe gearbeitet hätten. Im ungünstigen Fall können Koordinationsverluste auftreten und es entsteht ein Leistungsabfall, wenn die individuellen Beiträge der Mitglieder nicht gut koordiniert wurden (vgl. Schulz-Hardt und Brodbloom 2007, S. 472). Neben den Koordinationsgewinnen und -verlusten wurde in der sozialpsychologischen Gruppenforschung in zahlreichen Studien und Experimenten eine zweite Kategorie identifiziert, die wesentlichen Einfluss auf die Teamleistung hat, nämlich die Motivationsgewinne und -verluste durch Teamarbeit. In Abb. 2.25 sind die beiden Kategorien mit ihren Ausprägungen zusammengefasst.

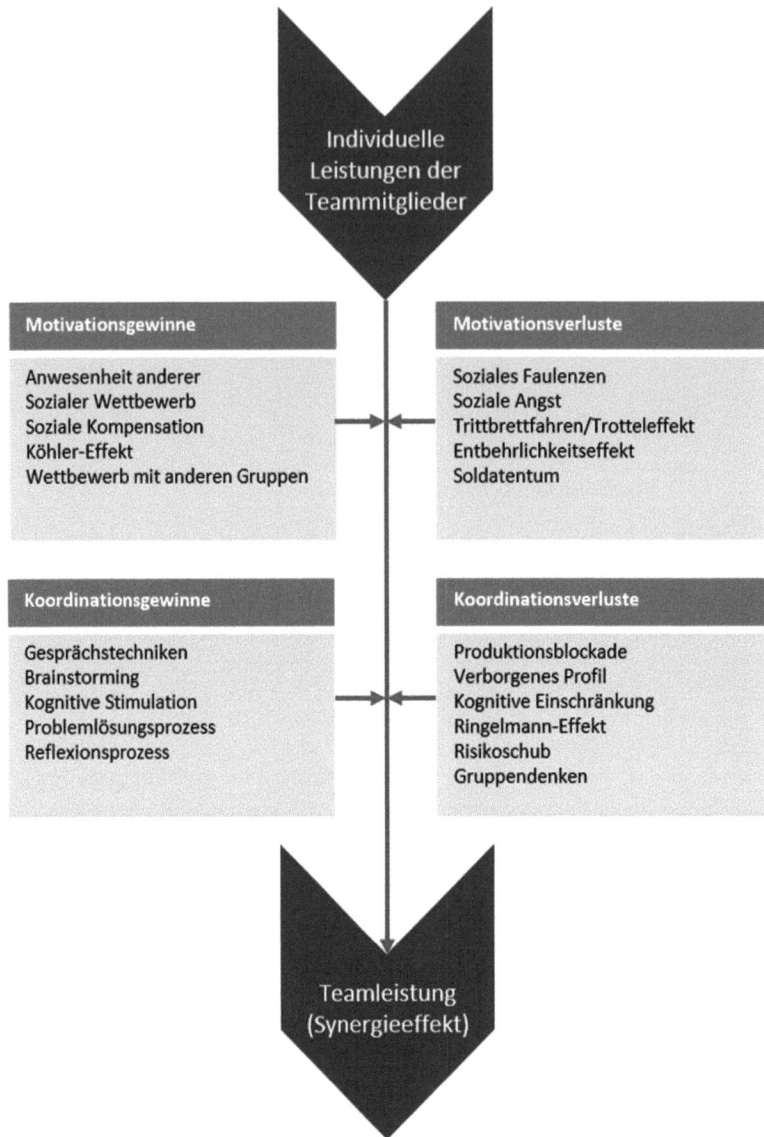

Abb. 2.25 Teamleistung in Anlehnung an Miesbach (vgl. Miesbach 2017, S. 269, 274)

Im studentischen Projekt lassen sich in der Regel weder die Zusammensetzung des Teams, noch die Rahmenbedingungen ändern. Das ist grundlegend anders als in der Berufspraxis, wo Projektmitglieder für einen bestimmten Beitrag oder Aufgabe zum Projekt ausgewählt werden. Das heißt, die individuellen Eigenschaften der Teammitglieder, deren Motivation, Fähigkeiten und Kenntnisse sind als gegeben anzusehen und das Team muss aus sich selbst heraus die Projektleistung erbringen. Für den

Projektcoach sind daher die Maßnahmen sinnvoll, welche die Möglichkeit der Nutzung von Gewinnpotenzialen fördern und deren Verlustmöglichkeiten reduzieren. Durch den Einsatz von Methoden und Instrumente zur Förderung der vier Bereiche Kommunikation, Koordination, Kooperation und Motivation kann eine höhere Teamleistung erzielt werden.

Mit der Projektarbeit kann daher erlebt werden, welche Leistungssteigerungen durch Teamarbeit möglich sind – wenn sie funktioniert. In Kap. 4 werden Methoden vorgestellt, die vom Dozenten im Projektablauf gezielt eingeplant werden können, um die Leistungsfähigkeit des Teams zu erhöhen, wie bspw. Reflexions- und Problemlösungsprozesse etablieren oder den Einsatz von Kreativitäts- und Gesprächstechniken fördern.

2.3.2 Team

Neben dem Verständnis um verschiedene Persönlichkeitsstrukturen ist es sinnvoll, auch Kenntnisse zum Rollenverhalten von Personen in der Teamarbeit zu besitzen. So können beispielsweise Aufgaben so zugewiesen werden, dass sie dem persönlichen Profil entsprechen, was sowohl gut für das Individuum ist, als auch für die Effektivität des Teams. Ferner ist es sinnvoll, den Teamentwicklungsprozess verstanden zu haben, damit die Erwartungshaltung und das Coaching an die jeweilige Entwicklungsphase angepasst werden kann. Da Missverständnisse im Team Hauptursache für Konflikte sind, wird das Vier-Ohren-Modell von Schulz von Thun vorgestellt.

Ein Team ist ein intaktes soziales System, das Grenzen und gegenseitige Abhängigkeit im Hinblick auf eine gemeinsame Zielsetzung und differenzierte Mitgliedsrollen besitzt (vgl. Hackman 2012, S. 429). Ihre maximalen Merkmale sind (vgl. Fischer und Wiswede 2009, S. 646):

- gemeinsame Motive und Ziele,
- gemeinsame Normen,
- entwickelte Rollenstruktur,
- Affektstruktur,
- Kommunikationsstruktur,
- Gefühl der Gruppenzugehörigkeit („Wir-Gefühl"),
- geringe Mitgliederzahl (max. 20 Mitglieder),
- gewisse Dauer und
- gemeinsames Gruppenziel.

2.3.2.1 Rollenmodelle im Team

Der englische Experte auf dem Gebiet der Team- und Führungsentwicklung Meredith Belbin untersuchte in den 1970er Jahren die Auswirkungen der Teamzusammensetzung auf die Teamleistung. Ausgehend von der Annahme, dass das Persönlichkeitsprofil eines Menschen auf unterschiedlich stark ausgeprägten Eigenschaften beruht (siehe Big-Five-Persönlichkeitsmodell), identifizierte er drei Hauptorientierungen, welche wiederum

Tab. 2.10 9 Teamrollen

Handlungsorientierte Rollen	Kommunikationsorientierte Rollen	Wissensorientierte Rollen
Macher	Koordinator/ Leiter	Neuerer/ Erfinder
Umsetzer	Teamarbeiter/ Mitspieler	Beobachter
Perfektionist	Wegbereiter/ Weichensteller	Spezialist

jeweils drei der insgesamt neun Teamrollen umfassen (vgl. Belbin 1981), die zusammenfassend in der Tab. 2.10 dargestellt sind.

Die Eigenschaften der Rollen lassen sich zusammenfassend wie folgt beschreiben (vgl. Heinrich und Wall 2013, S. 3–8):

- **Macher:** Übt starken Einfluss auf Entscheidungsprozesse aus. Sucht nach dem Kern von Diskussionen und stimuliert Aktion und Fortschritte im Prozess. Scheut sich nicht, gegen andere Meinungen anzugehen, auch wenn er eine Minderheit darstellt. Wird gelegentlich als drängelnd, autoritär oder ungeduldig empfunden. Ist unter Stress und bei hohem Tempo produktiv.
- **Umsetzer:** Ist ein praxisbezogener Organisator, der Entscheidungen in konkrete Aktivitäten überführt. Hat einen starken Bedarf nach klar formulierten Zielen, einer klaren Struktur, gutem (Projekt-/ Prozess-) Management und Controlling. Ist fokussiert auf Dinge, die realistisch und erreichbar sind. Arbeitet zweckorientiert auf praktische Lösungen hin. Hat Schwierigkeiten mit offenen und komplexen Situationen.
- **Perfektionist:** Die Person hinter dem Vorhang, die auf alles achtet: dass der Plan sowie Spezifikationen und Standards eingehalten werden und dass nichts vergessen wird. Sehr sorgfältig und sehr aufgabenbezogen, was für andere manchmal verwirrend ist. Behindert gelegentlich den Projektfortschritt mit seiner (Über-) Besorgnis, dass Dinge nicht 100-prozentig ausgeführt werden könnten.
- **Leiter/ Koordinator:** Bringt Leute zur Einigung und Übereinstimmung. Handelt zweckorientiert, direktiv und scheut sich nicht vor Entscheidungen. Toleriert die Ideen und Vorstellungen anderer. Ermöglicht es dem einzelnen, seine Energien bestmöglich einzubringen. Ist stark genug, Ratschläge beiseite zu schieben. Läuft Gefahr, Entscheidungen zu treffen, bevor eine Sache gründlich geklärt und diskutiert ist.
- **Teammitarbeiter:** Stimuliert und unterstützt die Teammitglieder. Fördert Kommunikation und Teamgeist. Integriert Menschen und ihre Aktivitäten und hat ein offenes, vertrauensvolles Wesen. Fokussiert seine Gedanken auf den Kern einer Sache und die Kooperation im Team. Hat eine feine Antenne für Atmosphärisches und vermeidet Verhaltensweisen, die Widerstände bei anderen provozieren.
- **Weichensteller:** Bewegt sich oft außerhalb des Teams und hält Ausschau nach neuen Ideen, Entwicklungen und Anregungen. Hält vielfältige Kontakte, ist sehr gesellig. Nimmt Ideen anderer gerne auf und braucht diesen Input, um selbst aktiv zu bleiben. Ist schnell in Diskussionen involviert und redet viel.

- **Erfinder/ Neuerer:** Hat eine starke Vorstellungskraft und ist originell. Inspiriert sein Umfeld, sorgt für Kreativität. Vermeidet Offensichtliches und sorgt für neue Einsichten. Hat die Tendenz, dass seine Ideen und Vorstellungen „mit ihm durchgehen", und verliert leicht den Kontakt zur Realität. Erzeugt manchmal Widerstände in der Gruppe durch einen Mangel an Realität und Praxisbezogenheit. Hat eine kritische Einstellung zu konservativen Menschen.
- **Beobachter/ Denker:** Analysiert die Herausforderung und wägt Ideen kritisch und sorgfältig ab. Zeichnet sich durch gute Beurteilungsfähigkeit aus. Ist seriös, sorgfältig und sehr misstrauisch gegen Euphorie. Behält im Laufe des Projekts einen kühlen Kopf, kann sich seine Objektivität bewahren. Mag Dispute und bringt die Suche nach alternativen Vorgehensweisen voran.
- **Spezialist:** Verfügt über hohe Fachkompetenz, die er einbringen möchte. Agiert leicht zerstreut in der Teamarbeit, widmet sich aber sehr fokussiert den eigenen Aufgaben. Antriebsstark und technischer Pedant.

Der Belbin-Test ist kostenpflichtig, aber es gibt Schnelltests an verschiedenen Stellen im Internet, die für die Diskussion zur Besetzung der Projektrollen ausreichend aussagekräftig sind. Ein Schnelltest dauert ca. 15 Minuten, insgesamt sind 7*10 = 70 Punkte zu vergeben, die sich aufgrund von Punktevergaben zu 7 Fragen mit je 9 Antwortmöglichkeiten verteilen. So ermittelt sich die natürliche Ausprägung der Rollen jedes einzelnen.

Neben dem Modell nach Belbin ist das Team Management System (TMS), welches in den 1980er Jahren von den Australiern Margerison und McCann entwickelt wurde, verbreitet. Es basiert auf der Annahme, dass sich jedes Team in acht Arbeitsfunktionen gliedert, um erfolgreich zu arbeiten: Promoten, Entwickeln, Organisieren, Umsetzen, Überwachen, Stabilisieren, Beraten und Innovieren. Diese werden den Mitarbeitern zugeordnet und wiederum in die vier sogenannten Arbeitspräferenzen Entdecker, Organisatoren, Controller und Berater eingeteilt. Der Grundgedanke der Zuordnung des persönlichen Profils zu einer der Rollen ist dabei nicht anders als bei Belbin. Wenn ein Teammitglied eine Rolle einnehmen kann, die seinem Persönlichkeitsprofil entspricht, dann kann er diese Rolle gerne und gut ausfüllen (vgl. Tscheuschner und Wagner 2012).

Das „TMS-Rad" schreibt die Eigenschaften einer Person: extrovertiert, analytisch, strukturiert, praktisch, introvertiert, überzeugend, flexibel und kreativ den 4 Arbeitspräferenzen zu und spezifiziert sie dann weiter in acht Arbeitsfunktionen, wie in der Abb. 2.26 zu sehen ist. Der TMS Fragebogen enthält in der Regel 60 Fragen, die durch Skalen mit Abstufungen (mehr – weniger) die Arbeitspräferenz messen und somit eine Zuordnung ermöglichen. Er ist an mehreren Stellen im Internet bei Beratungsfirmen verfügbar und dauert ca. 25 Minuten, oder unter http://www.tmsworldwide.com/.

Im Kap. 4 wird eine Methode vorgestellt, wie das Team anhand der Ergebnisse eines Teamrollentests die organisatorischen Rollen im Team (Projektleiter, Controller, Dokumentar) systematisch besetzen kann. Die Analyse kann weiterverwendet werden, um eine Prognose zu erstellen, wo das Team aufgrund seiner natürlichen Rollen wahrscheinlich

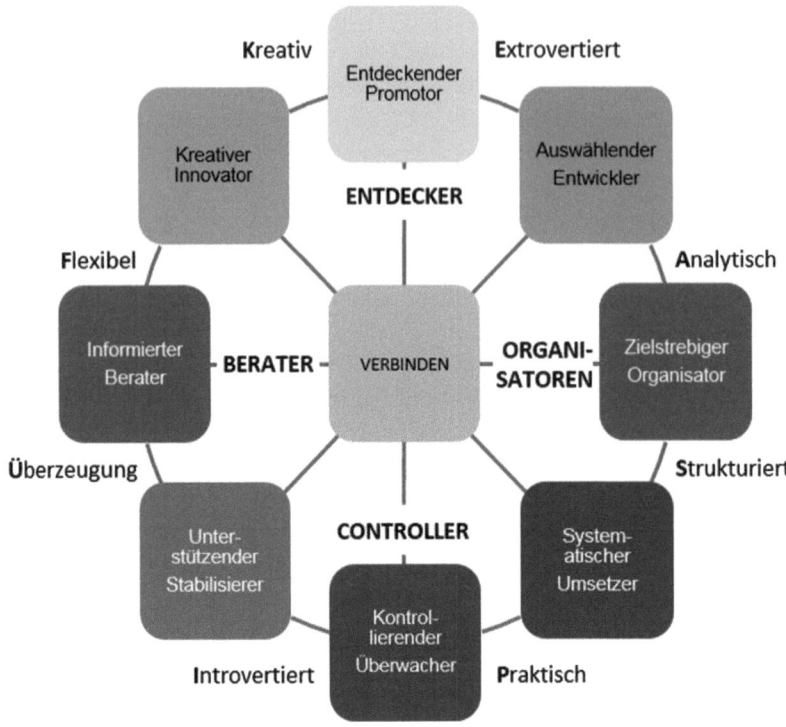

Abb. 2.26 TMS Rad in Anlehnung an Team Management Systems (vgl. TMS Worldwide 2017)

Stärken und Schwächen in der Projektarbeit haben wird. Dann kann während des Projektablaufs ein besonderer Blick auf diese Themenfelder genügen, damit der Dozent leicht Ansatzpunkte für korrektive Maßnahmen finden kann.

2.3.2.2 Teamentwicklung nach Tuckman

Bruce Tuckman, Professor an der Ohio State University, veröffentlichte 1965 eine Theorie, wie sich Teams in ihrer Leistungsfähigkeit entwickeln (vgl. Tuckman 1965). Er ermittelte fünf Phasen, die jedes Team durchläuft. In der Abb. 2.27 ist der Verlauf der Teamentwicklungsphasen dargestellt. Die Entwicklung geht aber nicht nur in eine Richtung. Ein Rückfall in frühere Phasen ist jederzeit möglich.

Nachfolgend sind die Phasen in Bezug auf ein studentisches Projekt kurz beschrieben.

1. **Orientierungsphase:** Das Team wendet sich erstmals einer gemeinsamen Aufgabe zu. Die Beziehungen unter den Teammitgliedern sind noch offen. Es geht darum, Kontakte herzustellen und die Zugehörigkeit zur Gruppe zu sichern. Diese Phase ist durch Unsicherheit und Konfusion sowie durch Ausloten der Situation charakterisiert. Es werden erste Ziele und Regeln eingeführt. Die Gruppe ist stark von der Teamleitung (in dieser Phase meist noch der Dozent) abhängig. Sie benötigt von ihm klare Vorgaben. Der

2.3 Psychologische Grundlagen für ein Coaching in studentischen Projekten

Abb. 2.27 Teamentwicklung nach Tuckman (vgl. Stöhler 2016, S. 92)

Dozent sollte den Arbeitsauftrag klarstellen, Erwartungen und Befürchtungen der Teilnehmer klären und Möglichkeiten schaffen, sich kennenzulernen.
2. **Konfrontationsphase:** Arbeits- und Organisationsabläufe werden koordiniert. Die Beziehungen der Teammitglieder werden durch Konflikte bestimmt, denn unterschiedliche Zielvorstellungen kristallisieren sich heraus und prallen aufeinander. Dies kann zu Feindseligkeiten und zur Bildung von Cliquen führen. Der Dozent sollte seinem Projektteam vermitteln, dass die derzeitige Situation normal ist und Klärungen erfolgen sollten.
3. **Kooperationsphase:** Das Team wendet sich der Arbeitsaufgabe zu. Die Beziehungen der Teammitglieder sind wieder harmonischer. Die Machtkämpfe sind ausgefochten, die Rollen und der Führungsanspruch im Team geklärt, sodass wieder stärker kooperiert wird. Der Dozent wird kaum gebraucht, das Team hat sich organisiert. Wird ihnen die Möglichkeit gegeben ihre, neu gewonnene Einheit offen zur Schau zu stellen, stärkt dies die Gruppe. Zwischenpräsentationen eigenen sich hierfür sehr gut.
4. **Wachstumsphase:** Die Teammitglieder sind gleichberechtigt an der Aufgabenlösung beteiligt und zwischen allen besteht eine direkte Kommunikation. Die Strukturen werden gefestigt. Die Teammitglieder können sich voll auf ihre Arbeitspakete konzentrieren. Es ist ein hohes Arbeitstempo möglich, das zu konkreten Ergebnissen führt. Manchmal ist ein Projekt zu kurz, um diese Phase zu erleben, was sehr schade ist.
5. **Auflösungsphase:** Da sich das Team nach Erledigung der Aufgabe auflöst, kann sich Traurigkeit über die Beendigung einstellen. Ein Review über das Projekt sollte vom Dozenten organisiert werden und ein Fazit sowohl in fachlicher Hinsicht, als auch über die Arbeitsweise gezogen werden. Erfahrungen und Erkenntnisse, welche die Projektmitglieder mit in ihr nächstes Projekt nehmen, sollten Bestandteil des Projektberichts sein.

Das Coaching durch den Dozenten sollte auch auf den Entwicklungsstand des Teams abgestimmt sein. Analog zum Führungskonzept „Situativ Führen" nach Hersey & Blanchard (vgl. Hersey et al. 1996) zur Führung von Mitarbeitern bei neuen Aufgaben, bedarf das Team in seinem Entwicklungsfortschritt mal mehr oder weniger emotionale und fachliche Unterstützung. In der Orientierungsphase ist meist viel fachliche Unterstützung erforderlich, in der Kooperationsphase dagegen emotionale. Passen Entwicklungsstand und Führungsstil nicht zusammen, so kommt es zu Frustration, Demotivation und Konflikten. Hierzu ein Beispiel: Wenn Studierende sich in ein für sie neues Thema eingearbeitet haben, es prinzipiell können, aber noch lange brauchen, weil sie unsicher sind, der Dozent dann vermeintlich helfend eingreift, sie beiseiteschiebt und „vorführt" wie es gehen kann, dann ist das nicht im Interesse der Studierenden. Es liegt zwar nun eine rasche Sachlösung vor (die manche im Team sicher gerne annehmen, weil sie nun nicht mehr selbst nach einer Lösung suchen müssen), aber die Studierenden fühlen sich vorgeführt und entmutigt. Besser ist es Geduld zu haben und zu ermutigen.

2.3.2.3 Missverständnisse als Konfliktursache in der Teamarbeit

Schulz von Thun beschreibt in seinem „Vier Seiten Modell" (vgl. Schulz von Thun 1981) wie Nachrichten interpretiert werden können. Verbale und nonverbale Signale, aber auch die Situation, in der sich die Partner befinden, welche Erfahrungen sie miteinander und überhaupt haben, spielen dabei eine Rolle. Eine Nachricht hat immer einen sachlichen Inhalt und einen Beziehungsaspekt. Schulz von Thuns Modell beruht auf der Annahme, dass Nachrichten sowohl vom Sender als auch vom Empfänger nach den vier Seiten interpretiert werden können: Sachinhalt, Selbstoffenbarung, Beziehung und Appell. Das Modell ist in Abb. 2.28 dargestellt.

Um diesen Zusammenhang an einem praktischen Beispiel zu verdeutlichen, eignet sich eine Alltagssituation:

Sie fährt. Er zu ihr im Auto an der Ampel stehend: „Schatz, die Ampel ist grün!"

- Rein sachlich: Die Ampel ist grün.
- Er kann damit meinen, dass sie losfahren soll, die Aussage ist so gesehen ein Appell.
- Er will ihr helfen oder seine Überlegenheit zeigen – die beiden haben also ein Beziehungsthema.
- Er hat es eilig und offenbart sein Bedürfnis, keine Zeit an der Ampel zu verlieren.

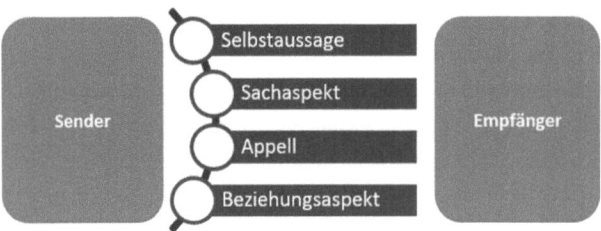

Abb. 2.28 Vier Seiten Modell nach Schulz von Thun (vgl. Stöhler 2016, S. 61)

Ein gutes Mittel zur Sicherung des Verständnisses ist die Zusammenfassung, wie die Botschaft des Senders verstanden wurde. Dies kann noch verstärkt werden, indem der Empfänger sagt, was er aufgrund der Botschaft des Senders zu tun gedenkt, welche Bedingung er daran knüpft oder welche Unterstützung er dafür braucht.

Um zum Beispiel zurückzukommen – sie antwortet ihm: „Oh danke, da habe ich eben nicht aufgepasst, los geht's." Mit dieser Rückkopplung ist sichergestellt, dass keine Missverständnisse vorliegen, die zu Konflikten führen können.

Kommunikationsfähigkeit ist Teil der sozialen Intelligenz. Sie ist die Fähigkeit, sich so auszudrücken, dass man verstanden wird. Dies setzt die Wahl verständlicher Worte und damit auch die Kenntnis der Bedeutung von Begriffen der gewählten Sprache voraus. Drüber hinaus spielen Elemente der Meta-Ebene eine Rolle. Was sprichwörtlich zwischen den Zeilen steht, muss von beiden Parteien verstanden werden, das ist im selben Sprach- und Kulturraum schon schwierig. Bei international besetzten Projektteams ist daher ein besonderer Augenmerk darauf zu richten.

Wenn Ursachen für einen Konflikt im Projektteam gesucht werden, geht das in sehr vielen Fällen auf bewusste oder unbewusste Missverständnisse zurück. Allein schon diesen Zusammenhang als Erklärung anzuführen, kann genügen, dass sich Missverständnisse ohne weitere Aktivitäten im Team selbst auflösen. Falls das vom Projektteam gewünscht wird, kann auch eine Kommunikationsanalyse durchgeführt werden.

2.3.3 Motivation und Volition für Engagement in der Projektarbeit

Nach Erfahrungen der Autoren ist eines der Hauptrisiken bei der Projektarbeit mit Studierenden zu wenig oder unterschiedliche Motivation und Engagement im Team. Dabei stellen die Übermotivierten, die quasi andere zur Seite drängen oder Aufgaben „einfach wegarbeiten" ebenso eine Herausforderung dar, wie jene, die sich durch diese Studienleistung „mogeln" wollen. Daher wird nachfolgend auf einige Hintergründe dazu eingegangen, die dann im Coaching verwendet werden können.

2.3.3.1 Motivation

Motivation ist der Zustand einer Person, der sie dazu veranlasst, eine bestimmte Handlungsalternative auszuwählen, um ein bestimmtes Ergebnis zu erreichen und der dafür sorgt, dass diese Person ihr Verhalten hinsichtlich Richtung und Intensität beibehält (vgl. Kirchgeorg 2017). Motivation ist das Produkt aus Motiv und Anreiz. Daher braucht es bei geringem Eigenantrieb einen großen externen Anreiz, um ein Ziel zu erreichen (vgl. Stangl 2017b). Aus dem Motiv erwächst die eigentliche Motivation: der Antrieb, ein Ziel zu erreichen. So sind beispielsweise Neugierde und Interesse, Belohnung und Gruppendruck wesentliche Motive im Lernumfeld. Neugier und Interesse kommen aus einem selbst, die Motivation wird also vom Lernenden und nicht von außen erzeugt. Sie wird als intrinsische Motivation (innere Anreize) bezeichnet und hat zwei Quellen.

Anders verhält es sich mit Gruppendruck oder Belohnungen. Dadurch wird Motivation von außen erzeugt, extrinsische Motivation (äußere Anreize) besitzen drei Quellen. Die Quellen sind fachfolgend benannt (vgl. Pelz 2004):

- intrinsische Motivation
    - Die Motivation kommt aus der Sache heraus („die Arbeit macht einfach Spaß"),
    - Der Antrieb kommt aus dem Willen, bestimmte Ideale oder Wertvorstellungen zu verwirklichen, deren Ursprung nicht mehr eindeutig nachvollziehbar (oder unbewusst) ist.
- extrinsische Motivation
    - Man selbst, das Team oder Mitarbeiter strengen sich an, weil sie eine materielle oder immaterielle „Belohnung" erwarten oder Nachteile beziehungsweise „Bestrafungen" vermeiden wollen. Sie ist instrumentell.
    - Bei der zweiten Art stammt die Motivation aus den Erwartungen oder Anforderungen des Umfeldes, insbesondere des Teams. Menschen wollen einen Beitrag zum Erfolg der gemeinsamen Sache oder der gemeinsamen Idealvorstellung leisten.
    - Bei der dritten Quelle identifizieren sich Mitarbeiter mit den Zielen oder der Vision der Organisation oder des Unternehmens.

Nach McClelland gibt es drei Grundmotive mit besonders großem Einfluss auf unser Verhalten: Zugehörigkeit, Macht und Leistung. Anreize aus diesen Bereichen sind daher sehr effektiv, um die Motivation zu fördern. Sie sind auch bei anderen Primaten zu beobachten, daher kann davon ausgegangen werden, dass sie biologisch vorgegeben sind (vgl. McClelland 1987). In Tab. 2.11 sind sie mit den daraus resultierenden Ängsten und Maßnahmen aufgeführt.

In Bezug auf die Projektarbeit im Studium heißt das: Unter Zugehörigkeit ist der Wunsch nach Sicherheit, Zuwendung, Geborgenheit und Freundschaft zu verstehen. Daher sollten alle Beiträge im Projekt beachtet und alle Personen in die Gruppe integriert sein. Der eigene Beitrag wird sonst schnell als wertlos empfunden. Macht steht für Kontrolle, Einfluss und Bedeutung. Daher sollten alle Teammitglieder im Projekt in Entscheidungen einbezogen werden, um niemanden zu missachten oder als unwichtig auszugrenzen, was zu

Tab. 2.11 Grundmotive nach McClelland

Motive	Ängste, Befürchtungen	Maßnahmen
Zugehörigkeit	Wertlosigkeit	Beitrag beachten, integrieren
Macht	Ohnmacht	in Entscheidungen einbinden
Leistung	Versagen	Leistungen anerkennen

2.3 Psychologische Grundlagen für ein Coaching in studentischen Projekten

Ohnmacht führt und damit zum Stillstand jeglicher Beteiligung. Leistung ist Erfolg, Fortschritt, aber auch Kreativität und Neugier. Leistung braucht Anerkennung, damit nicht das Gefühl des Versagens, der Nutzlosigkeit („Ich kann tun, was ich will – ist doch eh egal") entsteht. Nicht nur kritisches Feedback geben, sondern mindestens genausooft loben in der Projektarbeit! Das gilt für Dozenten, wie Studierende untereinander, gleichermaßen. Die schwäbische Mentalität: Nicht geschimpft ist genug gelobt – ist der Motivation nicht förderlich, da sie nur auf intrinsische Motivation baut, die sich auch verbrauchen kann.

Grundmotive einer Person sind überdauernde Vorlieben und damit zeitstabile Merkmale von Menschen, die nicht direkt beobachtbar sind, sondern Erklärungsmodelle, die das Handeln von Personen verständlich machen sollen. Implizite (unbewusste, nicht beschreibbare) Motive bringen eher emotionale Bedürfnisse zum Ausdruck. Die Frage nach impliziten Motiven lautet daher: Was mache ich gerne, was gefällt mir, was erfüllt mich? Explizite (bewusste, ausdrückbare) Motive bringen hingegen kognitive Bedürfnisse zum Ausdruck, die in Verhaltensmustern des Alltags ihren Ausdruck finden (vgl. Stangl 2017a). Die Frage nach expliziten Motiven lautet daher: Was will ich wirklich, was ist mir wichtig? Den Motiven gegenüber stehen die subjektiven Fähigkeiten, die jeder Mensch hat, hier also die Frage: Was sind meine Fähigkeiten, Erfahrungen und Kenntnisse?

Professor Dr. Hugo M. Kehr von der Technischen Universität in München hat hierzu Untersuchungen durchgeführt, wie dieser Zusammenhang in Bezug auf das Berufsleben genutzt werden kann (vgl. Kehr 2004). In der Abb. 2.29 ist der Zusammenhang seines

Abb. 2.29 Kompensationsmodell nach Kehr (vgl. Stöhler 2016, S. 108)

Kompensationsmodells dargestellt. Interessant sind die entstehenden Schnittmengen mit den drei Reaktionen: Realisierung von Absichten mit Willenskraft, Flow-Erlebnis und Problemlösung bei einem Defizit von subjektiven Fähigkeiten. Stimmen die Fähigkeiten mit den impliziten oder den expliziten Motiven einer Person überein, so braucht sie zusätzlich ihre Willenskraft, um die Aufgabe zu erledigen (volitionale Regulation). Dabei können sich implizite und explizite Motive auch gegenseitig kompensieren. Stimmen hingegen alle drei Faktoren (implizite und explizite Motive sowie Fähigkeiten) überein, ist ein Flow-Erlebnis möglich. Decken sich implizite und explizite Motive, aber die nötigen Fähigkeiten fehlen, dann wird eine Problemlösung notwendig, d. h. die Fähigkeiten müssen erworben (oder sich zugetraut) werden. Das Ziel oder die Bewältigung der Aufgabenstellung ist sonst nicht erreichbar.

Es ist wesentlich leichter, seine Kenntnisse zu erweitern, als innere Motive zu verändern. In der Projektarbeit lassen sich sehr gut Kenntnisse und Erkenntnisse gewinnen, aber es sollte nicht die Erwartungshaltung bestehen, Einstellungen und Motive dadurch grundlegend verändern zu können. Im Coaching können innere Motive ermittelt werden, so dass mit ihnen gearbeitet werden kann. Finden sich beispielsweise Aufgabenstellungen im Projektteam, die sich mit der inneren Motivation der Studierenden decken, so findet fast zwangsläufig ein Engagement im Projekt statt. Daher lohnen sich Rollenanalysen, da auf diesem Weg systematisch Aufgaben zugeordnet werden können.

2.3.3.2 Volition

Gefühle, Gedanken, Wissen und Handlung können durch Willenskraft gesteuert werden. Volition ist ein Sammelbegriff für Prozesse, welche die Umsetzung einer bestehenden Zielintention fördern (vgl. Heckhausen und Heckhausen 2006). Abb. 2.30 verdeutlicht diesen Zusammenhang. Das Konzept der Volition – oder der volitionalen Kompetenzen – hat eine lange Forschungstradition, die sich bis zu den Arbeiten von Narziß Ach („Über den Willen") im Jahr 1910 zurückverfolgen lässt. Eine andere Wurzel ist die kybernetische Systemtheorie, die in zahlreichen Wissenschaftsgebieten Anwendung findet. Dazu zählen

Abb. 2.30 Darstellung der volitionalen Regulation (vgl. Stöhler 2016, S. 109)

die Neurowissenschaften, die Psychologie, die Managementwissenschaften und die Psychiatrie (bzw. Medizin). Erkenntnisse aus diesen Disziplinen hat Prof. Dr. Waldemar Pelz von der Technischen Hochschule Mittelhessen am Institut für Management-Innovation (http://www.willenskraft.net/z) zu dem Konzept der Volitionskompetenz zusammengefasst, das nachfolgend kurz umrissen wird.

Je ausgeprägter die Volitionskompetenz vorhanden ist, desto stärker ist die Willenskraft (vgl. Pelz 2016). Ihre Leistungsgrundlage sind intrinsische und extrinsische Motivation. Volitionskompetenz führt dann einerseits zum Ergebnis/Erfolg in Bezug auf interne Standards der Person und andererseits zur Erfüllung der wahrgenommenen Anforderungen des Umfelds. Volitionskompetenz definiert Pelz durch:

- Aufmerksamkeitssteuerung und Konzentration auf das Wesentliche,
- Management von Emotionen und Stimmungen,
- Selbstvertrauen und Durchsetzungsvermögen,
- Vorausschauende Planung und kreative Problemlösung und
- Zielbezogene Selbstdisziplin durch tieferen Sinn in der Aufgabe.

Eine Studie zur Umsetzungskompetenz mit 16.000 Fach- und Führungskräften, die in 2016 von seinem Institut erhoben wurde, hat deren Bedeutung als Schlüsselkompetenz im Berufsleben bestätigt (vgl. Pelz 2016). Am Institut wurde ein Selbsttest entwickelt, bei dem Personen ihre Selbsteinschätzung im Vergleich zu den Studienteilnehmern ermitteln können, er ist kostenfrei verfügbar unter: http://pelz.fuehrungskompetenzen.net/www/form/ident/UK-kurzform

Für das Engagement im Projekt ist also nicht nur die Motivation entscheidend, sondern auch die Willenskraft, Dinge umzusetzen. Mit der Projektarbeit kann Volitionskompetenz gezielt trainiert werden. Aufmerksamkeitssteuerung und Konzentration auf das Wesentliche kann vom Dozenten angeleitet werden, Management von Emotionen und Stimmungen sollte in der Teamarbeit erfolgen, insbesondere durch Konfliktlösungen. Selbstvertrauen und Durchsetzungsvermögen kann durch adäquate Aufgabenstellungen trainiert werden. Vorausschauende Planung und kreative Problemlösung ist Teil der Ergebnissicherung im Projekt und eine zielbezogene Selbstdisziplin durch einen tieferen Sinn in der Aufgabe kann mit dem Auftraggeber und dem Thema vermittelt werden.

2.3.3.3 Prokrastination

Viele Menschen kennen es von sich selbst, dass sie unangenehme Tätigkeiten – wie das Schreiben wissenschaftlicher Arbeiten, Korrigieren von Prüfungen oder das Erledigen der Steuererklärung usw., lieber aufschieben, als sie sofort zu erledigen. Es finden sich immer so viele Dinge, die auch noch gemacht werden müssen, die einen davon abhalten, diese anzugehen oder fertigzustellen.

Wie in der Abb. 2.31 zu sehen ist, gehen Schätzungen davon aus, dass fast die Hälfte der Arbeitszeit für die Korrektur von Prüfungen, nicht effektiv daran gearbeitet wird, um

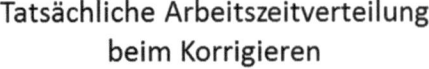

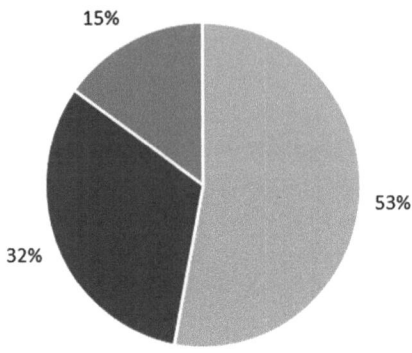

Abb. 2.31 Arbeitszeitverteilung beim Korrigieren von Prüfungen (vgl. Lehrerfreund 2017)

einmal den Einfluss von „Aufschieberities" bei dieser Art von Arbeit zu quantifizieren (vgl. Lehrerfreund 2017).

Bei manchen Personen nimmt das Aufschieben jedoch ein solches Ausmaß an, dass die Betroffenen erheblich darunter leiden und schwerwiegende negative Folgen drohen, bis hin zum Abbruch einer Ausbildung oder berufliches Scheitern. Ständiges Aufschieben wird von den Betroffenen und ihrer Umgebung oft für persönliche Willensschwäche gehalten oder als Faulheit angesehen. Prokrastination hat jedoch nichts mit Faulheit zu tun und mit solchen Erklärungen lässt es sich auch nicht verändern. Vielmehr handelt es sich dabei um ein ernsthaftes Problem der Selbststeuerung, für das es professionelle psychologische Hilfe gibt (vgl. Universität Münster 2017). „Mindestens 70 Prozent aller Studenten, die mit Lern- und Leistungsstörungen zu uns kommen, leiden unter einem Aufschiebeproblem", sagt auch Hans-Werner Rückert, der die psychologische Studienberatung der FU Berlin leitet (vgl. FU Berlin 2017).

Bei einer Studie an der Universität Münster wurde ermittelt, dass 7 % aller Studierenden so hohe Werte bei Tests zur Prokrastinationsgefährdung erzielen, dass eine Therapie für sie anzuraten ist. (vgl. Universität Münster 2017). Die Universität Münster hat daher reagiert und eine Ambulanz eingerichtet, an die sich die Studenten wenden können. Dort wird auch ein anonymer Selbsttest angeboten, bei dem geprüft werden kann, ob eine Gefährdung vorliegt: http://wwwpsy.uni-muenster.de/Prokrastinationsambulanz/

Faktoren, die eine Prokrastination begünstigen (vgl. Universität Münster 2017) sind Probleme in der Prioritätensetzung, mangelnde oder unrealistische Planung, Schwierigkeiten in der Abgrenzung gegen alternative Handlungstendenzen, Defizite im Zeitmanagement oder in der Konzentrationsfähigkeit, Abneigung gegen die Aufgabe, Angst vor Versagen oder Kritik, Fehleinschätzungen der Aufgabe oder der eigenen Anstrengungsbereitschaft und Leistungsfähigkeit.

Besteht ein Verdacht auf ernsthafte Probleme mit „Aufschieberitis" im Projektteam, so sollte es angesprochen werden. Wiederkehrende Terminsetzungen, mit engmaschigen Überwachungen des Arbeitsbeitrags, die dann nicht eingehalten werden, führen nicht zu einer Verbesserung im Arbeitsfortschritt, sondern nur zu Frustration aller Projektmitglieder. Die betroffene Person sagt die Termine mit bestem Wissen und Gewissen sehr glaubwürdig zu, schafft es dann aber immer wieder nicht, das Versprechen zu halten bzw. liefert Ergebnisse von ungenügender Qualität, um überhaupt irgendetwas abzugeben. Manche leiden darunter, andere sind sich dessen gar nicht wirklich bewusst und verharmlosen „das Problem", stellen sich selbst als Held dar, der kurz vor knapp die Nacht durch gearbeitet hat, um nun das Projekt zu retten. Projekte verliert man meistens am Anfang, denn was zu Beginn nicht geleistet wird, kann meist nicht mehr in der verbleibenden Projektlaufzeit „reingearbeitet" werden – und bei Studierendenprojekten schließt sich eine Verlängerung meist durch die Rahmenbedingungen im Curriculum aus. Tendenziell wird daher am Ende der Projektlaufzeit nicht der Leistungsumfang angepasst, sondern zulasten der Qualität gearbeitet, um dann oftmals auf den Punkt Abgabetermine einzuhalten.

Literaturempfehlung aufbauend aus den Erfahrungen an den Universitäten in Münster und Berlin:
Höcker, A., Engberding, M., & Rist, F. (2017). *Heute fange ich wirklich an! Prokrastination und Aufschieben überwinden – Ein Ratgeber*. Göttingen: Hogrefe.
Rückert, Hans-Werner. (2014). *Schluss mit dem ewigen Aufschieben. Wie Sie umsetzen, was Sie sich vornehmen*. Frankfurt: Campus Verlag.

2.3.4 Konfliktfähigkeit

Wenn innerhalb eines Projekts Konflikte zwischen einzelnen Studierenden, im Team, mit dem Dozenten oder dem Auftraggeber entstehen, dann sollte der Dozent zunächst beobachten und einordnen, ob es sich um einen Streit oder eine Meinungsverschiedenheit handelt, die das Projektteam selbst lösen kann. Erst wenn er zu dem Schluss kommt, dass er eingreifen sollte, oder er um konkrete Hilfe gebeten wird, dann beginnt für ihn Konfliktmanagement mit Schaffung einer Rahmenbedingung zur Klärung, der Analyse und der Lösungssuche mit den Konfliktparteien. Nur in seltenen Fällen wird er nach Erfahrung der Autoren als Schiedsinstanz benötigt. Kinder gehen zu ihren Eltern, beschweren sich über den anderen und erwarten von ihnen die Herbeiführung einer Lösung. Über dieses Stadium sollten Studierende hinweg sein und bereits selbst Konfliktfähigkeit entwickelt haben, darauf kann auch durchaus hingewiesen werden, falls solche Situationen entstehen. Sowohl Studierende als auch Dozenten lernen durch die Bewältigung von Konfliktsituationen ihre Konfliktfähigkeiten zu verbessern. Dieser Ablauf ist in Abb. 2.32 zu sehen.

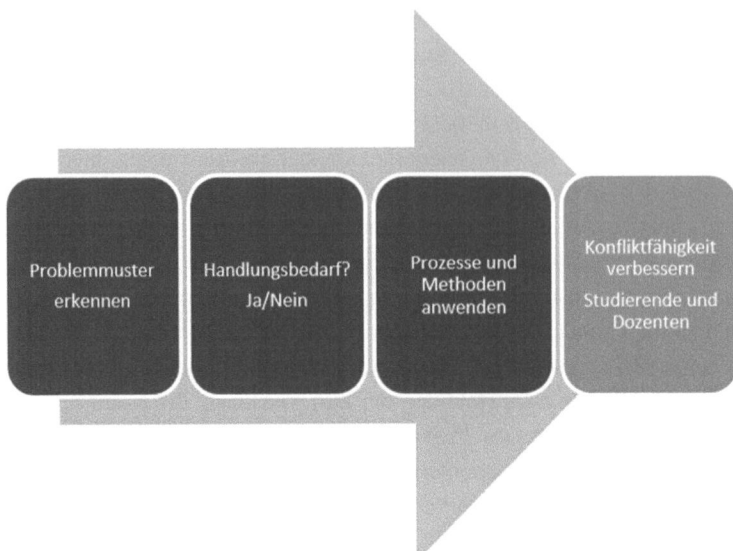

Abb. 2.32 Konfliktfähigkeit verbessern

Daher sind nachfolgend Basisinformationen zum Konfliktmanagement beschrieben, wie Konfliktfähigkeit und Konfliktfestigkeit als Kompetenzen von Personen und Teams, Klassifizierung von Konflikten und deren Eskalation, sowie Einblicke zu Möglichkeiten, Konflikte zu lösen.

Konfliktmanagement
Unter Konfliktmanagement sind Maßnahmen zu verstehen, die eine Eskalation oder Ausbreitung eines bestehenden Konfliktes verhindern (vgl. Bohren-Meyer und Zuger 2007). Ein Konflikt ist nicht gleichzusetzen mit einer Meinungsverschiedenheit oder einem Streit. Zwar liegen einem Konflikt Differenzen zugrunde, aber erst wenn die beteiligten Personen den aufkommenden Stress nicht mehr bewältigen, kann es zum zwischenmenschlichen Konflikt kommen. Ein sozialer Konflikt ist somit eine Interaktion zwischen Akteuren, wobei wenigstens ein Aktor Differenzen im Wahrnehmen, im Denken, im Fühlen und im Wollen mit dem anderen Aktor in der Art erlebt, dass beim Verwirklichen dessen, was der Aktor denkt, fühlt oder will, eine Beeinträchtigung durch einen anderen Aktor erfolgt (vgl. Glasl 2004).

Für das Konfliktmanagement im studentischen Projekt heißt das: Der Dozent sollte sich nicht gleich einmischen, wenn Differenzen im Team bestehen. Streit kann das Team selbst lösen. Erst wenn er eskaliert und er als höhere Instanz eingreifen sollte, dann ist Konfliktmanagement durch den Dozenten erforderlich.

Konfliktfähigkeit
Die persönliche Konfliktfähigkeit ist entscheidend für den Verlauf eines Konfliktes. Sie beschreibt die Fähigkeit einer Person, eine Auseinandersetzung aufzunehmen, konstruktiv

zu bewältigen und nach Möglichkeit bereits im Vorfeld zu vermeiden. Ein hohes Maß an Empathie ist dafür förderlich. Merkmale für eine gute Konfliktfähigkeit sind: Verantwortungsgefühl, realistische Einschätzung des eigenen Könnens, Selbstbewusstsein und Glauben an die eigenen Ideen, der Blick fürs Wesentliche, Flexibilität, Gerechtigkeitsempfinden und Toleranz, sowie Anwendung konstruktiver Kommunikationstechniken (vgl. Stangl 2017c).

Konfliktfähigkeit sollte trainiert werden im Rahmen einer Projektarbeit. Der Dozent kann hier Hilfestellung geben durch Impulsgebung und Mut-Machen, Konflikte zu lösen, sowie im Vorfeld Tipps zu geben, wie sie vermieden werden können z. B. durch Festlegung klarer Regeln und Werte für die Zusammenarbeit.

Konfliktfestigkeit
Neben der Konfliktfähigkeit des Einzelnen ist die Konfliktfestigkeit der Organisation entscheidend für Konfliktmanagement. Für die Konfliktfestigkeit einer Organisation ist es wichtig, gute Strukturen in der Organisation zu haben: klare Zielvorgaben, gute Informationsflüsse, Vermeiden von Verteilungskonflikten. Das Erkennen und Sichtbarmachen von ersten Konflikt-Anzeichen (sogenannte Signalverfahren) sollte trainiert und instituiert werden: vorausschauende Problemsammlungen, Feedback-Gespräche, regelmäßige Reflexionen. Schließlich sollten Situationen und Orte geschaffen werden, wo Differenzen signalisiert und startende Konflikte geklärt werden können (vgl. Müggler Bühl 2016).

Für den Dozenten heißt es daher, darauf zu achten, dass solche Strukturen im Projekt geschaffen und auch genutzt werden.

2.3.4.1 Konflikte analysieren

Um die richtigen Lösungsstrategien für Konflikte zu finden, kann es hilfreich sein, diese in Arten oder Typen zu unterteilen (vgl. Beck und Schwarz 2000):

- **Substantiellen und affektive Konflikte**
  Substanziellen Konflikten liegen Sachfragen zugrunde, die deutlich erkennbar sind, während es bei affektiven Konflikten um störende Eigenschaften oder Verhaltensweisen der Konfliktparteien geht.
- **Latenter und manifester Konflikt**
  Ein manifester Konflikt äußert sich in einem Verhalten, welches für die Gegenpartei benachteiligende Wirkung hat. Im Gegensatz dazu könnte von einem latenten Konflikt gesprochen werden, wenn in der Position und den Zielen der Konfliktparteien zwar Gegensätze vorliegen, diese aber nicht zu feindseligem Verhalten geführt haben.
- **Heiße und kalte Konflikte**
  Bei heißen Konflikten begeistern sich die Streitenden für ihre Erreichungsziele und äußern das sowohl verbal als auch durch Handlungen. Bei kalten Konflikten geht es um Verhinderungsziele, man blockiert, reagiert nicht auf den anderen, schweigt und geht sich aus dem Weg.

- **Symmetrische und unsymmetrische Konflikte**
  Im Falle eines Machtgleichgewichtes der Parteien spricht man von symmetrischen Konflikten. Liegt eine Ungleichheit vor, handelt es sich um asymmetrische Konflikte. Konflikte unter den Studenten sind also symmetrisch, zwischen Studenten und Professoren sind asymmetrisch.

Konfliktformen

Häufig werden Konflikte aufgrund interpersonaler Probleme nicht direkt sichtbar. Sie äußern sich meistens in Sachkonflikten. Um diese beiden Inhalte (Sachkonflikte und Beziehungskonflikte) zu verbinden, müssen drei Ebenen von Konflikten betrachtet werden: die rationale Ebene (die Sache), die emotionale Ebene (die Person selbst) und die soziale Ebene (die Beziehung) (vgl. Höher und Höher 2004).

Es gibt eine ganze Reihe von Konfliktformen. Es seien an dieser Stelle nur einige, für die Projektarbeit relevante, genannt:

- **Beziehungskonflikt:** Empfundene Gegensätze in Bezug auf Verhaltensdispositionen von Projektmitgliedern.
- **Wertekonflikt:** Unterschiedliche Anschauungen zu moralischen, religiösen, kulturellen oder ideologischen Überzeugungen bzw. Grundsätzen im Team.
- **Rollenkonflikt:** Widersprüchlich empfundene Rollen liegen dem Konflikt zugrunde oder ein Student wird in seiner Rolle nicht akzeptiert.
- **Machtkonflikt:** Ungleich empfundene Machtverteilung im Team.
- **Führungskonflikt**: Eine „Führungskraft" z. B. Projektleiter, setzt ihre Interessen gegen die Teammitglieder durch.
- **Ressourcenkonflikt**: Man hat nur begrenzte Ressourcen zur Bewältigung mehrerer Ziele im Projekt und muss entscheiden, für welches Ziel man sie einsetzt. Ressourcen kann Arbeitszeit heißen oder finanzielle Mittel oder Ausstattung.
- **Zielkonflikt:** Empfundene Gegensätze in Bezug auf Absichten bzw. Interessen bestehen im Team oder zwischen zwei Parteien. Man unterscheidet auch zwischen Bewertungskonflikt, Zielkonflikt, Beurteilungskonflikt und Wegkonflikt.

Je nach Konfliktform sind auch unterschiedliche Vorgehensweisen zur Konfliktlösung erforderlich, daher ist es wichtig, Konflikte zunächst richtig einzuschätzen, nach Art, Form und Eskalationsstufe. Hier kann der Dozent helfen, diese Einschätzung mit dem Projektteam vorzunehmen.

Eskalation von Konflikten

Konflikte wachsen und entwickeln sich, es ist daher unerlässlich einzuschätzen, wie weit der Konflikt fortgeschritten ist, um die richtigen Lösungsstrategien anzuwenden. Der Fokus der Analyse liegt hierbei auf der Intensität des Konflikts und ist von Glasl in neun Stufen beschrieben worden (vgl. Glasl 2002). In der Abb. 2.33 sind diese zu sehen und nachfolgend allgemein sowie in Bezug zum studentischen Projekt kurz beschrieben.

2.3 Psychologische Grundlagen für ein Coaching in studentischen Projekten

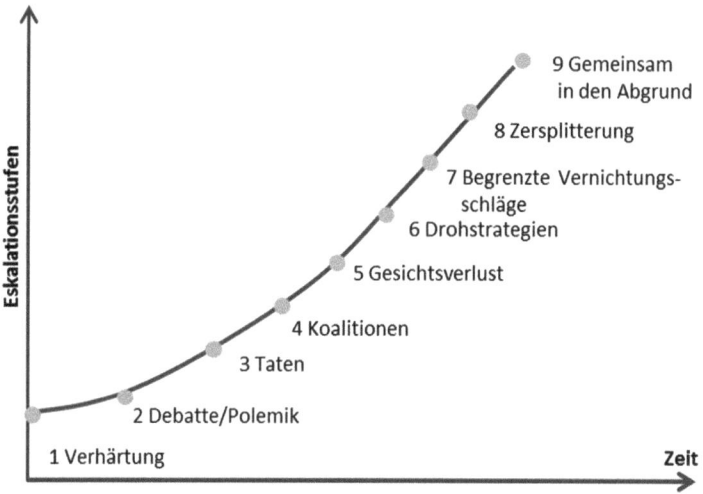

Abb. 2.33 Eskalationsstufen nach Glasl (vgl. Stöhler 2016, S. 99)

(1) **Verhärtung**
Die Konfliktparteien sind um Kooperation bemüht, aber Standpunkte verhärten sich und prallen geradezu aufeinander. Zeitweilige „Ausrutscher" in der Kommunikation lassen Spannungen erkennen und bewirken weitere Verkrampfungen der Konfliktparteien.

(2) **Debatte, Polemik**
Es ist kein kooperatives Verhalten sichtbar. Die Konfliktparteien kämpfen mit Worten und argumentieren jetzt quasi-rational – Polemik. Jede Partei will ihre Überlegenheit beweisen und wertet daher die Beiträge der Gegenpartei ab.

(3) **Taten statt Worte**
Die Beteiligten können durch Argumentieren die Position der Gegenpartei nicht verändern und stellen einander daher vor vollendete Tatsachen. Weil verbale Erklärungen auf Skepsis stoßen, konzentriert sich jeder auf die Beobachtung des gegnerischen Verhaltens, das jedoch oft fehlgedeutet wird, unwillentlich und willentlich. Gruppen als Konfliktparteien entwickeln intern ein starkes Zusammengehörigkeitsgefühl und schließen sich gegenseitig ab.

(4) **Images und Koalitionen**
Negative Erfahrungen verdichten sich zu stereotypen Images bezüglich Fach- und Sozialkompetenz der Beteiligten. Ein positives Selbstbild steht einem negativen Feindbild gegenüber und wird fixiert. Durch Image-Kampagnen wird um Anhänger geworben. Die Parteien manövrieren einander in Positionen, die sie dann oft öffentlich bekämpfen.

(5) **Gesichtsverlust**
Gegenseitiges Misstrauen drängt zum totalen Vertrauensbruch. Durch inszenierte Entlarvung soll die moralische Verwerflichkeit des Feindes öffentlich nachgewiesen werden (Verteufelung). All dies resultiert in der Ausstoßung einer oder mehrerer Kernpersonen, die danach auf Rehabilitierung versessen sind.

(6) **Drohstrategien**
Das Geschehen wird beherrscht von systematischen, ultimativen Drohungen und Gegendrohungen. Es kommt zu demonstrativen Selbstbindungs-Aktivitäten, durch die sich die Parteien in Handlungszwänge manövrieren.

(7) **Begrenzte Vernichtungsschläge**
Auf menschliche Bedenken wird keine Rücksicht mehr genommen. Aktionen der begrenzten Zerstörung des Gegners werden als Vergeltung auf erlittenen Schaden verstanden und dadurch gerechtfertigt.

(8) **Zersplitterung**
Vitale Systemfaktoren des Feindes werden zerstört, damit dessen System zusammenbricht - Sabotage wird betrieben, wo es nur möglich ist.

(9) **Gemeinsam in den Abgrund**
Alle Verhaltensweisen laufen auf eine totale Vernichtung des Feindes hinaus, sogar zum Preis des eigenen Untergangs. Der Eskalationsprozess führt jedoch nicht automatisch in den Abgrund. Bis zur Stufe 8 kann er gestoppt werden.

Die beschriebenen Eskalationsstufen sind nach Glasls Kontingenzmodell mit verschiedenen Strategien anzugehen (1–3 Moderation, 3–5 Prozessbegleitung, 4–6 Sozio-therapeutische Prozessbegleitung, 5–7 Vermittlung, 6–8 Schiedsverfahren, 7–9 Machteingriff), um Konflikte zu deeskalieren und zu lösen. Die Stufen 1–3 treten gewöhnlich in Projekten an der Hochschule auf und lassen sich durch Moderation innerhalb des Teams gut lösen. Der Dozent kann hierbei auch auf die Selbstheilungskräfte des Projektteams vertrauen. Höhere Stufen bedürfen professioneller Hilfe, die weder das Team selbst, noch ein Dozent alleine leisten kann, daher wird an dieser Stelle nicht weiter darauf eingegangen.

Nachfolgend ist eine Beschreibung von Projektsituationen zu lesen, die der jeweiligen Eskalationsstufe 1–5 entsprechen. Dies kann genutzt werden, um den Eskalationsstand einzuschätzen und für sich selbst Handlungsentscheidungen zu treffen. Die höheren Stufen sind nicht beschrieben, da sie über den Rahmen einer Projektarbeit hinaus derart eskaliert wären, das sie den Hochschulkontext verlassen haben.

(1) **Verhärtung**
In einem Projektteam besteht grundsätzliche Uneinigkeit über den Leistungsumfang der verschiedenen Arbeitspakete der Projektmitglieder. Sie reden miteinander und sind grundsätzlich bemüht, eine Lösung zu finden, aber das Verständnis darüber, wie aufwendig die Arbeitspakete sind und wie viel Engagement jeder einbringen sollte, ist so unterschiedlich, dass keine Lösung gefunden werden kann. Da rutscht manch einem „Faule Sau", „Drückeberger", „Lahmarsch" usw. heraus, so dass Verspannungen in den Beziehungen der Projektmitglieder sichtbar werden, was zu weiteren Verkrampfungen der Konfliktparteien führt.

(2) **Debatte, Polemik**
Es ist kein kooperatives Verhalten sichtbar, die Studenten wollen keine Lösung mehr finden, sondern Recht haben. Sie kämpfen mit Worten, Ausdrucksweise und Tonlage

haben sich entsprechend verändert. Sie argumentieren polemisch, verallgemeinern und setzen keine Sachargumente mehr ein. Jede Partei will ihre Überlegenheit beweisen, dass nur sie den Arbeitsaufwand richtig einschätzen können, sie als Personen sowieso „die besseren" sind und werten daher die Beiträge der Gegenpartei ab, oder stellen sie als irrelevant dar.

(3) **Taten statt Worte**
Die Konfliktparteien haben verstanden, dass sie durch Argumentieren die Position der Gegenpartei nicht verändern können und stellen einander daher vor vollendete Tatsachen. So werden beispielsweise Termine zum Auftraggeber kommuniziert, ihm Leistungen zugesagt, die vollkommen unabgestimmt sind oder einfach Entscheidungen getroffen, kommuniziert und vollzogen, die sich auf andere und das Projektergebnis auswirken. Weil verbale Erklärungen auf Skepsis stoßen, konzentriert sich jeder auf die Beobachtung des gegnerischen Verhaltens und es wird nicht darüber gesprochen. Die wildesten Interpretationen werden daher nach Gründen und Auswirkungen angestellt und der Konflikt eskaliert weiter. Die Konfliktparteien im Team schotten sich voneinander ab, es wird nicht mehr zusammen gearbeitet, sie grenzen sich gegenseitig aus, halten Informationen zurück, etc.. Das Projekt wird langsam aber sicher an sich durch den Konflikt gefährdet. Der Dozent sollte sich überlegen, ob er eingreift.

(4) **Images und Koalitionen**
Es geht jetzt nicht mehr um die Arbeitsverteilung im Projektteam, sondern nur noch um das Image der Konfliktparteien innerhalb des Teams und in der Öffentlichkeit, sprich im Studiengang und im sozialen Umfeld der Studierenden. Ein positives Selbstbild steht einem negativen Feindbild gegenüber und wird fixiert. Es ist nicht möglich davon abzulassen, es besteht kein Zugang zu den Konfliktparteien. „LaLaLa- was hast Du gesagt", die Ohren werden bildlich zugehalten. Durch Image-Kampagnen wird um Anhänger geworben, das wird oftmals in den sozialen Medien ausgetragen. Falls ein Konflikt soweit eskaliert ist, sollte der Dozent als höherer Instanz jetzt von sich aus eingreifen und externe Hilfe einbeziehen, da die Konfliktparteien es nicht schaffen werden, den Konflikt alleine zu lösen.

(5) **Gesichtsverlust**
Es besteht keinerlei Vertrauen in die Gegenseite. Bilder und Situationen werden im Netz beschrieben und in der Öffentlichkeit kundgetan, die beweisen sollen, was für schlechte Menschen die anderen doch sind. Der Wahrheitsgehalt, der diesen Inszenierungen zugrunde liegen kann, spielt dabei keine Rolle, notfalls wird etwas erfunden oder absichtlich missverständlich dargestellt. All dies resultiert in der Ausstoßung einer oder mehrerer Kernpersonen, die danach auf Rehabilitierung versessen sind und mit den Symptomen von Mobbing zu kämpfen haben.

2.3.4.2 Lösungsmöglichkeiten aufzeigen und herbeiführen

Schwarz beschreibt sechs Möglichkeiten der Lösung von Konflikten, die in der Abb. 2.34 zu sehen sind. (1) **Flucht** und (2) **Vernichtung** sind extreme Lösungen, in deren Verlauf Studenten aus dem Projekt ausscheiden bzw. gekoppelt sein können mit der Auflösung

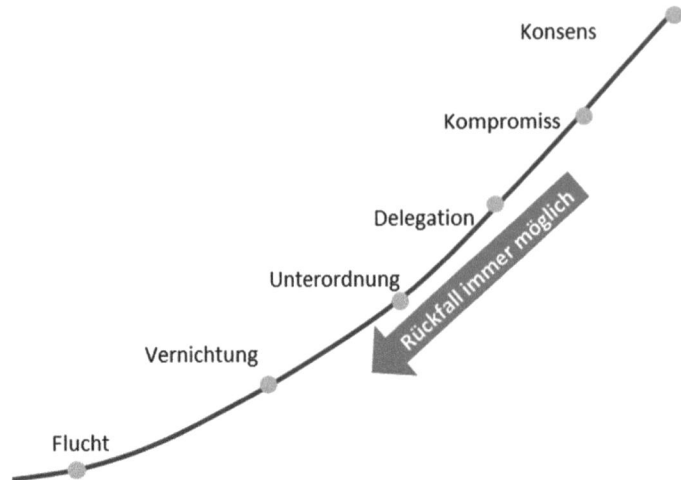

Abb. 2.34 Konfliktlösungsmöglichkeiten nach Schwarz (vgl. Stöhler 2016, S. 101)

des Projekts selbst. Eine **(3) Unterordnung** bedeutet, dass sich einzelne Personen oder Konfliktparteien der Gegenseite unterordnen und somit beispielsweise Entscheidungen in Kauf nehmen, ohne sie wirklich zu akzeptieren. Die Studierenden beugen sich beispielsweise der Meinung der anderen, handeln auch so, aber haben für sich kein gutes Gefühl dabei, so dass der Konflikt leicht wieder aufbrechen kann. Bei der **(4) Delegation** wird die Konfliktlösung einer außenstehenden höheren Instanz übertragen, die dann auch akzeptiert wird und daher wahrscheinlich nicht wieder aufbricht bzw. sich dann ein anderes Ventil sucht. Der Nachteil ist, dass die Identifikation mit der Lösung schwindet und den Parteien die Konfliktkompetenz entzogen wird. Eine höhere Instanz kann beispielsweise der Dozent, der Modulverantwortliche oder der Dekan als Mitglied der Hochschulleitung sein. **(5) Kompromiss** bedeutet, dass in einem bestimmten Bereich eine Teileinigung erzielt werden kann. Der Vorteil ist, dass es eine Einigung ist, der Nachteil, dass es eben nur eine Teileinigung ist. Die Suche nach **(6) Konsens** macht erst dann Sinn, wenn die anderen Möglichkeiten der Konfliktlösung versagen. Schwarz bezeichnet das als Aporie (Zielkonflikt), wenn die Kontroverse nicht nur emotional sondern auch sachlich der Logik widerspricht. Dies ist durch drei Eigenschaften gekennzeichnet: 1. Zwei einander widersprechende Behauptungen oder Interessen, 2. beide sind wahr bzw. berechtigt und 3. beide voneinander abhängig sind – nur wenn die eine Behauptung wahr ist, kann es auch die andere sein und umgekehrt. Auch wenn letztlich eine Lösung gefunden werden kann, so besteht immer die Gefahr, einen Rückfall in denselben oder einen Ausweichkonflikt zu erleiden (vgl. Schwarz 2005).

Nach Schwarz geht Konfliktmanagement nicht nach einem strengen Ablaufschema vor sich. Der Konfliktlösungsprozess wird jedoch günstiger weise meist folgende Phasen durchlaufen (vgl. Schwarz 2005, S. 334), die in den Kontext eines Konfliktes im studentischen Projekt beschrieben ist:

1. **Überprüfen der Konfliktökonomie**
   Welche Aussicht auf Lösung gibt es und was kann sie mir bringen? Das ist die zentrale Frage des Betroffenen. Wenn hier kein eigener Wille zu einer Lösung entstehen kann, so wird auch ein von außen herangetragener Konfliktlösungsbedarf keinen Erfolg bringen.
2. **Konfliktakzeptanz**
   Konfliktbearbeitung lohnt sich – es besteht Aussicht auf eine Besserung der Situation beziehungsweise auf eine Lösung des Problems. Kommt der Betroffene zu diesem Schluss, dann hat er akzeptiert, dass ein Lösungsprozess angegangen werden sollte. Bis zu diesem Punkt kann der Dozent keinen Beitrag leisten.
3. **Ansprechen des Konflikts**
   Wenn der Konflikt angesprochen wird, dann beginnt die Bearbeitung. Es braucht Überwindung dazu, vielleicht ist es nötig, dafür Mut zu machen. Es finden sich sehr unterschiedliche Konfliktfähigkeiten unter den Studierenden, abhängig auch von ihrer persönlichen Biografie und Persönlichkeitsstruktur, auf die in Kapitel zwei bereits hingewiesen wurde. Eventuell kann durch Hinzuziehen eines anderen Studenten im Team, eines Freundes oder des Dozenten für eine Klärung der Situation gesorgt werden, so dass zielführende Gespräche möglich sind. Der Konfliktpartner sollte jetzt ebenfalls an einer Lösung interessiert sein. Ist dies nicht der Fall, so wird keine Lösung möglich sein.
4. **Konfliktanalyse**
   Die Studierenden können ihren Konflikt selbst oder im Team klären, ggf. ist dies auch nur mittels einer außenstehenden Instanz möglich, wie durch den Dozenten geführt. Im Idealfall stimmen die Konfliktparteien nach gemeinsamer Analyse in ihrer Konfliktdiagnose überein. Manche Hochschulen und Universitäten bieten studentische Streitschlichter an, die hinzugezogen werden können. An den juristischen Fakultäten werden sehr häufig Zusatzqualifikationen zum Mediator angeboten. Diese Studierenden sind dabei oft auf der Suche nach Praxiserfahrung und helfen gerne (vgl. Universität Augsburg 2017). Auch Masterstudiengänge werden angeboten, wie an der Universität in Potsdam (vgl. Universität Potsdam 2017).
5. **Lösungssuche**
   Es wird gemeinsam nach eine Lösung gesucht. Dabei können verschiedene Ansätze genutzt werden, wie die Moderation, Mediation oder das Harvard Konzept (vgl. Fisher et al. 2013).
6. **Probezeit für die gefundene Lösung**
   Es wird eine Probezeit für die gefundene Lösung vereinbart, um diese gegebenenfalls beizubehalten oder zu modifizieren.
7. **Review der Lösung**
   Ist die erprobte Lösung nicht praktikabel und hat nicht zu einer Lösung geführt, dann ist sie zu verwerfen und eine neue Lösung sollte gesucht werden, falls dazu beide Konfliktparteien bereit sind.

2.3.4.3 Hinweis auf weiterführende Informationen

Da die Thematik Konfliktlösung sehr komplex und individuell ist, sei an dieser Stelle auf weiterführende Literatur für den interessierten Leser verwiesen, sowie auf Weiterbildungsangebote der Universitäten, der Didaktik-Zentren und der führenden Berufsverbände der Mediatoren:

- Bundesverband Mediation e.V. https://www.bmev.de/
- Bundesverband Mediation in Wirtschaft und Arbeitswelt e.V http://www.bmwa-deutschland.de/

Hinweis auf weiterführende Literatur im Kontext von Konflikten im Team:

- Knapp, Konfliktlösungs-Tools: Klärende und deeskalierende Methoden für die Mediations- und Konfliktmanagement-Praxis, managerSeminare Verlags GmbH; 2016
- Knapp, Konflikte lösen in Teams und großen Gruppen, managerSeminare Verlags GmbH; 2014
- Haeske, Pocket Business: Team- und Konfliktmanagement: Teams erfolgreich leiten – Konflikte konstruktiv lösen, Bibliographisches Institut, Mannheim; 2013
- Oboth, Mediation in Gruppen und Teams: Praxis- und Methodenhandbuch. Konfliktklärung in Gruppen, inspiriert durch die GFK, Junfermann Verlag; 2005
- Bähner,Oboth, Schmidt,Praxisbox Konfliktklärung in Teams & Gruppen: Praktische Anleitung und Methoden zur Mediation in Gruppen, Junfermann Verlag; 2011
- Bohren-Meyer, Carola; Züger, Rita-Maria: Konfliktbewältigung im Team. Leadership-Basiskompetenz. Zürich, 2007

Literatur

Asendorpf, J. B., & Neyer, F. J. (2012). *Psychologie der Persönlichkeit*, 5th Aufl. Berlin: Springer.

Bea, F. X., Scheurer, S., & Hesselmann, S. (2011). *Projektmanagement. Grundwissen der Ökonomik*, 2. überarb. u. erw. Aufl. Stuttgart, Konstanz: UTB.

Beck, R., & Schwarz, G. (2000). *Konfliktmanagement*, 2. Aufl. Schwerpunkt Management. Augsburg: Ziel.

Belbin, R. M. (1981). *Management teams: Why they succeed or fail*. Oxford; Boston: Butterworth-Heinemann.

Berndt, O., Brand, T., Elpel, K. P., Faulhaber, J., Heiermann, C., Heinrich, W., Kaspras, R., Köhler-Krüner, H., Rentergent, J., Schäfer, M., Schmitz, G., Schwalm, S., & Hommes, W. (2008). *Standards und Normen im Umfeld ECM: Leitfaden für organisatorische und technische Anforderungen*, 1. Aufl. Bonn: Verband Organisations- und Informationssysteme.

Bohren-Meyer, C. B., & Züger, R. M. (2007). *Konfliktbewältigung im Team – Leadership-Basiskompetenz: Theoretische Grundlagen und Methoden mit Beispielen, Praxisaufgaben, Repetitionsfragen und Antworten*, 2. Aufl. Zürich: Compendio Bildungsmedien.

Borkenau, P., & Ostendorf, F. (2008). *NEO-Fünf-Faktoren-Inventar nach Costa und McCrae; NEO-FFI*, 2. Aufl. Hogrefe: Göttingen.

Literatur

Bouchard, T. J., & McGue, M. (2003). Genetic and environmental influences on human psychological differences. *Journal of Neurobiology*, *54*, 4–45. doi: 10.1002/neu.10160.

Bruckmann, F., & Scheidler, M. (2011). Kompetenzorientierte Lehre in der Theologie: Konkretion-Reflexion-Perspektiven. Münster: LIT Verlag.

Deutsche, G. P. M. Gesellschaft für Projektmanagement e. V. (2017a). GPM Deutsche Gesellschaft für Projektmanagement e.V.: Startseite [WWW Document]. https://www.gpm-ipma.de/startseite.html. Zugegriffen: 14. März 2017.

Deutsche, G. P. M. Gesellschaft für Projektmanagement e. V. (2017b). Übersicht der verfügbaren Normen im Projektmanagement [WWW Document]. https://www.gpm-ipma.de/fileadmin/user_upload/Know-How/Fachgruppen/Verfuegbare-Normen-im-PM.pdf. Zugegriffen: 14. März 2017.

DIN EN 45020. (2007). Normung und damit zusammenhängende Tätigkeiten – Allgemeine Begriffe (ISO/IEC Guide 2:2004). DIN Deutsches Institut für Normung e. V. 2007.

DiSG. (2017). DiSG® – Das Persönlichkeitsmodell im Businessumfeld [WWW Document]. http://www.disg-modell.de/. Zugegriffen: 15. März 2017.

Feldmüller, D., & Sticherling, N. (2016). Agile Methoden in der Entwicklung mechatronischer Produkte. *projektMANAGEMENT aktuell*, 14–22.

Fischer, L., & Wiswede, G. (2009). *Grundlagen der Sozialpsychologie*, 3rd Aufl.. Berlin: De Gruyter Oldenbourg.

Fisher, R., Ury, W., Patton, B., & Egger, U. (2013). *Das Harvard-Konzept: Der Klassiker der Verhandlungstechnik*, 24th Aufl.. Frankfurt: Campus Verlag.

FU Berlin. (2017). Freie Universität Berlin [WWW Document]. http://www.fu-berlin.de/. Zugegriffen: 15. März 2017.

Glameyer, C. (2017). Typen und Stufen von Lernzielen [WWW Document]. Lehre laden: Downloadcenter für inspirierte Lehre. https://dbs-lin.ruhr-uni-bochum.de/lehreladen/planung-durchfuehrung-kompetenzorientierter-lehre/lehr-und-lernziele/typen-und-stufen/. Zugegriffen: 31. März 2017.

Glasl, F. (2002). *Konfliktmanagement: ein Handbuch für Führungskräfte, Beraterinnen und Berater*. 7., ergänzte und überarbeitete Aufl. Organisationsentwicklung in der Praxis. Bern: Haupt.

Glasl, F. (2004). *Konfliktmanagement: ein Handbuch für Führungskräfte, Beraterinnen und Berater*. 8., aktualisierte und erg. Aufl. Organisationsentwicklung in der Praxis. Bern: Haupt [u.a.].

Grots, A., & Pratschke, M. (2009). Design Thinking — Kreativität als Methode. *Marketing Review St. Gallen*, *26*, 18–23. doi: 10.1007/s11621-009-0027-4.

Habermann, F. (2013). Hybrides Projektmanagement — agile und klassische Vorgehensmodelle im Zusammenspiel. *HMD Praxis der Wirtschaftsinformatik*, *50*, 93–102. doi: 10.1007/BF03340857.

Hackman, J. R. (2012). From causes to conditions in group research. *Journal of Organizational Behavior*, *33*, 428–444.

Hartig, J., & Klieme, E. (2007). 20 Möglichkeiten und Voraussetzungen technologiebasierter Kompetenzdiagnostik. BMBF.

Hasso-Plattner-Institut. (2017). Design Thinking [WWW Document]. https://hpi.de/school-of-design-thinking/design-thinking.html. Zugegriffen: 13. März 2017.

Heckhausen, J., & Heckhausen, H. (Hrsg.) (2006). *Motivation und Handeln: mit 43 Tabellen*, 3., überarb. und aktualisierte Aufl. Heidelberg: Springer.

Heinrich, A., & Wall, J. (2013). *Teamrollen. Das Modell nach Belbin*, 1st Aufl. München: GRIN Verlag.

Heitcon. (2017). PRINCE2 Aufbau [WWW Document]. HEITCON3. http://www.heitcon3.de/projektmanagement/prince2/prince2-aufbau/. Zugegriffen: 13. März 2017.

Hersey, P., Blanchard, K. H., & Johnson, D. E. (1996). *Management of organizational behavior: utilizing human resources*, 7. Aufl. Upper Saddle River: Prentice Hall.

Höher, P., & Höher, F. (2004). *Konfliktmanagement: Konflikte kompetent erkennen und lösen*. Bergisch Gladbach: EHP Edition Humanistische Psychologie.

Hubwieser, P. (2007). *Didaktik der Informatik: Grundlagen, Konzepte, Beispiele; mit 68 Tabellen*. 3., überarbeitete und erweiterte Aufl. Berlin Heidelberg: eXamen.press.Springer.

Hüsselmann, C. (2014). Mit hybridem Projektansatz zur Win-win-Situation. *projektMANAGEMENT aktuell*, 38–42.

IPMA, GPM Gesellschaft für Projektmanagement e.V. (2016). Individual Competence Guideline für Projektmanagement, Version 4.0/Deutsche Fassung.

Jung, E. (2002). Projektunterricht – Projektstudium – Projektmanagement. sowi-online e. V., Bielefeld.

Kehr, H. M. (2004). Integrating Implicit Motives, Explicit Motives, and Perceived Abilities: The Compensatory Model of Work Motivation and Volition. *The Academy of Management Review*, 29, 479–499. doi: 10.2307/20159055.

Kirchgeorg, M. (2017). Definition „Motivation" | Gabler Wirtschaftslexikon [WWW Document]. http://wirtschaftslexikon.gabler.de/Definition/motivation.html. Zugegriffen: 15. März 2017.

Klafki, W. (1963). *Studien zur Bildungstheorie und Didaktik*. Weinheim: Beltz.

Klotz, M. (2013). IT-Compliance. In E. Tiemeyer (Hrsg.), *Handbuch IT-Management: Konzepte, Methoden, Lösungen und Arbeitshilfen für die Praxis* S. (707–763). München: Carl Hanser Verlag GmbH & Co. KG.

Le Boterf, G. (1998). Die Wirksamkeit von Bildungsmassnahmen evaluieren: die Grundfragen. *Kompetenzen aufbauen, Schweizerische Zentralstelle für die Weiterbildung von SekundarlehrerInnen (wbz), Sonderheft, 4*, 21–37.

LeDoux, J. E., & Griese, F. (2006). Das Netz der Gefühle: wie Emotionen entstehen, 4. Aufl., ungekürzte Ausg. München: dtv. Dt. Taschenbuch-Verl

Leffingwell, D. (2007). *Scaling software agility: Best practices for large enterprises, The Agile software development series*. Upper Saddle River: Addison-Wesley.

Leffingwell, D. (2011). *Agile software requirements: Lean requirements practices for teams, programs, and the enterprise, The Agile software development series*. Upper Saddle River: Addison-Wesley.

Lehrerfreund. (2017). Lehrerfreund [WWW Document]. https://www.lehrerfreund.de/schule/1s/korrigieren-anti-prokrastination/4460. Zugegriffen: 15. März 2017.

Macke, G., Hanke, U., Viehmann, P., & Raether, W. (2016). *Kompetenzorientierte Hochschuldidaktik: lehren – vortragen – prüfen – beraten: mit überarbeiteter Methodensammlung „Besser lehren", auch als Download*, 3. Aufl. Pädagogik. Weinheim Basel: Beltz

McClelland, D. C. (1987). *Human Motivation. CUP Archive*

Miebach, B. (2017). Gruppen- und Teamarbeit. In *Handbuch human resource management* (S. 249–320). Wiesbaden: Springer Fachmedien Wiesbaden. doi: 10.1007/978-3-658-10239-5_6.

Müggler Bühl, V. (2016). Konfliktfestigkeit als Grundlage – WertBildung GmbH Verena Müggler Bühl [WWW Document]. http://www.wertbildung.ch/s-konfliktfestigkeit.html. Zugegriffen: 15. März 2017.

Oestereich, B., Weiss, C., Lehmann, O. F., & Vigenschow, U. (2008). *APM – Agiles Projektmanagement: erfolgreiches Timeboxing für IT-Projekte*, 1. Aufl. Heidelberg: dpunkt.Verl.

Paulus, J. (2009). Das Fünf mal Eins der Psychologie | Wissen | SWR2. swr.online. Zugegriffen: 15. März 2017.

Peeters, M. A. G., Van Tuijl, H. F. J. M., Rutte, C. G., & Reymen, I. M. M. J. (2006). Personality and team performance: a meta-analysis. *European Journal of Personality*, 20, 377–396. doi: 10.1002/per.588.

Pelz, P. D. W. (2016). Umsetzungskompetenz als Schlüsselkompetenz für Führungspersönlichkeiten: Eine theoretische und empirische Analyse. In C. V. Au (Hrsg.), *Führung im Zeitalter von Veränderung und Diversity, Leadership und Angewandte Psychologie* (S. 103–123). Berlin: Springer Verlag. doi:10.1007/978-3-658-14668-9_7.

Pelz, W. (2004). Pragmatische Regeln der Mitarbeitermotivation. In *Kompetent führen: wirksam kommunizieren, Mitarbeiter motivieren*. Wiesbaden: Gabler.

Pfäffli, B. K. (2005). *Lehren an Hochschulen: eine Hochschuldidaktik für den Aufbau von Wissen und Kompetenzen*. Bern: Haupt.

PMI Project Management Institute. (2017). About Us [WWW Document]. https://www.pmi.org/about. Zugegriffen: 13. März 2017.

PMI Southern Germany Chapter e.V. (2017). PMI Southern Germany Chapter e.V. [WWW Document]. https://www.pmi-sgc.de/. Zugegriffen: 13. März 2017.

PRINCE2. (2017). PRINCE2 Project Management [WWW Document]. AXELOS. http://www.prince-officialsite.com. Zugegriffen: 14. März 2017.

Project Management Institute. (2013). *A guide to the project management body of knowledge (PMBOK® guide) – German Edition*, 5. Aufl.

Project Management Institute. (2016). PMI Today 2016 December – A Supplement to PM Network.

Reinmann, G., & Mandl, H. (2006). Unterrichten und Lernumgebungen gestallten, in: *Pädagogische Psychologie*. Weinheim: *Belz Verlag*. 613–658.

Reiss, S. (2009). *Das Reiss Profile: Die 16 Lebensmotive. Welche Werte und Bedürfnisse unserem Verhalten zugrunde liegen*, 4. Aufl. Offenbach: GABAL.

Rummler, M. (Hrsg.) (2012). *Innovative Lehrformen: Projektarbeit in der Hochschule; projektbasiertes und problemorientiertes Lehren und Lernen, Lehren an der Hochschule*. Weinheim: Beltz.

Scaled Agile Framework, n.d. Scaled Agile Framework – SAFe for Lean Software and System Engineering [WWW Document]. http://www.scaledagileframework.com/. Zugegriffen: 31. März 2017.

Schaper, N., Reis, O., Wildt, J., Horvath, E., & Bender, E. (2012). Fachgutachten zur Kompetenzorientierung in Studium und Lehre. HRK projekt nexus 1–148.

Schulz Von Thun, F. (1981). *Miteinander reden: Störungen und Klärungen: Psychologie der zwischenmenschlichen Kommunikation*, Originalausg. Aufl., Rororo Sachbuch. Reinbek bei Hamburg: Rowohlt.

Schulz-Hardt, S., & Brodbeck, F. C. (2007). Gruppenleistung und Führung. In *Sozialpsychologie* (S. 443–486). Berlin, Heidelberg: Springer Berlin Heidelberg. doi: 10.1007/978-3-540-71633-4_13.

Schwarz, G. (2005). *Konfliktmanagement: Konflikte erkennen, analysieren, lösen*, 7th Aufl. Wiesbaden: Gabler Verlag.

Seelheim, T., & Witte, E. H. (2007). Teamfähigkeit und Performance. Gruppe. Interaktion. Organisation. *Zeitschrift für Angewandte Organisationspsychologie (GIO)*, *38*, 73–95. doi: 10.1007/s11612-007-0006-7.

Specht, J., Egloff, B., & Schmukle, S. C. (2011). Stability and change of personality across the life course: The impact of age and major life events on mean-level and rank-order stability of the Big Five. *Journal of Personality and Social Psychology*, *101*, 862–882. doi: 10.1037/a0024950.

Stangl, W. (2017a). http://lexikon.stangl.eu/335/motiv/ [WWW Document]. http://lexikon.stangl.eu/335/motiv/. Zugegriffen: 15. März 2017.

Stangl, W. (2017b). http://lexikon.stangl.eu/337/motivation/ [WWW Document]. http://lexikon.stangl.eu/337/motivation/. Zugegriffen: 15. März 2017.

Stangl, W. (2017c). http://lexikon.stangl.eu/10551/konfliktfaehigkeit/ [WWW Document]. http://lexikon.stangl.eu/10551/konfliktfaehigkeit/. Zugegriffen: 15. März 2017.

Stelzer-Rothe, T., & Brinker, T. (Hrsg.) (2008). *Kompetenzen in der Hochschullehre: Rüstzeug für gutes Lehren und Lernen an Hochschulen*, 2., aktualisierte Aufl., Das Kompendium. Rinteln: Merkur-Verl.

Stöhler, C. (2016). *Projektmanagement im Studium: vom Projektauftrag bis zur Abschlusspräsentation*, 2. Aufl. Lehrbuch . Wiesbaden: Springer Gabler.
Sutherland, J., & Schwaber, K. (2013). The Scrum Guide – The Definitive Guide to Scrum: The Rules of the Game.
Team Management Systems (TMS) Worldwide. (2017). Team Management Systems (TMS) Worldwide [WWW Document]. http://www.tmsworldwide.com/. Zugegriffen: 17. März 2017.
Timinger, H. (2015). *Projektmanagement*. 1. Aufl. Wiley-Schnellkurs. Weinheim: Wiley-VCH Verlag GmbH & Co. KGaA.
Tscheuschner, M., & Wagner, H. (2012). *30 Minuten TMS – Team Management System*. Offenbach: GABAL Verlag GmbH.
Tuckman, B. W. (1965). Developmental sequence in small groups. *Psychological Bulletin*, *63*, 384–399. doi: 10.1037/h0022100.
Universität Augsburg. (2017). Mediatorausbildung (Univ.) [WWW Document]. Zentrum für Weiterbildung und Wissenstransfer. http://www.zww.uni-augsburg.de/kursangebot/coaching-ausbildungen/mediator-univ/, http://www.zww.uni-augsburg.de/kursangebot/legal-und-regulatory-affairs/mediator-univ/. Zugegriffen: 15. März 2017.
Universität Bochum. (2017a). BIP-SI Auswertung [WWW Document]. http://www5.rz.ruhr-uni-bochum.de:8659/testverfahren/BIP/BIP-SI/Auswertung/. Zugegriffen: 15. März 2017.
Universität Bochum. (2017b). BIP-Übersicht [WWW Document]. http://www.testentwicklung.de/testverfahren/BIP/index.html.de. Zugegriffen: 15. März 2017.
Universität Münster. (2017). Prokrastinationsambulanz [WWW Document]. http://www.uni-muenster.de/Prokrastinationsambulanz/. Zugegriffen: 15. März 2017.
Universität Potsdam. (2017). Mediation [WWW Document]. Universität Potsdam: Mediation – Weiterbildendes Zertifikatsstudium an der Juristischen Fakultät der Universität Potsdam. http://www.uni-potsdam.de/mediation/index.html. Zugegriffen: 15. März 2017.
Wagner, R., Grau, N., & Angermeier, G. (Hrsg.) (2014). *Basiswissen Projektmanagement: Prozesse und Vorgehensmodelle*, 1. Aufl. Düsseldorf: Symposion.
Weinert, F. E. (Hrsg.) (2014). *Leistungsmessungen in Schulen*, 3. Aufl. Weinheim Basel: Pädagogik. Beltz Verlag.
Weiss, L. (2002). Developing tangible strategies. *Design Management Journal (Former Series)*, *13*, 33–38. doi: 10.1111/j.1948-7169.2002.tb00296.x.
Wilbers, K. (2013). Wirtschaftsunterricht gestalten. Lehrbuch. 2. Aufl.: Eine traditionelle und handlungsorientierte Didaktik für kaufmännische Bildungsgänge. Karl Wilbers.
Winkelmann, T. (2017). Projektmanagement-Methoden im Vergleich – Eine Frage der Kultur [WWW Document]. https://www.ap-verlag.de/Online-Artikel/20130708/r%20Projektmanagement-Methoden%20im%20Vergleich%20Firefighter.htm. Zugegriffen: 20. Jan. 2017).

Studentische Projekte konzipieren, planen, steuern und weiterentwickeln

3

> **Zusammenfassung**
>
> Dieses Kapitel beschreibt die Konzeption, Planung und Steuerung von studentischen Projekten, sowie deren Weiterentwicklung. Dafür wird zunächst ein Konzeptionsprozess vorgestellt, in dem in sechs Schritten alle wesentlichen Fragen mit Hintergrundwissen und zahlreichen praktischen Beispielen aus Hochschulen und den unterschiedlichen Fakultäten beantwortet werden. Die Planung erstreckt sich auf die Akteure, deren Rollen und Aufgaben im Projekt, sowie organisatorische Aspekte und die Vermarktung der Projektarbeiten für die Hochschule. Ein Beispiel für die Planung der Ausgestaltung eines konkreten Projekts aufgrund der zu definierenden Zielkompetenzen wird gegeben. Um die Projekte zu steuern, bedarf es Koordination und ggf. Software, um die Transparenz zu halten. Hierfür werden Beispiele vorgestellt und Empfehlungen ausgesprochen. Eine Weiterentwicklung findet über Reviews und Evaluationen statt, aber auch der kollegiale Austausch sowie Weiterbildungsmaßnahmen der Lehrenden sind wichtig, auch dafür werden Möglichkeiten aufgezeigt.

Die Konzeption eines Moduls mit Projektarbeit bedarf zunächst der Einbindung in das Curriculum. Mit sechs ausgeführten Konzeptionsschritten lässt sich ein Rahmen festlegen, in dem eine konkrete Ausgestaltung der jeweiligen studentischen Projekte stattfinden kann. Die Bewertung von studentischen Projekten ist nicht so einfach wie eine schriftliche Klausur, bei der die Studierenden eine individuelle Note aufgrund der erzielten Punktezahl erreichen. Deshalb wird in diesem Kapitel auf Möglichkeiten der Bewertung und Benotung eingegangen. Auf Basis der Umsetzungsempfehlung der Hochschulrektoren zum kompetenzorientierten Prüfen (vgl. Shaper und Hilkenmeier 2013) werden Rahmenbedingungen für Projektarbeiten im Detail erklärt und in Kap. 4 Umsetzungsbeispiele an verschiedenen Universitäten vorgestellt.

Die beteiligten Akteure mit ihren Rollen und Aufgaben werden erläutert, denn „Projektmanagement braucht stabile Rahmenbedingungen im Sinne von festen Rollen. Nur so kann die Projektaufgabe effizient bewältigt werden" (vgl. Hinz 2008). Um den Inhalt des Projekts auszugestalten, bedarf es der Festlegung von Zielkompetenzen, denn nach ihnen richtet sich der Anspruch, und wie bereits einleitend beschrieben, hängen Aufgaben, Prüfungen und Learning Outcomes zusammen. Methoden der Ausgestaltung sind sehr vielfältig, so dass ihnen mit Kap. 4 ein eigener Abschnitt im Buch gebührt, ebenso wie die dazugehörige Begleitung durch einen Coaching- Ansatz. Dem Dozenten wird damit „Handwerkszeug" zur Verfügung gestellt. Zur Planung von Projekten gehört auch deren Vermarktung, dabei geht es weniger um finanzielle Aspekte, sondern vorrangig um Werbung für die eigene Hochschule oder Studiengang. Hierfür werden praktische Beispiele gegeben.

Finden mehrere Projekte bei einem Dozenten statt oder werden Projekte in einem Modul von mehreren Dozenten oder Tutoren betreut, so ist Multi-Projektmanagement und Portfolio- Management, insbesondere bei zusammenhängenden Projektthemen, von Bedeutung. Neben koordinativ organisatorischen Aspekten und Aufgaben ist der Überblick über den Verlauf der Projektarbeiten wichtig, um ggf. steuernd einzugreifen. Der Einsatz von Software kann sich hierfür lohnen – muss es aber nicht. Eine Marktübersicht wird gegeben und die Ergebnisse einer Untersuchung von Software für den Einsatz im studentischen Projekt selbst, werden vorgestellt. Letzter Aspekt von Kap. 3 liegt in der Weiterentwicklung des Projektmoduls durch Lernprozesse, aber auch durch Austausch und Weiterbildungsmöglichkeiten der Dozierenden. Eine Übersicht der Möglichkeiten hierzu, durch regionale und überregionale Angebote, wie Fachgruppen und Weiterbildungen in den Didaktik-Zentren der Bundesländer, kann eine Motivation darstellen, sich selbst neue Impulse zu holen und weiterzugeben. In Abb. 3.1 ist eine zusammenfassende Übersicht dargestellt.

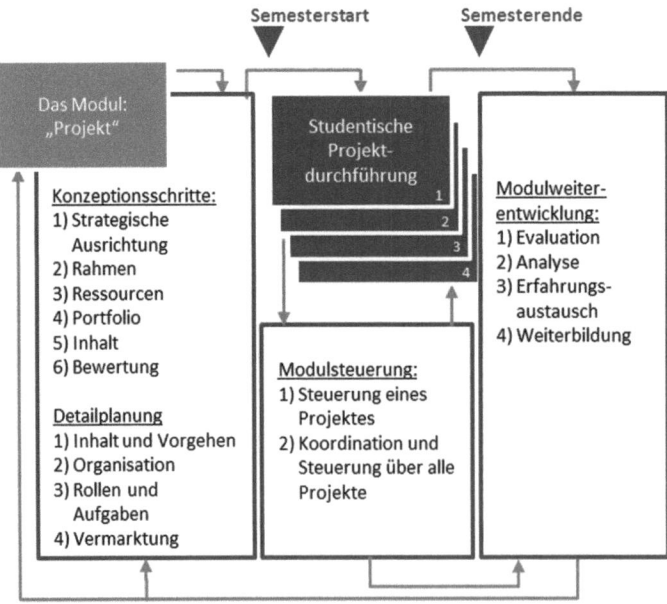

Abb. 3.1 Übersichtsplan zur Struktur von Kap. 3

3.1 Konzeption von studentischen Projekten

Die Konzeption von studentischen Projekten lässt sich anhand von sechs Schritten durchführen, die nachfolgend jeweils mit einem eigenen Abschnitt näher ausgeführt werden. Eine zusammenfassende Darstellung ist in Abb. 3.2 zu sehen. Die aufgeführten Leitfragen der Prozessschritte leiten dabei durch den Gedankengang, dem der Modulverantwortliche bei seinen Überlegungen folgen kann, um studentische Projekte „erfolgreich" im Sinne der Anforderung aus Kapitel eins, zu konzipieren.

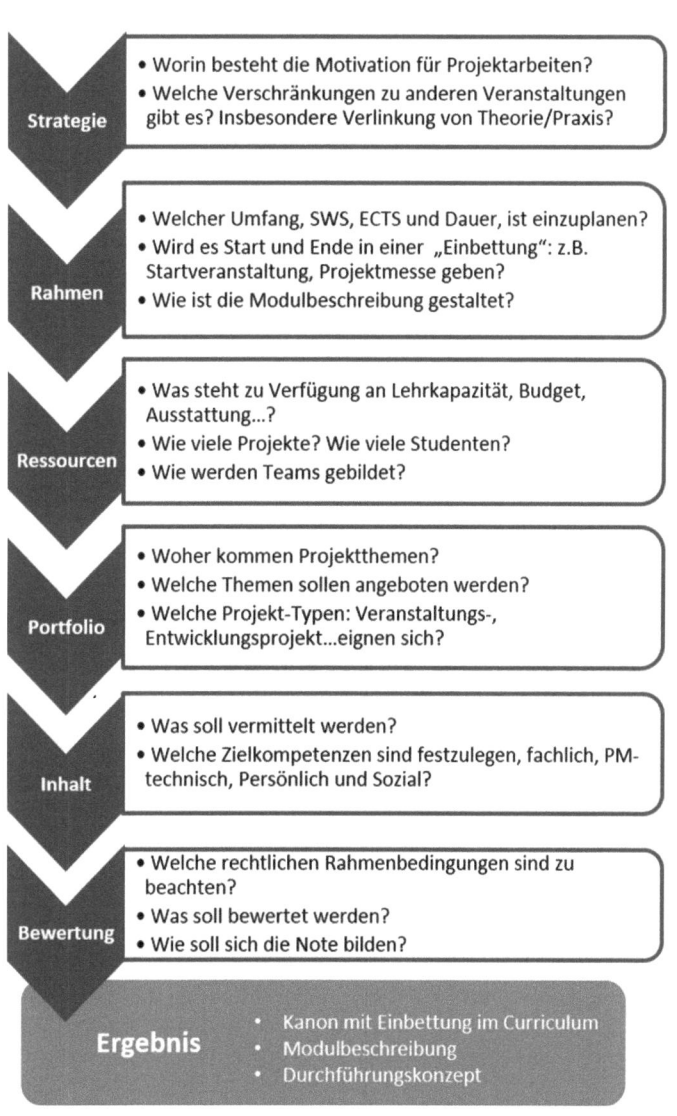

Abb. 3.2 Konzeption von studentischen Projekten

3.1.1 Strategische Ausrichtung im Studiengang

3.1.1.1 Einbindung in das Curriculum

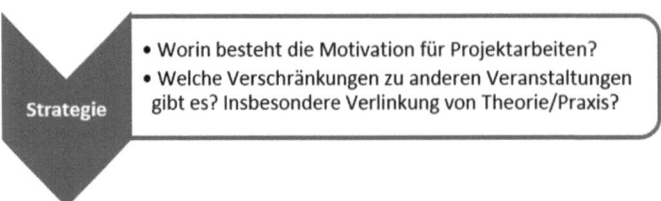

Wie in Abb. 3.3 zu sehen ist, sollten Studiengänge einem roten Faden kompetenzorientierter Modularisierung folgen. In der Studiengangskonzeption ist eine zeitliche Reihenfolge der einzelnen Module vorzusehen, die mit einer Entwicklung des Kompetenzniveaus einhergeht (vgl. Reis und Ruschin 2007, S. 6–9).

Der Verband der Hochschulrektoren hat 2013 eine Umsetzungsempfehlung zum kompetenzorientierten Lehren und Prüfen verfasst. Darin enthalten ist eine Prozessbeschreibung zur Konzeption eines Studiengangs, der in Abb. 3.4 dargestellt ist (vgl. Schaper und Hilkenmeier 2013, S. 18 ff). Ausgehend von wichtigen Zielkompetenzen im Berufsfeld sollten die Studieninhalte und adäquate Formate gewählt werden, die zur Ausbildung der Zielkompetenzen führen. Der letzte Schritt in diesem Prozess liegt in der Konzeption eines Moduls und dessen Ausgestaltung. Im konkreten Fall der Ausbildung von zukünftigen Projektmanagern und Projektmitarbeitern in ihrem fachspezifischen Berufsfeld bietet es sich an, ein Modul als Projektarbeit auszugestalten, das mit theoretischer Wissensvermittlung zu PM-Kenntnissen verschränkt ist. So ist es möglich, praktische Erfahrungen im Projektmanagement zu sammeln und das theoretisch vermittelte Wissen anzuwenden. Je nach Befähigung zur Handlungsstufe, der zu definierenden Elemente der Zielkompetenz

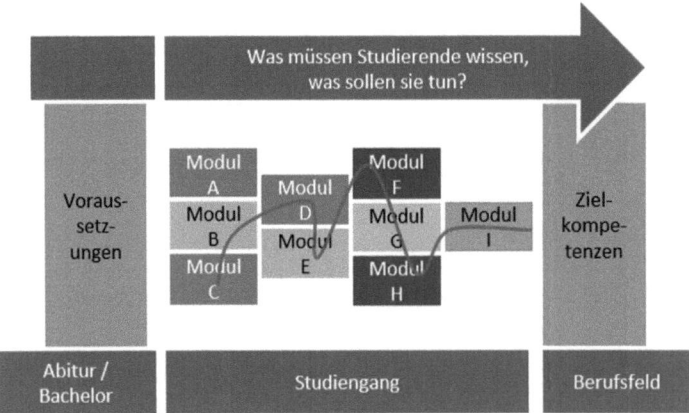

Abb. 3.3 Studiengangskonzeption nach Reis (vgl. Reis und Ruschin 2007, S. 6–9)

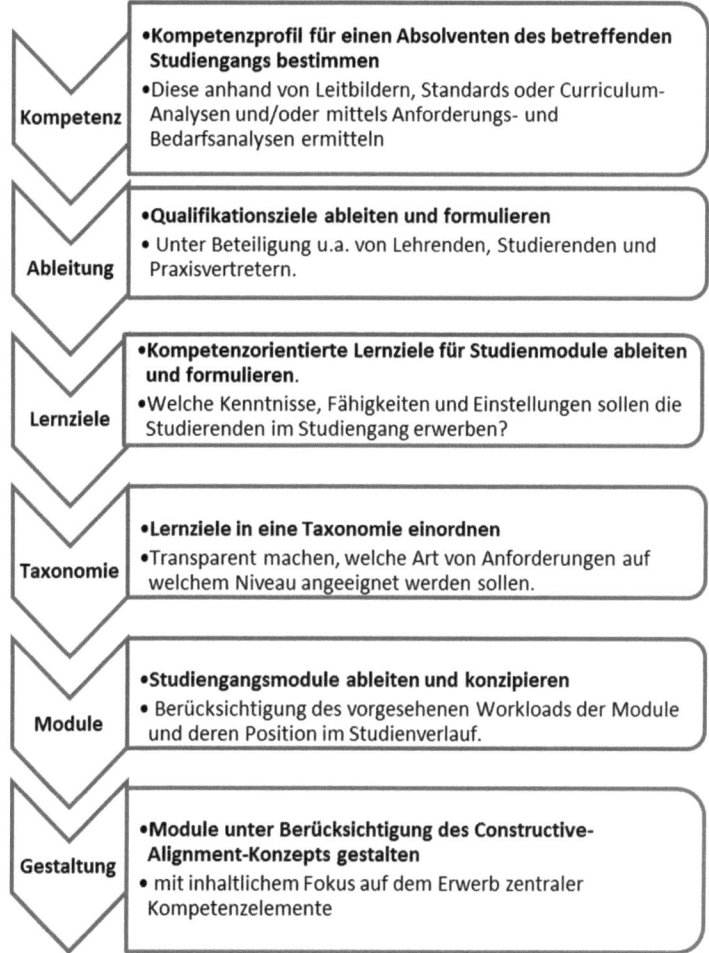

Abb. 3.4 Konzeption von Studiengängen nach Shaper und Hilkemeier (vgl. Schaper und Hilkenmeier 2013, S. 18 ff)

„Projektmanagement", können Projekte mit unterschiedlichem Anspruch vorgesehen werden. Mit wachsendem Studienfortschritt sind diese Handlungsstufen zu steigern, damit eine Entwicklung des Kompetenzniveaus gegeben ist.

Studentische Projektarbeiten können auf unterschiedliche Weise in das Curriculum eingebunden sein. Es kann „alleinstehende" PM-Veranstaltungen bzw. Spezialveranstaltungen im Projektmanagement, welche studentische Projekte nutzen, geben. Sind mehrere Veranstaltungen mit studentischen Projekten aufeinander abgestimmt, spricht man von einem PM-Kanon. Dieser kann beispielsweise ein Schwerpunkt innerhalb eines Studiengangs sein. Am umfangreichsten sind Projektarbeiten in einem eigenen Studiengang „Projektmanagement" – häufig als Masterstudium ausgeprägt – vertreten.

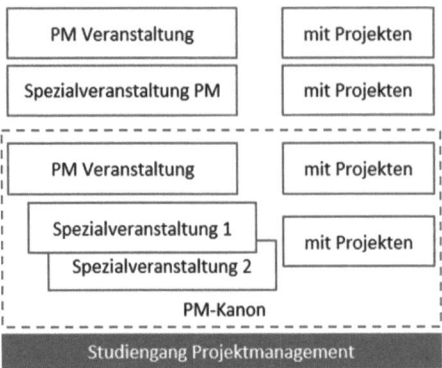

Abb. 3.5 Einbindung von Projekten in das Curriculum in Anlehnung an Wehnes (vgl. Wehnes 2016)

Abbildung Abb. 3.5 zeigt mögliche Gestaltungsvarianten und im Anschluss sind Umsetzungsbeispiele von verschiedenen Universitäten und Hochschulen aufgeführt, die das breite Spektrum an Umsetzungsmöglichkeiten zeigen.

3.1.1.2 Beispiele zur strategischen Ausrichtung

Die Rheinisch-Westfälische Technische Hochschule Aachen (kurz RWTH Aachen) ist mit mehr als 44.000 Studierenden die größte Universität für technische Studiengänge in Deutschland. In ihrem Pflichtmodul Qualitäts-und Projektmanagement, das mehrere hundert Studierende besuchen, werden neben der Vorlesung, ein selbst entwickeltes Planspiel und Übungen mittels E-Learning eingesetzt und der Erwerb eines PM-Zertifikates der GPM (Basiszertifikat) angeboten. Aufgrund der großen Anzahl von Studierenden lässt sich eine Projektarbeit, die für sinnvoll erachtet wäre, nicht realisieren (vgl. RHTW Aachen 2017 – siehe Abb. 3.6).

Weitere Informationen unter: http://iaw-aachen.de/index.php/de/Sommer-QP.html

Die Julius-Maximilians-Universität Würzburg (kurz JMU) gehört zu den Universitäten mit einer sehr langen Tradition, die sich bis ins Jahr 1402 zurück verfolgen lässt. Derzeit hat sie 19.000 Studierende. Dort findet sich ein prämiertes Beispiel (Certificate of Excellence 2007) zu einer Vorlesung Projektmanagement als Wahlfach mit Durchführung eines Projekts zur Unternehmensgründung. Die Veranstaltung findet an der Fakultät Informatik statt, ist jedoch fakultäts- und hochschulübergreifend offen. Eine Projektdurchführung ist aufgrund der Teilnehmerzahl von 30 Studierenden möglich. Einige Projekte haben im Nachgang an Wettbewerben zur Unternehmensgründung teilgenommen und mehrere Preise wurden bereits gewonnen (vgl. Universität Würzburg 2017 – siehe Abb. 3.7).

Weitere Informationen unter: http://www.comnet.informatik.uni-wuerzburg.de/teaching/semesters/ss_2016/vorlesungen/professionelles_projektmanagement_in_der_praxis/

3.1 Konzeption von studentischen Projekten

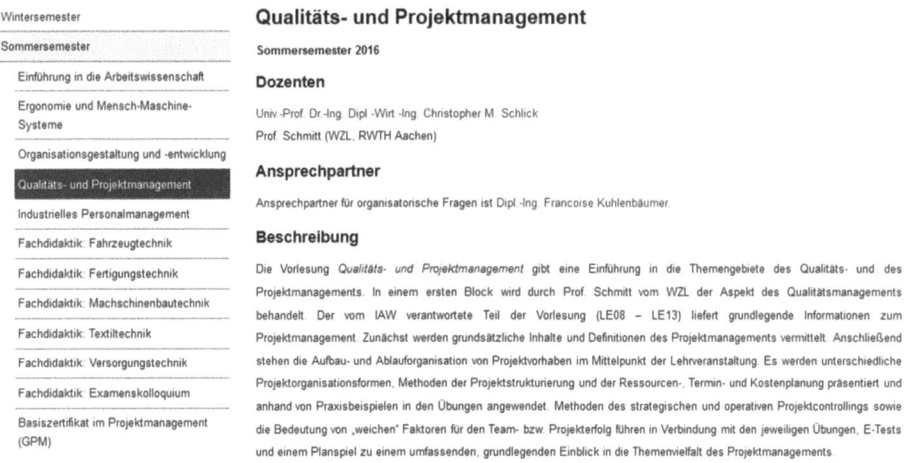

Abb. 3.6 Beispiel 1 zur strategischen Ausrichtung (vgl. RWTH Aachen 2017)

Das didaktische Konzept beinhaltet einen Mix aus Methoden, Techniken und Tools mit Fallbeispielen aus der Praxis, ergänzt durch Workshop Teile, Gastvorträge und studentische Vorträge. Im Projekt und den zugehörigen Teamübungen wird praxisnah Projektatmosphäre „erlebt"! Die Teilnehmer der Vorlesung haben die Möglichkeit, über eine zusätzliche Prüfung das „Basiszertifikat im Projektmanagement (GPM)" zu erwerben, eine von neutraler Stelle anerkannte Bestätigung von fundiertem Projektmanagementwissen. Diese kann beispielsweise bei Bewerbungen oder Vorstellungsgesprächen genutzt werden.

Abb. 3.7 Beispiel 2 zur strategischen Ausrichtung (vgl. Universität Würzburg 2017)

Die Hochschule für angewandte Wissenschaften München (kurz Hochschule München – HM) ist eine der fünfzehn Hochschulen Münchens, mit ca. 18.000 Studierenden ist sie die zweitgrößte Hochschule in Deutschland. Im Studiengang Betriebswirtschaft kann Projektmanagement als Studienschwerpunkt gewählt werden. Neben Vorlesungen entwickeln Studierende ihr Projektwissen durch die Bearbeitung von Fallstudien mit den Dozenten sowie eigenständige Projektarbeiten, um sich dadurch konzeptionell zu stärken und Praxiserfahrung zu gewinnen (vgl. Hochschule München 2017 – siehe Abb. 3.8). Informationen finden sich unter: http://www.bwl.hm.edu/s/b/ba_bwl/projekt.de.html

Die Hochschule für Angewandte Wissenschaften Hof (kurz Hochschule Hof) gehört zu den sieben Fachhochschulen Bayerns, die in strukturärmeren Regionen ein flächendeckendes Angebot gewährleisten sollen. Die Hofer Consulting Group e.V. ist eine studentische Unternehmensberatung, die 2005 gegründet wurde. Sie gibt ihren Mitgliedern die Chance, ihr theoretisches Wissen in der Praxis anzuwenden und somit Erfahrungen für das

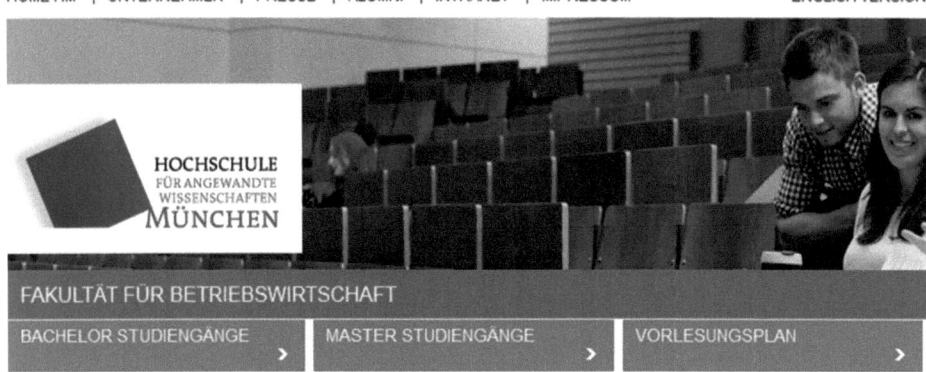

Abb. 3.8 Beispiel 3 zur strategischen Ausrichtung (vgl. Hochschule München 2017)

Arbeitsleben zu sammeln. In Projektarbeiten zu verschiedenen Themen lernen die Studierenden, zielgerichtet, projektbezogen und in Teams zusammenzuarbeiten. Dadurch können sie ihre Kenntnisse vertiefen und Sozialkompetenzen ausbauen. Die Leistungen reichen von Wettbewerbsanalysen und Konkurrenzanalysen über Businessplanerstellung bis zu Markteintrittsstrategien (vgl. Hochschule Hof 2017 – siehe Abb. 3.9). Die Hochschule Hof

Abb. 3.9 Beispiel 4 zur strategischen Ausrichtung (vgl. Hochschule Hof 2017)

bietet darüber hinaus einen englischsprachigen Masterstudiengang „Projektmanagement" an, dessen modularer Aufbau in ihrer Webseite zu sehen ist. Informationen finden sich unter: http://www.hofer-consulting-group.de/.und http://www.hof-university.de/studieninteressierte/studienangebot/projektmanagement-m-engma/modulhandbuch.html

Die Hochschule in Nürtingen-Geislingen (kurz HfWU) bietet einen deutschlandweit einmaligen kostenpflichtigen berufsbegleitenden MBA-Abschluss „Internationales Projektmanagement" an, bei dem ein Aufenthalt in Asien integriert ist (vgl. Hochschule Nürtingen-Geislingen 2017 – siehe Abb. 3.10). Informationen finden sich unter: https://www.hfwu.de/studium/studienangebot/fakultaeten/ipm/

Abb. 3.10 Beispiel 5 zur strategischen Ausrichtung (vgl. Hochschule Nürtingen 2017)

Die Fachhochschule Kiel (kurz Hochschule Kiel) ist eine von drei Hochschulen in der Landeshauptstadt Kiel. Mit knapp 7.800 Studenten ist sie die größte Fachhochschule und zweitgrößte Hochschule des Landes Schleswig-Holstein. Sie bietet studiengangsübergreifende Projekte an, die nicht Bestandteil des normalen Curriculums der Studiengänge sind. Hierdurch wird die interdisziplinäre Arbeit gefördert. Neben Veranstaltungs- und Wettbewerbsprojekten sind auch Auslandsprojekte mit Partnerhochschulen möglich (vgl. Fachhochschule Kiel 2017 – siehe Abb. 3.11). Informationen finden sich unter: http://www.fh-kiel.de/index.php?id=2711

Abb. 3.11 Beispiel 6 zur strategischen Ausrichtung (vgl. Fachhochschule Kiel 2017)

3.1.2 Festlegung des Rahmens durch die Modulbeschreibung

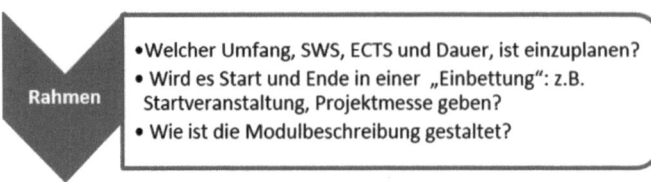

Um das Modul im Modulhandbuch zu beschreiben, müssen Rahmenbedingungen gesetzt werden, auf die alle späteren konkreten Projekte aufbauen. Dazu muss ein Modulverantwortlicher bestimmt werden, der die Modulinhalte in einer Modulbeschreibung festhält und welcher für die Umsetzung, Steuerung und Weiterentwicklung des Moduls verantwortlich ist. Alle charakteristischen Merkmale eines Moduls müssen in der Modulbeschreibung enthalten sein. Folgende Auflistung zeigt exemplarisch den Aufbau einer Modulbeschreibung auf:

- Modulbezeichnung,
- Modulverantwortlicher,
- Name des Hochschullehrers,
- Fakultät,
- Modulart (Pflicht/Wahlfach),
- Dauer des Moduls und Frequenz z. B. jährlich im Wintersemester,
- Lehrveranstaltungen im Modul z. B. 2 SWS für Workshops,
- Lehrsprache z. B. deutsch,
- Inhalte des Moduls (ist kurz zu beschreiben),
- Qualifikationsziele des Moduls (Lernziele/Kompetenzen),
- Voraussetzung für die Teilnahme z. B. eine bestandene PM-Prüfung,
- Gesamtaufwand und seine Zusammensetzung: SWS, ECTS, Präsenzzeit, Selbststudium, Gesamtaufwand sowie Rahmenbedingungen wie: Präsentation des Projekts im Rahmen des Projekttages der Fakultät oder Teilnahme an einem Teambildungs-Camp (siehe Kap. 5 Fallbeispiele) und
- Art der Prüfung, in der Regel wird aus Flexibilitätsgründen auf die Prüfungsordnung verwiesen.

Auf den Aspekt „Inhalt des Moduls" wird in einem späteren Abschnitt noch näher eingegangen, da ihm besondere Bedeutung für die Ausgestaltung der Projekte beizumessen ist.

Richtlinien und Vorlagen zur Beschreibung eines Moduls existieren zwangsläufig an jeder Hochschule, die auch zu nutzen sind. In der Praxis finden Projekte in verschiedensten Ausprägungen satt. Das angebotene Spektrum ist sehr breit und reicht von Projektsimulationen über wenige Stunden, kleinen Projekten über zwei Tage, Projektwochen,

Projekt-Blockveranstaltungen, Projekten, die parallel das Curriculum ein oder mehrere Semester begleiten, bis hin zu einem Vollzeit Projektsemester mit 30 ECTS. Einige praktische Umsetzungsbeispiele finden sich hierzu im Kap 5. Fallbeispiel.

Für eine Modulbeschreibung ist ein Beispiel aus dem Bauwesen in Tab. 3.1 zu sehen (vgl. Hochschule Augsburg Modulhandbuch 2017a, S. 50), in dem Projektarbeit und

Tab. 3.1 Modulbeschreibung aus dem Bauwesen

Modulbezeichnung	Projektabwicklung 1
Zuordnung zum Curriculum	Studiengang „Bauingenieurwesen"
	Hauptstudium
	Pflicht
Lehrveranstaltungen	H13.1 Baubetrieb, Arbeitswissenschaften
	H13.2 Projektmanagement
Studienplansemester	3. Semester
Angebotsturnus	jährlich
Dauer des Moduls	1 Semester
Kreditpunkte Arbeitsaufwand	7 – 105 h
	Präsenzzeit = (2 SWS SU,Ü + 2 SWS S + 3 SWS WS) * 15 h/SWS
	105 h
	Eigenstudium
	210 h
	Gesamtaufwand = 7 Kreditpunkte x 30 h/KP
Veranstaltungsform	H13.1 Baubetrieb, Arbeitswissenschaften:
	Seminaristischer Unterricht mit integrierten Übungen:
	2 SWS, 40 Studierende);
	Seminar: 2 SWS, 20 Studierende
	H13.2 Projektmanagement: Workshop: 3 SWS, 30 Studierende in Kleingruppen
Modulverantwortliche/r und Dozenten	n.n.
Sprache	Deutsch
Voraussetzungen nach Prüfungsordnung	keine
Empfohlene Voraussetzungen	abgeschlossenes Grundstudium
Studien-/ Prüfungsleistungen/ Prüfungsformen	H13.1 Baubetrieb, Arbeitswissenschaften:
	schriftliche Prüfung 90 Minuten
	H13.2 Projektmanagement: Kolloquium

Tab. 3.1 (Fortsetzung)

Modulbezeichnung	Projektabwicklung 1
Modulziele / Angestrebte Lernergebnisse	**H13.1 Baubetrieb, Arbeitswissenschaften:** Die Studierenden kennen die wirtschaftlichen Zusammenhänge und Problemstellungen der Bauindustrie. Sie kennen die Organisations- und Steuerungsmechanismen der Bautätigkeit und ihre arbeitswissenschaftlichen Grundlagen. Die Studierenden haben die Befähigung zur Planung von Bauabläufen und des erforderlichen Kapazitätseinsatzes. Die Studierenden kennen die Grundlagen der Personalführung. **H13.2 Projektmanagement:** Die Studierenden kennen die Grundlagen des Projektmanagements im Unternehmenskontext und sind in der Lage, Projekte so zu strukturieren, dass sie mit Hilfe von Controllinginstrumenten rechtzeitig Fehlentwicklungen erkennen und beheben können.
Modulinhalte	**H13.1 Baubetrieb, Arbeitswissenschaften:** – Bauwirtschaft (Begriffe, Strukturen, Bedeutung) – Bauunternehmung (Unternehmensformen, Organisationsstrukturen, Aufgaben) – Bauproduktion (Probleme, Möglichkeiten) – Gestaltung der Arbeit (Arbeitsplatz, Arbeitszeit, Arbeitsvorgänge) – Arbeitsleistung (Bestimmung und Planung bei personal- und geräteintensiven Arbeiten; Mitarbeiterführung) – Gestaltung des Arbeitsablaufs (Arbeitsvorbereitung, Darstellungsformen und Werkzeuge, Ablauf- und Kapazitätsplanung, Baustellendokumentation, Controlling) **H13.2 Projektmanagement:** – Wissenselemente: Projektdefinition, Projektstrukturplan, Projektziele, Vertragsanalyse, Risikoanalyse, Terminplanung, Teamorganisation, Pers. Arbeitstechnik, Entscheidungsfindung, Projektstatusbericht, Projektstatussitzung, Projektdokumentation, Projektabschlussbericht, Projektpräsentation – Methodenelemente: Brainstorming, Kurzvortrag, Mindmap, KZZ-Wächter, Beraterrunde, Flipcharteinsatz, Interview, Expertenbefragung, Kaffeehaus, Marktplatz, Clustern, Plenumsdiskussion, Vernissage, Selbstorg. Teamarbeit
Medienformen	Tafelanschrieb, Overheadfolien, Beamerprojektion, interaktives Arbeiten mit dem Rechner, Flipchart, Präsentationen, Podiumsdiskussion
Literatur	Skripten der Dozenten Hoffmann, Krause: Zahlentafeln für den Baubetrieb; Brecheler, Friedrich, Hilmer, Weiß: Baubetriebslehre – Kosten- und Leistungsrechnung – Bauverfahren Skriptum: „HSA-Homepage,Kögl, PM-Bau" mit weitergehenden, ständig aktualisierten Literaturangaben

Theorievermittlung (Baubetrieb, Arbeitswissenschaften und Projektmanagement) in einem Modul zusammengefasst sind und eine gemeinsame Note bilden. Über die Modulhandbücher anderer Studiengänge und Hochschulen lassen sich leicht Vorlagen finden, die für die eigene Konzeption verwendet werden können, daher wird an dieser Stelle auf die weitere Aufführung von Beispielen verzichtet.

3.1.3 Konzeption des Ressourceneinsatzes

- Was steht zu Verfügung an Lehrkapazität, Budget, Ausstattung…?
- Wie viele Projekte? Wie viele Studenten?
- Wie werden Teams gebildet?

Um ein Projekt konkret ausgestalten zu können, müssen Ressourcen berücksichtigt werden. Problembasierte Lernformen, wie Projektarbeit, sind mit höherem Aufwand der Dozierenden verbunden, als die klassische Vorlesung. Es ist ein Unterschied, ob eine einmal aufgebaute Vorlesung vor 200 Studierenden gehalten wird und nur der Aktualisierung bedarf, oder ob regelmäßig neue Projektthemen gefunden, ausgearbeitet und organisiert werden müssen, die dann einmalig mit kleinen Studentengruppen bearbeitet werden. Daher limitiert die Lehrkapazität und das Deputat oftmals die Realisierung von Projektarbeiten. Das finanzielle Budget für Projektarbeiten ist eher in technischen Studiengängen problematisch, wo höhere Kosten damit verbunden sind, z. B. für Materialien und Geräte, also die Ausstattung der Fakultät. Hier kann es hilfreich sein, externe Mittel zu beschaffen z. B. auch durch Spenden und Sponsoring.

Ressourcen sind in zwei Richtungen abzuklären:

- Was steht dafür zu Verfügung? Lehrkapazität, Deputat, Budget, Ausstattung, Knowhow, externe Beteiligung
- Wie viele Projekte können/müssen angeboten werden, um praktikable Teamgrößen zu ermöglichen? Wie erfolgt die Besetzung der Projektteams?

Auf den ersten Punkt wird an dieser Stelle nicht näher eingegangen, da dies universitärer Alltag ist.

In Kap. 2 wurden bereits einige theoretische Grundlagen zur Teamarbeit vermittelt: Definition, Merkmale, Rollen, Teamentwicklungsprozess und zur Leistungsfähigkeit von Teams. Innerhalb eines Teams finden verschiedene Prozesse statt, die in Abb. 3.12 in Anlehnung an Miebach zusammenfassend dargestellt sind (vgl. Miebach 2017, S. 253). Teams bilden sich, wenn Individuen einer Organisation zu Teammitgliedern in der Struktur eines Teams werden, die aufgrund eines Leistungsauftrags eine Leistung erbringen,

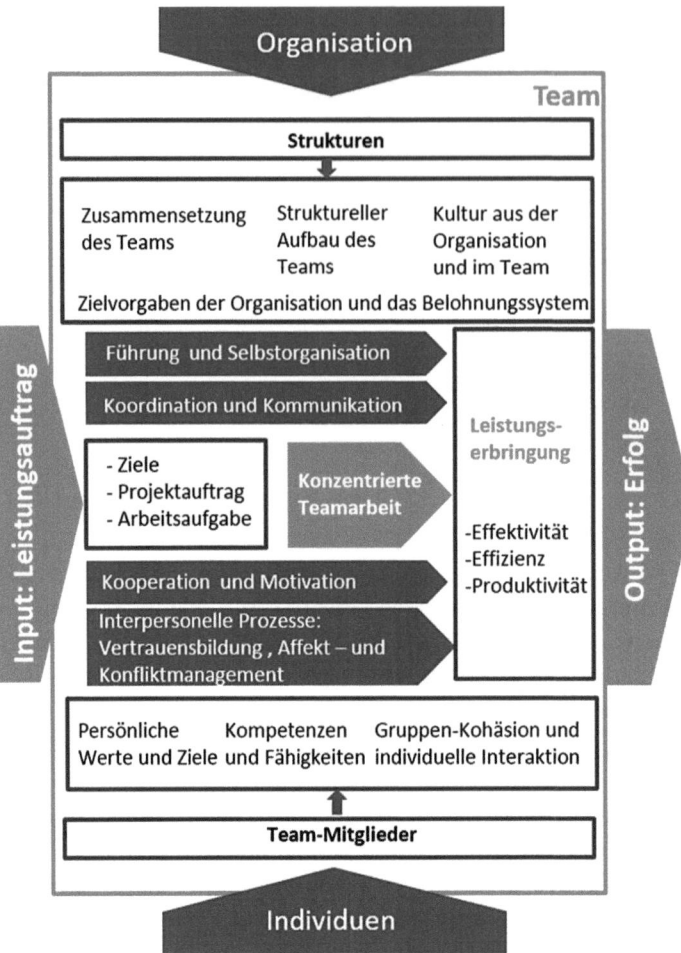

Abb. 3.12 Prozessmodell der Teamarbeit in Anlehnung an Miebach (vgl. Miebach 2017, S. 253)

so dass durch effektive, effiziente und somit produktive Zusammenarbeit im besten Fall ein Erfolg generiert wird. Dafür sind persönliche Ziele und Werte, die Kompetenzen, die Gruppen-Kohäsion und die individuelle Interaktion der Teammitglieder wichtig. Die Zusammensetzung des Teams und die Struktur, mit der die Leistung erbracht werden soll, werden von der gelebten Kultur in der Organisation und somit auch der im Team getragen. Übergeordnete Zielvorgaben und das Belohnungssystem schaffen einen Rahmen für die Motivation zur Teamleistung. Führungsprozesse und Selbstorganisation, Koordinations- und Kommunikationsprozesse können aktiv gesteuert werden. Kooperations- und Motivationsprozesse können dagegen nur gefördert werden, denn die interpersonellen Prozesse wie Vertrauensbildung, Affekt- und Konfliktmanagement, beruhen auf den Persönlichkeiten und den Erfahrungen ihrer Teammitglieder.

Dieses Modell findet auch Anwendung bei der Projektarbeit im Studium, in dem Studierende der Hochschule im Team ein Projekt durchführen und eine Leistung, einerseits in Form von einem Ergebnis und andererseits ein Lernfortschritt sowie persönlicher Kompetenzentwicklung erzielen. Ihr übergeordnetes Ziel ist dabei sicher der erfolgreiche Studienabschluss. Aus allen Lerntheorien ergibt sich, dass in kleineren Gruppen das Individuum bessere Lernbedingungen hat und der Lernprozess auch besser betreut werden kann. Der Schlüssel von Anzahl Studierende/Lehrende ist daher nicht umsonst eine wichtige Kenngröße für die Ausstattung mit Lehrkapazität.

3.1.3.1 Teamgrößen

Aus der Gesamtanzahl der Studierenden in einem Modul und der geplanten Projektteamgröße, ergibt sich die Anzahl der studentischen Projekte. Diese Anzahl der studentischen Projekte beeinflusst wiederum den notwendigen Gesamtbetreuungsaufwand durch den bzw. die Dozenten. Diese beiden Größen bedingen sich also gegenseitig. Die Relevanz der optimalen Teamgröße wird in der Literatur zahlreich hervorgehoben und inhaltlich diskutiert. Eine zentrale Frage dabei ist: Welche Prinzipien gelten für die Anzahl an Personen in Teams?

Die Forschung zeigt, dass die Leistungsfähigkeit eines Teams nicht linear mit der Anzahl ihrer Mitglieder steigt. Wie aus dem Prozessmodell der Teamarbeit leicht ersichtlich ist, gibt es verschiedene Einflussfaktoren für den Erfolg eines Teams. Prozessverluste nehmen beispielsweise überproportional mit der Anzahl der Mitglieder zu und die Motivation des Einzelnen, etwas zu leisten, nimmt rasch ab, da das Individuum in der Gruppe verschwindet und somit seine Verantwortung zum Ergebnisbeitrag (vgl. Busch von der Oelsnitz 2015). Zwar fügen zusätzliche Mitglieder Kapazität und Fähigkeiten hinzu, dafür erhöhen diese aber auch den Koordinationsaufwand, erschweren die Kooperation durch ihre Unterschiedlichkeit der Personen. Kommunikation bedarf einer Formalisierung, damit niemand vergessen wird. Es wurde bereits in Kap. 2 ausgeführt, dass diese vier Parameter die entscheidenden sind, um Teams leistungsfähig zu machen. Es ist daher kontraproduktiv, Teams zu groß zu machen. „Damit Teammitglieder eng und häufig zusammenarbeiten können, das Team ein starkes Wir-Gefühl entwickelt und sich innerhalb des Teams keine Grüppchen bilden, die sich gegenseitig misstrauen oder gar bekämpfen, sollte die Teamgröße auf drei bis fünf, maximal acht Mitglieder begrenzt werden." (vgl. Busch von der Oelsnitz 2015)

Einige Vorgehensmodelle schreiben selbst gewisse Teamgrößen vor. Beispielsweise soll ein Scrum-Entwicklerteam aus mindestens drei und maximal neun Personen bestehen, um optimale Projektergebnisse pro Sprint zu erzielen. (vgl. Sutherland und Schwaber 2013).

Durch die Abwicklung einer Vielzahl von studentischen Projekten haben die Autoren folgende Erfahrungen zu geeigneten Teamgrößen gesammelt:

- Bei einer Teamgröße von zwei oder drei Teammitgliedern kann teilweise nur wenig inhaltliche Arbeit durch die geringen Ressourcen erledigt werden. Dadurch hat das Vorhaben eher den Charakter einer Studienarbeit, als den eines Projekts. Zudem besteht

das Risiko, dass durch den Ausfall eines Teammitgliedes (Krankheit, Modulwechsel, etc.) das Team nicht mehr arbeitsfähig ist. Das Team ist zu klein, um gruppendynamische Effekte bewältigen zu können.
- Eine Teamgröße von vier- bis sechs Teammitgliedern hat sich als sehr positiv erwiesen, da die Erstellung von ausreichend umfangreichen Liefergegenständen mit einer wirkungsvollen internen Arbeitsteilung trainiert werden kann. Das Risiko beim Ausfall eines Teammitgliedes wird abgemindert.
- Bereits bei sieben und mehr Teammitgliedern ist häufig ein „Zerfallen" in Untergruppen mit negativen Folgen für den Teamzusammenhalt und die Teammotivation zu beobachten. Bei acht Teilnehmern bilden sich oftmals entweder zwei Vierer-Teams oder vier Zweier-Teams. Der Koordinationsaufwand steigt erheblich an und für den Dozenten wird es aufgrund der Anzahl der Teilnehmer schwieriger, ein nutzbringendes Coaching durchzuführen und genug begleitendes Material für eine individuelle Notenbildung zu generieren.

3.1.3.2 Besetzung der Projektteams und Projektvergabe

Stehen die angebotenen Projekte fest und die Ressourcen seitens Hochschule sind geklärt und zugewiesen, so muss eine Zuordnung der Studierenden zum jeweiligen Projekt erfolgen. Dafür gibt es situationsabhängig unterschiedliche Möglichkeiten:

- **Projektteamzuordnung durch Studierende selbst.** Dies führt meist dazu, dass Studierende aus bestehenden sozialen Gruppen ein Projektteam bilden. Das hat für die Studierenden den Vorteil, dass sie sich gut kennen und bereits Erfahrungen in der Zusammenarbeit durch andere Studienleistungen sammeln konnten z. B. durch Referate oder Studienarbeiten. Finden noch weitere Teamarbeiten in anderen Modulen im Semester statt, wird dadurch der Koordinationsaufwand für alle Arbeiten gesenkt, da die Studierenden sich immer wieder begegnen und somit Synergien nutzen können. Aber, es verhindert, dass sie üben mit „Fremden" zusammen zu arbeiten und sich aufeinander einzustellen, auch ohne dabei innige Freundschaften zu schließen, was Alltag im späteren Berufsleben sein wird.
- **Willkürliche Projektteamzuordnung durch den Dozenten.** Damit erlebt das Team eine chaotische Ausgangslage. Dies erzwingt das Aufbrechen von sozialen Gruppen. Wenn mehrere Projektthemen angeboten werden, wird dadurch jedoch verschenkt, dass sich die Studierenden in das Projekt einbringen können, was sie fachlich und inhaltlich am meisten motiviert.
- **Systematische Projektteamzuordnung durch den Dozenten.** Dies kann einerseits aufgrund von Fachkompetenz und Kenntnissen geschehen, wenn das Projektthema interdisziplinär ist. Anderseits aufgrund von Testauswertungen zu Teamrollen (siehe Kap. 4), um das Team „rund" zu besetzen und somit eine gute Ausgangslage für wahrscheinlich erfolgreiche Teams zu schaffen. Grundsätzlich gilt zwar: „Aus Fehlern lernt

man.", jedoch kann ein Fokus auf Maßnahmen, die zu Erfolgserlebnissen führen, die Lernbereitschaft und das Engagement im Projekt außerordentlich steigern. Hierzu ein Beispiel: Wenn in einem Projektteam zwei oder mehr Studierende sind, die ein sehr gutes Profil für einen Projektleiter haben, dann wird es wahrscheinlich in diesem Team zu Führungskonflikten kommen. In einem anderen Team dagegen, wo dieses Profil fehlt, wird wenig „Zug" im Projekt erlebt werden. Sind in einem Projekt viele Studierende mit kreativen Ideen als „Erfinder-Profil", werden hier sehr gute Lösungen möglich sein – vorausgesetzt es sind genügend Studierende mit „Umsetzer-Profil" dabei. Mit systematischer Zuordnung zum Projekt können somit Voraussetzungen für wahrscheinlich erfolgreiche Teamarbeit geschaffen werden und der potenzielle Lernerfolg gesteigert werden.
- **Individuelle Bewerbungen beim Dozenten mit Auswahlgespräch.** Hierzu ist ein gutes Beispiel für die Besetzung von Projektteams im Auslandsprojekt an der Hochschule Augsburg in Kap. 5 beschrieben. Hier wird ein Projekt als Blockveranstaltung (1 Monat) an einer Partnerhochschule im Ausland angeboten. Neben dem Projekt selbst müssen sich die Studierenden auch hinsichtlich ihrer Reise und Unterkunft etc. organisieren. Damit sichergestellt ist, dass die Personen und das Team das Projekt auch tatsächlich durchführen bzw. es mehr Bewerber als Plätze gibt, ist nach Erfahrung der Autoren ein Auswahlgespräch mit guter Aufklärung der Rahmenbedingungen und Anforderungen erforderlich.
- **Zuordnung in einem Anmeldeverfahren** z. B. mit erstem bis drittem Projektwunsch. Sind sehr viele Studierende vielen Projekten zuzuordnen, so bedarf es einer Logik, nach der die Zuordnung stattfindet, dies ist ansonsten organisatorisch nicht zu bewältigen. Hierzu sei auf das Fallbeispiel von Augsburg in Kap. 5 verwiesen, die dies mittels einer selbst entwickelten Software „Sempro" verwaltet.

3.1.4 Definition des Portfolios der Projektarbeiten

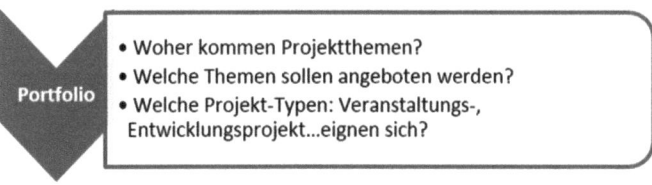

Zur Festlegung des Projektportfolios (vgl. Abb. 3.13) müssen verschiedene Aspekte geklärt werden. Ein zentraler Aspekt stellt dabei die Frage dar, wie Projektthemen generiert werden können. Zur Beantwortung der Frage muss zuerst geklärt werden, ob alle Studierenden das gleiche Thema bearbeiten sollen (Konkurrenzprojekte, Parallelprojekte), oder ob unterschiedliche Themen je Projektgruppe angeboten werden sollen, die ggf. voneinander abhängen oder aufeinander aufbauen können. Wiederholungsprojekte sind ebenfalls möglich, wie es bei Wettbewerbsteilnahmen oder Veranstaltungsprojekten oftmals der Fall ist. Folgende Auflistung zeigt die möglichen Optionen:

- **Gleiches Thema für alle studentischen Projekte**
  Dies führt meist zu einer stärkeren Konkurrenzsituation unter den Studierenden, verringert aber zugleich den Aufwand für Vorbereitung und Durchführung des Moduls. Ferner können sich die Projekte untereinander durch Zwischenpräsentationen bzw. Zwischenabstimmungsrunden Ideen geben und schwächere Teams erreichen leichter das Projektziel.
- **Unterschiedliche Themen pro Studierendenprojekt**
  Hierbei verfolgen die studentischen Projekte unterschiedlich Inhalte, welche in keinem besonderen Zusammenhang stehen. Es handelt sich somit um vollkommen verschiedene Projekte, die „nur zur gleichen Zeit" durchgeführt werden. Hierfür ist oft ein erheblicher Aufwand zu betreiben, regelmäßig neue Projektthemen zu finden und auszugestalten. Es sei an dieser Stelle auf Kap. 5 verwiesen, in dem sich hierfür Beispiele von mehreren Hochschulen finden.
- **Abgestimmtes Programm / Portfolio über alle Studierendenprojekte**
  Bei dieser Variante stehen die Projekte untereinander in Beziehung, beispielsweise (1) durch Zugriff auf gleiche Ressourcen oder (2) die Liefergegenstände des einen Projekts sind Input für andere Projekte. Ein Beispiel ist der Bau eines „Formula Student"-Rennwagens, bei dem mehrere studentische Projekte Teilelemente konzipieren und bauen und auf ein gemeinsames Endziel, den fertigen Rennwagen, hinarbeiten.
- **Wiederholungsprojekte**
  Sehr häufig finden Veranstaltungsprojekte für Firmenkontaktmessen in den Fakultäten statt. Die Studierenden können sich oftmals die Projektarbeit als Wahlfach anrechnen lassen. Ebenso wie bei Wettbewerbsprojekten sind diese Projekte interdisziplinär besetzt und Erfahrungswerte können von einer Studentengeneration an die nächste weitergegeben werden. Die Studierenden können somit Wissensmanagement betreiben.

Ein weiterer Aspekt, der bei der Portfolio-Definition zu berücksichtigen ist, stellt die Entscheidung dar, welche Projektart durchgeführt werden soll. In Tab. 3.2 sind einige Beispiele von unterschiedlichen Projektarten aufgeführt.

Die in der Modulbeschreibung getroffenen Festlegungen bzgl. des Projektinhalts bestimmen das Vorgehen für die Definition des konkreten Themenportfolios. Um eine hohe Anzahl von Projektthemen effizient und zielgerichtet von Dozenten abzufragen und zu verwalten, ist ein elektronisches Themenvorschlags- und Verwaltungstool sinnvoll. Als Beispiel sei die Hochschule Augsburg mit den eigenentwickelten Verwaltungstool Sempro genannt, welches in Kap. 5 ausführlich beschrieben wird.

Wenn regelmäßig neue Themenvorschläge gesucht werden, dann lohnt sich die Investition in ein Kontaktnetzwerk zur Wirtschaft, das auch für andere Belange an der Hochschule von großem Nutzen ist. Im Abschn. 2 dieses Kapitels wird auf verschiedene Auftraggeber als Akteure im Projekt eingegangen.

3.1 Konzeption von studentischen Projekten

Tab. 3.2 Projektarten mit Beschreibung und Beispielen

Projektart	Beschreibung
Entwicklungsprojekte	Entwicklung und systematische Herleitung eines Produkts, einer Logik, eines Programms etc. Somit bestehen Entwicklungsprojekte idealerweise aus Innovationen.
	Die Studierenden an der Hochschule in Hamm führen Entwicklungsprojekte in der Mechatronik durch.
	http://www.hshl.de/von-frei-schwebenden-kugeln-und-balancierenden-lego-mindstorm-fahrzeugen/
Sozialprojekte	Projekte mit sozialem Engagement für soziale Einrichtungen, Hilfsleistungen.
	Studentenprojekt im Rahmen eines Hilfsprojekts von „Ingenieure ohne Grenzen" im Ausland
	http://hochschulanzeiger.faz.net/magazin/themen/berufseinstieg-als-ingenieur-1/ingenieure-ohne-grenzen-erfahrungsberichte-von-studenten-13679011.html
Publikationsprojekte	Bei Publikationsprojekten sind Veröffentlichungen das Ziel. Hier wird ein großer Wert auf Schreibkompetenz und Gestaltung gelegt.
	Schreiben eines Artikels oder einer Studie am Beispiel der LMU in München, Fakultät Sprachwissenschaften
	http://www.sprach-und-literaturwissenschaften.uni-muenchen.de/studium/studienbuero/forschungsprojekte/abschlussberichte/index.html
Wissenschaftliche Projekte	Problemstellungen werden mittels wissenschaftlicher Methoden erforscht.
	Die Studenten im Master Maschinenbau der Hochschule Reutlingen arbeiten an F&E-Projekten der Institute mit. http://www.tec.reutlingen-university.de/projekte/fe-projekt/
Veranstaltungs-Organisationsprojekte	Organisation einer Veranstaltung
	Die Hochschule Leipzig präsentiert sich regelmäßig auf der Leipziger Buchmesse und der Buchmesse in Frankfurt/Main. Die Organisation erfolgt durch ein studentisches Projektteam.
	https://www.fbm.htwk-leipzig.de/de/projekte/buchhandel-verlagswirtschaft/single/detail/veranstaltungsmanagement-messeprojekt/

3.1.5 Festlegung der Lerninhalte

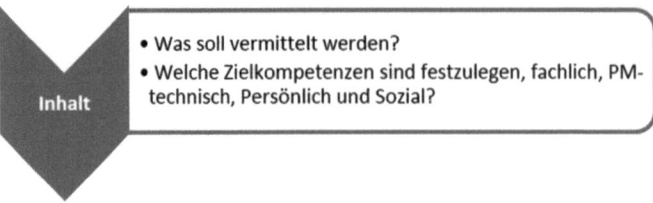
- Was soll vermittelt werden?
- Welche Zielkompetenzen sind festzulegen, fachlich, PM-technisch, Persönlich und Sozial?

Vielfach wird „das Niveau" von Projektarbeiten diskutiert und welches in den jeweiligen Fachsemestern erwartet werden kann. Hierbei werden Argumente angeführt, Projekte nach der Stacy Matrix einzuordnen (siehe Abb. 3.13) und entsprechend der „Reife" der Studierenden einzusetzen, sprich „einfache" Projektthemen in den unteren Semestern und „komplexe" Projekte im Masterstudiengang zu platzieren. Nur, was ist einfach und was komplex in Bezug auf die Ausgestaltungsmöglichkeiten der Projektidee?

Um eine Vorauswahl zu treffen, wenn Projektthemen an den Dozenten heran getragen werden, ob sich Projektthemen überhaupt eignen, so sollte dies aufgrund der Ausgangs- und Zielkompetenzen geschehen, wie in diesem Buch ausgeführt wird. Im Abschnitt „Planung" dieses Kapitels, wird anhand eines Beispiels ausgeführt, wie sich ein Projektverlauf aus den Zielkompetenzen und einem Grundthema mit Rahmenbedingungen aus der Modulbeschreibung entwickeln lässt. Im Kap. 4 werden Methoden vorgestellt, die im Projektverlauf eingeplant werden können. Ebenso wird dort ausgeführt, wie und mit welchen Methoden ein Projekt durch einen Coaching-Ansatz begleitet werden kann. Dabei wird auch auf typische Schwierigkeiten und Handlungsempfehlungen für den Dozenten eingegangen.

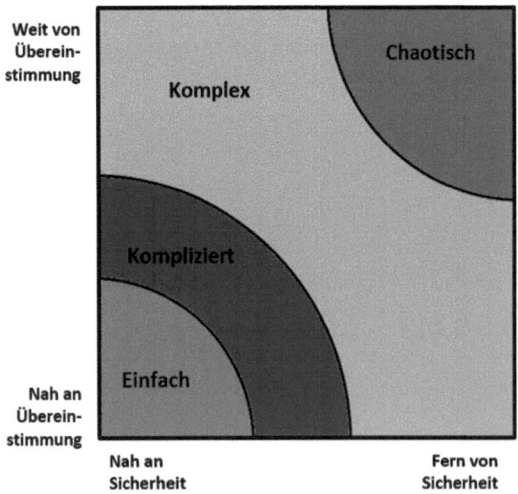

Abb. 3.13 Stacy Matrix nach Fuchs (vgl. Fuchs 2013)

3.1.5.1 Zielkompetenzen und Inhalt

Zielkompetenzen können durch die Zusammenarbeit und im Erfahrungsaustausch mit Praktikern ermittelt werden. Hierzu sei ein Bespiel aus der Fachhochschule Kiel gegeben: Durch den Einbezug von „Aktiv-Bausteinen" können Studierende einerseits wertvolle Erfahrungen für ihre Berufsfeldorientierung sammeln und Lehrende erhalten Informationen zu aktuellen Berufsanforderungen:

> Für Bachelor-Studierende der Wirtschaftsinformatik im zweiten Semester an der Fachhochschule Kiel werden im Modul Informationsmanagement neben klassischen didaktischen Ansätzen in einer seminaristischen Unterrichtsform so genannte „Aktivbausteine" eingesetzt: Studierende erhalten zum einen die Gelegenheit, sich im Kontakt mit Fach- und Führungskräften aus der Industrie ein konkretes Bild vom Beruf der Wirtschaftsinformatikerin bzw. des Wirtschaftsinformatikers zu machen; zum anderen erarbeiten sie innovative Ansätze der Prozessverbesserung aus Sicht der IT oder mit Nutzenpotenzial für die IT und präsentieren ihre Ergebnisse öffentlich im Rahmen des Kieler Prozessmanagementforums. Diese Aktivbausteine dienen insbesondere der Berufsfeldorientierung: Durch die Informationen, die die Studierenden über die Anforderungen und Tätigkeiten von im Beruf stehenden Menschen erhalten, werden sie in die Lage versetzt, fundierte Entscheidungen bzgl. ihrer Studiengestaltung und Berufswahl zu treffen. Im Beitrag wird die Konzeption der Bausteine vorgestellt und deren Grad der Zielerreichung durch aktuelle Evaluationsergebnisse erläutert. Zudem wird die motivationale Wirkung der Aktivbausteine anhand der Theorie der Selbstbestimmung von Deci und Ryan erläutert (vgl. Weßels und Metzger 2015).

Weitere Informationen zu diesem Konzept sind verfügbar unter: https://publishup.uni-potsdam.de/frontdoor/index/index/docId/8028

In Kap. 2 wurde ein Zielkompetenzwürfel entwickelt, auf den an dieser Stelle verwiesen sei. In Abb. 3.14 ist er nochmals wiederholend dargestellt, ebenso wie die

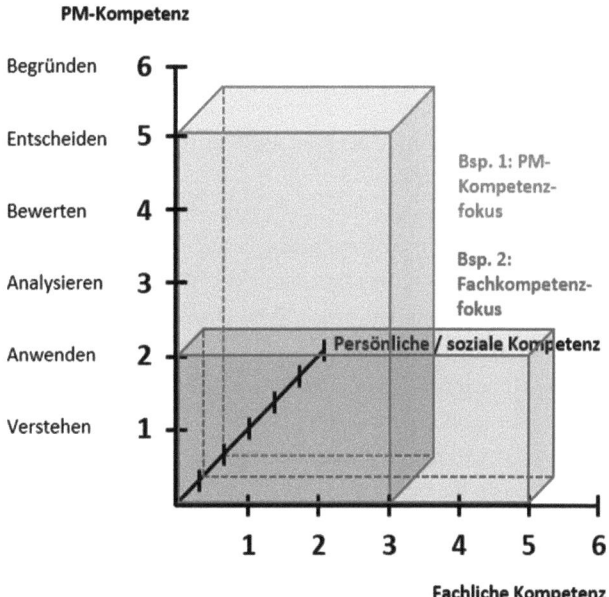

Abb. 3.14 Zielkompetenzwürfel

Tab. 3.3 Dimensionen des Zielkompetenzwürfels

Fachliche Kompetenzen	PM-technische Kompetenzen:	Persönliche und soziale Kompetenzen:
Sind je nach Fachgebiet festzulegen	• Projektdesign • Anforderungen und Ziele • Leistungsumfang und Lieferumfang • Ablauf und Termine • Organisation, Information und Dokumentation • Qualität • Planung und Steuerung • Chancen und Risiken • Stakeholder	• Selbstreflexion und Selbstmanagement • Persönliche Kommunikation • Teamarbeit • Konflikte und Krisen • Verhandlungen • Ergebnisorientierung

Kompetenzelemente der drei Dimensionen: Fachlich, PM-technisch, Persönlich und Sozial in Tab. 3.3, die nach Meinung der Autoren wichtige Kompetenzelemente für zukünftige Projektmanager sind und daher in der Projektarbeit trainiert werden sollten.

Angehende Projektmanager lernen derzeit den Umgang mit Methoden und Instrumenten, die eine effiziente Planung und Steuerung ermöglichen. Neuere Ansätze stellen auch die sozialen Ansatzpunkte stärker in den Vordergrund, da Kooperation in und mit Organisationen immer wichtiger wird. Projekte werden immer fluider und stärker miteinander vernetzt. Zukünftige Projektmanager sollten in der Ausbildung dazu qualifiziert werden, Partner für erfolgsversprechende Kooperationen auswählen zu können, daher wird in diesem Buch auf die Rollen im Team und Mechanismen Teams erfolgreich zu besetzen und zu coachen eingegangen.

Ausgehend davon, dass bereits Grundlagenelemente zum Projektmanagement vorhanden sind, wurden von Doris Weßels Rubriken ermittelt, die unter dem Gesichtspunkt „Projektmanagement der Zukunft – Management von (Wissens-) Netzwerken" in das Curriculum aufgenommen werden sollten. Einige Elemente sind nachfolgend benannt (vgl. Weßels 2014, S. 86):

- Grundlagen von Wissensmanagement in Netzwerken,
- Social Collaboration-Techniken und Werkzeuge,
- Wissenskommunikation und Visualisierung,
- Kreativitätstechniken,
- HR-Management: Personalauswahl, Teambildung (auch virtueller Teams),
- Projektcoaching,
- Konfliktmanagement und Mediation,
- Selbstmanagement und
- Wirtschaftspsychologie (angewandte Psychologie in der interorganisationalen Projektarbeit).

3.1 Konzeption von studentischen Projekten

Sie fasst die Fähigkeiten für das Management in vernetzen und hyperfluiden (Projekt-) Welten über das Modell des „X-Shaped Mangers" zusammen. So brauchen zukünftige Projektmanager die Bereitschaft und Fähigkeit zu (persönlicher) Vernetzung und zum Aufbau vertrauensvoller Strukturen, Mut und Offenheit für Neues mit Leidenschaft für Interdisziplinarität sowie die Fähigkeit zur Selbstorganisation und Selbstreflexion. Ein Selbstverständnis in der Persönlichkeit sollte gegeben sein, und Führung auch als „Kunst des Loslassen" praktiziert werden wollen. „Kontrollfreaks" als Projektleiter sind in der sich ständig verändernden Projektumgebung nicht mehr praktikabel. Die Gestaltung von Projekten sollte nicht nur im Sinne des Architekten der Entität (einzelnes Projekt) stattfinden, sondern in einem Framework (Projektnetzwerk) praktiziert werden können, was Weitblick und Umsicht bedarf (vgl. Weßels 2014, S. 96).

Um ein Projekt inhaltlich auszuarbeiten, können zwei Wege gegangen werden. Ein gefundenes Thema kann ausgestaltet werden nach den Anforderungen des Moduls oder es kann umgekehrt ein Thema zu den Anforderungen gesucht werden. Für die Ausgestaltung sollten die Kompetenzelemente, sowie deren Zielstufe festgelegt werden. Dann kann das Projekt mit entsprechenden Elementen ausgestaltet werden, um diese Kompetenzen zu trainieren und letztlich auch abzuprüfen, um eine Leistungsbewertung vorzunehmen.

Auf eine inhaltliche Ausführung wird an dieser Stelle verzichtet und es sei auf die nachfolgende Übersicht von Projektinhalten an verschiedenen Fakultäten verwiesen. Diese Beispiele zeigen die vielfältigen Möglichkeiten der Ausgestaltung des Inhalts auf.

In der Projektarbeit können auch verschiedene Vorgehensweisen erlernt werden. So wird im Kap. 5 (am Beispiel der Hochschule Rosenheim) aufgezeigt, wie Studierende in der Informatik durch zwei Projektarbeiten sowohl agile als auch klassische Methoden der Softwarenentwicklung durchleben können. Ein anderes Beispiel aus Kap. 5 (an der Hochschule Augsburg) ermöglicht es Studierenden durch zwei Projektarbeiten im Bachelor verschiedener Fakultäten, sowohl aufbauende Konzepte als auch verschiedene Vorgehensweisen nach eigenem Interesse auszuwählen. Dieses breite Angebot ermöglichte es, flexibel als auch innovative Ansätze im Projektmanagement anzubieten und auszuprobieren. Einige Vorgehensweisen wurden im Kap. 2 vorgestellt, wie Abläufe nach Standards (PMI, IPMA, Prince2) und Normen, Agile – und Hybride Vorgehensmodelle und innovative Ansätze wie „Design Thinking" in der Produktentwicklung.

Wenn Projektarbeiten sehr erfolgreich waren, so bietet es sich an, diese im Nachgang zu veröffentlichen, oder an einem der zahlreichen Wettbewerbe teilzunehmen, die angeboten werden. Vielleicht kann dies auch Inhalt des Projekts selbst sein. Gerade Projekte als Studien zu verschiedenen Themenstellungen bieten sich hierfür an. Ein Beispiel hierzu findet sich im Abschnitt „Steuerung" dieses Kapitels, für das eine Projektgruppe einen Vergleichstest von verschiedenen Softwareprodukten für den Einsatz in studentischen Projekten erstellt hat.

3.1.5.2 Beispiele in den Fakultäten

Ein Beispiel aus dem Bauwesen an der Hochschule Augsburg zeigt die Lernziele und den Inhalt von zwei Projektarbeiten im Studium (4. und 6. Semester) (vgl. Hochschule Augsburg Bauwesen 2017c – siehe Abb. 3.15). Informationen sind verfügbar unter: https://www.hs-augsburg.de/fakultaet/ab/studium/studiengang/bi_bac/b-projekte_1/index.html)

Abb. 3.15 Beispiel Bauwesen an der Hochschule Augsburg (vgl. Hochschule Augsburg 2017b, c)

3.1 Konzeption von studentischen Projekten

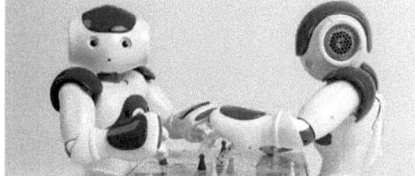

Abb. 3.16 Beispiel Information an der Fachhochschule Aachen (vgl. Fachhochschule Aachen 2017)

Ein Beispiel aus der Informatik der Hochschule Aachen, zeigt das Konzept zur Projektarbeit in der Softwareentwicklung (vgl. Hochschule Aachen 2017– siehe Abb. 3.16). Informationen sind verfügbar unter: https://www.fh-aachen.de/menschen/terstegge/veranstaltungen/swe/

Ein Beispiel aus dem Maschinenbau der Universität Stuttgart zeigt das Konzept zur Projektarbeit in der interdisziplinären Entwicklung (vgl. Universität Stuttgart 2017 – siehe Abb. 3.17). Informationen sind verfügbar unter: http://www.gkm.uni-stuttgart.de/projektarbeit/downloads.html

Abb. 3.17 Beispiel Maschinenbau Universität Stuttgart (vgl. Universität Stuttgart 2017)

3.1.6 Bewertung von Projektarbeiten

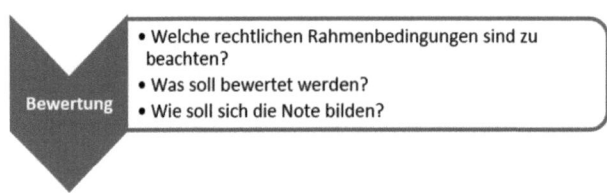

Während in den bisherigen traditionellen Studiengängen abschluss- und damit notenrelevante Prüfungen in der Mitte (Zwischenprüfung) und am Ende des Studiums stattfanden, verlagert die Bachelor-/Masterreform die Prüfungen in die Module. Neben der gestiegenen Anzahl an Prüfungen haben sich aber durch den Bologna-Prozess auch die Anforderungen an die Prüfungen verändert. Um die Lehre wirkungsvoll im Sinne einer kompetenzorientierten Gestaltung des Lehr- und Lernprozesses zu verändern, müssen auch die Lehrenden einen „Shift from Teaching to Learning", also einen Perspektivenwechsel vom Lehrprozess hin zu den Lernprozessen der Studierenden vollziehen. Die Orientierung an Lernergebnissen bzw. Lern- und Kompetenzzielen eröffnet den Lehrenden prinzipiell größere Handlungsspielräume: Anstelle eines detaillierten Lehrplans werden in erster Linie die im Modul zu erreichenden Ziele vorgegeben, wie sie bereits exemplarisch in diesem Kapitel vorgestellt wurden. Der Weg dorthin kann relativ frei gestaltet werden und ist in hohem Maße vom Lern- bzw. Entwicklungsprozess der Studierenden her zu denken und zu konzipieren. Ein Beispiel dazu ist im Abschnitt „Planung" in diesem Kapitel zu lesen. Der hohe Abstraktionsgrad bei der Formulierung von Kompetenzen stellt viele Hochschullehrende vor Schwierigkeiten: Wie müssen Prüfungen organisiert sein, damit Kompetenzen überhaupt, wie vom Gesetzgeber gefordert, geprüft werden können (vgl. Schaper und Hilkenmeier 2013, S. 7 ff)?

3.1.6.1 Kompetenzorientiert prüfen
Aus dem Landeshochschulgesetz Berlin (vgl. § 22) wird deutlich:

> Ein Studiengang führt zu einem berufsqualifizierenden Abschluss. Die Hochschulen haben Studiengänge und Prüfungen so zu organisieren und einzurichten, dass insbesondere unter Berücksichtigung der Eigenverantwortung der Studenten und Studentinnen die Erreichung der Studienziele (Kompetenzerwerb) gewährleistet ist, […] ein Teil des Studiums dem überfachlichen Kompetenzerwerb vorbehalten wird, […] Möglichkeiten zugelassen werden, Studienleistungen in unterschiedlichen Formen zu erbringen, […].

Aus § 30 stammt die Vorgabe: „Die Prüfungsinhalte sollen sich an den im jeweiligen Modul zu vermittelnden Kompetenzen orientieren". Diese beiden exemplarischen Referenzen verdeutlichen, dass von Seiten der Bildungs-Politik kompetenzorientierte Prüfungen und eine Passung von Modul- und Prüfungsinhalten im Sinne des „Constructive Alignment", wie schon in der Einleitung dieses Buchs ausgeführt wurde, eindeutig gefordert wird.

Der Zusammenschluss der Hochschulrektoren hat 2013 Umsetzungshilfen für kompetenzorientiertes Prüfen veröffentlicht, auf denen die Überlegungen der Autoren zur Bewertung von Projektarbeiten, aufbauen. In der Umsetzungshilfe wird auf Chancen und Risiken dieses Prüfungsformats eingegangen (vgl. Schaper und Hilkenmeier 2013, S. 84):

Chancen

- Ein zentraler Vorteil bzw. Nutzenaspekt kompetenzorientierter Prüfungsansätze ist, dass diese insgesamt auf anspruchsvollere Niveaus der Wissensbeherrschung und Wissensnutzung ausgerichtet sind.
- Sofern die kompetenzorientierten Prüfungsanforderungen und -formate auch an den vorab definierten Lernzielen bzw. Lernergebnissen ausgerichtet sind, wird auch mit einer höheren Wahrscheinlichkeit die Passung von Lehr-/Lernaktivitäten und

Prüfungsanforderungen im Sinne eines Constructive Alignment gewährleistet. Durch kompetenzorientierte Prüfungsanforderungen kann somit auch das Lernverhalten der Studierenden wirkungsvoll auf die Aneignung bestimmter Kompetenzen ausgerichtet werden.
- Durch kompetenzorientierte Prüfungsanforderungen wird darüber hinaus auch mit höherer Wahrscheinlichkeit gewährleistet, dass nicht nur fachliche, sondern auch übergreifende Kompetenzfacetten bei der Prüfungsgestaltung mitberücksichtigt und somit geprüft werden.

Risiken

- Kompetenzorientiertes Prüfen erfordert in der Regel deutlich mehr Aufwand bei der Gestaltung, Durchführung und Auswertung der Prüfungsarrangements als bei herkömmlichen Prüfungsverfahren.
- Eine weitere Herausforderung besteht darin, dass höhere Niveaus der Wissensbeherrschung und der Einsatz fachübergreifender Kompetenzen bei der Bewältigung der Prüfungsanforderungen schwieriger eindeutig zu bewerten sind.
- Kompetenzorientiertes Prüfen stellt somit höhere Anforderungen an Lehrende hinsichtlich der Gestaltung der Prüfungsanforderungen und -formate sowie die Erfassung und Beurteilung der Prüfungsleistungen.
- Durch die ausgeprägte Orientierung an Lernzielen wird besonderer Wert auf das Erreichen der Lernergebnisse und ihrer Überprüfung während und zum Abschluss von Lerneinheiten gelegt. Dies kann in manchen Fällen zu einer einseitigen Ausrichtung der Lehre einerseits in Hinblick auf die Vielzahl von Prüfungselementen in der Veranstaltung und andererseits in Hinblick auf die Ausrichtung der Lehrinhalte auf die Prüfungen führen.Wie in Abb. 3.18 zu sehen ist, wird in ihrer Empfehlung auf die Handlungsstufen nach Bloom zur Beurteilung, zurückgegriffen und mit den inhaltlichen Dimensionen verknüpft (vgl. Schaper und Hilkenmeier 2013, S. 37), wie sie prinzipiell auch bei dem Modell des Zielkompetenzwürfels in diesem Buch verwendet werden. Projektarbeit ist eine Methode des kompetenzorientierten Lernens und Lehrens, die in den höheren Prozessdimensionen anzusiedeln ist und sich über alle inhaltlichen Dimensionen erstrecken kann.

Wenn vor dem Projekt Zielkompetenzen mit deren Handlungsstufen festgelegt wurden, können im Projektverlauf Elemente und Situationen eingeplant werden, die als Prüfungsleistung genutzt werden können, um gezielt diese Kompetenzen zu prüfen und zu bewerten. Zur Erinnerung sei an dieser Stelle in Abb. 3.19 der Zielkompetenzwürfel wiederholt.

Je nach gewählten Zielkompetenzen können Prüfungsleistungen im Projekt verankert werden. Idealerweise besteht zunächst die Möglichkeit, die Kompetenzen im Projektverlauf zu trainieren und dann eine Situation zur Leistungserbringung bzw. Prüfung zu schaffen. Am Beispiel des Kompetenzelements Anforderungen und Ziele könnte dies folgendermaßen gestaltet werden: Das Training im Kontext von Anforderungen und Ziele erfolgt erst durch die Erhebung und anschließende Präsentation dieser im Projekt durch

3.1 Konzeption von studentischen Projekten

Inhaltsdimension		Prozessdimension					
		Erinnern und Verstehen von Wissens- und Fähigkeitsgrundlagen		Anwenden von Wissen, Fähigkeiten und Einstellungen	Analysieren und Bewerten (Überprüfen) von Wissen, Fähigkeiten und Einstellungen		Erschaffen und Erweitern von Wissen, Fähigkeiten und Einstellungen
		Erinnern	Verstehen	Anwenden	Analysieren	Bewerten	Erschaffen
Fachliches Wissen & Prozeduren	Faktenwissen	A1		A2	A3		A4
	Konzeptuelles Wissen						
	Prozedurales Wissen						
Werte / Haltungen / Beliefs		B1		B2	B3		B4
Fachübergreifendes Wissen & Fähigkeiten	Metakognitives Wissen	C1		C2	C3		C4
	Sozialkommunikative Fähigkeiten						

Abb. 3.18 Umsetzungshilfen für kompetenzorientiertes Prüfen (vgl. Schaper und Hilkenmeier 2013, S. 37)

Abb. 3.19 Zielkompetenzwürfel

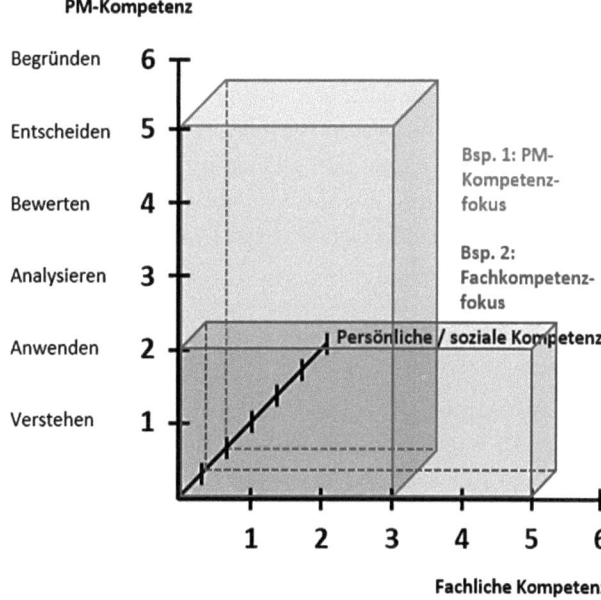

die Studierenden, woraufhin ein Feedback durch den Dozenten erfolgt. Die Bewertung erfolgt dann später aufgrund der schriftlichen Ausarbeitung der Anforderungen und Ziele im Projektbericht. Nachfolgend sind einige Beispiele für Prüfungsleistungen aufgeführt, die sich nach Meinung der Autoren besonders für die Prüfung der verschiedenen Elemente der PM-technischen, persönlichen und sozialen Kompetenzdimensionen eignen.

Prüfungsleistung und Bewertung von PM-technischen Kompetenzen:

- Projektdesign: Ausführung des Projektdesigns
- Anforderungen und Ziele: Dokumentation der Anforderungen und Ziele
- Leistungsumfang und Lieferumfang: Dokumentation des Leistung- und Lieferumfangs
- Ablauf und Termine: Termintreue und Ablaufplanung
- Organisation, Information und Dokumentation: Ausführung dieser
- Qualität: Qualitätssicherungsmaßnahmen und Prüfung
- Planung und Steuerung: Ausführung dieser
- Chancen und Risiken: Überwachung und Management
- Stakeholder: Betreuung und Kommunikation mit diesen

Prüfungsleistung und Bewertung von persönlichen und sozialen Kompetenzen

- Selbstreflexion und Selbstmanagement: Projektbericht und Engagement
- Persönliche Kommunikation: Präsentation, Referat oder Diskussion
- Teamarbeit: Engagement
- Konflikte und Krisen: Engagement, Vorgehensweise
- Verhandlungen: Vorgehensweise, Erfolg
- Ergebnisorientierung: Auswahl und Fokus auf relevante Themen

3.1.6.2 Einzelnote und Teamleistung

Wie nachfolgend ausgeführt, gibt es für die Notenbildung rechtliche Rahmenbedingungen, die zu beachten sind. So ist es beispielsweise nicht zulässig, dass jedes Teammitglied automatisch die gleiche Note erhält. Die Ungerechtigkeiten eines solchen Vorgehens liegen auf der Hand:

- Wenig aktive und intellektuell schwache „Mitläufer" werden unverdientermaßen zu gut bewertet.
- Kenntnisreiche „Zugpferde" und „Macher" werden wegen eines durch andere verschuldeten schlechten Ergebnisses unverdientermaßen zu schlecht bewertet.
- Sind Aufgabenpakete unterschiedlich schwer gewählt, kann es passieren, dass Arbeitspakete nicht gelöst werden und somit keinen Ergebnisbeitrag liefern. Andere dagegen sind ggf. sehr leicht zu bewältigen, so dass sich eine Bewertungsungerechtigkeit einstellen kann.

Tab. 3.4 Leistungsbeurteilung

Leistungsbeurteilung	Dafür spricht	Dagegen spricht
Leistungsbeurteilung, die sich nur auf das Fachwissen bezieht	• Probleme bei der Bewertung von Gruppenarbeit werden vermieden • Nachweis des fachlichen Ertrags ist leicht eindeutig beurteilbar	• Verlassen der eigentlichen Projektidee • Reduzierung der Würdigung von Leistungen auf Teilbereiche • Überbetonung des Fachwissens als einzig relevantes Projektergebnis
Leistungsbeurteilung, die sich auf alle beobachteten Leistungen beziehen	• Umfassender Anspruch der Projektarbeit • Studenten bringen ihre ganze Persönlichkeit ein • Großer Arbeitsaufwand wird angemessen belohnt • Einbezug von Selbstbewertung	• In Bereichen der Verhaltensbeurteilung schwer nachprüfbar • Unangemessener Leistungsdruck • Schwierigkeit der Differenzierung zwischen Fachwissen, Können und Persönlichkeitsmerkmalen (siehe Big-Five-Modell aus Kap. 2)

Der Dozent ist also gehalten, sorgfältig individuelle Bewertungen einzelner Studierender vorzunehmen. Wenn eine Teamleistung erbracht wird, dann kann diese bei der Notenbildung berücksichtigt werden, Teamleistung allein darf aber nicht zum Bestehen führen.

Prinzipiell gibt es zwei unterschiedliche Ansätze, um die Leistungsbeurteilung und damit die Notenbildung durchzuführen: 1. Leistungsbeurteilung bezieht sich nur auf das Fachwissen, das im Projekt erworben wurde oder 2. Leistungsbeurteilung bezieht alle beobachteten Leistungen der Studierenden mit ein. Die jeweiligen Vor- und Nachteile sind in Tab. 3.4 gegenübergestellt.

Die zu beachtenden rechtlichen Rahmenbedingungen bei der Bewertung von Studienleistungen bei Gruppenarbeiten werden exemplarisch anhand von Beispielen aus der RaPO in Bayern, der Universität Bielefeld und der Fachhochschule Potsdam dargestellt:

- Rahmenprüfungsordnung für die Fachhochschulen (vgl. Bayerische Staatskanzlei 2017a) in Bayern:

  §18 (3) „Werden Leistungsnachweise, die zu Endnoten führen, in Form der Gruppenarbeit durchgeführt, müssen die individuellen Leistungen deutlich abgrenzbar und bewertbar sein."

- Universität Bielefeld – Prüfungs- und Studienordnung für das Masterstudium (vgl. Universität Bielefeld 2017):

Einzelleistungen können auch in Form von Gruppenarbeiten erbracht werden, wenn der als Einzelleistung zu bewertende Beitrag der oder des einzelnen Studierenden auf Grund der Angabe von Abschnitten, Seitenzahlen oder anderen objektiven Kriterien, die eine eindeutige Abgrenzung ermöglichen, deutlich unterscheidbar und bewertbar ist und die in den Fächerspezifischen Bestimmungen geregelten Anforderungen erfüllt.

- Fachhochschule Potsdam – Studien- und Prüfungsordnung des Bachelorstudiengangs Kulturarbeit der Fachhochschule Potsdam (vgl. Fachhochschule Potsdam 2017):

  §14 (3) „Schriftliche Prüfungsleistungen können als Gruppenarbeiten oder Einzelarbeiten erfolgen. Bei Gruppenarbeiten muss der als Prüfungsleistung zu bewertende Beitrag der einzelnen Studierenden deutlich unterscheidbar und bewertbar sein."

3.1.6.3 Notenbildung

Über das Modulhandbuch wird definiert, welche Prüfungsleistungen zu verwenden sind. So kann sich die Note allein aus dem abschließenden Element des Projektberichts, der Poster-Präsentation usw. ergeben oder sich während des Projektverlaufs durch Teilnoten zusammensetzen. Das kann beispielsweise durch Zwischenpräsentationen, Referate oder Lösung von Teilaufgaben erfolgen. In jedem Fall braucht der Dozent Beurteilungskriterien, welche dem Studierenden bekannt sein sollten. Einige Beispiele dazu sind im Kap. 5 und 4 zu lesen. Neben den beiden Aspekten Bewertungskriterien und -Anlässe muss als dritte Komponente noch eine Notenskalierung vorhanden sein, um eine Note entsprechend begründen zu können. Abb. 3.20 zeigt zusammenfassend die notwendigen Komponenten eines Bewertungsschemas.

Die Projektarbeit muss aber nicht mit einer Note bewertet werden. Sie kann auch als bestanden/nicht bestanden gewertet werden. Ergänzend ist es möglich eine Beurteilung in Form eines qualifizierenden Textes durchzuführen, der dem Studierenden zugutekommt, ohne später im Zeugnis zu erscheinen. In Kap. 4 werden verschiedene Möglichkeiten der Bewertung vorgestellt.

Ein Auszug aus der Rahmenprüfungsordnung von Bayern sieht nachfolgende Skalierungen vor (vgl. Bayerische Staatskanzlei 2017b):

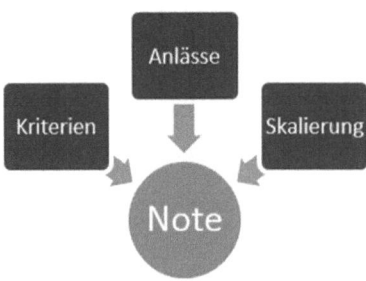

Abb. 3.20 Komponenten eines Bewertungsschemas

§ 7 „Bewertung der einzelnen Prüfungsleistungen, Bildung von Endnoten
- Für die Bewertung werden folgende Noten verwendet:
  – sehr gut, eine hervorragende Leistung
  – gut, eine Leistung, die erheblich über den durchschnittlichen Anforderungen liegt
  – befriedigend, eine Leistung, die durchschnittlichen Anforderungen entspricht
  – ausreichend, eine Leistung, die trotz ihrer Mängel noch den Anforderungen genügt
  – nicht ausreichend, eine Leistung, die wegen erheblicher Mängel den Anforderungen nicht mehr genügt.
- Prüfungsleistungen, die als nicht bestanden bewertet werden sollen, sind von zwei Prüfenden zu bewerten. Ist eine Prüfungsleistung unterschiedlich bewertet worden, sollen sich die Prüfenden auf eine übereinstimmende Bewertung einigen. Kommt eine Einigung nicht zustande, ergibt sich die Note aus dem auf eine Nachkommastelle abgerundeten arithmetischen Mittel."

§ 9 „Rücktritt und Versäumnis

Bei Rücktritt von einer Prüfung, die bereits angetreten wurde, wird die Note „nicht ausreichend" erteilt, es sei denn, der Rücktritt erfolgte aus vom Studierenden nicht zu vertretenden Gründen. Die Prüfung ist mit Stellung der Prüfungsaufgabe angetreten."

Folgende weitere Hinweise sind bei der Notengebung zu beachten:

- **Der Dozent muss seine Bewertung nachvollziehbar begründen** und es dem Studierenden ermöglichen, diese einzusehen. Für die Projektarbeit heißt das, dass der Prüfling vor Projektbeginn Anspruch darauf hat, die Bewertungskriterien zu kennen und ein Recht auf Einsicht hat.
- **Der Dozent darf nichts bewerten, was nicht in der Aufgabenstellung gefordert war.** Er darf nicht bewerten, was keinen Rückschluss auf die, durch die Prüfung festzustellenden Fähigkeiten zulässt. Für die Projektarbeit heißt das, dass die Erwartungshaltung des Dozenten an den Inhalt, die Bearbeitungsweise und die zu erzielenden Ergebnisse mit dem Studierenden geklärt sein muss und Grundlagen für die Notenbildung feststehen müssen.
- **Es gilt weitreichend der Grundsatz der Chancengleichheit**: Für vergleichbare Studierende müssen vergleichbare Anforderungen gelten. Die Bewertung einer Prüfungsleistung muss im Verhältnis zu anderen Bewertungen derselben Prüfung stehen. Bieten daher mehrere Dozenten eine Projektarbeit für einen Studiengang/Modul an, so gelten für alle dieselben Richtlinien.
- **Das Notenspektrum sollte ausgeschöpft** werden und es muss ein Bewertungsraster vorliegen. Bei mehreren Dozenten ist sicherzustellen, dass das Bewertungsraster auf die gleiche Art und mit den gleichen Bewertungsmaßstäben genutzt wird. Falls ein Studierender während des Projekts ohne triftigen Grund ausscheidet, ist er entsprechend der gültigen Studienprüfungsordnung mit der Note 5 zu bewerten.

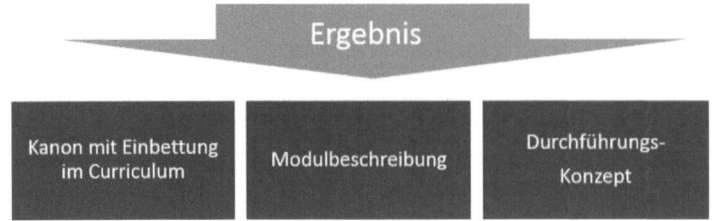

Abb. 3.21 Ergebnis der Konzeption

3.1.7 Ergebnis der Konzeption

Nach Beendigung der Konzeption liegen drei Ergebnisse vor, die in Abb. 3.21 dargestellt sind. Die Frage nach der Integration von Studieninhalten zur Ausbildung von künftigen Projektmanagern bzw. Projektmitarbeitern in ihrem jeweiligen Fachgebiet ist geklärt und eine Einbettung der Veranstaltungen im Curriculum ist erfolgt. In der Modulbeschreibung wurden die Rahmenbedingungen festgelegt, in denen Projekte dann konkret gefunden, definiert, ausgestaltet und bewertet werden können. Nach einer Planung liegt ein Durchführungskonzept für das jeweilige Projekt vor, das sich inhaltlich nach den Zielkompetenzen des Moduls richtet.

3.2 Planung und Durchführung von studentischen Projekten

Der Dozent muss sich im Vorfeld darüber Gedanken machen, wie er den Projektablauf gestalten will: Vom Inhalt des ersten Treffens bis zum Projekt-Review. Im Projekt können Methoden eingesetzt werden, wie sie in Kap. 4 vorgestellt sind, z. B. Projekt-Canvas, Grobplanung usw. Möglicherweise ist es sinnvoll, auch Exkursionen oder Gastvorträge einzuplanen, vielleicht brauchen die Studierenden auch externe Kontakte, die hergestellt werden sollten. Wenn gezielt Kompetenzen des Zielkompetenzwürfels gefördert werden sollen, sind dafür geeignete Elemente zu integrieren. Die Rahmenbedingungen des Moduls geben oft auch Inhalte vor. Wenn beispielsweise eine Projektmesse stattfinden soll, ist eine Vorbereitung dazu einzuplanen.

Neben den Methoden sind auch organisatorische Fragen zu klären, z. B. nach regelmäßigen Treffen mit dem Projektteam oder der eigenen Erreichbarkeit für die Studierenden sowie der zu nutzenden Infrastruktur oder Terminvorgaben.

Ferner gilt es, die Frage zu klären, welche Ergebnisse / Leistungen die Studierenden am Ende bzw. während des Projektablaufs abgeben müssen. Hier sollte schon zu Projektbeginn die Erwartungshaltung geklärt werden. Vielleicht kann auch ein Moodle-Kurs eingerichtet werden, in dem Informationen zum Projektablauf transportiert und ein FAQ eingerichtet werden.

Ein weiterer wichtiger Punkt in der Detailplanung stellt die Notenbildung dar. Es muss ein Bewertungsraster existieren, welches zur Bewertung verwendet wird. Falls nicht eine abschließende Note aus dem Ergebnisbericht erfolgt, dann müssen während des Projektverlaufs Teilnoten „gesammelt" werden.

Wie die konkrete Umsetzung aussehen soll, ist zu planen und auch den Studierenden zu kommunizieren. Hierfür werden in Kap. 4 Beispiele vorgestellt.

Da durch den Dozenten ein Projekt-Coaching durchzuführen ist, muss dafür ebenfalls der Einsatz von geeigneten Methoden eingeplant und ggf. erlernt werden. Sollen beispielsweise Projektsimulationen oder Testverfahren eingesetzt werden, sind diese zu beschaffen bzw. die Lizenzen zu besorgen. In Kap. 4 wird auf Methoden im Coaching eingegangen und typische Schwierigkeiten im Kontext von studentischen Projekten werden aufgezeigt.

3.2.1 Rollen und Aufgaben der Akteure im Projekt

In der Abwicklung von studentischen Projekten ist eine Vielzahl von unterschiedlichen Akteuren beteiligt. Abb. 3.22 gibt einen Überblick über die Projektbeteiligten.

Der Modulverantwortliche ist für die gesamthafte Konzeption des Moduls verantwortlich. Die Ausgestaltung und Durchführung des Moduls kann er selbst alleine als Dozent oder mit der Unterstützung von anderen Dozenten, Professorenkollegen oder Lehrbeauftragen übernehmen. Innerhalb des Moduls gibt es meist mehrere Projekte. So werden beispielsweise die 30 teilnehmenden Studierenden eines Moduls in sechs Projekte mit je fünf Studierenden aufgeteilt. Es ist auch möglich, Projekte durch Tutoren betreuen zu lassen, dann hat der Modulverantwortliche jedoch eine größere Koordinierungsfunktion und muss die Projekte umfangreicher planen und überwachen, um ggf. steuernd oder problemlösend einzugreifen. Er hat dann zusätzlich die Aufgabe, die Tutoren zu coachen. Im Folgenden werden die Aufgaben und Rollen beschrieben, die ein Dozent einnehmen kann,

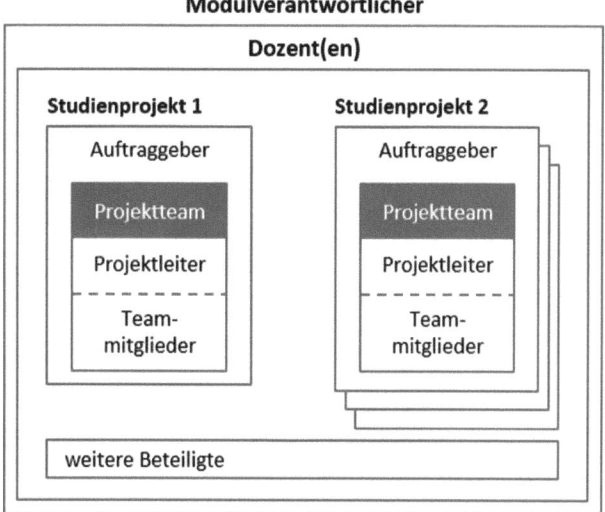

Abb. 3.22 Akteure in studentischen Projekten

sowie die Rollen und Aufgaben der Studierenden im Projekt und die Erwartungshaltung an einen Auftraggeber.

3.2.1.1 Dozent

Der Dozent kann verschiedene Rollen einnehmen, wie sie in den Projektmanagement Standards definiert sind. Sie sind nachfolgend in der Abb. 3.23 zu sehen und werden kurz vorgestellt.

- **Rolle: Modulverantwortlicher** – Als Modulverantwortlicher bindet er das oder die Projekte im Curriculum ein. Er „erfindet" konkrete Projektideen oder sammelt diese ein und bereitet sie auf. Er wählt konkrete Projekte aus, bereitet sie vor und stellt die Rahmenbedingungen sicher.
- **Rolle: Vertreter der Hochschule** – Er hat eine Repräsentationsfunktion für die Hochschule und geht ggf. stellvertretend mit dem Projekt eine vertragliche Vereinbarung mit Externen ein.
- **Rolle: Fachexperte** – Der Dozent besitzt größere Fachkenntnisse als die Teammitglieder. Er gibt Rat und Hilfestellung, wenn diese nachgefragt wird, sowohl mit Auskünften und Lösungen in Sachfragen, als auch mit Projektmanagement Methoden. Es ist nicht seine Aufgabe, für die Lösung eines konkreten Problems selbst zu sorgen.
- **Rolle: Projektmanager** – Der Projektmanager initiiert und plant das Projekt an sich. Er überwacht den Projektfortschritt und greift im Projektteam ggf. operativ steuernd ein. Wenn das Projektteam besetzt ist, gibt er die Leitungsfunktion an das Team ab und zieht sich aus der aktiven Rolle zurück. Welchen Umfang an Projektmanagement bei ihm bleibt, hängt von der gewollten Betreuungsintensität ab. Anders als in der Vorlesung oder im Seminar sollte der Dozent keine aktive Rolle im Projekt einnehmen, um

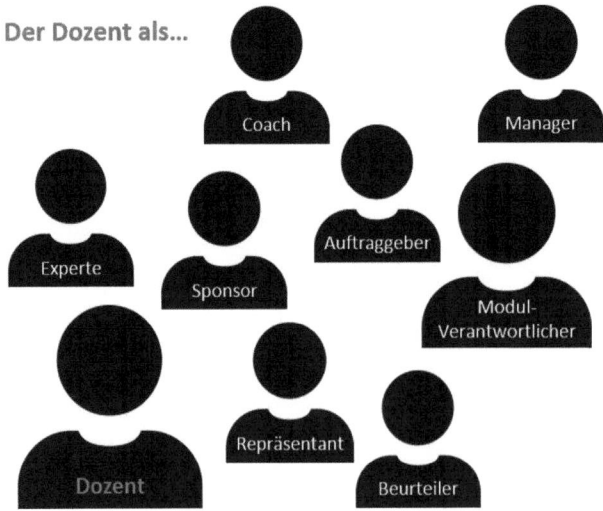

Abb. 3.23 Rollen des Dozenten

zu vermeiden, bei der Projektbewertung die eigene Leistung mit zu bewerten. Wenn die Ergebnisse weiterverwendet werden oder das Image der Hochschule durch Zusammenarbeit mit externen Partnern betroffen ist, so ist die Gefahr größer, dass sich der Dozent instinktiv zu viel einbringt.
- **Rolle: Sponsor** – Im studentischen Projekt erfüllt er die Aufgaben eines Förderers, indem er Erwartungshaltungen des Auftraggebers als auch der Studierenden abklärt, Bewertungskriterien kommuniziert, den Fortschritt überwacht und ggf. steuernd, auch im Umfeld, eingreift.
- **Rolle: Coach** – Die Aufgabe des Coachs liegt in der Hilfestellung beim Erkennen von Problemursachen und begleitet Prozesse der Problemlösung. Dazu beobachtet er und gibt Rückmeldungen an Einzelpersonen, das Team und zu den Prozessen. Er führt die Reflexionsprozesse und trägt zur Deeskalation von Konflikten bei.
- **Rolle: Beurteiler** – Anders als der Auftraggeber, der das Projektergebnis beurteilt, ist er als Beurteiler für die Notengebung der Projektmitglieder verantwortlich. Vor Projektbeginn müssen die Bewertungskriterien festlegt werden, die dann später im Verlauf des Projekts verwendet werden. Dazu muss während des Projektverlaufs eine Eigendokumentation zur Notenbildung erstellt werden, damit die Notenbildung nachvollziehbar ist.
- **Rolle: Mitglied des Lenkungsausschusses** – Zentrale Aufgabe des Lenkungsausschusses ist es, den Business Case des Projekts zu überwachen und über Änderungsanträge oder den Abbruch bzw. die Fortführung des Projekts zu entscheiden. Der Dozent sollte Mitglied des Lenkungsausschusses sein, um einen konstituierenden Einfluss auf Entscheidungen zum Projektinhalt zu haben.

Im Verlauf dieses Buchs wird nur zwischen den drei Rollen: Modulverantwortlicher, Dozent und Coach unterschieden, da diese die entscheidenden Funktionen darstellen.

3.2.1.2 Studierende

„Projektmanagement braucht stabile Rahmenbedingungen im Sinne von festen Rollen. Nur so kann die Projektaufgabe effizient bewältigt werden" (vgl. Hinz 2008). Aus diesem Grund sollten auf jeden Fall Rollen festgelegt und die Erwartungshaltung sowie die Kompetenzen abgeklärt werden. Für die Besetzung gibt es verschiedene Möglichkeiten:

- **Selbstorganisation der Rollen und Rollenbesetzung**, das heißt, der Dozent beeinflusst nichts und überlässt dies vollkommen dem Team. Dies bietet sich nur bei erfahrenen Studierenden an, die mit der Thematik vertraut sind.
- **Vorgabe der Rollen**, die Besetzung der Rollen nehmen die Studierenden dann eigenständig vor. Das heißt, der Dozent äußert seine Erwartungshaltung an die Teamorganisation, vielleicht unter Rückgriff auf Rollen aus den Standards oder Normen. Die Studierenden können sich dann selbständig überlegen, wie sie die Rollen besetzen wollen und ihr Ergebnis dem Dozenten mitteilen. Diese Vorgehensweise ist gängige Praxis.

- **Rollen und Rollenbesetzung werden durch den Dozenten** angeleitet. Der Dozent stellt die Rollen zur Besetzung durch die Studierenden auf. Standarddefinitionen der Rollen werden diskutiert und die Erwartungshaltung und ihre Kompetenzen für dieses Projekt festgeschrieben, so dass im Projektverlauf darauf zurückgegriffen werden kann. Das ist sehr wichtig, falls Rollen- oder Zuständigkeitskonflikte zu lösen sind. Die Besetzung der Rollen kann durch Diskussion entstehen, oder unter Zuhilfenahme einer Teamrollen-Analyse der Studierenden, wie in Kap. 4 beschrieben ist. So kann eine systematische Besetzung der Rollen erfolgen und die Studierenden lernen sich und ihr Team mit ihren potenziellen Stärken und Schwächen kennen. Das ist ein wesentliches Element der Selbstreflexion und Selbsterkenntnis. Wie in Kap. 2 ausgeführt ist, arbeiten Teams dann effektiver zusammen, wenn die Rollen und Aufgaben nach den persönlichen Profilen der Teammitglieder besetzt werden. So können ihre intrinsischen Motive für das Projekt genutzt werden. Da sich die Teammitglieder meist nicht gut kennen, kann ein Test mit Diskussion schnell mehr Transparenz für diesen sehr wichtigen Entscheidungsprozess bringen.

Als relevante organisatorische Rollen in studentischen Projekten sind der **Projektleiter** und die **Teammitglieder** zu besetzen. Zudem hat es sich bewährt, noch explizit die Rolle des **Controllers** und des **Dokumentars** zu benennen, da somit mehr Studierende die Möglichkeit erhalten, Führungsverantwortung zu übernehmen. Studierende mit Arbeitslast durch die organisatorischen Rollen im Projekt, sollten für die fachliche Arbeit entlastet werden, damit keine Ungerechtigkeit im Team entsteht. In der Regel ist der Organisationsaufwand nicht so groß, dass der Projektleiter keine Fachaufgabe zu erfüllen hat. Das sollte im Team geklärt werden und ist auch bei der Notengebung zu berücksichtigen. Im Folgenden sind die Rollen beschrieben und in Abb. 3.24 zu sehen.

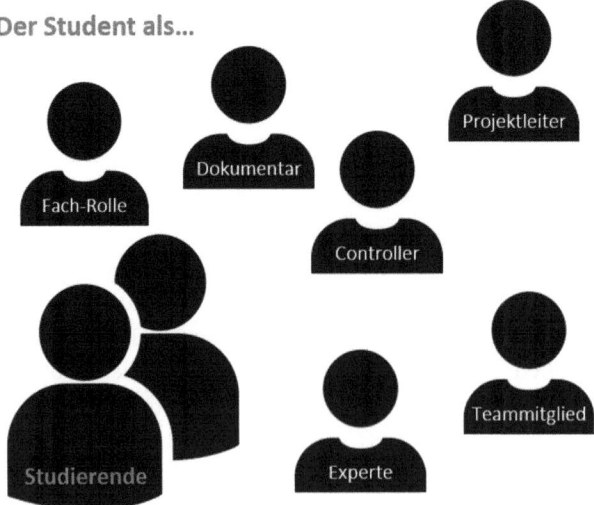

Abb. 3.24 Studentische Rollen

Projektleiter – Die Projektleitung hat eine Reihe von Aufgaben, die mit dem Team abgesprochen werden sollten, um die Erwartungen auf beiden Seiten zu klären. Mögliche Aufgaben sind:

- Repräsentation nach außen: Der Projektleiter vertritt die Interessen und Forderungen des Teams nach außen und ist erster Ansprechpartner für den Dozenten und den Auftraggeber.
- Koordination des Teams: Der Projektleiter prüft und verbessert die Organisation im Team, er überwacht und plant die Termine und koordiniert ggf. die Zusammenarbeit mit anderen Organisationen (z. B. externe Projektpartner) und Teams (z. B. beim Projekt-im-Projekt-Ansatz) auf ein gemeinsames Ziel hin. Er muss aber nicht den ganzen Organisationsaufwand selbst durchführen, es können und sollen auch Arbeiten delegiert werden z. B. Raum buchen, Fahrten organisieren.
- Moderation des Teams: Teamarbeit folgt keinem hierarchischen Muster – die Entscheidungen werden gemeinsam in der Gruppe getroffen. Dieser Entscheidungsfindungsprozess kommt allerdings schnell an seine Grenzen, wenn es keinen Moderator gibt, der die Gruppe zu einer gemeinsamen Entscheidung führt. Dieser Moderator muss aber nicht immer die Projektleitung sein.
- Beratung des Teams in sachlichen und persönlichen Fragen: Die Projektleitung steht dem Team jederzeit beratend zur Seite. Eine gute Menschenkenntnis und die Fähigkeit, auch Fragen, die nicht aus seinem Aufgabenbereich stammen, zu verstehen und zu analysieren, sind hier besonders wichtig.
- Konflikte lösen: Bei der Zusammenarbeit kommt es aufgrund der intensiven gemeinsamen Tätigkeiten leicht zu Reibungen und Konflikten. Ein ganz typisches Beispiel: Ein Teammitglied kommt auf die Projektleitung zu, um über Probleme mit einem anderen Gruppenmitglied zu sprechen. Den Äußerungen zuhören und erwägen, ob das Problem unter vier Augen gelöst werden kann, vor dem Team besprochen oder es zum Betreuer eskaliert werden sollte, erfordert eine Konfliktlösungsstrategie, die ein Projektleiter leisten sollte.

Teammitglied – Die Teammitglieder setzen das Projekt um. Ihre Aufgabenpakete lassen sich beispielsweise über einen Projektstrukturplan festlegen. Die Festlegung der Aufgabenpakte sollten sie selbständig organisieren. Leiter, Controller und Dokumentar sind auch Teammitglieder, d. h. sie müssen auch Arbeitspakte bearbeiten. Jedoch sollte beim Umfang ihrer Sachaufgaben ihr Einsatz in der Projektorganisation berücksichtigt werden, wie bereits ausgeführt wurde. Alle Teammitglieder sollten präsentieren, sei es ein Zwischenbericht oder ihr Arbeitspaket in der Abschlusspräsentation.

Controller – Der Projektcontroller ist für die Qualitätssicherung zuständig. Seine Aufgabe ist es daher nachzuhalten, ob die Anforderungen erfüllt werden, die im Projektauftrag stehen. Er überwacht die Aufgabenliste und bereitet Auswertungen zum Projektfortschritt vor. Das sind insbesondere die Ressourcenplanung und der aktuelle

Projektplan, um aufzuzeigen, wie das Projekt voranschreitet. Controller und Leiter arbeiten eng zusammen bzw. werden beide Rollen in Projekten an der Hochschule häufig von einer Person ausgeübt. Der Controller ist mehr auf der Sachebene, die Projektleitung mehr auf der Führungsebene aktiv. Gute Controller werden oft als „Wadlbeisser" bezeichnet, weil sie von ihrem Naturell „dran bleiben" und nicht ablassen, bis es fertig gearbeitet ist.

Dokumentar – Die Funktion des Dokumentars hat die Hoheit über alle Dokumente, eröffnet die gemeinsame elektronische Arbeitsplattform und legt die Ablagestruktur fest. Er sorgt für die Dokumentation aller Teammeetings, Entscheidungen etc. und erstellt die Layouts für alle Berichte und Präsentationen. Das heißt nicht, dass der Dokumentar alle Protokolle selbst schreibt, er kann dies delegieren, ist jedoch in der Verantwortung dafür. Ebenso für das Nachhalten und Einsammeln aller Bestandteile von Dokumenten und Präsentationen des Projekts. In diesem Schreibprojekt ist er Teilprojektleiter. Der Schreibprozess mit seinen Hürden ist in Kap. 4 ausgeführt.

Fachspezifische und vorgehensmodellorientierte Rollen – Neben den gesamtorganisatorischen Aufgaben, ist es auch möglich, Rollen fachspezifisch oder vorgehensmodellorientiert zu besetzen. Hierbei erfolgt eine Besetzung, wie sie auch anhand der Standards und Normen festgelegt ist. Im Fallbeispiel der HS Rosenheim im Kap. 5 ist die Besetzung von Rollen nach Vorgehensweisen (klassisch oder agil) exemplarisch beschrieben.

Bei längeren Projekten ist es möglich, die Rollen innerhalb des Projekts zu wechseln. In einem Veranstaltungsprojekt werden zu einem Thema beispielsweise mehrere Veranstaltungen durchgeführt. Hier kann es sinnvoll sein, für jede Veranstaltung die Rollen neu zu besetzen, so dass mehrere Studierende die Möglichkeit haben, Erfahrung in der jeweiligen Rolle zu sammeln. Eine andere Möglichkeit der Rotation von Rollen liegt in verschiedenen Projektphasen aufgrund des Fachthemas oder aufgrund von klarer Trennung in Teilprojekte, die gemeinsam zu koordinieren sind. Aber Vorsicht: Zuviel Wechsel stört das Teamgefüge und birgt potenzielle Konflikte in sich.

3.2.1.3 Auftraggeber

Je nachdem, wie ein Projektthema entstanden ist, bedingt sich der Auftraggeber. Insgesamt kann die Wahl des Auftraggebers signifikante Auswirkungen haben auf:

- die Praxisnähe des Projekts beispielsweise hinsichtlich der Breite und Tiefe der in dem Projekt geforderten Anforderungen,
- den notwendigen Abstimmungsaufwand (insbesondere bei Beteiligung von hochschulexternen Auftraggebern),
- die Motivation der Studierenden und
- die Relevanz des erfolgreichen Abschlusses des Studierendenprojekts hinsichtlich des zu liefernden Produktes (neben dem Lernerfolg der beteiligten Studierenden, welcher auch bei einem vordergründig nicht erfolgreichen Projekt hoch sein kann).

Der Auftraggeber ist essentiell für ein Projekt, da er den Projektauftrag erteilt und auch entziehen kann. Er gibt Projektphasen frei, stellt das Projektbudget und dient als Eskalationsinstanz (vgl. Timinger 2015, S. 111). Prinzipiell kann zwischen internen und externen Auftraggebern unterschieden werden. Nachfolgend sind die Wichtigsten genannt:

- Hochschulintern: Studierende
  In diesem Fall bestimmen die Studierenden selbst den Auftrag ihres Projekts meist unter der Vorgabe eines bestimmten Themenbereiches und der Einhaltung gewisser sehr grober Rahmenbedingungen.
- Hochschulintern: Dozent des Moduls
  Der Dozent des Moduls tritt als Auftraggeber auf und das Projektteam hat als Aufgabe die Umsetzung dieses Auftrages.
- Hochschulintern: Andere Hochschul-Stellen
  Der Projektauftrag kann auch durch Stellen an der Hochschule (z. B. dem Dekanat oder der Verwaltung) erteilt werden.
- Hochschulextern: Non-Profit-Organisation (z. B. Schulen, Vereine, Hilfsorganisationen)
  Bedingt durch eine meist geringere finanzielle Ausstattung nutzen NPOs gerne die Möglichkeit der Zusammenarbeit mit Hochschulen und treten als Auftraggeber für Studierendenprojekte auf. Sie haben meist ein gesteigertes Interesse am Projektergebnis und weniger an den Studierenden oder deren Lernfortschritt.
- Hochschulextern: Unternehmen
  Firmen sind ideal als hochschulexterner Auftraggeber, da sie eine reale Projektsituation des späteren Berufslebens bedingen. Neben der Möglichkeit, für sich relevante Ergebnisse durch studentische Projekte erstellen zu lassen, nutzen sie dies zum Kennenlernen von Studierenden und damit potentiellen zukünftigen Arbeitnehmern.
- Hochschulextern: Wettbewerbe
  Eine weitere Ausprägungsform kann die Teilnahme an einem Wettbewerb sein. Der wettbewerbliche Aspekt und die häufig internationale Gestaltung hat meist eine hohe motivierende Wirkung auf die Studierenden. Für die Wettbewerbsteams bietet sich oftmals eine fakultätsübergreifende Besetzung an, die wiederum zu einem interdisziplinären Austausch beitragen kann. Eine Sammlung von studentischen Wettbewerben ist zu finden unter.

  Sehr populär ist die Formulastudent, ein Wettbewerb bei dem ein Rennauto gebaut und für die Hochschule ins Rennen geschickt wird. Informationen dazu finden sich unter: https://www.formulastudent.de/fse/2014/teams/

In allen Fällen ist im Vorfeld die Erwartungshaltung mit dem Auftraggeber durch den Dozenten abzuklären. Der Auftraggeber sollte verstanden haben, was er von seinem Engagement für das Projekt erwarten kann und was nicht. Ebenso sollte umgekehrt geklärt sein, was die Studierenden von ihm erwarten dürfen z. B. Erreichbarkeit, Auskünfte usw. Damit kann Konflikten im Projektverlauf vorgebeugt werden. Hilfreich ist auch das Aufsetzen eines „Vertrags", der zwar nicht rechtsverbindlich ist, jedoch trotzdem für Klarheit und Verbindlichkeit im Projekt sorgt. So ein Vertrag wird in Kap. 4 vorgestellt.

3.2.2 Planung der Projektdurchführung

Unter Berücksichtigung der curricularen Einbindung des Moduls muss der Modulverantwortliche die Zielkompetenzen für das gesamte Modul und die studentischen Projekte festlegen, d. h. welche Kompetenzen sollen mit dem Modul bzw. den studentischen Projekten bei den Studierenden entwickelt werden. Hierbei sind auch aktuelle, von Gesellschaft, Politik und Arbeitgebern geforderte Kompetenzen zu berücksichtigen. Diese Festlegung hat dann Einfluss sowohl auf Inhalt als auch Vorgehen in den Projekten.

3.2.2.1 Ausgestaltung eines Projekts durch Festlegung der Zielkompetenzen

Bei der Formulierung der Zielkompetenzen im konkreten Projekt selbst, sind insbesondere die Ausgangskompetenzen der Studierenden zu beachten, um eine realistische Zielerreichung zu gewährleisten. Wie in Abb. 3.25 zu sehen ist, spielen bei kompetenzorientierten Lernformen der Lehr- und Lernprozess, die Prüfung und die Weiterentwicklung der Kompetenzen als Learning Outcomes zusammen.

Wie im Kap. 2 beschrieben, sind folgende grundsätzliche Kompetenzdimensionen bei der Projektarbeit zu berücksichtigen:

- Fachliche Kompetenz,
- Projektmanagement-Kompetenz und
- Persönliche & soziale Kompetenz.

Nach einer Auswahl der Kompetenzdimensionen, die im konkreten studentischen Projekt gefördert werden sollen, muss sich der Dozent darüber Gedanken machen, wie er das

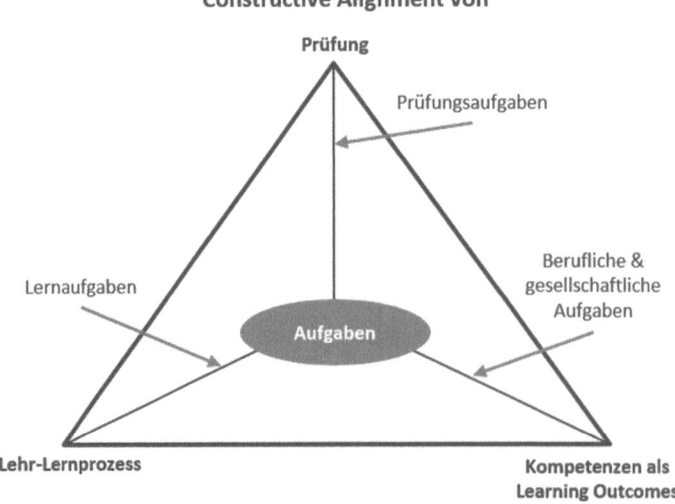

Abb. 3.25 Constructive Alignment (vgl. Schaper und Hilkenmeier 2013, S. 22)

Projekt gestaltet, so dass diese auch gefördert werden. In Kap. 2 sind hierfür bereits Ausgestaltungsmöglichkeiten aufgezeigt worden. Dabei sind das Maß der Ausgangskompetenzen sowie die zu erreichende Handlungsstufe gemäß dem Zielkompetenzwürfel entscheidend. Ferner müssen Anlässe der Prüfungsleistung definiert werden.

Es ist ein Unterschied, ob Aussagen über Sachverhalte mit eigenen Worten wiedergegeben werden sollen (1), was durch Zusammenfassungen oder Referate geschehen kann. Oder ob Wissen angewendet werden soll, was z. B. durch das Ausführen (2) einer Tätigkeit erfolgt, wie das Bedienen einer Maschine oder durch Ausrechnen einer mathematischen Aufgabenstellung. Sollen Situationen analysiert werden und charakteristische Eigenschaften einer Situation für die Wahl von Handlungsmöglichkeiten benannt und erkannt werden können (3), dann bedarf es Analysematerial und Situationen, die geschaffen werden müssen. Sollen diese dann bewertet werden können (4), so ist es erforderlich, dafür ein Geschäftsverständnis und Fachkenntnisse zu besitzen, oder zu erlangen, z. B. durch die Möglichkeit von Expertenbefragungen oder Zugang zu diesen. Um Entscheidungen zu treffen (5), erfordert es Entscheidungsprozesse, die Bestandteile der Aufgabenstellung sein sollten. Um in deren Nachgang eine Begründung für Handlungsoptionen geben zu können (6), braucht es Rechtfertigungssituationen, die gegeben sein müssen, wie beispielsweise durch eine Verteidigung im Rahmen einer Poster-Ausstellung mit Diskussionsrunde.

Die Kompetenzelemente und die Handlungsstufen wurden bereits in Kap. 2 definiert. In Tab. 3.5 sind die Handlungsstufen nochmals aufgeführt.

Es ist nicht sinnvoll, Handlungsstufen von Kompetenzelementen zu erwarten, wenn diese nicht im Projekt gefördert werden. Sollen beispielsweise hohe Kompetenzen im „Verhandeln" erworben werden, dann brauchen Studierende möglichst reale Anlässe, in denen dies geschehen kann. Sie müssen die Interessen der Verhandlungspartner identifizieren und analysieren lernen, damit sie dann angemessene Techniken, Taktiken und Strategien einsetzen können. Ist es das Ziel „Krisen" meistern zu lernen, dann muss eine

Tab. 3.5 Handlungsstufen

Bezeichnung der Handlungsstufe	Charakterisierung der Handlungsstufe
1 Verstehen	Aussagen über Inhalte / Sachverhalte mit eigenen Worten wiedergeben können.
2 Anwenden	Allgemeine Aussagen auf Handlungssituationen übertragen.
3 Analysieren	Relevante charakteristische Eigenschaften einer Situation für die Wahl von Handlungsmöglichkeiten erkennen können.
	Verschiedene Handlungsmöglichkeiten benennen können.
4 Bewerten	Verschiedene Handlungsmöglichkeiten nach Kriterien beurteilen können.
5 Entscheiden	Entwickeln eines neuen Vorgehens bzw. sich für ein neues Vorgehen entscheiden.
6 Begründen	Gewählte Handlungsoption begründen können.

solche Projektvorgabe sein, oder provoziert werden, ansonsten können nur zufällig derartige Situationen entstehen. Nur wenn verschiedene „Stakeholder" mit möglichst unterschiedlichen Interessen am Projekt beteiligt sind, macht eine Fokussierung auf Stakeholder-Management Sinn. Das ist beispielsweise bei Veranstaltungs- oder Umweltprojekten der Fall. Natürlich sind bei allen anderen Projekten auch Stakeholder involviert, die auch gemanagt werden sollten, aber der Umfang und das Ausmaß sind sehr unterschiedlich. Anhand dieser Beispiele wird sichtbar, dass die Festlegung der Zielkompetenzen das adäquate Projekt bedingt und umgekehrt, wie es auch in der Theorie des Constructive Alignment (s.o.) vorgegeben ist.

3.2.2.2 Beispiel einer Planung anhand von Zielkompetenzen

Die Planung aufgrund der Zielkompetenzen soll anhand eines möglichen Beispiels verdeutlicht werden: Ein konkretes Projekt ist im Masterstudiengang Wirtschaftsinformatik für vier Studierende mit fünf ECTS semesterbegleitend ausgeschrieben, das in dem beschriebenen Modul stattfindet. Die Modulbeschreibung ist in Tab. 3.6 zu sehen (vgl. Hochschule Augsburg 2017a).

Tab. 3.6 Modulbeschreibung

Modulbezeichnung	System Implementation
Modulverantwortlicher	Dipl.-Ing., Dipl.-Wirtschaftsing. Claudia Stöhler
	Prof. Dr. Nikolaus Müssigmann
Name des Hochschullehrers / der Hochschullehrerin	Den Namen des Lehrenden können Sie semesteraktuell dem Stundenplan entnehmen.
Modulart	Pflichtmodul im Masterstudiengang Business Information Systems
Dauer des Moduls / Häufigkeit des Angebots des Moduls	semesterbegleitend, jedes Semester
Lehrsprache	englisch
Inhalte des Moduls	Die zu bearbeitenden Projektaufgaben entstammen konkreten, praktischen Implementierungsprojekten, wie sie sich heutzutage in den Unternehmen ergeben. Dabei wird die konkrete Zusammenarbeit mit Unternehmen angestrebt.
	Die Studierenden organisieren sich selbstständig in Projektteams, analysieren die betriebswirtschaftlichen Fragestellungen, entwerfen alternative Lösungsmöglichkeiten und führen die Entscheidung für einen Lösungsweg herbei. Wenn die Rahmenbedingungen gegeben sind, wird auf Basis dieser Entscheidung auch eine Implementierung durchgeführt.

Tab. 3.6 (Fortsetzung)

Modulbezeichnung	System Implementation
Qualifikationsziele des Moduls Lernziel/Kompetenzen	Die Studierenden beherrschen Planung und Durchführung eines Systemimplementierungsprojekts mit Auswahl und Anwendung vongeeigneten Projektmanagement-Techniken.
Lehr- und Lernmethoden des Moduls	Projektarbeit, regelmäßige Projektstatusmeetings, blockweise seminaristische Vermittlung projektbezogenen Wissens, Coaching.
Voraussetzungen für die Teilnahme	Keine speziellen Master-Module
Gesamtarbeitsaufwand und seine Zusammensetzung	SWS: 2 ECTS: 5 Präsenzzeit: 22,5 h Selbststudium: 127,5 h Gesamtaufwand: 150 h Präsentation des Projekts im Rahmen des Projekttages
Art der Prüfung / Voraussetzung für die Vergabe von Leistungspunkten	Bitte entnehmen Sie diese Information den aktuell festgelegten Leistungsnachweis oder der jeweils gültigen Studien- und Prüfungsordnung.
Gewichtung der Einzelleistung in der Gesamtnote	Keine spezielle Gewichtung vorgesehen.
Literaturliste	Projektbezogen wechselnd, wird jeweils in der ersten Präsenzveranstaltung sowie über Moodle kommuniziert.

In diesem Modul wurde das Projekt „Softwareauswahl Logistik-Netzwerk-Simulation für die IWL AG" angeboten, die Ausschreibung ist in Abb. 3.26 zu sehen.

Kurze Beschreibung des Projektverlaufs:
Die Studierenden müssen sich selbständig in die Theorie von Logistik-Netzwerken einarbeiten, die initial durch eine Vorlesung zu diesem Thema durch den Dozenten mit Literaturhinweisen gestartet wird. Ferner müssen sie ihre vorhandenen Kenntnisse in Simulationssoftware auf den gegebenen Anwendungsfall erweitern. Ein Workshop zur Wiederholung der PM-Techniken und Vorgehensweisen findet zu Beginn statt, damit alle Studierenden auf denselben Kenntnisstand gesetzt werden. Der Workshop ist offen für alle Projekte in diesem Modul, die parallel stattfinden. Das ist erforderlich, da im Masterstudiengang unterschiedliche Vorkenntnisse der Studierenden zum Projektmanagement eingebracht werden. Die Studierenden müssen ihr Projekt selbständig planen und organisieren. Als nächstes

Softwareauswahl Logistik-Netzwerk-Simulation für die IWL AG	BIS-Master 1	WS 2014

Dipl.-Ing, Dipl.-Wirtschaftsing. Claudia Stoehler

Masterprojekt BIS WS14

http://www.iwl.de/

Für die IWL AG aus Ulm soll eine Recherche zur Softwareauswahl für die Simulation von Logistik-Netzwerken erfolgen. Die Software soll für den Einsatz in der Beratung verwendet werden. Das Projekt erfolgt im Sinne eines Beratungsauftrags der Projektgruppe, d.h. neben dem fachlichen Inhalt des Projekts wird auch die Organisation des Projektes und der Auftritt gegenüber dem Kunden bewertet!

Inhalt des Projektes:
- Definition der Anforderungen des Kunden (vom Projektteam zu evaluieren)
- Recherche von Produkten, die am Markt verfügbar sind
- Vorauswahl aufgrund der ermittelten Anforderungen
- Nähere Analyse der Vorauswahl
- Erarbeitung einer Entscheidungsvorlage bzw. Empfehlung

Projektdaten

Eingetragen 24.07.2014

Abb. 3.26 Softwareauswahl Logistik-Netzwerk-Simulation (vgl. Hochschule Augsburg 2017d)

müssen sie die Anforderungen des Auftraggebers, der IWL AG aus Ulm, ermitteln und eine Marktrecherche durchführen. Nach einer Marktübersicht werden mehrere Produkte mit dem Auftraggeber ausgewählt, die näher zu untersuchen sind. Anhand eines Pflichtenheftes gehen die Studierenden in eine Ausschreibung für die IWL AG. Aufgrund dieser Ergebnisse findet eine abschließende Testinstallation für den Auftraggeber mit realen Testdaten statt, so dass eine Empfehlung ausgesprochen werden könnte. Während des Projektverlaufs finden vier Präsentationen beim Auftraggeber statt, die letzte im Rahmen des Projekttages in der Hochschule Augsburg. Status-Treffen und Arbeitstreffen finden nach Bedarf statt, wöchentlich erfolgt eine Telefonkonferenz. Feedbackrunden sind regelmäßig vorgesehen, sowie ein Projekt-Review zur Abgabe des Projektberichtes, der im Team erstellt wird. Der Abschnitt der Individualleistungen ist darin kenntlich zu machen.

Das Projektteam kann somit alle Schritte einer Softwareauswahl, bis hin zu Einkaufsverhandlungen, die dann dem Auftraggeber obliegen, vollziehen. Damit ist dieses Projekt ein gutes Beispiel für die adäquate Berufsvorbereitung eines Wirtschaftsinformatikers zur Auswahl und Einführung einer Software, wie sie im Modulhandbuch vorgesehen ist. Folgende Zielkompetenzen können für diesen Projektinhalt festgelegt werden:

1. Fachliche Kompetenzen
    - Kenntnisse zu Logistik-Netzwerken
    - Kenntnisse mit Simulationssoftware

- Kenntnisse der Marktrecherche
- Kenntnisse im Test von Software

2. PM-technische Kompetenzen
    - Anforderungen und Ziele
    - Leistungsumfang und Lieferumfang
    - Ablauf und Termine
    - Organisation, Information und Dokumentation
    - Stakeholdermanagement
3. Persönliche Soziale Kompetenzen
    - Selbstmanagement
    - Persönliche Kommunikation
    - Teamarbeit
    - Ergebnisorientierung

Aus den Vorkenntnissen der Bachelorabschlüsse und einer Befragung zu Projektbeginn ergibt sich die Festlegung der wahrscheinlichen Ausgangskompetenzen der Studierenden und das Niveau der Zielkompetenzen kann gesetzt werden, wie in Abb. 3.27 zu sehen ist. Damit liegt eine Erwartungshaltung an die Leistung des Projektteams vor, die als Skalierungsgrundlage für die Notengebung dient. Der Dozent kann nun Elemente im Projektverlauf einplanen, die dieser Kompetenzentwicklung förderlich sind.

Die Studienordnung sieht für Projektarbeit und seminaristischen Unterricht sowohl schriftliche, als auch mündliche Prüfungsleistungen vor. Es sind Individualnoten zu vergeben. Eine interne Richtlinie im Modul schlägt vor, dass der Individualanteil der Note bei

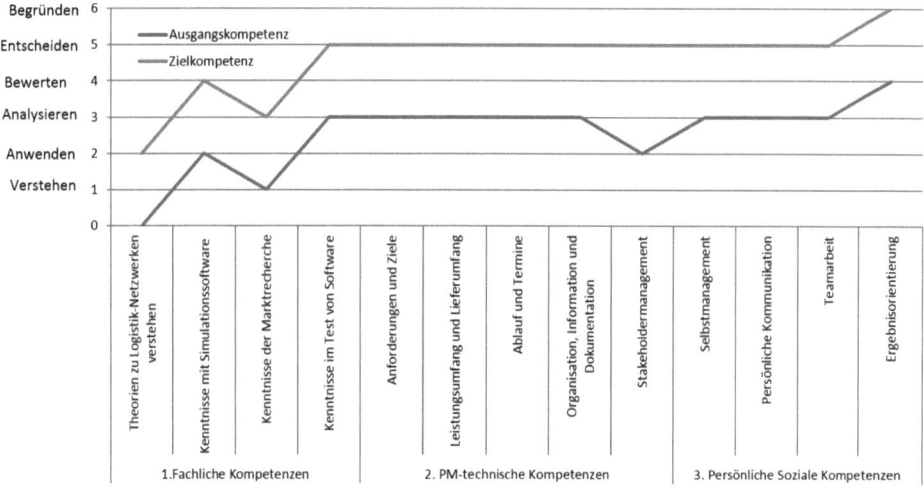

Abb. 3.27 Ausgangs- und Zielkompetenzen

70 % liegen und 30 % durch Teamaspekte einfließen sollte. Der Dozent legt fest, dass alle drei Dimensionen des projektspezifischen Zielkompetenzwürfels beachtet werden, der fachliche Anteil jedoch deutlich überwiegen soll. Folgende Prüfungsleistungen können daher festgelegt werden:

- Vier Präsentationen beim Auftraggeber, jeder Student leitet eine davon (Individualnoten),
- Erstelltes Pflichtenheft für die Kontaktierung von Anbietern (Teamnote),
- Projektbericht (Individualnote je Fach-Abschnitt der Studierenden, Teamnote: Gesamtleistung des Projektergebnisses) und
- Projektablauf mit Engagement und Stakeholdermanagement (Individual- und Teamnote) semsterbegleitend.

Im Kap. 4 sind Methoden beschrieben, die der Dozent während des Projektverlaufs in den verschiedenen Phasen einsetzen kann, sowie Methoden für eine Projektbegleitung mittels Coaching-Ansatz. Auch ein Beispiel für die abschließende Bewertung mittels Noten wird dort vorgestellt.

3.2.3 Organisationsaspekte für Projektarbeiten

Die Organisation innerhalb der Projektteams sollte durch die Studierenden selbst erfolgen. Lediglich einige Rahmenbedingungen sollte der Dozent schaffen. Werden studentische Projekte mit realen Auftraggebern / Kunden durchgeführt, sollte der Dozent die erste Kontaktaufnahme und das Kennenlernen zwischen Studierenden und Auftraggeber zu Projektbeginn angemessen unterstützen.

Ferner sollten der Zugriff auf Räume und Ausstattung z. B. Equipment oder Labore im Vorfeld geklärt sein und entsprechende Arbeits- und Gruppenräume in ausreichender Anzahl für die Studierenden reserviert werden.

Auch das für das jeweilige Projekt zur Verfügung stehende Budget muss vorab geklärt werden, damit diese Information den studentischen Projektgruppen bereitgestellt werden kann. Darunter fallen ggf. zum einen die zur Verfügung stehenden finanziellen Mittel pro Projektgruppe als auch die Festlegung des Aufwands, beispielsweise ca. 100 Personentage für jedes Projekt.

Zusätzlich muss der organisatorische Ablaufrahmen, an denen sich die studentischen Projekte orientieren müssen, geplant werden. Dazu kann ein der Lehrveranstaltung zugrundeliegendes Prozess- bzw. Vorgehensmodell definiert werden. Dabei sollten ggf. die zentralen Phasen und Meilensteine sowie die von den Studierenden zu liefernden Leistungen (Deliverables) exakt festgelegt werden. Ferner sollten noch Überlegungen angestellt werden, ob für die Abwicklung der studentischen Projekte eine konkrete

3.2 Planung und Durchführung von studentischen Projekten

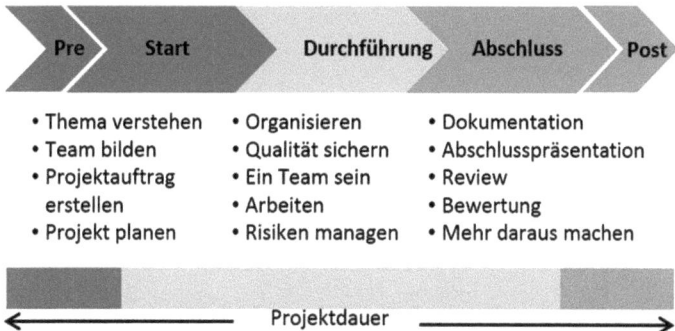

Abb. 3.28 Projektphasen (vgl. Stöhler 2016, S. 5)

Infrastruktur vorgegeben wird. Die Vorgabe einer verpflichtenden Infrastruktur (wie bspw. in der Fallstudie der Hochschule Rosenheim in Kap. 5 beschrieben) hat den Vorteil, dass ein Vergleich der einzelnen Projektgruppen leichter möglich ist. Ferner kann ggf. auch auf technische Features bei der Überwachung und Benotung der Projektteams zurückgegriffen werden.

Einige Hochschulen stellen ihren Studierenden Leitfäden zur Projektarbeit zur Verfügung:

- Stöhler, Projektmanagement im Studium, Wiesbaden, 2016. Dieses Buch kann prinzipiell als Leitfaden in allen Fakultäten eingesetzt werden. Die Struktur ist an Abb. 3.28 dargestellt.
- Universität Hannover: www.uni-hannover.de/fileadmin/luh/content/dezernat1/200911_pm_handbuch_luh.pdf
- Universität Stuttgart: http://www.gkm.uni-stuttgart.de/projektarbeit/downloads.html
- Duale Hochschule Baden Württemberg Heidenheim: www.dhbw-heidenheim.de/uploads/media/151218_NSM_Richtlinien_zur_Anfertigung_von_Projektarbeiten_STL.pdf
- Hochschule Aalen https://www.hs-aalen.de/de/users/212/seiten/dokumente-zum-download

3.2.3.1 Projekt Office

Falls die Projekte in einem organisatorischen Gesamtkonzept stattfinden, ist dieser Rahmen zu organisieren. Das kann eine ganz erhebliche Arbeitslast sein, so dass es erforderlich ist auf Kapazitäten aus der Verwaltung zurückzugreifen. Ein Beispiel hierzu findet sich in Kap. 4 in der Fallstudie der Hochschule Augsburg, wo Ressourcen in der Fakultät genutzt werden als „Projekt-Office", um:

- die Vielzahl an Projektvorschlägen zu verwalten.
- die Zuordnung der Studierenden mittels der Software Sempro durchzuführen und zu unterhalten.
- Die Projektergebnisse zu archivieren.
- Ansprechpartner für Dozenten und Studierende bzgl. Projektbelange z. B. Exkursionen, Einkäufe, zu sein.
- die Auslandsprojekte der Studierenden mit den Partnerhochschulen zu koordinieren.
- Informationsveranstaltungen zu organisieren und durchzuführen.
- die Verwaltung des Projekt-Budgets und aller Ausstattungen durchzuführen.
- das Kick-Off-Camp im Bayerischen Wald zu organisieren und zu betreuen.
- den Projekttag mit Messe auszurichten und zu organisieren.
- die Öffentlichkeitsarbeit für Projekte, inkl. Pflege des zugehörigen Webauftritts, zu leiten.

Ein Projekt-Office ist jedoch nur erforderlich, wenn so große Gesamtkonzepte hinter den Projektarbeiten stehen, wie es an der Hochschule Augsburg gegeben ist, wo jedes Semester alle Studiengänge der Informatik Projektarbeiten anbieten.

3.2.3.2 Finanzielle Regelungen

Neben den hochschuleigenen Ressourcen und den Kapazitäten der Studierenden besteht die Möglichkeit, finanzielle Unterstützung durch Spenden und Sponsoring zu erhalten. Hierfür sind immer die lokalen Gegebenheiten zu beachten und im Vorfeld abzustimmen, damit keine unschönen Konsequenzen entstehen können. Was auszuschließen ist, ist ein Leistungsvertrag zwischen externen Unternehmen und dem betreuenden Professor selbst, über eine Leistung, die dann von den Studierenden erbracht wird. Das verstößt gegen eine Reihe von gesetzlichen Vorschriften.

Falls an der eigenen Hochschule noch keine offiziellen Regelungen zu Spenden und Sponsoring veröffentlicht sind, können Regelungen an den Universitäten in Halle und Erlangen als Orientierung dienen:

- Universität Halle http://www.verwaltung.uni-halle.de/DEZERN1/PRESSE/Vm/Downloads/Spronsoring-Konzept.pdf
- Universität Erlangen https://www.zuv.fau.de/universitaet/organisation/verwaltung/zuv/verwaltungshandbuch/spenden/

Firmen können Spenden und Sponsoring als Betriebsausgaben absetzen. Rechtlich ist die Spende eine Schenkung, deren Merkmale § 516 Abs. 1 BGB (vgl. dejure.org 2017a) erfüllen. Eine Spende für ein Hochschulprojekt setzt voraus, dass sie der Förderung wissenschaftlicher oder als besonders förderungswürdig anerkannter gemeinnütziger Zwecke dient und mit keiner Gegenleistung verbunden ist. Der Abzug der Spenden ist möglich, da die Hochschule oder Universität eine öffentliche Dienststelle ist. Die Hochschulen stellen dem Unternehmen eine Zuwendungsbescheinigung aus (ehemals Spendenquittung). Eine Spende kann allgemein an die Hochschule gehen oder auch zweckgebunden an ein Projektmodul.

Unter Sponsoring dagegen fallen Betriebsausgaben, mit denen der Sponsor wirtschaftliche Vorteile für sein Unternehmen erstrebt, sei es auch nur die Steigerung seines Bekanntheitsgrades. Bei einem krassen Missverhältnis zwischen den Leistungen des Sponsors und dem von ihm angestrebten wirtschaftlichen Vorteil ist der Betriebsausgabenabzug allerdings zu versagen (§ 4 Abs. 5 S. 1 Nr. 7 EStG) (vgl. dejure.org 2017b), was im Normalfall beim Volumen des Sponsorings für ein Projekt im Verhältnis zur sonstigen betrieblichen Situation nicht auftritt.

In jedem Fall liegen die Rechte am Ergebnis des Projekts bei den Studierenden, so wie bei anderen Studienleistungen auch (Urheberrecht). Eine Möglichkeit, finanzielle Zuflüsse ordentlich zu regeln, ist durch Gründung eines Vereins gegeben, in dem die Studierenden Mitglied sind. Ein Beispiel dazu ist im Abschnitt „Strategische Ausrichtung" gegeben, in dem Studierende der Hochschule Hof ein eigenes Beratungsunternehmen als Verein gegründet haben. Somit können rechtskräftige Verträge zwischen externen Auftraggebern und Projektgruppen geschlossen werden. Alternativ können auch Verträge zwischen Unternehmen und Studierenden direkt geschlossen werden, wie es beispielsweise auch für das Praxissemester sattfindet. Meist gestaltet sich dies jedoch schwierig, da mehrere Studierende im Projekt sind und Unternehmen vermeiden es daher.

Finanzielle Unterstützung kann unterschiedliche Ausprägungen haben:

- Materialien, z. B. Bauteile,
- Equipment, z. B. Messgeräte, Software,
- Reisekosten, z. B. für Besichtigungen,
- Übernahme von anderen Kosten wie Anzeigen, Umfragen,
- Kosten für Lizenzen,
- Sach- und Geldpreise für die Projektmitglieder,
- Sach- oder Geldpreise für das beste Projekt auf der Projektmesse,
- Bewirtung, z. B. auf der Abschlussparty,
- u. a.

3.2.4 „Vermarktung" von Projektarbeiten

Die Vermarktung von Projektarbeiten stellt eine zusätzliche Aufgabe dar, die außerhalb des eigentlichen „Modulkerns" liegt. Dennoch ist eine Vermarkung wichtig, da diese innerhalb der Hochschule und auch außerhalb die Sichtbarkeit des Moduls und der Projektergebnisse erhöht. Darüber ergeben sich häufig neue Kontakte zu Interessenten, die als zukünftige Auftraggeber oder externe Beteiligte die Weiterentwicklung des Moduls aktiv unterstützen.

Als Vorgehen innerhalb der eigenen Hochschule kann es sinnvoll sein, mit einem Piloten zu starten und über erfolgreiche Projekte (inkl. entsprechender interner und externen Berichterstattung) die Verbreitung im Curriculum über die eigene Veranstaltung hinaus zu erhöhen: Beispielsweise innerhalb des Studiengangs, innerhalb einer Fakultät durch übergreifende Projekte oder sogar über Fakultäten hinweg.

Wichtige Komponenten hierfür können sein:

- Ein guter und markanter **Internetauftritt** des Moduls bzw. der studentischen Projekte, wie er an einigen Beispielen im Buch zu sehen ist.
- **Poster-Ausstellung** oder eine **Messe** der Projektergebnisse, Beispiele werden in Kap. 4 vorgestellt.
- **Videos** über Projektergebnisse im Internet.
- **Artikel in der Kundenzeitung des Auftraggebers** machen die Hochschule bei Fachexperten bekannt.
- **Zeitungsartikel in der Lokalpresse** fördern die Bekanntheit in der Region.
- **Das Verlegen eines Buchs** mit den Ergebnissen der studentischen Projekte (als Selbstveröffentlichung) ermöglicht Studierenden eine Veröffentlichung mit ISBN.

Zur Verdeutlichung werden nachfolgend einige Beispiele gegeben.

3.2.4.1 Umsetzungsbeispiele

Als erstes Beispiel dienen die Projektarbeiten, welche an der Tampere of Applied Sciences (TAMK) in Finnland im Studiengang „Business Information Systems" durchgeführt wurden. Der Projektinhalt für die studentischen Projekte war die Erstellung eines Spiels auf Basis von Android. Nach Fertigstellung der Projekte wurde ein Game Portal im Internet erstellt, welches die Projektergebnisse ansprechend darstellte (vgl. Universität Tamk – siehe Abb. 3.29). Weiterführende Informationen sind verfügbar unter http://15tiko.projects.tamk.fi/en/

Ein zweites Beispiel stellt die Projektarbeit an der Hochschule Augsburg im Masterstudiengang „Business Information Systems" dar. Aufgabe des Projekts war die Evaluation von verschiedenen Anbindungsmöglichkeiten von einem Warehouse-System (PSIwms) an ein ERP- System (SAP) (vgl. PSI 2017). An dem Projekt beteiligt waren neben der Hochschule Augsburg auch die Firma PSI AG und Hilti. Nach Projektende wurde ein Artikel in der Kundenzeitschrift der PSI AG erstellt, welcher in Abb. 3.30 (vgl. PSI Production Manager 2012) zu sehen ist.

Die Hochschule Pforzheim veranstaltet jährlich ein Entenrennen auf der Enz. De Studierenden müssen diese Veranstaltung konzipieren, planen und durchführen

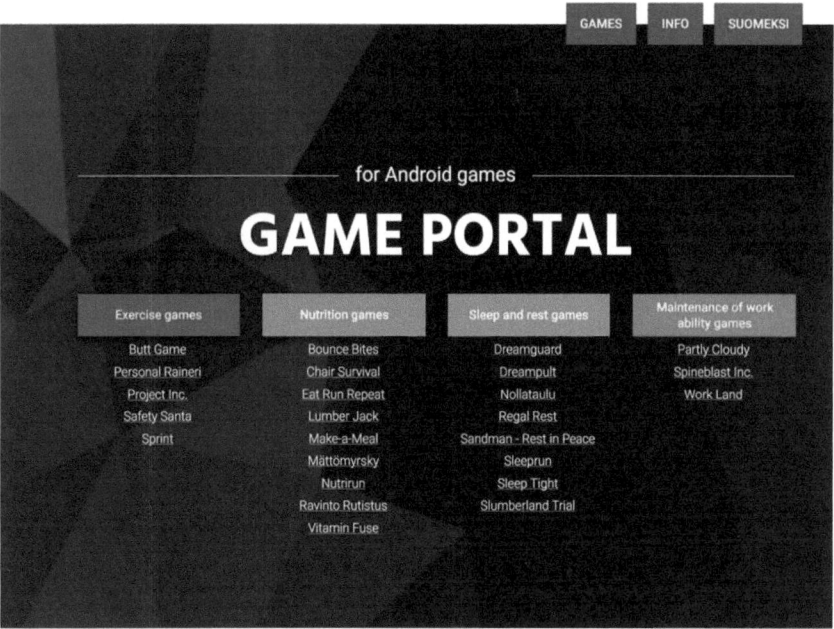

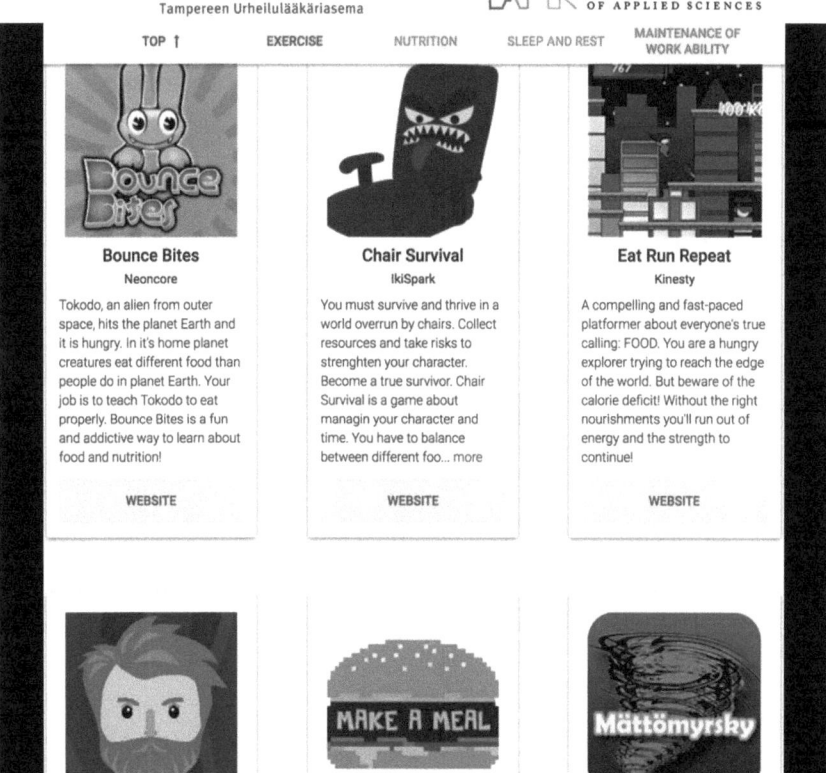

Abb. 3.29 Game Portal mit Verlinkung auf die Webseiten und Videos der studentischen Projekte (vgl. Universität TAMK 2017)

production manager

Produkte & Lösungen: Projektarbeit zur Anbindung von PSIwms an SAP

Flexibles PSIwms

In einer Projektarbeit haben sich die Master-Studenten der Hochschule Augsburg mit den Herausforderungen eines optimalen Zusammenspiels von ERP-System und PSIwms auseinander gesetzt. In Kooperation mit der Hilti Befestigungstechnik AG wurde die Steuerung von Warehousing-Prozessen untersucht.

Für welche Lagerprozesse sind Abbildung und Steuerung über ein ERP-System, für welche ist eher der Einsatz eines Warehouse Management Systems sinnvoll? Wie sähe ein effizientes Schnittstellenmanagement aus?

Mit diesen Fragen hat sich im vergangenen Wintersemester eine Studentengruppe des Master-Studiengangs Wirtschaftsinformatik an der Hochschule Augsburg auseinander gesetzt. Im Rahmen einer Projektarbeit befassten sich die sieben Studenten mit dem Thema ‚Anbindung eines externen WMS an SAP'. Ziel des Projektes war die Erstellung und Präsentation eines tragfähigen Konzeptes, mit dem sich einem potenziellen Anwender die Dimensionen und Alternativen der Systemintegration in Bezug auf die Prozesse und die daraus resultierenden, logisch sinnvollen Datenübergabepunkte aufzeigen lassen. Besonderheit: „Wir wollten das Projekt von Beginn an mit einem hohen Praxisbezug und anhand eines konkreten Beispiels durchführen", erklären Prof. Dr. Nikolaus Müssigmann und Dozentin Claudia Stöhler, die gemeinsam die Projektarbeit betreuten. „Daher war uns sehr an der Zusammenarbeit mit einem Warehouse-Betreiber gelegen, der ein modernes Warehouse Management System einsetzt."

Hilti als Kooperationspartner

Als Kooperationspartner konnte die Hochschule Augsburg die Hilti Befestigungstechnik AG gewinnen, die ihr regionales Distributionszentrum (RDC) in Nürnberg vom Bremer Logistikdienstleister Stute Logistics GmbH bewirtschaften lässt. Ein Idealfall für das Projekt. Denn während die IT-Infrastruktur von Hilti SAP-basiert ist, arbeitet Stute in Nürnberg mit dem Warehouse Management System PSIwms der PSI Logistics GmbH, Berlin – inklusive der erforderlichen SAP-Schnittstelle in kundenspezifischer Ausprägung.

Auf einer Lagerfläche von rund 10.000 Quadratmetern verwaltet und steuert PSIwms in Nürnberg ein Palettenlager mit 7.250 Stellplätzen, ein Fachbodenregal mit 4.800 Lagerplätzen, ein Kragarmregal sowie je ein Gefahrstoff- und ein Blocklager nebst allen Warehousing-Prozessen für mehr als 5.000 unterschiedliche Artikel.

PSIwms mit optimalen Funktionalitäten

Dass das IT-System die klare logistische Funktionalität und die Qualität der Prozesse bei Stute sichert, davon konnten sich die Studenten vor Ort überzeugen. „PSIwms unterstützt den laufenden Betrieb bei Stute mit optimalen Funktionalitäten", so das Urteil von Benjamin Assbeck und Florian Kipf. Mit ihrer Pro-

Dozentin Claudia Stöhler von der Hochschule Augsburg mit ihren Studenten
Quelle: Hochschule Augsburg

Abb. 3.30 Projektarbeit zur Anbindung von PSIwms an SAP (vgl. PSI 2012)

> Pforzheim Kommentare (0) Drucken
> 29.05.2016
>
> ## Enten entern die Enz - Wertvolle Preise für die schnellsten gelben Plastiktiere
>
> Gespannt blickten die Besucher des Großen Kindertags im Enzauenpark am Sonntag auf die beiden großen Säcke, die an einem Schwerlastkran über der Enz baumelten. Darin warteten 5000 Plastikenten auf ihren großen Auftritt beim dritten Pforzheimer Entenrennen. Als es endlich für die gelben Flitzer mit fast 40-minütiger Verspätung auf die Reise ging, geschah dies nicht ganz zeitgleich. Trotz der vorangegangenen Tests ging die zweite Entenladung etwas später als die erste auf die Reise.
>
> ## Bildergalerie: 5000 Plastikenten beim Pforzheimer Entenrennen auf der Enz
>
>
>
> Getragen von der Strömung der Enz, machten sich dann aber alle Enten auf den Weg in Richtung Ziellinie beim Enzauen-Biergarten. Organisiert wurde das Rennen von Pforzheimer Hochschülern des Studiengangs Wirtschaftsingenieurwesen in Kooperation mit der Ersten Bürgerstiftung Pforzheim-Enz. Diese Studierenden waren es dann auch, die im Ziel auf die gelben Flitzer warteten und den Sieger ermittelten. Mit dabei war auch ihr Professor Ansgar Kühn, der es sich nicht nehmen ließ, im schicken Anzug selbst in die Enz zu steigen und die Enten aus dem Wasser zu fischen.
>
> Den Spitzenplatz sicherte sich die Nummer 2201. Deren Besitzerin Beate Becht darf sich über einen Renault Clio von der TRI AG Birkenfeld im Wert von 12.000 Euro freuen. Der zweite Sieger (Lizenz 4153) erhält einen Gutschein für ein Genießer-Wellness-Wochenende mit einem Mercedes-Benz der S & G Automobil AG. Der Besitzer der drittschnellsten Ente (Lizenz 3062) erhält 1000 Euro von der Volksbank Pforzheim. Der Viertplatzierte (Lizenz 3876) kann ein Jahr lang die digitale Ausgabe der „Pforzheimer Zeitung" auf seinem neuen Tablet genießen.

Abb. 3.31 Entenrennen auf der Enz (vgl. Pforzheimer Anzeiger 2016)

(vgl. Pforzheimer Anzeiger 2016 – siehe Abb. 3.31). Weiterführende Informationen sind verfügbar unter http://www.pz-news.de/nachrichten_artikel,-Enten-entern-die-Enz-Wertvolle-Preise-fuer-die-schnellsten-gelben-Plastiktiere-_arid,1100718.html

Die Hochschule Würzburg-Schweinfurt veröffentlicht jährlich eine Neuauflage mit Projektberichten: Projekt Perfekt (vgl. Bolsinger und Büsching 2015 – siehe Abb. 3.32) Weiterführende Informationen sind verfügbar unter:

https://www.amazon.de/Projekt-perfekt-Studierende-Projekte-erfolgreich-ebook/dp/B01AKRIG4E

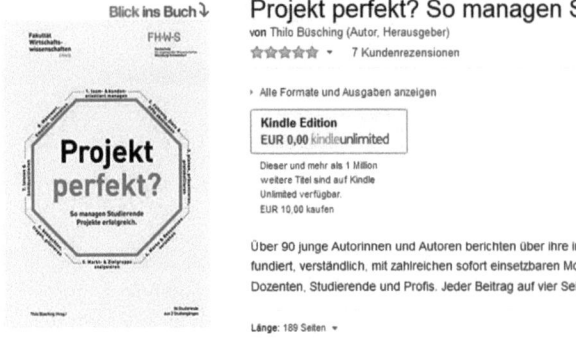

Abb. 3.32 Beispiel einer Veröffentlichung: Projekt perfekt? (vgl. Bolsinger und Büsching 2015)

3.2.4.2 Regionale Veranstaltungen

Die Europäische Union fördert die „Lange Nacht der Wissenschaften", an der 2016 über 250 Städte in Europa teilnahmen. Nachfolgend sind Beispiele aus Innsbruck und Berlin zu sehen. Weitere Informationen unter: http://ec.europa.eu/research/researchersnight/index_de.htm

Die lange Nacht der Wissenschaften wird von der Tiroler Hochschulkonferenz veranstaltet. Mitarbeiter der Universität Innsbruck ermöglichen es über 300 Projekten, ihre Ergebnisse an verschiedenen Hochschulen und Universitäten in einer Nacht zu präsentieren (vgl. Lange Nacht der Forschung 2017 – siehe Abb. 3.33). So eine flächendeckende

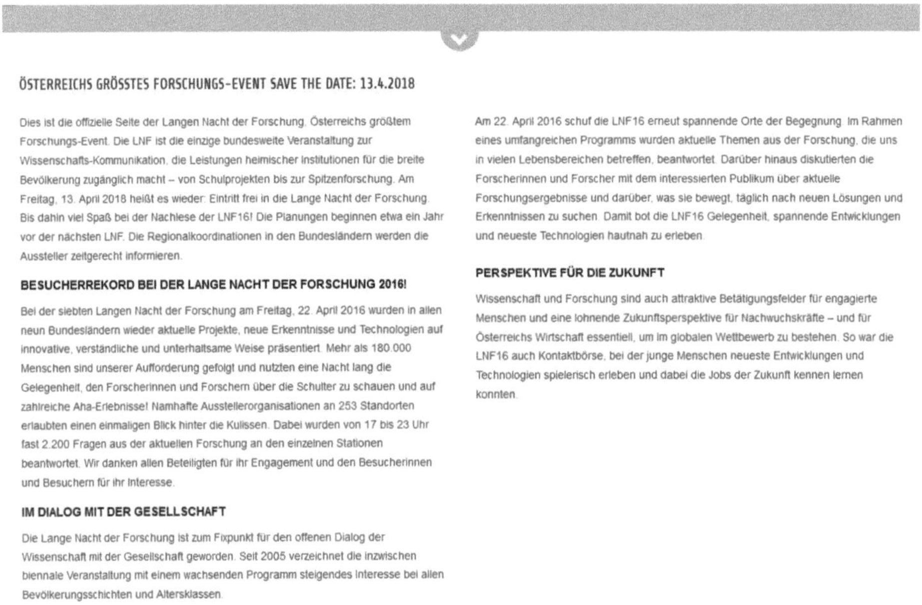

ÖSTERREICHS GRÖSSTES FORSCHUNGS-EVENT SAVE THE DATE: 13.4.2018

Dies ist die offizielle Seite der Langen Nacht der Forschung, Österreichs größtem Forschungs-Event. Die LNF ist die einzige bundesweite Veranstaltung zur Wissenschafts-Kommunikation, die Leistungen heimischer Institutionen für die breite Bevölkerung zugänglich macht – von Schulprojekten bis zur Spitzenforschung. Am Freitag, 13. April 2018 heißt es wieder: Eintritt frei in die Lange Nacht der Forschung. Bis dahin viel Spaß bei der Nachlese der LNF16! Die Planungen beginnen etwa ein Jahr vor der nächsten LNF. Die Regionalkoordinationen in den Bundesländern werden die Aussteller zeitgerecht informieren.

BESUCHERREKORD BEI DER LANGE NACHT DER FORSCHUNG 2016!

Bei der siebten Langen Nacht der Forschung am Freitag, 22. April 2016 wurden in allen neun Bundesländern wieder aktuelle Projekte, neue Erkenntnisse und Technologien auf innovative, verständliche und unterhaltsame Weise präsentiert. Mehr als 180.000 Menschen sind unserer Aufforderung gefolgt und nutzten eine Nacht lang die Gelegenheit, den Forscherinnen und Forschern über die Schulter zu schauen und auf zahlreiche Aha-Erlebnisse! Namhafte Ausstellerorganisationen an 253 Standorten erlaubten einen einmaligen Blick hinter die Kulissen. Dabei wurden von 17 bis 23 Uhr fast 2.200 Fragen aus der aktuellen Forschung an den einzelnen Stationen beantwortet. Wir danken allen Beteiligten für ihr Engagement und den Besucherinnen und Besuchern für ihr Interesse.

IM DIALOG MIT DER GESELLSCHAFT

Die Lange Nacht der Forschung ist zum Fixpunkt für den offenen Dialog der Wissenschaft mit der Gesellschaft geworden. Seit 2005 verzeichnet die inzwischen biennale Veranstaltung mit einem wachsenden Programm steigendes Interesse bei allen Bevölkerungsschichten und Altersklassen.

Am 22. April 2016 schuf die LNF16 erneut spannende Orte der Begegnung. Im Rahmen eines umfangreichen Programms wurden aktuelle Themen aus der Forschung, die uns in vielen Lebensbereichen betreffen, beantwortet. Darüber hinaus diskutierten die Forscherinnen und Forscher mit dem interessierten Publikum über aktuelle Forschungsergebnisse und darüber, was sie bewegt, täglich nach neuen Lösungen und Erkenntnissen zu suchen. Damit bot die LNF16 Gelegenheit, spannende Entwicklungen und neueste Technologien hautnah zu erleben.

PERSPEKTIVE FÜR DIE ZUKUNFT

Wissenschaft und Forschung sind auch attraktive Betätigungsfelder für engagierte Menschen und eine lohnende Zukunftsperspektive für Nachwuchskräfte – und für Österreichs Wirtschaft essentiell, um im globalen Wettbewerb zu bestehen. So war die LNF16 auch Kontaktbörse, bei der junge Menschen neueste Entwicklungen und Technologien spielerisch erleben und dabei die Jobs der Zukunft kennen lernen konnten.

Abb. 3.33 Lange Nacht der Forschung (vgl. Lange Nacht der Forschung 2017)

Abb. 3.34 Lange Nacht der Wissenschaften (vgl. Lange Nacht der Wissenschaften 2017)

Veranstaltung wäre eine gute Idee für die Einführung eines „Tag des Projekts" in einer Region. Weitere Informationen unter: http://www.langenachtderforschung.at/

Gut 29.000 Besucher konnte beispielsweise die „Lange Nacht der Wissenschaften" in Berlin verzeichnen. Mehr als 70 wissenschaftliche Einrichtungen in Berlin und auf dem Potsdamer Telegrafenberg öffneten am 11. Juni 2016 ihre Türen und boten rund 2.000 Experimente, Vorträge, Workshops und Mitmachaktionen für Erwachsene und Kinder an (vgl. Lange Nacht der Wissenschaften 2017 – siehe Abb. 3.34).

Weitere Informationen unter: https://www.langenachtderwissenschaften.de/.

Aber es gibt auch Veranstaltungen innerhalb einer Hochschule, wie ein Beispiel aus Aalen zeigt, wo 2016 die erste „Lange Nacht des Projekts" stattfand (vgl. Schwäbische Zeitung 2017 – siehe Abb. 3.35) Weitere Informationen unter:

http://www.schwaebische.de/region_artikel,-Die-Nacht-zum-Tag-gemacht-_arid,10435279_toid,1.html

3.2.4.3 Marketing für die eigene Hochschule durch Projektarbeiten mit Schulen

Kooperationsprojekte zwischen Hochschule und Schule sind ein Weg, für die Hochschule oder den Studiengang zu werben. Für Prof. Dr. Norbert Kuhn, Präsident der Hochschule Trier, ist die Kooperation mit den Schulen aus der Region ein zentrales Anliegen: „Durch die Zusammenarbeit mit den Schulen können wir die Berufsbilder unserer Studiengänge für die Schülerinnen und Schüler transparenter machen. Wir suchen den Austausch mit den Schulen, um dann später den angehenden Studierenden einen optimalen Start ins Studium ermöglichen zu können"(vgl. Birkenfeld 2017). Herr Fries, Schulleiter des Gymnasium Birkenfeld betont:

> …so bietet der Umwelt-Campus regelmäßig während unserer Projektwochen Workshops für unsere Schüler an, die meist mit großem Zuspruch besucht werden. Wir animieren unsere Oberstufenschüler auch zum Besuch der Ferienpraktika der Hochschule Trier und honorieren

Abb. 3.35 Lange Nacht des Projekts (vgl. Schwäbische Zeitung 2017)

die Teilnahme durch Punkte zum Erwerb unseres MINT-Zertifikats. Umgekehrt haben in der Vergangenheit mehrfach Studierende des Umwelt-Campus im Rahmen ihrer Ausbildung an unserer Schule Projekte durchgeführt. (vgl. Birkenfeld 2017)

In vielen Bundesländern werden Fördergelder von den Kultusministerien zur Verfügung gestellt, um Projektarbeiten zu ermöglichen. Im Rahmen des Netzwerkes B.O.S.S. für die Entwicklung der Zusammenarbeit zwischen Hochschulen und Gymnasien existiert seit einigen Jahren das Projekt „Aufbau und Begleitung langfristiger, nachhaltiger Kooperationsbeziehungen zwischen allgemeinbildenden sowie beruflichen Gymnasien und Hochschulen". Das Projekt wird gefördert im Rahmen der ESF-Richtlinie des Sächsischen Staatsministeriums für Kultus und Sport (vgl. B.O.S.S. 2017 – siehe Abb. 3.36).

Abb. 3.36 Netzwerk B.O.S.S. (vgl. B.O.S.S. 2017)

Weiterführende Informationen finden sich unter: http://www.boss-mitteldeutschland.de/Projekte/Projekt_zur_Kooperation_von_Hochschulen__Gymansien/

Auch die Wirtschaft unterstützt Projekte in Schulen. So verleiht beispielsweise die Vereinigung der Bayerischen Wirtschaft e.V. jährlich einen Preis für das beste Projekt-Seminar an bayerischen Gymnasien (vgl. sprungbrett bayern 2017 – siehe Abb. 3.37). Informationen dazu gibt es unter: https://www.sprungbrett-bayern.de/lehrkraefte/p-seminar-preis-201416/

Die Fachgruppe Projektmanagement an Schulen der GPM e.V. hat umfangreiche Unterlagen zur Durchführung von Projektarbeiten an Schulen zusammengestellt, an die an dieser Stelle verwiesen sei. Informationen finden sich unter http://www.pm-schule.de/.

Nachfolgend sind drei Umsetzungsbeispiele zusammengestellt, welche die Art der Kooperation und die inhaltlichen Ausgestaltungsmöglichkeiten zeigen. So ist auch möglich, dass Studierende sich in der Rolle des Projektmanagers üben, wenn sie Oberstufenprojekte betreuen.

Abb. 3.37 Sprungbrett Bayern (vgl. sprungbrett bayern 2017)

Die **Hochschule Augsburg** kooperiert mit den Gymnasien in Augsburg und lokalen Unternehmen. Eine erste Zusammenarbeit erfolgte 2014 im Rahmen des P-Seminars der Oberstufe: „Wie kommt die Creme in die Tube?" mit dem Stetten Gymnasium und der Firma Dr. Gradl GmbH. Es wurde vom Frauenbüro im Rahmen der Initiative GoMINT! der Hochschule Augsburg organisiert und finanziert. Inhaltlich sind Projekte mit den Gymnasien ähnlich dem genannten Beispiel strukturiert: Nach einer Einführungsveranstaltung fanden als Projekt-Vorbereitung unter der Leitung der Hochschule Augsburg Vorlesungen und Übungen zum Projektmanagement statt. Ein Praktikum in Robotertechnik und Robotik, Workshops zu den Themen Datenaufbereitung, -verarbeitung und -präsentation sowie ein Seminar zu Selbstmarketing und Persönlichkeitsentwicklung wurden durchgeführt. In den Herbstferien 2014 haben 15 Schülerinnen dann in der Produktionsstätte von Dr. Grandel selbst mitgearbeitet und ihre eigene Abfüllanlage in Betrieb genommen. Informationen zum Gesamtkonzept unter: https://www.hs-augsburg.de/einrichtung/presse/mitteilungsarchiv/2015/feb/2015_02_05/index.html

Die **Hochschule Würzburg** (FHWS) unterstützt als externer Partner die Gymnasien der Region bei der Durchführung von Projekt (P)- und Wissenschaftspropädeutischen (W)-Seminaren. Auch eine Zusammenarbeit in Seminaren der BOS/FOS ist möglich und willkommen. Mit Projektideen für P-Seminare soll Schülerinnen und Schülern ein Einblick in die Studiengänge der FHWS sowie die daran geknüpften Berufsfelder gegeben werden. Im Rahmen von W-Seminaren engagiert sich die FHWS im Bereich des wissenschaftlichen Arbeitens bei der inhaltlichen Konzeption einzelner Seminararbeiten, sowie bei der theoretischen und experimentellen Umsetzung. Informationen zum Gesamtkonzept unter: https://www.fhws.de/studium/infos_fuer_schueler/p_und_w_seminare.html

Die **Ostbayerische Technische Hochschule in Regensburg** bietet für P-Seminare am Gymnasium bzw. für die Seminarphase an der Fachoberschule und FOS an: „Unternehmensgründung" (Wirtschaft); „Mathematik" (Erstellen einer Versicherungspolice, Graphentheorie, Spieltheorie etc.); „Planung eines Niedrigenergiehauses" (Architektur, Bauingenieurwesen, Regenerative Energien); „Programmieren von LEGO-NXT-Robotern" (Informatik); „Internationale Beziehungen und Management."

Informationen zum Gesamtkonzept unter: https://www.oth-regensburg.de/studium/service-und-beratung/junge-hochschule/p-seminare.html

3.3 Steuerung von studentischen Projekten

3.3.1 Steuerung eines einzelnen Projekts

Die Studierenden sollten grundsätzlich ihr Projekt selbst steuern. Dazu stehen ihnen alle Möglichkeiten offen, die im Projektmanagement möglich sind. Dennoch müssen Dozenten den Projektablauf überwachen und ggf. steuernd eingreifen. So müssen regelmäßig IST-Daten zu den studentischen Projekten erfasst und sowohl Fortschritt als auch Status des Projekts durch den Dozierenden beurteilt werden, um Fehlentwicklungen rechtzeitig zu erkennen und ein qualifiziertes Feedback und ggf. Ermutigung auszusprechen.

In Kap. 4 werden Hinweise gegeben, wie regelmäßige Treffen mit den studentischen Projektteams gestaltet werden können. Aus Projektsteuerungsperspektive ist zu empfehlen, in den Projektstatusmeetings u. a. folgende Aspekte zu beleuchten:

- Arbeits- bzw. Leistungsfortschritt,
- Terminsituation,
- Tatsächlich geleistete Arbeit der Studierenden, die diese mit gebuchten Arbeitsstunden protokollieren, um sowohl die Arbeitsauslastung als auch die Qualität der Schätzungen zu beurteilen,
- Aktuelle Probleme bzw. Schwierigkeiten im Projekt,
- Risikoliste, welche die aktuelle Risikosituation im Projekt widerspiegelt,
- Liste aller offenen Punkte im Projekt,
- Stakeholdermanagement mit besonderer Berücksichtigung der stattgefundenen Kundenkommunikation und
- Stimmung in Team.

Wird zur Unterstützung eine technische Infrastruktur verwendet, so kann das Engagement bzw. die Beteiligung der einzelnen Studierenden durch die protokollierten Systemaktivitäten (bspw. durch die durchgeführten Commits in IT-Entwicklungsprojekten) kontrolliert werden. Auch die ggf. im Projektportal abgelegten Protokolle, Selbstberichte und Dokumente können durch den Dozenten analysiert werden.

Nimmt der Dozent auch die Rolle des Coachs ein, steuert er indirekt über sein Feedback. Auch wenn es manchmal schwer fällt, Studierende offenen Auges in Schwierigkeiten laufen zusehen, muss gut abgewogen werden, wann steuernd einzugreifen ist. Je unerfahrener das Projektteam ist und je mehr Außenwirkung mit dem Projekt verbunden ist, desto eher greift der Dozent unwillkürlich ein, dessen sollte er sich bewusst sein.

Für den Fall, dass ein Projekt durch einen Tutor betreut oder sogar von ihm als Projektleiter geführt wird, fallen ihm alle klassischen Steuerungsaufgaben zu, wie:

- Führung der Projektmitarbeiter,
- Überwachung der Projektkennzahlen,
- Starten und Beenden von Arbeitspaketen,
- Erarbeitung von Alternativplänen bei Abweichungen vom geplanten Projektablauf,
- Verändern des Projektplans zur Erreichung des ursprünglichen Projektziels,
- Veränderung der Aufgabenstellungen an Projektmitarbeiter,
- Interne Abnahme oder Ablehnung von Projektergebnissen,
- Verhandlungen mit dem Auftraggeber oder
- Feststellung des Projektabschlusses und Übergabe der Ergebnisse

Der Dozent bzw. eher der Modulverantwortliche, coacht in diesem Fall nicht das Projektteam, sondern den Tutor als Projektleiter. Hierfür sollte ausreichend Zeit zur Verfügung

3.3 Steuerung von studentischen Projekten

stehen und die Erwartungshaltung vom Modulverantwortlichen an den Tutor sollte vor Projektbeginn geklärt sein. Regeln und Vorgehensweisen bedürfen der Abstimmung, eine Ausbildung der Tutoren für die Betreuung einer Projektgruppe sollte überdacht werden. Der Gedanke dahinter entspricht dem eines Übungsleiters, wie er auch im normalen universitären Alltag verankert ist. Hierfür kann auch dieses Buch mit seinen Inhalten herangezogen werden.

Ein wichtiger Aspekt im Kontext der Steuerung von studentischen Projekten stellt die Selbsteinschätzung der Studierenden dar, wann etwas zeitlich fertig sein wird: Grundsätzlich fällt es den Studierenden (aufgrund ihrer meist fehlenden Vorerfahrung) schwer, den Arbeitsaufwand richtig einzuschätzen. Neben der Problematik von Prokrastination, beginnen sie oft zu spät, da sie aufgrund des oftmals zu gering eingeschätzten Aufwands keine Veranlassung sehen, anders zu handeln. Besonders typisch ist die Unterschätzung von Testaufwendungen für ihre Produktentwicklungen, sei es Software oder Hardware. Da ferner unterschiedliche Qualitätsansprüche im Team vorhanden sind, ist es für den einen fast fertig, der andere sieht dagegen die noch zu leistende Detailarbeit. Der eine will nur das Projekt irgendwie bestehen, der andere will eine herausragende Leistung zeigen. Der Dozent sollte sich dessen bewusst sein und hier mit seinen Erfahrungen hilfreich zur Seite stehen und auf diese Hintergründe zumindest hinweisen.

Zusätzlich sollte auch die Problematik des „90 % Syndroms" beachtet werden. Diese besagt, dass die eigene Einschätzung zum Fertigstellungsgrad der Projektteilnehmer bezüglich einzelner Arbeitspakete oder Teilprojekte schnell auf 90 Prozent steigt, dann aber über lange Zeit dort verweilt und sich nur langsam erhöht – während weiterhin relevante Aufwände zu dem Arbeitspaket bzw. dem Teilprojekt anfallen. Der effektive Fertigstellungsgrad steigt real viel langsamer. Dieser Zusammenhang ist in Abb. 3.38 dargestellt.

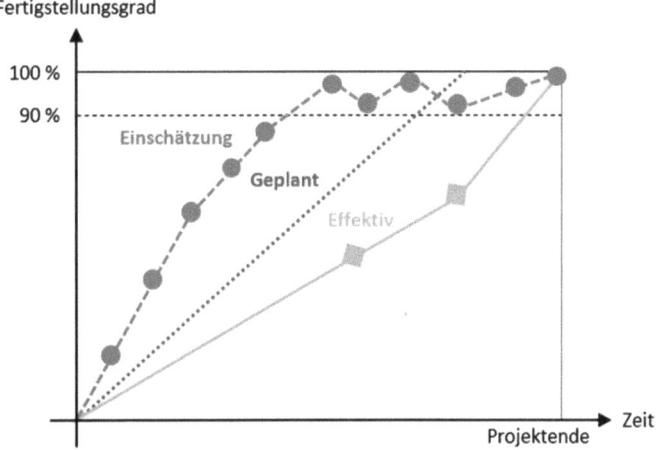

Abb. 3.38 90- Prozent- Syndrom im Statusreporting (vgl. Kuster et al. 2011, S. 174)

Standards für die Steuerung verwenden

Wenn Projekte nach einem bestimmten Standard (wie PMI, Prince2 oder IPMA) oder einem Vorgehensmodell wie Scrum durchgeführt werden, sollten auch die zugehörigen Steuerungsinstrumente und Darstellungen gewählt sein, damit die Studierenden mit ihnen vertraut werden können. Auf eine Ausführung wird an dieser Stelle verzichtet und es sei auf die Literatur verwiesen.

Ein Beispiel hierzu ist aus PMI zu nennen, bei dem in Abb. 3.39 der Projektstatus nach bestimmten Kriterien in einem Spinnendiagramm angezeigt wird. Kriterien können der

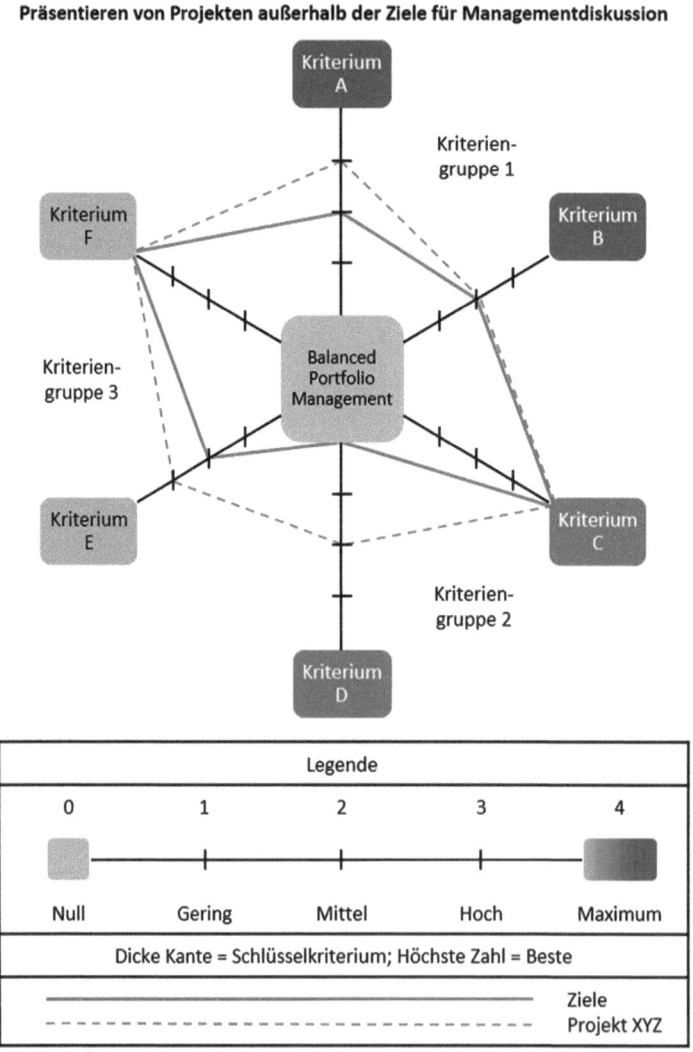

Abb. 3.39 Projektstatus in Spinnendiagramm (vgl. PMI 2013, S. 80)

zeitliche Verlauf, der Test-Status, der Fertigstellungsgrad der Dokumentation etc. sein. Da nicht alle Kriterien gleich wichtig sind, können unterschiedliche Zielstufen gewählt werden. In der Zeit fertig zu werden, ist sicherlich ein „Muss", ebenso wie die Abgabe einer Projektdokumentation für die Bewertung. Auch mehrere Projekte können nach den gleichen Kriterien vergleichend dargestellt werden, falls dies für den Dozenten einen Mehrwert bedeutet. Es kann bei Konkurrenzprojekten oder in Wettbewerben ein Motivationsfaktor für die Studierenden sein, sich über vergleichende Kennzahlen aller Art gegenseitig zu beobachten.

3.3.2 Koordination über alle studentischen Projekte

Die Koordination über die Projekte hinweg umfasst hauptsächlich organisatorische Aspekte wie Koordination von Terminen, Verfügbarkeiten und weiteren organisatorischen Elementen, wie die gemeinsame Vorstellung von Postern oder eine gemeinschaftliche Veranstaltung. Hierfür wurde in diesem Kapitel bereits eine Empfehlung zur Einrichtung eines Projekt-Office ausgesprochen, falls ein größeres Gesamtkonzept mit den einzelnen Projektarbeiten realisiert wird.

Mit dem Programm „Trello" lässt sich beispielsweise eine elektronische Pinnwand gestalten, so dass auch Dozenten Informationen austauschen können, die sich nicht regelmäßig sehen. So können Termine für Treffen der Projektgruppen für alle sichtbar geteilt werden oder eine Aufgabenverwaltung realisiert werden. Anstehende Aufgaben werden in einer „ToDo"-Liste gesammelt und anschließend von jemandem „genommen" und erledigt (vgl. Trello 2017). Die Pinnwand für die Koordination über alle Projekte und Dozenten hinweg sollte regelmäßig aufgeräumt werden, damit sie übersichtlich bleibt (siehe Abb. 3.40). Diese Koordinationsmethodik eignet sich prinzipiell für alle Projektmanagement-Ansätze und kann sowohl für agile, klassische oder hybride Vorgehensweisen verwendet werden.

Es ist ebenfalls hilfreich, Email-Verteiler einzurichten, damit Einzelne nicht in der Informationskette vergessen werden. Nach Erfahrung der Autoren sollten Email-Verteiler je Projektgruppe existieren und einer für alle Projektbetreuer.

Weiter kann ein Portal eingerichtet werden, in das Projektvorschläge eingereicht und mit denen auch die Zuordnung der Studierenden zum Projekt verwaltet werden kann. Ein Beispiel hierzu findet sich im Kap. 5 von der Hochschule Augsburg, mit der selbst entwickelten Software „Sempro".

Viele Dozenten haben bereits ein Übersichtssystem für sich entwickelt, mit dem sie verschiedene Arbeiten nachverfolgen z. B. den Status ihrer Bachelorarbeiten. Meist sind dies pragmatische Lösungen über Tabellenkalkulationen, die wichtige Termine oder Arbeitsabschnitte protokollieren bzw. „abhaken" lassen. In Abb. 3.41 ist eine mögliche Übersicht gegeben.

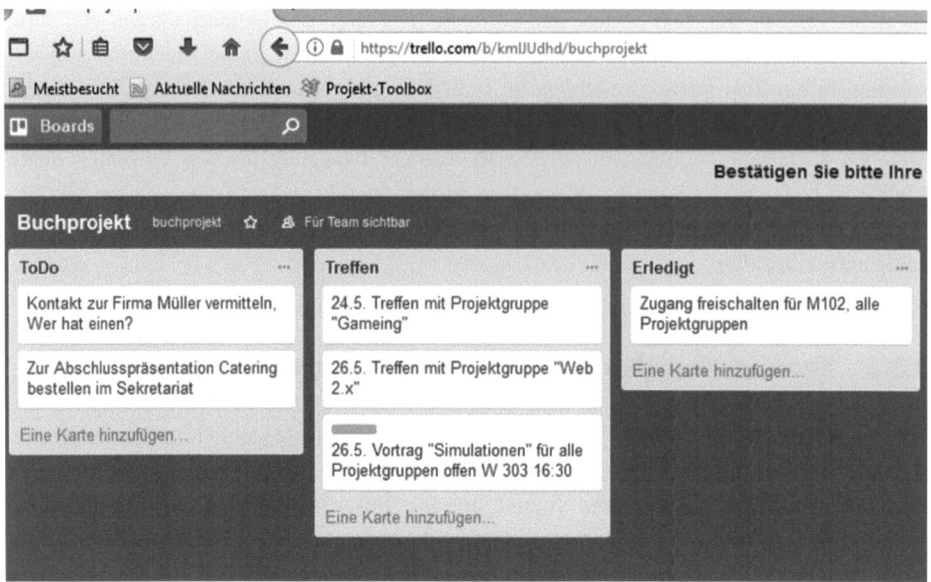

Abb. 3.40 Trello (vgl. Trello 2017)

	A	B	C	D	E	F	G	H	I
1			**Projektfortschritt** Stand 9.5						
2	**Projekt**	**Besetzung Anzahl Studierende**	**Startveranstaltung**	**Kick-Off**	**Zwischen-präsentation1**	**Zwischen-präsentation2**	**Abschluss-veranstaltung**	**Abgabe des Projekt-berichts**	**Note eingetragen**
3	Projekt0	4	15. Okt	04. Nov	28. Nov	22. Dez	15. Jan	16. Jan	02. Feb
4	Projekt1	4	26. Mrz	05. Apr	05. Mai	04. Jun	15. Jul		
5	Projekt2	6	25. Mrz	04. Apr	04. Mai	03. Jun	15. Jul		
6	Projekt3	6	26. Mrz	05. Apr	05. Mai	04. Jun	15. Jul		
7	Projekt4	3	26. Mrz	05. Apr	05. Mai	04. Jun	15. Jul		
8	Projekt5	4	27. Mrz	06. Apr	06. Mai	05. Jun	15. Jul		
9	Projekt6	5	26. Mrz	05. Apr	05. Mai	04. Jun	15. Jul		
10	Projekt7	6	26. Mrz	05. Apr	10. Mai	09. Jun	15. Jul		
11	Projekt8	6	26. Mrz	05. Apr	20. Mai	25. Jun	15. Jul		
12	Projekt9	tbd							
13									
14		Verzug, beobachten							
15									

Abb. 3.41 Übersicht und Fortschritt-Tracking

Ferner kann auch ein elektronisches Notizbuch für die Projektabwicklung und die Projektsteuerung der studentischen Projekte verwendet werden. Für jedes Projekt werden die wichtigsten Ereignisse, Vorfälle und Zwischenergebnisse durch den Dozenten festgehalten und zu spezifischen Stichtagen einander gegenübergestellt.

Für einen Erfahrungsaustausch der Dozierenden bietet sich ein „Stammtisch“ an, der in ungezwungenem Rahmen z. B. einmal im Semester stattfinden kann. Nach den Erfahrungen der Autoren wird dieser gerne von Lehrbeauftragten genutzt, die dafür tagsüber meist nicht zur Verfügung stehen. Informationsveranstaltungen zum Ablauf der Projekte und darüber hinaus wichtige Neuerungen und Aspekte zu verschiedensten Themenstellungen sollten ebenfalls in regelmäßigen Abständen stattfinden.

3.3.3 Projektmanagement Software

Eine IT-Unterstützung des Projektmanagements erfolgt durch Projektmanagement-Informationssysteme (PMIS), welche die Beteiligten mit den notwendigen Informationen versorgen sollen. PMIS für den professionellen Unternehmenseinsatz haben teilweise einen sehr großen Funktionsumfang und unterstützen meist nicht nur das Projektmanagement, sondern inzwischen auch Programm- und Portfoliomanagement (vgl. Ahlemann und Riempp 2008, S. 88).

Dabei werden prinzipiell drei verschiedene Arten von Projektmanagement-Systemen unterschieden (vgl. Meyer und Ahlemann 2013, S. 27 ff):

1. **Single-Project Management Systems,** welche Funktionalitäten zur Planung und zum Controlling eines Projekts oder mehrerer Projekte ohne Berücksichtigung von Abhängigkeiten zwischen den Projekten enthalten.
2. **Multi-Project Management Systems**, welche Funktionalitäten zum Management einer Vielzahl von Projekten unter Berücksichtigung derer Abhängigkeiten enthalten. Die meisten PMIS gehören dieser Klasse an.
3. **Enterprise-Project Management Systems**, welche das Management mehrerer Projekte, Programme und Portfolios inklusive derer Abhängigkeiten und über deren gesamten Lebenszyklus unterstützen, umfangreiche Funktionalitäten bieten und hochgradig konfigurierbar und skalierbar sind.

Eine Übersicht über die wichtigsten Funktionalitätsbereiche hinsichtlich der Ebenen Projekt, Programm und Portfolio und deren Lebenszyklus bietet das M-Modell, welches Ahlemann und Kollegen (vgl. Ahlemann und Riempp 2008, S. 88) entwickelt haben und in Abb. 3.42 dargestellt ist.

Eine geeignete Unterstützung für Modulverantwortliche, um die Übersicht über alle studentischen Projekte zu bewahren, bieten die Multi-Project Management Systems und die Enterprise Management System. Diese Systeme sind, bedingt durch die Ausrichtung auf den betrieblichen Einsatz, meist sehr kostspielig und komplex in der Einführung und Nutzung. Für das Monitoring der studentischen Projekte sind daher einfach zu nutzende, kostengünstige oder sogar kostenfreie Lösungen sinnvoll.

Mit der zunehmenden Digitalisierung der Wirtschaft gewinnen Projektmanagement-Tools aus der Cloud an Bedeutung, daher ist in Tab. 3.7 und 3.8 eine Auswahl von verschiedenen Produkten, die 2016/17 in mehreren Vergleichstests (z. B. Computerwoche) untersucht wurden, aufgelistet. Sie sind in alphabetischer Reihenfolge und für den Einsatz mit klassischen und agilen Vorgehensmodelle wie Scrum oder Kanban getrennt dargestellt.

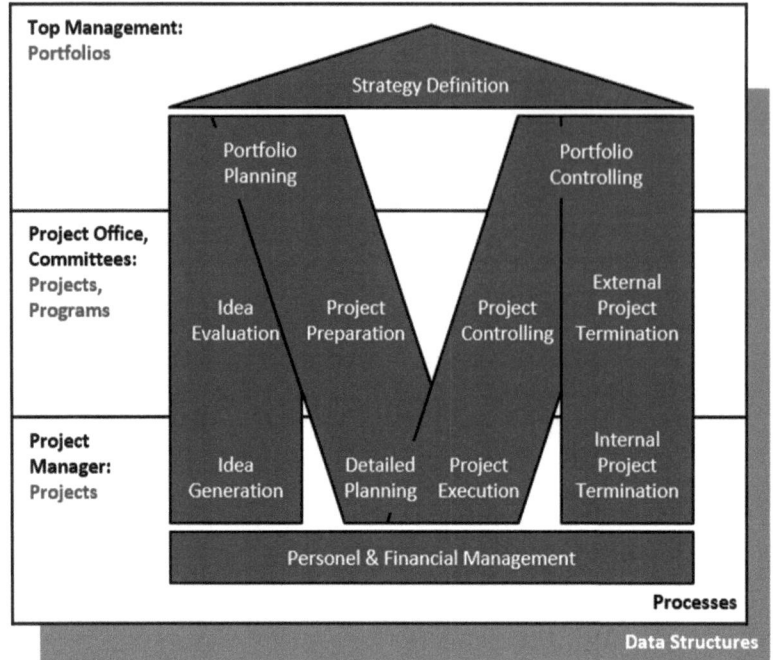

Abb. 3.42 Das M-Modell – Funktionsumfang von PIMS (vgl. Ahlemann 2009, S. 23)

Tab. 3.7 Cloud-basierte Software für Projekte nach klassischen Standards

Basecamp	https://basecamp.com/
Copper Project	https://www.copperproject.com/
Microsoft Project-Cloud	https://products.office.com/de-de/project/
OnePoint Projects	https://www.onepoint-projects.com
Podio	https://podio.com/
Projectfacts	http://www.projectfacts.de/
Projectplace	https://www.projectplace.de/
Redbooth	https://redbooth.com/
Redmine	https://plan.io/de/
Smartsheet	https://www.smartsheet.com/
Stackfield	https://www.stackfield.com/
Wrike	https://www.wrike.com/de/

Tab. 3.8 Cloud-basierte Software für Projekte nach agilen Standards

AgileZen	http://www.agilezen.com/
Axosoft	https://www.axosoft.com/
Jira Agile	https://de.atlassian.com/software/jira
Pivotal Tracker	https://www.pivotaltracker.com/
Planbox	https://www.planbox.com/
Sprintly	https://sprint.ly/
Trello	https://trello.com/

Kostenlose Projektmanagement-Software beziehungsweise kostenfreie Einsteigerversionen professioneller Lösungen eignen sich auch gut für die Verwaltung einfacher Projekte, wie sie zumeist im Studium praktiziert werden. Eine Auswahl ist in Tab. 3.9 alphabetisch gelistet, es besteht kein Anspruch auf Vollständigkeit.

Tab. 3.9 Projektmanagement Freeware

Produkt	Link	Cloud	Stand Alone	Agil	Klassich
Bitrix 24	https://www.bitrix24.de/	x	x		x
ClockingIT	http://www.clockingit.com/	x			x
Collabtive	http://collabtive.o-dyn.de/?lang=de	x			x
Freedcamp (kostenlose Version von Basecamp)	https://freedcamp.com/	x			x
Ganttprojekt	http://www.ganttproject.biz/		x		x
Kanbantool	https://kanbantool.com/de/	x		x	
Libreplan	http://www.libreplan.org/home/		x		x
Meistertask	https://www.meistertask.com/de	x		x	
Openproject	https://www.openproject.org/	x		x	x
Produteev	https://www.producteev.com/		x		x
Trello	https://trello.com/	x		x	
Zoho	https://www.zoho.com/	x			x

3.3.4 Softwareeinsatz im studentischen Projekt

Grundsätzlich stellt sich die Frage, ob eine Standardsoftware für das Projektmanagement eingesetzt werden soll. Wenn es kein Lernziel im Projekt ist, eine marktübliche Software kennen zu lernen, dann ist dies bewusst zu entscheiden. Der zeitliche Aufwand, sich eine Software auszusuchen und bedienen zu lernen, kann erheblich sein und steht daher oft nicht im richtigen Verhältnis zum Gesamtaufwand für das Projekt. Es birgt die Gefahr sich „totzuspielen" anstatt am Inhalt des Projekts zu arbeiten. Die Prämisse „je mehr Tools, desto besser" trifft auf Projektmanagement-Anwendungen nicht zu. Zu viele überflüssige Funktionen verwirren die Nutzer eher und behindern ihre Arbeit. Ein Programm mit zu wenig Tools dagegen verursacht zusätzliche Mühe, was zur Verzögerung der Projekte führt.

Auswahlkriterien für Software in studentischen Projekten Im Sommersemester 2016 hat sich eine Studentengruppe im Masterstudiengang Business Information Systems an der Hochschule Augsburg diesem Thema in einer Projektarbeit angenommen. Die folgenden Ausführungen und Darstellungen sind ihrem Abschlussbericht entnommen. Die Studierenden haben unter der Leitung von Claudia Stöhler zunächst eine Anforderungsanalyse erstellt. Dazu haben sie rund 20 Professoren verschiedener Fakultäten der Hochschule befragt und anschließend eine anonyme Umfrage zur Gewichtig der ermittelten Auswahlkriterien durchgeführt. Nur 28 % gaben an, bereits eine Software einzusetzen. Es wurde mehrheitlich MS Project genannt. Als Grund hierfür wird angenommen, dass diese im MS Softwarepaket der Hochschule bereits enthalten ist und es nicht ein ausdrückliche Lernziel ist, dieses Standardsoftware berufsqualifizierend einzusetzen. Da die Software viel zu umfangreich und mächtig ist, waren die Befragten eher nicht damit zufrieden (Aufwand/Nutzen).

In der Abb. 3.43 ist das Ergebnis der Wichtigkeit der ermittelten Auswahlkriterien zu sehen, die später als Auswahlbasis der Bewertungskriterien im Softwarevergleich genutzt wurde.

Für den Softwarevergleich wurden folgende acht Bewertungskriterien genutzt: Aufgabenangemessenheit, Selbstbeschreibungsfähigkeit, Steuerbarkeit, Erwartungskonformität, Fehlertoleranz, Individualisierbarkeit, Lernförderlichkeit und Projektmanagement-Funktionalitäten.

Anschließend erfolgte eine Marktrecherche, in der über 100 Produkte ermittelt wurden. Da dies den Rahmen der Projektarbeit sprengen würde, wurde aufgrund von vier Kriterien vorausgewählt:

- Plattformunabhängigkeit,
- Mindestens deutschsprachige Benutzeroberfläche,
- Kostenfreie Testversion und
- Keine spezialisierte Lösung (konkreter Anwendungsfall in einer Brache).

3.3 Steuerung von studentischen Projekten

Anzahl Teilnehmer: 19

	unerlässlich (1)		sehr wichtig (2)		wichtig (3)		weniger wichtig (4)		unwichtig (5)		unbrauchbar (6)		Ø	±
	Σ	%	Σ	%	Σ	%	Σ	%	Σ	%	Σ	%		
Aufwandserfassung	5x	27,78	5x	27,78	6x	33,33	1x	5,56	1x	5,56	-	-	2,33	1,14
Controllingfunktionen	3x	16,67	4x	22,22	5x	27,78	4x	22,22	2x	11,11	-	-	2,89	1,28
Finanzmittelmanagement	1x	5,56	7x	38,89	2x	11,11	6x	33,33	2x	11,11	-	-	3,06	1,21
Dokumentenverwaltung	6x	31,58	4x	21,05	4x	21,05	4x	21,05	1x	5,26	-	-	2,47	1,31
Terminplanung	9x	47,37	9x	47,37	-	-	1x	5,26	-	-	-	-	1,63	0,76
Diagramm- und Visualisierungsf...	3x	16,67	4x	22,22	7x	38,89	3x	16,67	1x	5,56	-	-	2,72	1,13
Aufgabenmanagement	8x	42,11	8x	42,11	3x	15,79	-	-	-	-	-	-	1,74	0,73
Reportingfunktionen	5x	26,32	8x	42,11	6x	31,58	-	-	-	-	-	-	2,05	0,78
Ressourcenmanagement	5x	27,78	8x	44,44	5x	27,78	-	-	-	-	-	-	2,00	0,77
Risikomanagement	1x	5,56	6x	33,33	6x	33,33	5x	27,78	-	-	-	-	2,83	0,92
Exportfunktionen	6x	33,33	7x	38,89	2x	11,11	3x	16,67	-	-	-	-	2,11	1,08
Kommunikationssysteme	3x	17,65	5x	29,41	4x	23,53	4x	23,53	1x	5,88	-	-	2,71	1,21

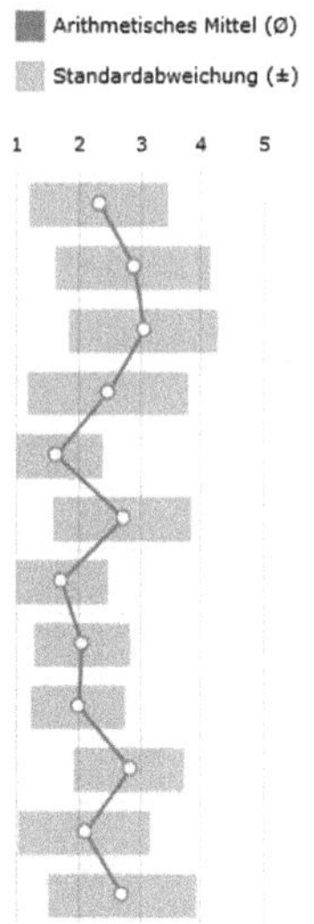

Anzahl Teilnehmer: 22

	unerlässlich (1)		sehr wichtig (2)		wichtig (3)		weniger wichtig (4)		unwichtig (5)		unbrauchbar (6)		Ø	±
	Σ	%	Σ	%	Σ	%	Σ	%	Σ	%	Σ	%		
Mehrbenutzerfähigkeit	12x	54,55	7x	31,82	2x	9,09	1x	4,55	-	-	-	-	1,64	0,85
Multiprojektfähigkeit	6x	28,57	4x	19,05	4x	19,05	4x	19,05	2x	9,52	1x	4,76	2,76	1,55
Rollen- und Rechtesystem	8x	38,10	5x	23,81	6x	28,57	2x	9,52	-	-	-	-	2,10	1,04
Plattformunabhängigkeit	8x	38,10	5x	23,81	7x	33,33	1x	4,76	-	-	-	-	2,05	0,97
Individualisierbarkeit	3x	14,29	1x	4,76	7x	33,33	7x	33,33	3x	14,29	-	-	3,29	1,23

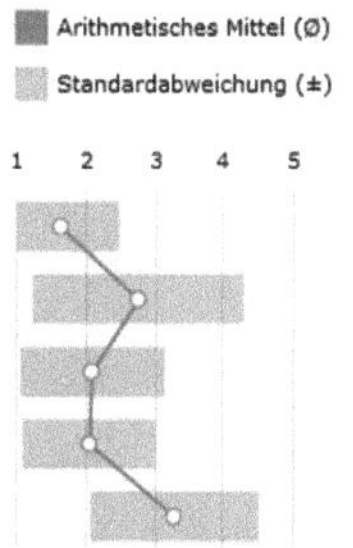

Abb. 3.43 Auswahlkriterien für Softwarevergleich

Aus dem nun reduzierten Spektrum wurden zwei Online-Produkte Podio und Wirke sowie MS-Project und Rational Plan als Offline-Produkte als Repräsentanten für verschiedene Philosophien ausgewählt und einem Usability Test unterzogen. Rund 30 Studenten der Fakultät Informatik (4.Semester, 6.Semester, Master) haben diese getestet und die Ergebnisse wurden bewertend und vergleichend zusammengefasst.

Testergebnis In diesem Vergleichstest wurde Wrike zum Testsieger erklärt, gefolgt von Podio und Rational Plan. MS Project bietet die umfassendsten Projektmanagement Funktionalitäten an, was auch so erwartet wurde. Die Meinung der befragten Professoren wurde bestätigt, dass es für den Einsatz im studentischen Projekt zu umfangreich und komplex ist (Aufwand/Nutzen). Das Ergebnis des Tests ist in Abb. 3.44 zusammenfassend dargestellt und die Softwareprodukte werden kurz beschrieben.

	Aufgabenangemessenheit	Selbstbeschreibungsfähigkeit	Steuerbarkeit	Erwartungskonformität	Fehlertoleranz	Individualisierbarkeit	Lernförderlichkeit	Projektmanagement	Gesamt
Podio	71%	67%	80%	67%	53%	81%	66%	76%	70%
Rational Plan	69%	74%	64%	77%	47%	38%	62%	59%	63%
MS Projekt	50%	30%	63%	70%	68%	42%	20%	83%	58%
Wrike	88%	80%	87%	82%	46%	66%	86%	81%	79%

$$N_i = \sum_{j=1}^{m} n_{ij} \cdot g_j$$

N_i Nutzwert der Alternative i

n_{ij} Nutzwert der Alternative i bezüglich Kriterium

g_j Gewichte des Kriteriums

Abb. 3.44 Ergebnis des Softwarevergleichs

Das Programm Wrike ist seit 2007 auf dem Markt und wurde von amerikanischen Projektmanagementsoftwareentwickler Wrike Inc. veröffentlicht. Wrike ist ein plattformunabhängiges Online-Tool für Projektmanagement und Zusammenarbeit. Zu den wesentlichen Funktionen der cloudbasierten Software gehören Aufgabenverwaltung, ein gemeinsames Dokumenten-Management, Multiprojektfähigkeit, sowie verschiedene Kommunikationstools wie E-Mail-Integration, Kommentare und ein Aktivitätsprotokoll. Zudem werden noch klassische Projektmanagementwerkzeuge wie z. B. Gantt-Diagramme, Reporting und eine Zeiterfassung angeboten. Wrike bietet auch eine Vielzahl von Schnittstellen und Integrationen zu verschiedenen Plattformen wie z. B. Google Docs, Dropbox, MS Office usw. Eine mobile Lösung für iOS und Android-Geräte steht ebenfalls zur Verfügung. Wrike bietet verschiedene Preismodelle an. Kleine Teams bis fünf Mitgliedern erhalten 2 GB Speicherplatz für ihre Dokumente und können den Dienst kostenfrei nutzen. Informationen unter: www.wrike.com

Die PMS Podio ist seit März 2011 erhältlich und heute ein Produkt der Citrix Systems Inc. Das Produkt bildet über die reinen PM – Funktionalitäten hinaus noch verschiedene

Formen der cloudbasierten Kommunikation ab. Der Kerngedanke bei Podio ist Flexibilität in allen Aufgabenbereichen. Der Nutzer bestimmt bei dieser PMS selbst, welche Funktionalitäten er in seinem persönlichen Arbeitsbereich (Workspace) braucht, um die anfallenden Aufgaben im Projekt zu bewältigen. Mittels eines WYSIWYG – Editors können so kleine Programme selbst erstellt werden (beispielsweise um die Terminplanung zu organisieren) oder es können aus einem „APP-Market" Programme in den eigenen Arbeitsbereich übernommen werden. Da Podio alle Unternehmenseinheiten eines großen Unternehmens abdecken kann, ist die Auswahl an verfügbaren Programmen nach Einheiten organisiert und entsprechend umfangreich. Informationen unter: https://podio.com/

Das Programm Rational Plan wurde von Stand By Soft entwickelt und 2007 für Linux und Windows veröffentlicht. Bei Rational Plan handelt es sich um eine Projektmanagement-Software, die alle Projektbeteiligten in allen Stufen der Projektplanung und -durchführung unterstützen soll. Mit diesem Programm ist es möglich, Projektpläne zu erstellen, Ressourcen zuzuteilen, die Arbeitsauslastung zu analysieren, den Arbeitsprozess zu verfolgen sowie Projektkosten einzuschätzen und das Budget zu verwalten. Mittlerweile gibt es verschiedene Rational Plan Projektmanagement-Produkte, die auf unterschiedliche Bedürfnisse und Umfänge zugeschnitten sind. Informationen unter: http://www.rational-plan.com/

3.4　Weiterentwicklung des Moduls

Analog zu „Lessons Learned" durch ein Projektreview, wie es in Kap. 4 vorgestellt wird, kann der Modulverantwortliche durch Reflexion und Erfahrungsaustausch hinsichtlich Konzeption, Durchführung und Steuerung des Moduls Erkenntnisse gewinnen, um eine kontinuierliche Verbesserung sicherzustellen. Hierfür sind das Feedback der Studierenden direkt, als auch durch die Evaluation, sowie der Austausch der beteiligten Dozenten untereinander und mit anderen Kollegen wichtig. An dieser Stelle sei auf die PM-Fachgruppen im folgenden Abschnitt verwiesen. Für die persönliche Weiterentwicklung bieten sich Weiterbildungsseminare z. B. über die Didaktikzentren an, die im nächsten Abschnitt übersichtlich zusammen gestellt sind. Auch das kollegiale Coaching kann eine wichtige Komponente darstellen. Eine entsprechende Initiative des Didaktikzentrums Ingolstadt ist in Abb. 3.45 dargestellt:

Die Rückkopplung aus dem Feedback der Studierenden, der Tutoren und der Dozenten kann sich sowohl auf die Modulkonzeption also auch auf die curriculare Einbindung des Moduls auswirken. Diese Weiterentwicklungen bieten den Modulverantwortlichen die Gelegenheit zum einen, die zu erreichenden Zielkompetenzen und Lernziele, sowie zum anderen die Lernerfahrung und Lernerfolge der Studierenden stetig zu verbessern. Als

Abb. 3.45 Kollegiales Coaching (vgl. DiZ Bayern 2017)

häufige Anpassung der Modulkonzeption auf Basis des Feedbacks sind beispielsweise zu nennen:

- Erfahrungswerte über die eigene Einschätzung von Ausgangs- und erreichbaren Handlungsstufen von Zielkompetenzen der Studierenden helfen zukünftig geeignetere Aufgabenstellungen auszuarbeiten.
- Ermittlung von wirkungsvollen Coaching-Maßnahmen und deren Einplanung in zukünftige Module.
- Ermittlung relevanter begleitender Wissensvermittlung in PM-Themen oder Fachthemen.
- Eignung von Vorgehensmodellen für gewisse Studierendengruppen, z. B. ob agile Methoden besser geeignet sind für höhere Semester.
- U. a.

3.4.1 Analysen zur Weiterentwicklung des Moduls

3.4.1.1 Evaluation des Moduls

Durch die Evaluation findet nach Rindermann eine subjektive Einschätzung der Studierenden der vier Dimensionen: Dozent, Studierende, Rahmenbedingungen und Lehrerfolg

3.4 Weiterentwicklung des Moduls

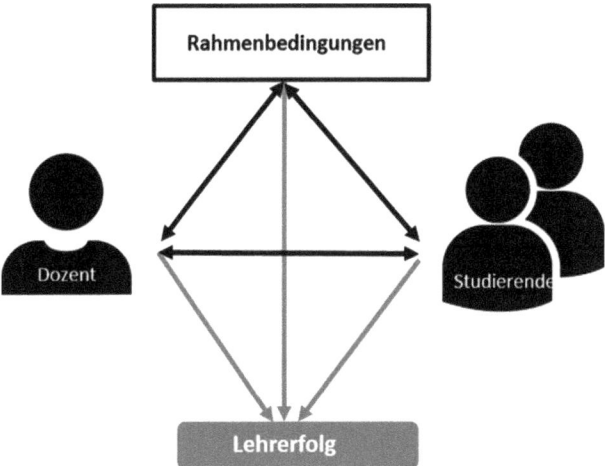

Abb. 3.46 Bedingungsmodell des Lehrerfolgs (vgl. Rindermann 2001, S. 61)

statt (vgl. Rindermann 2001, S. 61 ff), wie in Abb. 3.46 ersichtlich ist. Die Studierenden sollten ihren eigenen Beitrag zur Veranstaltung, wie Beteiligung oder Fehlzeiten und ihren subjektiven Lernerfolg beispielsweise hinsichtlich Lerngewinn oder Einstellungsänderung einschätzen, der den Lehrerfolg widerspiegelt. Die Rahmenbedingungen sind zu bewerten z. B. hinsichtlich des Themas oder des Veranstaltungstyps. Feedback an den Dozenten erfolgt sowohl zu seiner Lehrqualität als auch zu seiner wissenschaftlichen Fachkompetenz.

Auf Rindermann bauen viele Evaluationsbögen an deutschen Hochschulen auf. An vielen Universitäten sind Servicestellen eingerichtet, die dem Lehrenden Musterbögen anbieten oder Auswertungen erstellen. Neben der Papierversion sind inzwischen elektronische Erfassungssysteme etabliert. Die Didaktik Zentren der Bundesländer bieten flächendeckend Weiterbildungen zur Evaluation von Lehrveranstaltungen an.

Muster für Evaluationsbögen zur Projektarbeit finden sich unter:

- Hochschule Augsburg https://www.hs-augsburg.de/einrichtung/studium_lehre/studium/qualitaetsentwicklung/evaluation/index.html
- Universität Jena https://www.ule.uni-jena.de/downloads_instrumente.php

Die Qualität von Lehrveranstaltungen kann als ein vierdimensionales Konstrukt aufgefasst werden, zu dessen einzelnen Qualitätsdimensionen folgende Leitfragen formuliert werden können (vgl. Schmidt 2008):

- **Kulturdimension:**
    - Was soll durch die Lehrveranstaltung vermittelt werden?
    - Welche Einstellung haben die Studierenden zur Lehrveranstaltung im Speziellen und zu Studium und Lehre im Allgemeinen?

- **Strukturdimension:**
  - Welche personellen und sachlichen Ressourcen sowie Wissensbestände werden seitens der Universität bereitgestellt?
  - Welche Ressourcen (Vorwissen, Zeit, Interesse, Motivation) bringen Studierende mit?
- **Prozessdimension:**
  - Wie sind Koordination, Kommunikation, Interaktion und Kooperation im Rahmen der Lehrveranstaltung zu bewerten?
- **Ergebnisdimension:**
  - Welche Ergebnisse werden im Rahmen der Lehrveranstaltung in Hinblick auf Wissenstransfer und (Aus-) Bildung (sowie Forschung) erzielt?

Das Zentrum für Qualitätssicherung und –entwicklung an der Universität Mainz hat zu den vier Dimensionen Indices für gute Qualität in der Lehre entwickelt (vgl. Zentrum Qualitätssicherung und -entwicklung 2017), an denen sich auch die Qualität des studentischen Projekts messen lassen sollte:

- **Kulturdimension:**
  - Wissenschaftlichkeit/Forschungsorientierung, Arbeitsmarktfähigkeit/Anwendungs- bzw. Praxisbezug
  - Grundsätzliche Ausrichtung der Lehre
  - Persönlichkeit und Einstellungen der Studierenden
- **Strukturdimension:**
  - Seitens der Universität:
    - Kompetenz der Lehrenden (fachlich und didaktisch)
    - Persönlichkeit des Dozenten/der Dozentin, Lehrengagement/Lehrmotivation der Lehrenden
    - Enthusiasmus der Lehrenden für das Thema der Veranstaltung
    - kognitive Aufgeschlossenheit der Lehrenden gegenüber anderen Feldern
    - Zeitkontingent der Lehrenden für die Veranstaltung
    - Produktivität des Lehrenden hinsichtlich seiner forschungsbezogenen Aktivitäten
    - Konzeption der Lehrveranstaltung (Tempo, Menge, Schwierigkeit, Arbeitsaufwand)
    - Ausstattung der Räumlichkeiten (Größe, Sicht, Erreichbarkeit, Medien u. ä.)
    - Anschaulichkeit der Arbeits- und Präsentationsmaterialien
    - Begleitende Lehrmaterialien/Quellenbenennung, Betreuungsrelation
    - Erreichbarkeit und Hilfsbereitschaft des Dozenten/der Dozentin
    - Zeitliche Abstimmung mit anderen Veranstaltungen
  - Seitens der Studierenden:
    - Vorinteresse/Besuchsgrund
    - Vorwissen/Fähigkeiten und Fertigkeiten der Studierenden
    - Lernverständnis der Studierenden (Oberflächen- vs. Tiefenorientierung)
    - Engagement der Studierenden (Arbeitsaufwand in Vor- und Nachbereitung)
    - Eigene Arbeitsbelastung, Fehlzeiten
    - Niveau der Kommilitonen
    - Soziodemographik

- **Prozessdimension:**
  - Auswahl, Anwendung und Umsetzung von Lehrmethoden
  - Anregung und Motivation
  - Klarheit und Verständlichkeit
  - Präsentations-/Vortragsstil
  - Anwendungs- und Praxisbezug in der Umsetzung
  - Qualität der Argumentation des Lehrenden
  - Wissenschaftlichkeit, reflektierter Zugang
  - Schaffung eines guten lernförderlichen Klimas: Fairness, Unvoreingenommenheit; Freundlichkeit und Respekt gegenüber Studierenden
  - Art, Qualität und Häufigkeit des Feedbacks an die Studierenden durch den Dozenten/ die Dozentin
  - Leitung/Moderation von Diskussionen (Veranstaltungsmanagement)
  - Sensibilität für das Leistungsniveau und den Fortschritt in der Veranstaltung
  - Eingehen auf Bedürfnisse der Studierenden (Verständnisfragen u. ä.)
  - Ermutigung, Fragen zu stellen, zu diskutieren; Offenheit gegenüber der Meinung anderer
  - Intellektuelle Herausforderung und Ermutigung zu unabhängigem Denken
  - Umgang mit Störungen / Unruhepegel, Verhalten der Kommilitonen
- **Ergebnisdimension:**
  - Anwendungs- und Praxiskenntnisse
  - Kompetenzgewinn
  - Weckung von Interesse am Thema
  - Anregung zum Selbststudium (Eigenverantwortung und Selbststeuerung des Lernenden)
  - Zufriedenheit (mit der Veranstaltung oder dem Dozenten)
  - Einstellungsänderung
  - Prüfungsergebnisse

3.4.1.2 Post-Mortem-Analyse über alle Projekte

Der Austausch findet sowohl bei den beteiligten Dozenten also auch Tutoren häufig auf informeller Ebene statt und steht für eine systematische Weiterentwicklung des Moduls nicht bzw. nur in Teilen zur Verfügung.

Daher sollte der Modulverantwortliche die regelmäßige und systematische Sammlung von „Lessons Learned" bereits während der Durchführung der studentischen Projekte einplanen und zum Projektabschluss nochmal forcieren. Dies kann beispielsweise in einfacher Form durch einen fixen Agenda-Punkt in den regelmäßigen Treffen der Dozenten und Tutoren erfolgen. Für den abschließenden Erfahrungsgewinn von Studierenden aus ihrem Projekt eignet sich ein Projektreview, welches auch unter dem Begriff After-Action-Review (vgl. Busch und von der Oelsnitz 2006, S. 54–62) bekannt ist. Beispiele für solch ein Review am Projektende sind in Kap. 4 zu lesen.

Erfahrungserhebungsmöglichkeiten für Projektarbeiten sind:

- **Beobachtend:** Projekte können als Fallstudien begleitet werden, so dass aus den Beobachtungen im Projektverlauf Erkenntnisse gesammelt werden können.
- **Rückblickend:** Über eine systematische Auswertung von Projektreviews der Projektteams können Einsichten über Zusammenhänge gewonnen werden.
- **Kontrollierend:** Mit Experimenten können Annahmen überprüft werden; sprich was einmal ungünstig war, muss nicht zwangsläufig im nächsten Projekt die gleichen Auswirkungen nach sich ziehen und umgekehrt.

Wang und Stalhane, von der Norwegian University of Science and Technology, hielten 2005 auf der 18th Conference on Software Engineering -Education and Training (CSEE&T) einen Vortrag zum Verfahren der Post-Mortem-Analyse mit Einsatz einer Ursachen-Wirkung-Analyse als Alternative zur klassischen Evaluation von Projektarbeiten (vgl. Wang und Stålhane 2005). Sie beinhaltet fünf Prozessschritte:

- Rahmenbedingungen festlegen
- Objektive (Kosten, Zeitplan, Qualität) und subjektive Daten ermitteln
- Erfahrungserhebung, rückblickende Analyse des Projekts ggf. mittels After-Action-Review
- Priorisierung, Auswahl der Erfahrungen
- Erstellung und Veröffentlichung eines Reports

Nach ihren Erkenntnissen lassen sich hiermit konkretere Ansatzpunkte für Verbesserungen der Veranstaltung finden, da durch die systematische Analyse über alle Projektgruppen hinweg, Ursachen von Symptomen gefunden werden können. Für diese Ursachen können dann durch den Dozenten Maßnahmen ergriffen werden, die zukünftigen Projektgruppen

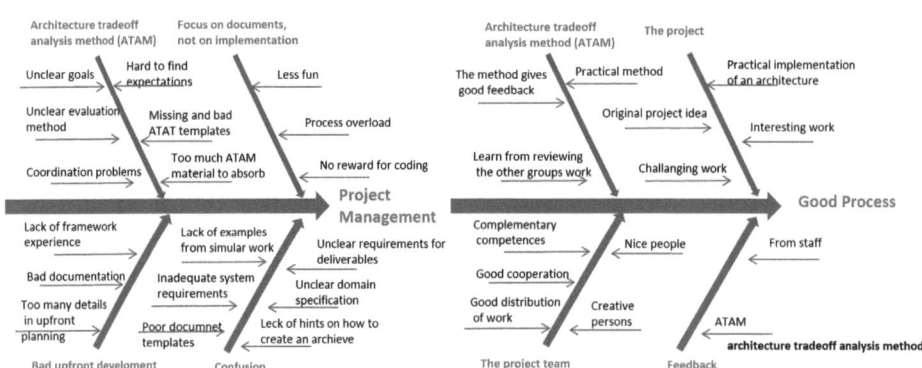

Abb. 3.47 Ishikawa Diagramm für Projektmanagement und gute Prozesse (vgl. Wang und Stålhane 2005)

weiter helfen können. Der Aufwand ist jedoch deutlich höher, da Vertreter von verschiedenen Projektteams für die Analyse benötigt werden, die in einem gemeinsamen Workshop stattfinden muss.

In Abb. 3.47 ist exemplarisch ein Ergebnis einer PMA an der Universität in Trondheim in einem Ishikawa Diagramm für a) Projektmanagement und b) gute Prozesse dargestellt. Für weitere Informationen sei an dieser Stelle auf ihren Vortrag verwiesen (vgl. Wang und Stålhane 2005)

3.4.2 Austausch und Weiterbildung

3.4.2.1 PM Fachgruppen

„Zur Unterstützung der geförderten Hochschulen im Qualitätspakt Lehre, derzeit 186, führt das Bundesministerium für Bildung und Forschung (BMBF) seit 2013 programmbegleitende Veranstaltungen in unterschiedlichen Formaten durch. Damit sollen der fachliche Austausch der Hochschulen untereinander sowie der engere Kontakt zwischen BMBF und geförderten Hochschulen intensiviert werden" (vgl. Bundesministerium für Bildung und Forschung 2017). So wurde 2015 in der Fachkonferenz „Lehr- und Lernformen" darüber diskutiert: „Praxis-, problem- und projektorientierte Lehr-/ Lernformen – wie können Theorie und Praxis verknüpft werden?" Fazit des Workshops: „Für den Lernerfolg Studierender ist es entscheidend, dass sie im Laufe ihres Studiums Möglichkeiten haben, sich auszuprobieren und verschiedene Kompetenzen zu erwerben. Praxis-, problem- und projektorientierte Lehrformate bieten hier vielfältige Möglichkeiten. Dabei muss es sich nicht zwingend um Veranstaltungen handeln, die über ein ganzes Semester laufen, vielfach lassen sich auch kleinere Formate in klassische Lehrveranstaltungen integrieren" (vgl. Bundesministerium für Bildung und Forschung 2017). Folgende Kompetenzen wurden im Rahmen des Workshops als wesentliche Kompetenzen ermittelt, die durch die Projektarbeit vermittelt und trainiert werden können:

- Analysekompetenz,
- Entscheidungskompetenz,
- Kommunikationsfähigkeit,
- Kooperationsfähigkeit,
- Empathie und
- Fähigkeit zum Perspektivwechsel.

Es ist auffällig, dass von verschiedenen Quellen (einige sind in diesem Buch vorgestellt), wie auch bei der zuletzt genannten, immer wieder dieselben Begriffe in Bezug auf erforderliche Kompetenzen für zukünftige Projektmanager fallen. Sie sind jedoch allesamt meist nicht im Inhalt der Curricula zu finden. Und wenn doch, dann meist in den Wahlfächern.

Auch sind es keine Kernkompetenzen der Lehrenden an Hochschulen, im Sinne von Fachwissen zu diesen Themenkomplexen.

Um Projektarbeiten anbieten zu können, ist es daher hilfreich, von den Praxiserfahrungen der Kollegen zu lernen und Konzepte für die Umsetzung auszutauschen. Neben Weiterbildungsmöglichkeiten bieten sich hierfür Arbeitskreise und Fachgruppen an. Nachfolgend werden daher Fachgruppen/Arbeitskreise in Deutschland kurz vorgestellt:

Fachgruppe „Projektmanagement an Hochschulen": Die Fachgruppe besteht aus Professoren und Dozenten des Projektmanagements an Universitäten und Hochschulen und hat inzwischen 190 Mitglieder. Sie ist damit das größte Netzwerk ihrer Art im deutschsprachigen Raum. Es finden zweimal jährlich überregionale Treffen, jeweils in einer gastgebenden Hochschule, statt. Neben den Fachgruppentreffen werden Themenstellungen in Kleingruppen erarbeitet und einige münden in Beiträge auf PM-Konferenzen, Publikationen in der Fachpresse oder in Büchern. Die Teilnahme ist kostenlos und eine Mitgliedschaft bei der GPM ist keine Teilnahmevoraussetzung (siehe Abb. 3.48). Die Fachgruppe ist aufgrund ihrer Aktivität und Qualität sehr zu empfehlen und neue Mitglieder werden gerne und rasch integriert. Informationen unter: https://www.gpm-ipma.de/know_how/fach_und_projektgruppen/projektmanagement_an_hochschulen.html

Arbeitsgruppe Projektmanagement an Bayerischen Hochschulen und Universitäten Wie wird Projektmanagement spannend, effizient und nachhaltig gelehrt? Welche interdisziplinären Besonderheiten der Wissensvermittlung im Projektmanagement ergeben sich von den wirtschafts- über die ingenieurwissenschaftlichen Fachbereiche bis hin zur Informatik? Mit diesen Kernfragen beschäftigt sich der Arbeitskreis Projektmanagement. Die Teilnehmer berichten über ihre Konzepte und Erfahrungen in der Anwendung verschiedener didaktischer Methoden. Den Teilnehmern steht nach der Veranstaltung ein DiZ-Moodle-Kurs als weiterführende Möglichkeit des Informationsaustausches zur Verfügung. Der Arbeitskreis ist aufgrund seiner Aktivität und Qualität sehr zu empfehlen und auch offen für Interessierte aus anderen Bundesländern. Informationen unter: https://www.diz-bayern.de/component/redevent/details/4-diz-termin?xref=161253&Itemid=214

Akademisches Programm von PMI In Ergänzung des internationalen PMI Academic Outreach Programs gibt es im PMI Southern Germany Chapter eine eigene Initiative, die Kooperation mit den süddeutschen Hochschulen zu fördern. Das Programm wurde 2016 gegründet und ist im Moment noch im Aufbau. Das Akademische Programm hat es sich zur Aufgabe gemacht, die Kontakte zu den Hochschulen zu pflegen, um eine möglichst fruchtbare Zusammenarbeit in Forschung und Lehre zu bewirken. Als Vision sieht es eine interdisziplinäre Weiterentwicklung des Projektmanagements als Fach mit einer zunehmenden Etablierung von PM-Curriculae und Zertifizierungen. Die aktuellen Aktivitäten zielen auf eine Vernetzung mit den Hochschulen, Ausbau der Kooperationen und Begleitung von gemeinsamen Initiativen und Veranstaltungen ab. Informationen unter: https://pmi-sgc.de/aktivitaeten-projekte/aka#aktuelles

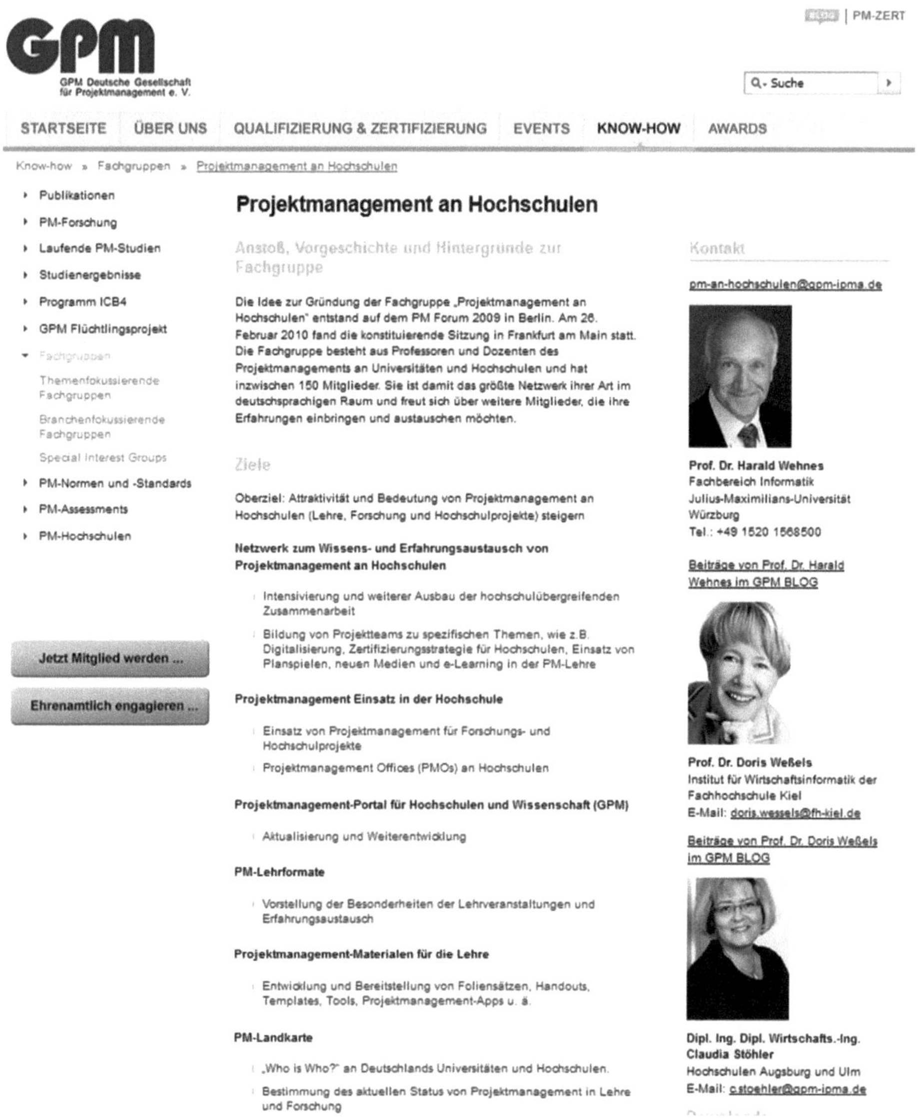

3.4 Weiterentwicklung des Moduls

Abb. 3.48 Website der GPM Fachgruppe Projektmanagement an Hochschulen (vgl. GPM 2017)

Verein Deutscher Ingenieure (VDI) – AK Projektmanagement in Gemeinschaft mit der GPM Der Bezirksverein Hannover stimmt im engen Dialog mit der GPM seine Aktivitäten ab. Dabei findet ein Informationsaustausch innerhalb des Arbeitskreises sowie über dessen Grenzen hinweg mit anderen Arbeitskreisen und Instituten statt. Veranstaltungen werden organisiert, die sich sowohl an erfahrene Ingenieure und Generalisten sowie auch Absolventen und Studenten richten und die vielfältigen Anwendungsmöglichkeiten des Instruments Projektmanagement vorstellen. Informationen unter: https://www.vdi.de/ueber-uns/vdi-vor-ort/bezirksvereine/bezirksverein-hannover-ev/arbeitskreise/projektmanagement/

Gesellschaft für Informatik e.V. – Fachgruppe WI-PM – Projektmanagement Die Fachgruppe der GI hat gegenwärtig ca. 230 Mitglieder. Zu den Veranstaltungen der Fachgruppe interPM, PVM und Fachgruppentreffen kommen bis zu 90 Teilnehmer, die gemeinsam zu aktuellen Themen des Projektmanagements diskutieren. Die Fachgruppe richtet sich an alle Projektmanagement interessierte Informatiker und nicht speziell an Hochschulangehörige. Informationen unter: https://fg-wi-pm.gi.de/

Verband Deutscher Wirtschaftsingenieure e.V. – VWI-Arbeitskreis Projektmanagement Der Arbeitskreis sieht sich nicht selbst als Initiator, Autor oder Ausrichter, sondern sein Ziel liegt vielmehr in der Kooperation mit anderen einschlägigen Fachverbänden, Organisationen, Unternehmen oder Institutionen. Vorrangige Tätigkeitsfelder liegen daher in der Auswahl potentieller Kooperationspartner und der selektiven Auswahl relevanter Themen für die Mitglieder des VWI. Informationen unter: http://www.vwi.org/hauptmenue/arbeitskreise/projektmanagement.html

Deutscher Hochschulverband – Projektmanagement an der Hochschule Der Hochschulverband richtet mehrmals im Jahr eintägige Workshops zum Thema Projektmanagement aus. Themenschwerpunkte liegen dabei sowohl im studentischen Projekt als Lehrformat, als auch im Projektmanagement an den Hochschulen selbst. Informationen unter: https://www.hochschulverband.de/644.html

3.4.2.2 Weiterbildungsmöglichkeiten

Die Didaktik-Zentren der Hochschulen und Universitäten in den verschiedenen Bundesländern bieten die Möglichkeit zur Bildung von Arbeitsgruppen an und haben ein umfangreiches Fortbildungsangebot. Die deutsche Gesellschaft für Hochschuldidaktik e.V. (dghd) hat deutschlandweit 43 Institutionen gelistet (vgl. dghd 2017). In sehr vielen Fällen gibt es Partnerabkommen, so dass auch Seminare außerhalb des eigenen Bundeslandes besucht werden können. In Tab. 3.10 sind für die Konzeption und Betreuung von studentischen Projektarbeiten relevante Seminare in den Didaktik Zentren der verschiedenen Bundesländer im Jahr 2017 gelistet. Es besteht kein Anspruch auf Vollständigkeit.

Tab. 3.10 Didaktik-Zentren in verschiedenen Bundesländern

Bundesland mit Einrichtungen	Seminare
Bayern Didaktik-Zentrum der Bayerischen Hochschulen: https://www.diz-bayern.de/programm Verband Profilehre der Bayerischen Universitäten: http://www.profilehreplus.de/seminare	Der Dozent als Coach Projektarbeit als didaktisches Konzept in Nicht-Ingenieursfächern Projektarbeit in Ingenieursfächern Didaktik Arbeitskreis: Projektmanagement Service Learning – Gestaltung projektorientierter Lehre Einführung Vertiefungsstufe: Lehrportfolio und Lernprojekte Grundlagen der Moderation und Diskussionsleitung Gestaltung projektorientierter Lehre – Grundstufe Studentische Arbeitsgruppen und Projektgruppen optimal führen
Baden-Württemberg Didaktik-Zentrum Baden-Württemberg http://www.hdz-bawue.de/	Coaching als Lehrformat in der Beratung Teams und Projektgruppen leiten: das Konzept der lateralen Führung Lehrcoaching: Projekte zum „Forschenden Lernen" planen und reflektieren Studentische Projektgruppen erfolgreich anleiten
Berlin Zentrum für Hochschullehre Berlin http://www.bzhl.tu-berlin.de/menue/workshop_programm	Moderieren und Visualisieren für Fortgeschrittene Problembasiertes Lernen (PBL)
Brandenburg Netzwerk Studienqualität Brandenburg https://www.faszination-lehre.de	Keine relevanten Seminare
Bremen Hochschuldidaktik http://www.uni-bremen.de/lehre-studium/hochschuldidaktik.html	Keine relevanten Seminare
Hamburg Zentrum für Universitäres Lehren und Lernen (HuL) https://www.hul.uni-hamburg.de/	Konflikte lösen Moderation in der Lehre
Hessen Servicecenter Lehre http://www.uni-kassel.de/einrichtungen/servicecenter-lehre	Keine relevanten Seminare

Tab. 3.10 (Fortsetzung)

Bundesland mit Einrichtungen	Seminare
Mecklenburg-Vorpommern: Hochschuldidaktik http://www.weiterbildung.uni-rostock.de/hochschuldidaktik/	Lehrprojekt-Entwicklung: Von der Idee zur Umsetzung
Niedersachen Kompetenzzentrum Hochschuldidaktik Niedersachen https://www.tu-braunschweig.de/khn Zentrum für Hochschuldidaktik und Qualitätsmanagement in der Lehre http://www.hochschuldidaktik.tu-clausthal.de/	Projektmanagement Case Studies – Probleme lösen lernen?!
Nordrhein-Westfalen Hochschuldidaktik NRW http://www.hd-nrw.de/startseite/ ZfH Zentrum für Hochschul- und Qualitätsentwicklung https://www.uni-due.de/zfh/ Hochschuldidaktische Arbeitsstelle http://www.hda.tu-darmstadt.de/angebote_fuer_lehrende_1	Feedback in der Lehre – Basis Problembasiertes Lernen
Rheinland-Pfalz Hochschuldidaktische Arbeitsstelle https://www.uni-koblenz-landau.de/de/landau/einrichtungen/hda Hochschulevaluierungsverbund http://www.hochschulevaluierungsverbund.de	Fallstudienarbeit und projektbasiertes Lernen Feedback in Lehrveranstaltungen
Saarland Zentrum für Schlüsselkompetenzen und Hochschuldidaktik (ZeSH) http://www.uni-saarland.de/einrichtung/zesh/hochschuldidaktik.html	Keine relevanten Seminare
Sachsen Hochschuldidaktisches Zentrum Sachsen https://www.hds.uni-leipzig.de/	Erfolgreiches Projektmanagement bei der Betreuung studentischer Abschlussarbeiten Projektanträge professionell konzipieren Projektbasierte Seminare managen
Sachsen-Anhalt Zentrum für Hochschuldidaktik und angewandte Hochschulforschung (ZHH) https://www.hs-magdeburg.de/hochschule/einrichtungen/zhh/	Interdisziplinäre Projektarbeiten in Großgruppen

Tab. 3.10 (Fortsetzung)

Bundesland mit Einrichtungen	Seminare
Schleswig-Holstein Projekt erfolgreiches Lehren und Lernen Perle http://www.perle.uni-kiel.de/de/Quali/lehrende Dozierenden-Service-Center https://www.uni-luebeck.de/universitaet/einrichtungen/dozierenden-service-center/hochschuldidaktik.html Hochschuldidaktik der Hochschule Kiel http://www.fh-kiel.de/index.php?id=11776	Keine relevanten Seminare
Thüringen Akademische Personalentwicklung an Hochschulen in Thüringen (HIT) https://www.hit-thueringen.de/	Moderation als Führungstechnik Besser kommunizieren: Gesprächsführung im Hochschulkontext

Literatur

Ahlemann, F. (2009). Towards a conceptual reference model for project management information systems. *International Journal of Project Management, 27*, 19–30. doi: 10.1016/j.ijproman.2008.01.008.

Ahlemann, F., & Riempp, G. (2008). RefModPM. *A Conceptual Reference Model for Project Management Information Systems. Wirtsch. Inform, 50*, 88–97. doi: 10.1365/s11576-008-0028-y.

B.O.S.S. (2017). Aufbau und Entwicklung von Kooperationsbeziehungen zwischen [WWW Document]. http://www.w3.org/TR/html401/struct/global.html#h-7.4.4. http://www.boss-mitteldeutschland.de/Projekte/Projekt_zur_Kooperation_von_Hochschulen__Gymansien/. Zugegriffen: 31. März 2017.

Bayerische Staatskanzlei. (2017a). Rahmenprüfungsordnung (RaPO) – § 7 Bewertung der einzelnen Prüfungsleistungen, Bildung von Endnoten [WWW Document]. http://www.gesetze-bayern.de/Content/Document/BayRaPO-7?AspxAutoDetectCookieSupport=1. Zugegriffen: 31. März 2017.

Bayerische Staatskanzlei. (2017b). Rahmenprüfungsordnung (RaPO) – § 18 Arten der Leistungsnachweise [WWW Document]. http://gesetze-bayern.de/(X(1)S(n5s4sjdzet11oz1iida3ged3))/Content/Document/BayRaPO-18?AspxAutoDetectCookieSupport=1. Zugegriffen: 31. März 2017.

Berliner Vorschrifteninformationssystem. (2011a). BerlHG Gesetz über die Hochschulen im Land Berlin (Berliner Hochschulgesetz – BerlHG) in der Fassung vom 26. Juli 2011 [WWW Document]. http://gesetze.berlin.de/jportal/?quelle=jlink&query=HSchulG+BE&psml=bsbeprod.psml&max=true&aiz=true#jlr-HSchulGBE2011V2P22. Zugegriffen: 31. März 2017.

Berliner Vorschrifteninformationssystem. (2011b). BerlHG Gesetz über die Hochschulen im Land Berlin (Berliner Hochschulgesetz – BerlHG) in der Fassung vom 26. Juli 2011 – § 30 [WWW Document]. http://gesetze.berlin.de/jportal/?quelle=jlink&query=HSchulG+BE&psml=bsbeprod.psml&max=true&aiz=true#jlr-HSchulGBE2011pP30. Zugegriffen: 31. März 2017.

Birkenfeld. (2017). Erfolgreich vernetzen auf www.vitamin-bir.de [WWW Document]. https://www.vitamin-bir.de/kooperieren/schulen-und-hochschule/. Zugegriffen: 31. März 2017.

Bolsinger, H., & Büsching, T. (Hrsg.) (2015). *Projekt perfekt? So managen Studierende Projekte erfolgreich*, Band 1. Würzburg: Eigenverlag.

Bundesministerium für Bildung und Forschung. (2017). Qualitätspakt-Lehre [WWW Document]. Qualitätspakt-Lehre – Qualitätspakt-Lehre. http://www.qualitaetspakt-lehre.de/. Zugegriffen: 31. März 2017.

Busch, M. W., & von der Oelsnitz, D. (2015). Teamarbeit: Die optimale Größe von Teams [WWW Document]. business-wissen.de. http://www.business-wissen.de/artikel/teamarbeit-die-optimale-groesse-von-teams/. Zugegriffen: 31. März 2017.

Busch, M. W., & von der Oelsnitz, D. (2006). Teamlernen durch After Action Review. *Personalführung*, 54–62.

dejure.org. (2017a). Begriff der Schenkung – § 516 BGB [WWW Document]. https://dejure.org/gesetze/BGB/516.html. Zugegriffen: 31. März 2017.

dejure.org. (2017b). Gewinnbegriff im Allgemeinen – § 4 Abs.5 S.1 Nr.7 EStG, 2017 [WWW Document]. https://dejure.org/gesetze/EStG/4.html

dghd. (2017). Teilnehmende Institutionen [WWW Document]. http://www.dghd.de/community/netzwerke/netzwerktreffen-der-hochschuldidaktik-in-deutschland/teilnehmende-institutionen/. Zugegriffen: 31. März 2017.

DiZ Bayern. (2017). DIZ-Termin – Kollegiales Coaching für den beruflichen Alltag – als Tandem von gegenseitiger Unterstützung profitieren [WWW Document]. DiZ Bayern. https://www.diz-bayern.de/component/redevent/details/4-diz-termin?xref=161235: kollegiales-coaching-fuer-den-beruflichen-alltag-als-tandem-von-gegenseitiger-unterstuetzung-profitieren. Zugegriffen: 31. März 2017.

Fachhochschule Aachen. (2017). Veranstaltungen – Software Engineering [WWW Document]. https://www.fhaachen.de/menschen/terstegge/veranstaltungen/swe/. Zugegriffen: 31. März 2017.

Fachhochschule Postdam. (2017). Studien- und Prüfungsordnung (StudPO) des Bachelorstudiengangs Kulturarbeit der Fachhochschule Potsdam [WWW Document]. https://www.fh-potsdam.de/fileadmin/user_upload/studienangelegenheiten/doku

Fuchs, M. (2013). Chaos im Stacey Diagramm. Fail Fast – Agile Erfahrungen aus der Praxis.

GPM Deutsche Gesellschaft für Projektmanagement e. V. (2017). GPM Deutsche Gesellschaft für Projektmanagement e.V.: GPM Fachgruppe Projektmanagement an Hochschulen [WWW Document]. https://www.gpm-ipma.de/know_how/fach_und_projektgruppen/projektmanagement_an_hochschulen.html.Zugegriffen: 31. März 2017.

Hinz, O. (2008). Effektive Rollen im Projekt. *MQ Management und Qualität*, 7–8, 22–24.

Hochschule Augsburg. (2017a). Modulhandbuch – Bauingenieurwesen (B.Eng.) [WWW Document] https://www.hs-augsburg.de/Architektur-und-Bauwesen/Bauingenieurwesen-Bachelor.html. Zugegriffen: 31. März 2017.

Hochschule Augsburg. (2017b). Projekte Bauingenieurwesen [WWW Document]. https://www.hs-augsburg.de/Architektur-und-Bauwesen/b-projekte-1.html. Zugegriffen: 31. März 2017.

Hochschule Augsburg. (2017c). SemPro online [WWW Document]. https://sempro.hs-augsburg.de/. Zugegriffen: 31. März 2017.

Hochschule Augsburg. (2017d). SemPro. Semester-Projekte 2017 [WWW Document]. https://sempro.hsaugsburg.de/semPro/#start. Zugegriffen: 31. März 2017.

Hochschule München. (2017). FK 10 – Schwerpunkt Projektberatung und Projektmanagement [WWW Document]. http://www.bwl.hm.edu/s/b/ba_bwl/projekt.de.html. Zugegriffen: 31. März 2017.

Hochschule Nürtingen-Geislingen. (2017). Internationales Projektmanagement [WWW Document]. https://www.hfwu.de/studium/studienangebot/fakultaeten/ipm/. Zugegriffen: 31. März 2017.

Hof, H. (2017). Hofer Consulting Group [WWW Document]. http://www.hofer-consulting-group.de/index.php/de/. Zugegriffen: 31. Marz 2017.

Kiel, F. (2017). Studiengangsübergreifende Projekte [WWW Document]. http://www.fh-kiel.de/index.php?id=2711. Zugegriffen: 31. März 2017.

Kuster, J., Huber, E., Lippmann, R., Schmid, A., Schneider, E., Witschi, U., & Wüst, R. (2011). *Handbuch Projektmanagement*. Berlin, Heidelberg: Springer Berlin Heidelberg.

Lange Nacht der Forschung. (2017). HOME – Lange Nacht der Forschung 2016 [WWW Document]. http://www.langenachtderforschung.at/. Zugegriffen: 31. März 2017.

Lange Nacht der Wissenschaft. (2017). LNDW 2017 [WWW Document]. https://www.langenachtderwissenschaften.de/. Zugegriffen: 31. März 2017.

Meyer, M. M., & Ahlemann, F. (2013). *Project management software systems: Requirements, selection process and products*, 7th Aufl.. Oberer Burgweg: BARC Business Intelligence.

Miebach, B. (2017). *Handbuch Human Resource Management: das Individuum und seine Potentiale für die Organisation*. Wiesbaden: Springer.

Pforzheimer Zeitung. (2016). Enten entern die Enz – Wertvolle Preise für die schnellsten gelben Plastiktiere. Pforzheimer Zeitung.

PMI (2013). *The standard for portfolio management*, 3 Aufl. Newtown Square, Pa: Project Management Institute.

PSI. (2012). Flexibles PSIwms. PSI Production Manager 12 ff.

PSI. (2017). PSI – Software für Versorger und Industrie [WWW Document]. http://www.psi.de/de/home/. Zugegriffen: 31. März 2017.

Reis, O., & Ruschin, S. (2007). Kompetenzorientiertes Prüfen als zentrales Element gelungener Modularisierung. *Journal Hochschuldidaktik*, 18, 6–9.

RHTW Aachen. (2017). Qualitäts- und Projektmanagement [WWW Document]. http://iaw-aachen.de/index.php/de/Sommer-QP.html. Zugegriffen: 31. März 2017.

Rindermann, H. (2001). Die studentische Beurteilung von Lehrveranstaltungen – Forschungsstand und Implikationen. In C. Spiel (Hrsg.), *Evaluation universitärer Lehre. Zwischen Qualitätsmanagement und Selbstzweck* (S. 61–88). Münster: Waxmann.

Schaper, N., & Hilkenmeier, F. (2013). Umsetzungshilfen für kompetenzorientiertes Prüfen, HRK-Zusatzgutachten. Hochschulektorenkonferenz – Projekt Nexus.

Schmidt, U. (2008). Aufbau, Funktionsweisen, Effekte und Wirkungsgrenzen einer systematischen hochschuleigenen Qualitätssicherung. In W. Benz, J. Kohler, & K. Landfried (Hrsg.), *Handbuch Qualität in Studium und Lehre: Evaluation nutzen – Akrreditierung sichern – Profil schärfen!*. Berlin: Raabe, J Stuttgart.

Schwäbische Zeitung. (2017). Die Nacht zum Tag gemacht [WWW Document]. Schwäbische.de. http://www.schwaebische.de/region_artikel,-Die-Nacht-zum-Tag-gemacht-_arid,10435279_toid,1.html. Zugegriffen: 31. März 2017.

sprungbrett bayern. (2017). P-Seminar Preis 2014/16 [WWW Document]. https://www.sprungbrett-bayern.de/lehrkraefte/p-seminar-preis-201416/. Zugegriffen: 31. März 2017.

Stöhler, C. (2016). *Projektmanagement im Studium: vom Projektauftrag bis zur Abschlusspräsentation*, 2.Aufl. Wiesbaden: Lehrbuch. Springer Gabler.

Sutherland, J., & Schwaber, K. (2013). The Scrum Guide – The Definitive Guide to Scrum: The Rules of the Game.

Universität Bielefeld. (2017). Prüfungs- und Studienordnung für das Masterstudium [WWW Document]. http://www.uni-bielefeld.de/Universitaet/Studium/Studieninformation/MPO_2011/index.html. Zugegriffen: 31. März 2017.

Universität Stuttgart. (2017). Downloads zur Projektarbeit im Bachelor | Gemeinsame Kommission Maschinenbau [WWW Document]. http://www.gkm.uni-stuttgart.de/projektarbeit/downloads.html. Zugegriffen: 31. März 2017.

Universität TAMK. (2017). Game portal [WWW Document]. http://15tiko.projects.tamk.fi/en/. Zugegriffen: 31. März 2017.

Universität Würzburg. (2017). Lehrstuhl für Informatik III: Professionelles Projektmanagement in der Praxis [WWW Document]. http://www.comnet.informatik.uni-wuerzburg.de/teaching/semesters/ss_2016/vorlesungen/professionelles_projektmanagement_in_der_praxis/. Zugegriffen: 31. März 2017.

Timinger, H. (2015). *Projektmanagement*, 1 Aufl. Weinheim: Wiley-Schnellkurs. Wiley-VCH Verlag GmbH & Co. KGaA.

Trello. (2017). www.Trello.com [WWW Document].https://trello.com. Zugegriffen: 31. März 2017.

Wang, A. I., & Stålhane, T. (2005). Using Post Mortem Analysis to Evaluate Software Architecture Student Projects. Presented at the 18th Conference on Software Engineering Education and Training (CSEE&T), Ottawa.

Wehnes, H. (2016). Status und Entwicklungstrends von Projektmanagement an den Hochschulen in Deutschland. Presented at the 7. PM-Tag Rhein-Ruhr: Bildung und Ausbildung der Projektmanager der Zukunft am 2016 Sep. 9, Düsseldorf.

Weßels, D. (2014). Der »X-Shaped«-Projektmanager für vernetzte Organisationen. In *Zukunft der Wissens- und Projektarbeit: Neue Organisationsformen in vernetzten Welten* (66–94). Düsseldorf: Symposion Publishing.

Weßels, D., & Metzger, C. (2015). Die Arbeitswelt im Fokus - berufsfeldorientierte Kompetenzentwicklung und Lernmotivation im Studium der Wirtschaftsinformatik, Fachtagung zur Hochschuldidaktik der Informatik HDI 2014, 15.-16.09.2014, Freiburg, Proceedings in der Schriftenreihe: Commentarii informaticae didacticae (CID).

Zentrum Qualitätssicherung und-Entwicklung. (2017). Modellgeleitete Lehrveranstaltungsbewertung [WWW Document]. http://www.zq.uni-mainz.de/1064.php. Zugegriffen: 31. März 2017.

Studentische Projekte durchführen

4

> **Zusammenfassung**
>
> Dieses Kapitel gibt einen Überblick über Methoden, die bei der Durchführung von Projektarbeiten an der Hochschule eingesetzt werden können. Dabei erfolgt die Vorstellung der Methoden in Abhängigkeit der spezifischen Projektphasen, die typischerweise bei der Abwicklung von studentischen Projektarbeiten durchlaufen werden. Dadurch soll ein Orientierungsrahmen aufgezeigt werden, der Impulse und Anregungen gibt, wie die Durchführung von studentischen Projekten an der Hochschule oder ganz konkret in Veranstaltungen gelehrt werden kann. Im zweiten Teil wird auch auf typische Schwierigkeiten im Projektverlauf eingegangen und aufgezeigt, wie deren Bearbeitung bzw. Vermeidung vom Dozenten unterstützt werden kann. Abschließend werden Methoden im Coaching vorgestellt, die der Dozent beherrschen und situativ einsetzen sollte.

Die Abb. 4.1 zeigt sowohl den Projektablauf in einem studentischen Projekt mit Startphase, Durchführungsphase und Abschlussphase als auch das Coaching von studentischen Projekten, die Gegenstand dieses Kapitels sind.

Bei der Abwicklung von studentischen Projekten sind, wie bereits in Kap. 3 erläutert, die Phasen Projektstart, Projektdurchführung und Projektabschluss zu durchlaufen. In diesem Kapitel werden nun aus Dozentenperspektive diese drei Phasen betrachtet und für jede Phase mögliche didaktische Hilfsmittel für den Dozenten zur Verfügung gestellt. D. h. für jede Phase werden verschiedene Methoden vorgestellt, die der Dozent bei seiner Lehrtätigkeit anwenden kann.

In Abb. 4.2 werden die wichtigsten Tätigkeiten bei der Projektabwicklung pro Phase aus der Dozentenperspektive aufgezeigt. Die einzelnen Aufgaben werden dann in den jeweils folgenden Abschnitten im Detail vorgestellt.

© Springer Fachmedien Wiesbaden GmbH 2018
C. Stöhler, C. Förster, L. Brehm, *Projektmanagement lehren*,
https://doi.org/10.1007/978-3-658-18279-3_4

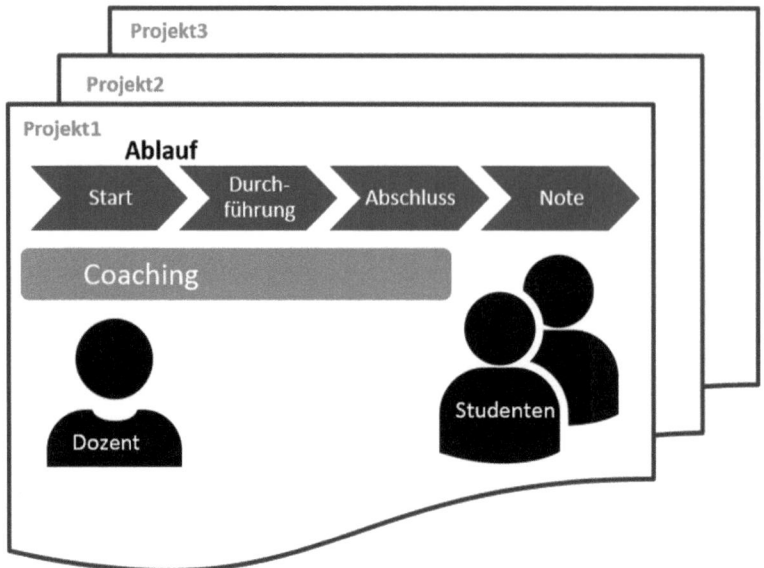

Abb. 4.1 Projektablauf in studentischen Projekten

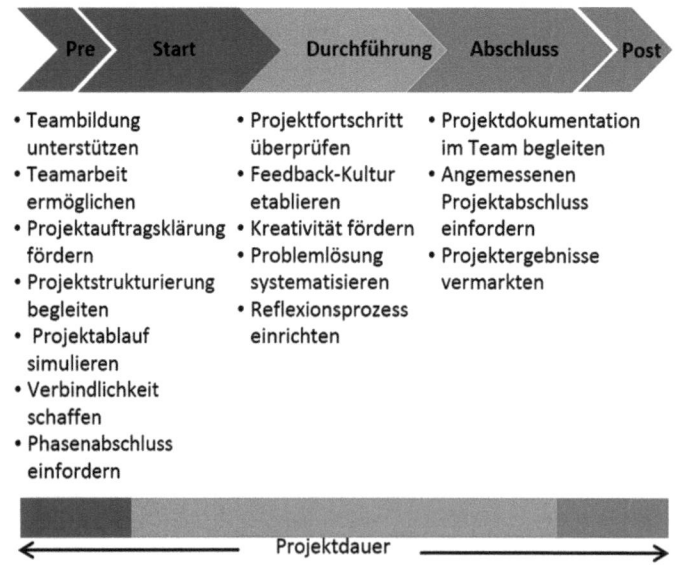

Abb. 4.2 Überblick wichtiger Aufgaben des Dozenten bei der Abwicklung von studentischen Projekten

4.1 Startphase

In der Startphase sind vor allem folgende wichtige Aufgaben durch den Dozenten zu berücksichtigen:

- **Teambildung und Arbeitsfähigkeit des studentischen Projektteams unterstützen**
  Die Rollen im Team müssen definiert und ein entsprechendes Verständnis dafür aufgebaut werden, letztlich sollten diese bestmöglich durch die Studierenden besetzt werden. Der Dozent kann diesen Prozess erklären und anleiten. Die Form der Zusammenarbeit im Team und mit dem Auftraggeber bedarf einer Regelung. Dazu müssen Regeln und Vereinbarungen getroffen, sowie Erwartungshaltungen geklärt werden. Der Dozent kann darauf hinweisen und seine Erwartungshaltung hierzu äußern.
- **Projektauftragsklärung fördern**
  Die Studierenden müssen sich mit dem jeweiligen Thema ihres Projekts auseinandersetzen, um ein tiefes Verständnis dafür aufzubauen. Ferner müssen Projektauftragsgespräche durchgeführt werden sowie die Ziele und Anforderungen definiert, analysiert und dokumentiert werden. Der Dozent kann mit Hinweisen zu entsprechenden Methoden unterstützen oder diese anleiten.
- **Projektstrukturierung begleiten**
  Um eine erfolgreiche Projektabwicklung zu ermöglichen, ist es wichtig, dass am Anfang durch die Studierenden eine Projektstruktur sowie eine grobe Planung des Projekts erarbeitet werden. Der Dozent kann diesen Planungsprozess unterstützend begleiten indem er Methoden vorschlägt oder die Planung gemeinsam mit dem Projektteam durchführt.
- **Projektablauf simulieren**
  Eine Projektsimulation zu Projektbeginn hilft dem Team, sich kennenzulernen. Durch die gemeinsame Erfahrung, die durch ein Spiel oder eine Übung gewonnen werden kann, entsteht eine lockere Atmosphäre und Berührungsängste werden abgebaut. Gleichzeitig wird ein Projektablauf in sehr kurzer Zeit „durchlebt" und in der anschließenden Reflexion können Erkenntnisse gewonnen werden. Der Dozent sollte geeignete Simulationen kennen und gezielt einsetzen.
- **Verbindlichkeit schaffen**
  Ohne Verbindlichkeit im Projekt ist kein Durchhalten möglich und Anforderungen und zugesagte Leistungen können sich jederzeit wahlfrei ändern. Wer sich zum Projekt anmeldet und dann einfach wegbleibt ist durchgefallen. Mit einem Projektvertrag zwischen Auftraggeber und dem Projektteam wird ein Vertrag geschlossen, an den sich alle zu halten haben, auf den sich im Projektverlauf in verschiedenen Situationen auch berufen werden kann.
- **Phasenabschluss einfordern**
  Über Meilensteine oder die Einrichtung von Projektphasen durch die gewählten Vorgehensmodelle, sollte der Dozent den jeweiligen Wechsel einfordern, damit ein Fortschritt und Qualität abgesichert werden können.

4.1.1 Teamrollentest

Um studentische Projekte durchführen zu können, müssen die Studierenden in studentische Projektteams eingeteilt werden. Auf die verschiedenen Möglichkeiten wurde dazu bereits in Kap. 3 eingegangen. Jetzt geht es darum, die in Kap. 3 vorgestellten Rollen im Projektteam zu besetzen. Prinzipiell gibt es zwei generische Rollen, den Projektleiter und die Projektmitarbeiter. Die Projektleiter-Rolle ist eine sehr wichtige Rolle, denn diese trägt wesentlich zum Erfolg bzw. Misserfolg eines Projekts bei. Deswegen sollte aus Dozenten-Perspektive darauf geachtet werden, dass ein geeigneter Studierender für diese Rolle ausgewählt wird. Ferner hat es sich bewährt, auch für die Projektmitarbeiter in Abhängigkeit des jeweiligen Fachgebiets unterschiedliche Rollen zu definieren. Dadurch vertiefen die Studierenden ihr Wissen bzgl. domänenspezifischer Arbeitsteams und haben eine Möglichkeit, die dafür notwendigen Fähigkeiten und Fertigkeiten zu trainieren.

Prinzipiell besteht die Möglichkeit, die Rollen in den studentischen Projektteams für die gesamte Projektlaufzeit einmal zu besetzen und diese dann konstant zu halten. Oder die Studierenden in den Rollen rotieren zu lassen. Dabei kann das Rotationsprinzip auch noch unterschiedlich ausgestaltet werden. Die Erfahrung des Autorenteams ist, dass eine Rotation der Rollen nur bei längeren Projekten oder bei bestimmten Phasenmodellen zielführend ist.

Um die Bildung und Arbeitsfähigkeit von studentischen Projektteams zu fördern, können Dozenten methodisch auf Teamrollen-Tests zurückgreifen. Vor allem wenn Projektgruppen entstehen, in denen sich die Studierenden nicht kennen, eignet sich diese Methode besonders. Ein weit verbreiteter Test ist der Teamrollen-Test nach Belbin. Auf der Suche nach den wesentlichen Aspekten, die erfolgreiche Teams von weniger erfolgreichen Teams unterscheiden, hat Dr. Meredith Belbin in seinen ursprünglichen Forschungsarbeiten über neun Jahre internationale Managementteams untersucht. Als zentrales Ergebnis resultierte, dass der Erfolg bzw. Misserfolg von Teams nicht von Faktoren wie bspw. Intelligenz abhängt, sondern mehr von dem Verhalten der einzelnen Teammitglieder. Im Kontext der Forschungsarbeit wurden neun verschiedene Verhaltensmuster, sogenannte Teamrollen, entwickelt. Dabei wird eine Teamrolle als eine Tendenz bezeichnet, sich in einer bestimmten Art und Weise im Team zu verhalten, zu interagieren und einen Beitrag zu leisten. Teamrollenmodelle und dazugehörige Testverfahren sind in Kap. 2 bereits vorgestellt worden. Nach Belbin arbeiten Teams dann effektiv, wenn diese aus einer Vielzahl heterogener Persönlichkeits- und Rollentypen bestehen. D. h. Teams mit einer ausgeglichenen Rollenverteilung sind leistungsfähiger als Teams, die weniger ausgewogen besetzt sind. Ferner kann die Abwesenheit einer Teamrolle ein Team schwächen, da spezifische Kompetenzen nicht automatisch durch eine Person verkörpert werden und spezielle Kombinationen der Rollenverteilung bergen Konfliktpotential für die Projektarbeit.

Der Belbin-Rollentest kann prinzipiell in zwei Varianten angewendet werden: (1) Unterstützung einer systematischen Rollenbesetzung oder (2) Grundlage für die Analyse eines Projektteams.

4.1 Startphase

Rolle	Mittelwert	Werte aus dem Test eingeben :								
Leiter	6	10	5	0	3	2	20	5	10	2
Macher	8	12	2	3	11	10	15	0	11	7
Erfinder	4	3	6	5	2	5	2	4	5	5
Beobachter	8	7	8	8	8	12	9	7	1	9
Umsetzer	10	9	12	11	7	9	10	13	5	10
Weichensteller	7	18	7	7	6	5	4	5	8	4
Teamplayer	13	8	14	13	11	14	5	18	14	22
Spezialist	6	0	10	10	11	1	2	8	8	4
Perfektionist	8	3	6	13	11	12	3	10	8	7
Summe=70 Check	70	70	70	70	70	70	70	70	70	70
		Student1	Student2	Student3 Dokumentar	Student4	Student5	Student6 Projektleiter	Student7	Student8 Controller	Student9

Abb. 4.3 Beispielergebnisse des Rollentests nach Belbin

1. Systematische Rollenbesetzung

In dem nachfolgenden Beispiel (siehe Abb. 4.3) sind exemplarisch die Ergebnisse des Rollentests nach Belbin im Kontext eines durchgeführten Projekts zu sehen. Jeder Studierende führt für sich selbst den Test durch und trägt die Ergebnisse in eine Tabelle ein. Die jeweils höchsten Werte werden markiert und die Personen diskutiert, die sich aufgrund ihrer natürlichen Rollen als Projektleiter, Controller oder Dokumentar eignen. Student6 wurde zum Projektleiter gewählt, da die Rolle des Leiters mit 20 Punkten am stärksten ist und die Rolle des Machers mit 15 Punkten ebenfalls stark ausgeprägt ist. Natürlich ist das Testergebnis nicht allein entscheidend. Für die Rolle des Dokumentars eignet sich beispielsweise jemand, der gut beobachtet und ein Perfektionist ist, damit wäre Student5 mit jeweils 12 Punkten am geeignetsten. Gewählt wurde dann jedoch Student3, der sich als einziger bereit erklärt hat, diese Aufgabe zu übernehmen.

2. Analyse eines Projektteams

Neben der systematischen Rollenbesetzung in Projektteams können Teamrollen-Tests auch für ihre Analyse verwendet werden. Dabei kann die Zusammensetzung der Teameigenschaften genauer untersucht werden, indem für jedes Team die Mittelwerte für die unterschiedlichen Teamrollen berechnet und dargestellt werden. In Abb. 4.4 ist exemplarisch

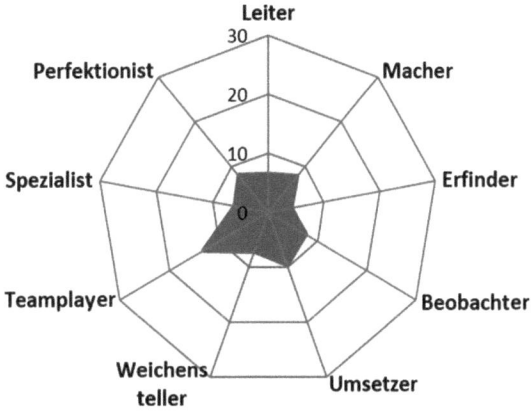

Abb. 4.4 Spinnendiagramm eines ausgewogenen Teams (vgl. Stöhler 2016)

das Ergebnis einer Teamauswertung in einem Spinnendiagramm zu sehen. Basierend auf den Ausprägungen des Diagramms können dann Schlussfolgerungen gezogen werden, wo das Team wahrscheinlich Stärken und Schwächen haben wird.

Folgende zwei konkrete Beispiele von Analyseergebnissen sollen die Anwendung verdeutlichen. Die Abb. 4.4 zeigt das Spinnendiagramm eines prinzipiell ausgewogenen Teams. Es ist jedoch zu erkennen, dass die beiden Rollen Erfinder (4 Punkte) und Spezialist (6 Punkte) am schwächsten ausgeprägt waren. Im Projektverlauf stellte sich dann heraus, dass kreative Ideen und Fachkenntnisse in diesem Team etwas unterrepräsentiert waren. Allerdings hatte das Projektteam sehr viel Spaß an der gemeinsamen Arbeit und die gegenseitige Unterstützung und Hilfe war stets gegeben (Teamplayer 13 Punkte und Umsetzer 10 Punkte), es wurde ein sehr gutes Projektergebnis erreicht.

In der Abb. 4.5 ist das Ergebnis eines Teams zu sehen, welches sich im späteren Verlauf des Projekts fast aufgelöst hat. Macher und Beobachter waren durch mehrere Teammitglieder sehr ausgeprägt vertreten, die anderen Rollen dagegen nur schwach besetzt. Es wurde viel Druck ausgeübt im Team sowie beobachtet und abgewartet anstatt zu handeln. Es war kein Zug im Team und Ergebnisse wurden nur durch Eingreifen des Betreuers angetrieben.

Die Ergebnisse der Teamanalysen können für den Dozenten als wertvolle Anhaltspunkte für die Betreuung und Förderung der studentischen Projektteams über den gesamten Projektlebenszyklus dienen. Da die Stärken und Schwächen und dadurch potentielle Risiken in der Teamarbeit transparent werden, kann durch die Wissensvermittlung und Sensibilisierung bzgl. der Teamrollen im Laufe der Projektabwicklung darauf ein besonderer Fokus gelegt werden. So können die vorhandenen Schwächen gezielt durch gegensteuernde Maßnahmen in Angriff genommen, sowie die Stärkung der bereits vorhandenen positiven Eigenschaften gefördert werden.

Ist beispielsweise die Rolle des Perfektionisten schwach vertreten, so sollte verstärkt auf qualitätssichernde Maßnahmen geachtet und diese gezielt im Projektplan verankert werden. Sind Teamplayer unterrepräsentiert, so sollte auf eine gleichmäßige Verteilung der

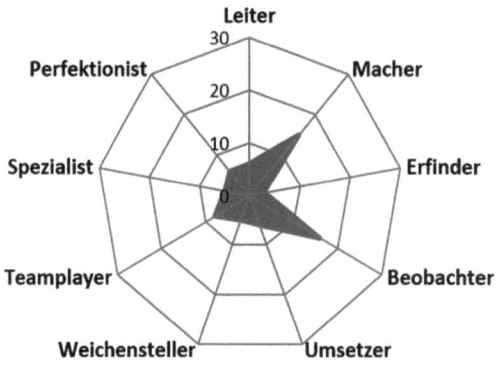

Abb. 4.5 Spinnendiagramm eines unausgewogenen Teams

Aufgabenlast geachtet werden, da sich in der Konstellation wahrscheinlich wenig gegenseitig geholfen wird und Themen leicht unbesetzt bleiben – nach dem Motto „Team – Toll ein anderer macht's". Umsetzer sind wichtig, damit ein Fortschritt auch tatsächlich passiert – Volition – von der Motivation zum Handeln kommen. Hier müssen geplante Aktivitäten sehr deutlich terminiert, zugewiesen und deren Erfüllung bereits vor Ablauf der Fälligkeit nachgehakt werden. Das sollte durch die studentische Projektleitung erfolgen, als Dozent können hierfür Impulse gesetzt werden.

Wenn ein Dozent länger mit dieser Analyse arbeitet, so können sehr schnell spezifische Muster identifiziert werden, für die jeder seine eigenen Maßnahmen entwickeln kann.

4.1.2 Arbeitsfähigkeit des Teams fördern

Nachdem das Projektteam ausgewählt ist und die jeweiligen Rollen durch die Studierenden besetzt sind, ist es wichtig, die Grundlagen für eine effektive Zusammenarbeit im Team zu legen.

Das heißt, dass alle Verhaltensweisen, die gegenseitig erwartet werden, durch das Team gemeinsam festgelegt werden müssen. Diese gemeinsamen Regeln beugen Konflikte vor und erleichtern die Zusammenarbeit. Zentrale Zielsetzung dabei ist, jedes einzelne Teammitglied entscheidungs- und handlungsfähig zu halten. Die Einrichtung eines Wiki für das Modul durch den Dozenten hat sich als hilfreich erwiesen. Es kann mit jedem Projekt langfristig weiter wachsen und bei Fragen der Studierenden kann darauf verwiesen werden.

Es ist sinnvoll, bereits zu Projektbeginn die Erwartungshaltung, Regeln, Werte, Infrastruktur und Normen festzulegen, siehe Abb. 4.6. Hierfür gibt es keinen fertigen Katalog, sondern sie sollten im Team erarbeitet werden. Nach Erfahrung der Autoren können dazu Leitfragen herangezogen werden, die nachfolgend aufgeführt sind. Da sich das Team zum Projektbeginn noch nicht kennt, ist es sinnvoll, dass der Dozent die gemeinsame Erarbeitung moderiert, beispielsweise im Rahmen einer Start-Veranstaltung. Falls dies nicht geschieht, kann es natürlich während des Projekts situativ jederzeit nachgeholt werden.

Abb. 4.6 Elemente der Regelung in Projektteams

Erwartungshaltung klären
Die Erwartungshaltung an das Projekt und der Beitrag jedes einzelnen sollte geklärt werden. Hilfreich ist es, diese auch schriftlich festzuhalten, so kann diese in der Konfliktlösung ggf. herangezogen werden. Insbesondere die Erwartungshaltung und die Kompetenzen der zu besetzenden Rollen sind zu diskutieren, so kann ein Konsens erzeugt werden für spätere Entscheidungsfindungen im Projektverlauf.

- Was erwarten Sie vom Projekt?
- Wie soll das Projekt ablaufen?
- Was ist Ihr Beitrag zum Projekt?
- Was erwarten Sie konkret von Ihrem Projektleiter?

Regeln der Zusammenarbeit aufstellen
Ferner ist es wichtig, im Team Regeln für die Zusammenarbeit zu erarbeiten und diese dann auch schriftlich zu dokumentieren. Steht ein fester Projektraum zur Verfügung, können diese Regeln auch auf einem Poster zusammenfassend dargestellt und somit jederzeit „Vor-Augen" sein.

- Wie sind die Umgangsregeln?
- Welche Bedürfnisse sollen berücksichtigt werden?
- Was ist zu tun und was zu unterlassen?
- Wie findet Kommunikation statt?
- Wie findet der Austausch untereinander statt?
- Wie wird mit Kritik und Konflikten umgegangen?
- Wie wird mit Lob und Anerkennung umgegangen?
- Wie wird verfahren, wenn der Projektfortschritt nicht wie geplant verläuft?

Gemeinsame Werte definieren
Die Festlegung von Werten im Team fördert das Wir-Gefühl und kann bei Konflikten oder zur Motivation herangezogen werden. Es ist auch förderlich, dass sich die Projektgruppe einen Namen gibt oder ein Logo für sich erfindet, welches dann immer wieder auf Dokumenten verwendet wird.

- Was sind die Werte von unserem Team?
- Wofür stehen „wir" als Team?
- Wie wollen „wir" nach innen und nach außen wirken?

Infrastruktur schaffen
Sofern seitens Dozent keine Vorgaben dazu bestehen, können Hinweise zur Infrastruktur gegeben werden, so die Studierenden nicht von sich aus dazu Regelungen treffen, was nach Erfahrungen der Autoren meistens geschieht. Eine Gefahr birgt sich in der Nutzung

von vielen Tools. Es wird sich leicht „totgespielt", so dass zu viel Zeit darauf verwendet wird, die richtigen Instrumente auszuwählen, sich mit ihnen vertraut zu machen.

- Einrichtung eines Email-Verteilers, WhatsApp-Gruppe, etc.
- Nutzung von Tools wie PM-Software (siehe Kap. 3); Doodle zur Terminfindung, Literaturverwaltung mit Citavi, Zotero, etc.; Videokonferenzen mit Teamviewer, Skype, etc. für virtuelle Treffen
- Einrichtung eines Wiki beispielsweise in Moodle, Ilias, etc.
- Gemeinsame Dokumentenverwaltung in der Cloud z. B. mit Dropbox, GoogleDrive, OneDrive, um nur einige gängige zu nennen; falls hochschulintern gemeinsame Laufwerke zur Verfügung stehen, ist es ratsam, diese aus Datenschutzgründen bevorzugt zu nutzen. Insbesondere bei externen Kunden wird Datenschutz, und wie dieser gesichert ist, oft angesprochen.
- Für persönliche Treffen Räumlichkeiten zur Verfügung stellen oder diese vom Projektteam organisieren lassen.

Normen festlegen
Normen legen bestimmte Arbeitsweisen und Ausführungen fest und steigern damit letztlich die Effizienz beim Arbeiten. Je nach Fachgebiet ergeben sich unterschiedliche Normen. Beim Schreiben helfen der einheitliche Zitierstil und Formatvorlagen, für Präsentationen erleichtern feste Layouts die einheitliche Darstellung. Beim Programmieren können Konventionen festgelegt werden usw. Normen können vom Dozenten vorgegeben sein, oder falls das Team sich nicht selbst welche wählt, sollte zumindest darauf hingewiesen werden.

Hinweis
Ein guter Filmbeitrag zum Thema „Arbeiten im Team" wurde 2015 vom WDR produziert. Über eine Verlinkung dorthin, z. B. via Moodle oder im Wiki des Projektmoduls, kann er dem Projektteam zur Verfügung gestellt werden:
    Quarks & Co | Arbeiten im Team: Fluch oder Segen? | 03.02.2015, 45 Minuten http://www.quarks.de

4.1.3 Project Canvas

Project Canvas ist eine Methode, um den Verständnisaufbau für das jeweilige Projektthema sowie die Projektauftragsklärung zu unterstützen. Es stellt ein visuelles Werkzeug zur Projektdefinition dar. Dieses kann verwendet werden, um systematisch Projektauftragsklärungsgespräche zu führen und die Ziele und Anforderungen des Projekts zu finden. Es unterstützt somit Projektteams, die ein gemeinsames Verständnis ihres Projekts erlangen wollen.

Zentrale Zielsetzung des Project Canvas ist, die Kommunikation in evtl. heterogenen Projektteams zu unterstützen. Es sollen ein Austausch und eine Diskussion der

Projektbeteiligten stattfinden, damit die unterschiedlichen Ausgangssituationen, Meinungen und Interessen identifiziert werden können.

Nach Habermann hat ein Project Canvas folgende charakteristische Eigenschaften (vgl. Habermann 2016a; Habermann und Schmidt 2017a):

1. **Verbindende Metapher**
   Eine umfangreiche Befragung von mehr als 2000 Menschen lieferte das Ergebnis, dass die meisten Personen mit einem Projekt eine „Reise in unbekannte Gefilde" assoziieren. Diese Metapher wurde im Project Canvas umgesetzt und ist in Abb. 4.7 zu sehen.
2. **Einfacher Aufbau**
   Prinzipiell besteht der Project Canvas aus fünf verschiedenen Bereichen. Über allem steht der Zweck des Projekts. Im mittleren Bereich befinden sich die Inputfaktoren, die Transformationsfaktoren sowie die Outputfaktoren. Den fünften Bereich stellt die Zeitleiste dar. Abb. 4.8 zeigt die fünf elementaren Bereiche des Project Canvas.

   Insgesamt ergeben sich dann elf verschiedene Bausteine, da die Input-, Transformations- und Outputfaktoren sich jeweils in drei Teile aufteilen. Die Inputfaktoren sind Budget, Team und Ressourcen. Als Transformationsfaktoren sind Umfeld, Meilensteine sowie Risiken und Chancen genannt. Die Outputfaktoren sind Ergebnis, Qualität und Kunde. Abb. 4.9 gibt einen Überblick über die elf Bausteine.

3. **Kraftvolle Fragen**
   Zur Definition des Projekts ist jedem Projektbaustein mehrere Fragen zugeordnet. Diese Fragen sind auf Karten notiert, die bei der Durchführung eines Projektauftragsklärungsgesprächs verwendet werden. In die Entwicklung des Fragensets flossen

Abb. 4.7 Projektweg (vgl. Habermann und Schmidt 2014, S. 17)

Abb. 4.8 Project Journey 1 (vgl. Habermann 2016b, S. 39)

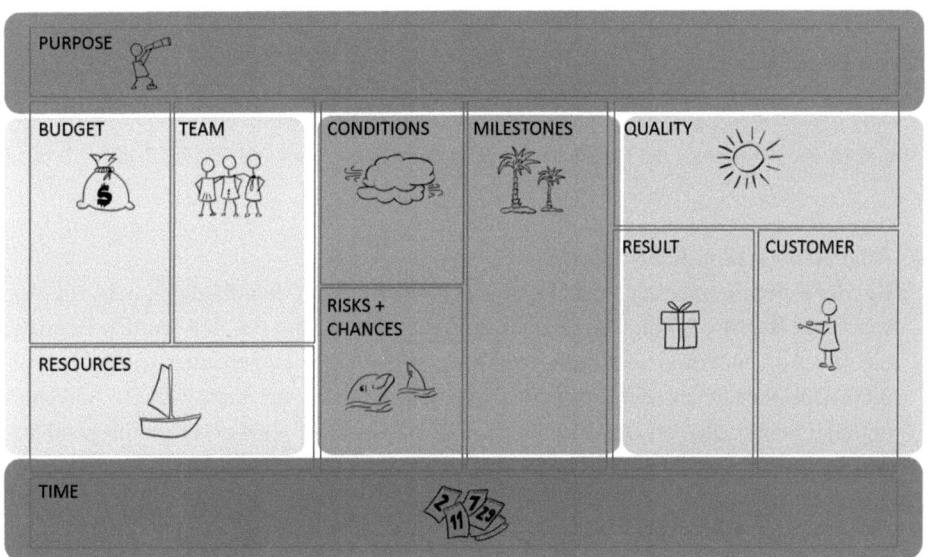

Abb. 4.9 Project Journey 2 (vgl. Habermann 2016a, S. 147)

umfangreiche Projekterfahrungen ein, um die wirklich wichtigen Fragen und somit die Essenz von Projektdenken zu integrieren. Die Fragen wurden in einer allgemeinverständlichen Sprache formuliert. Abb. 4.10 zeigt den Project Canvas mit einer Auswahl von Fragekarten.

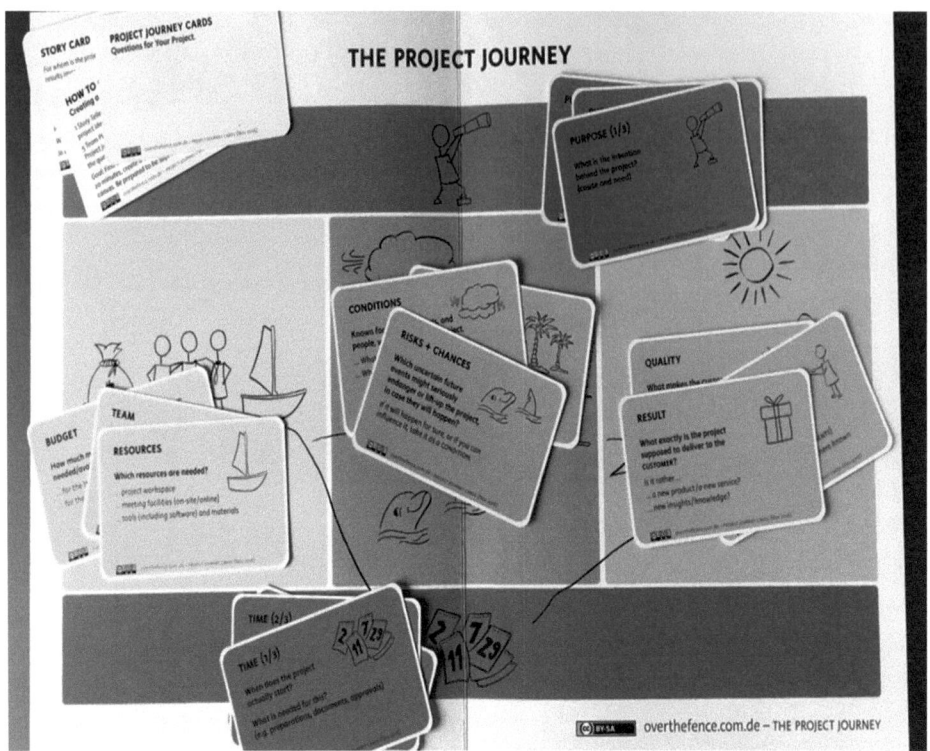

Abb. 4.10 Project Journey mit Fragekarten (vgl. Habermann und Schmidt 2017b, S. 40)

4. **Allgemeinverständliche Sprache**
Bei der Formulierung der Fragen wurde besonderen Wert darauf gelegt, dass alle verwendeten Begriffe unmissverständlich sind. D. h. im Laufe der Zeit wurden Begriffe, die von Anwendern als erklärungsbedürftig oder unklar eingeschätzt wurden, eliminiert. Darunter fielen auch Projektmanagement-Begriffe wie beispielsweise Stakeholder oder Scope, die von allgemeinen Anwendern als nicht selbsterklärend eingeschätzt wurden.

Zur praktischen Anwendung des Project Canvas im Hochschulkontext wird eine Zeitdauer von etwa 60 Minuten vorgeschlagen. Als Material werden benötigt: (1.) ein großformatiges Project-Canvas-Poster, (2.) Project-Canvas-Fragekarten sowie (3.) Post-its und Stifte. Anschließend kann das Projektaufklärungsgespräch mit dem Kunden beginnen. Dazu müssen die einzelnen Bereiche der Projektreise (Zweck, Input, Output, Transformation, Zeit) durch Studierende übernommen werden. Die Karten des Kartensets werden entsprechend aufgeteilt und alle Teammitglieder stellen Fragen und protokollieren die Antworten des Kunden. Der Ablauf des Kundengesprächs hat folgende vier Phasen:

1. Der Kunde erzählt ungestört die Geschichte des Projekts.
2. Alle Studierenden stellen Fragen und der Kunde gibt die entsprechenden Antworten. Die Studierenden notieren die Kundenantworten auf den ausgeteilten Post-its.
3. Das Project Canvas-Poster wird mit den beschriebenen Post-its gefüllt. Dazu werden die abgegebenen Antworten den verschiedenen Bereichen zugeordnet.
4. Das entstandene Poster wird gemeinsam diskutiert und fehlende Aspekte werden noch ergänzt.

Eine Vorlage des Project Canvas steht mehrsprachig und zur kostenfreien Verwendung zur Verfügung, ebenso wie detailliertere Informationen zur Methode, auf der Internetseite: http://overthefence.com.de/tools/.

4.1.4 Projektstrukturierung

Eine weitere wichtige Aufgabe des Dozenten in der Projektstartphase ist die Unterstützung der Studierenden bei der Strukturierung und Grobplanung des jeweiligen Projekts. D. h. die Studierenden müssen sowohl einen Überblick über das zu bearbeitende Projekt bekommen als auch anschließend dann eine gewisse Struktur entwickeln. Dazu kann er sie anleiten.

Beispiel zur Grobplanung
Der Projektauftrag bestand aus der Erarbeitung eines Bewertungsschemas für die Projektarbeit an der Fakultät. Hierfür hat der Dekan ein Projekt ausgeschrieben, das im Lauf des Sommersemesters bearbeitet werden sollte. Die Ergebnisse wurden dann in einer Diskussionsrunde im darauf folgenden Wintersemester mit den Professoren besprochen und validiert. Die vier Teilnehmer der Projektgruppe sind im 6. Semester und haben bereits ein Projekt an der Hochschule bearbeitet.

Das Projektteam hat sich im März getroffen, um einen ersten Plan zu entwickeln, sowie die Vorgehensweise, die Rollen und die Arbeitspakete zu bestimmen. Die Projektlaufzeit legen sie für den 1.4. bis zum 21.9.2012 fest, also für sechs Monate.

Mittels Mind Mapping an einem Flipchart wurden die Aufgaben eines Projekts zur Entwicklung eines Bewertungsschemas für Projektarbeiten identifiziert (KoBePro steht für **Ko**nzept **Be**wertung **Pr**ojekt). Zunächst wurden die inhaltlichen Äste entwickelt und anschließend fünf Themenblöcke gebildet. Einige wurden noch in Unterpunkte gegliedert, um die Arbeitspakete zu verkleinern. Aus dieser Mindmap (siehe Abb. 4.11) heraus wurde dann der Projektstrukturplan entwickelt und die Arbeitspakete an die Teammitglieder verteilt. Weitere Überlegungen führten dann zur Auswahl einer Vorgehensweise und zu einem Zeitplan in Form eines Gantt-Diagramms.

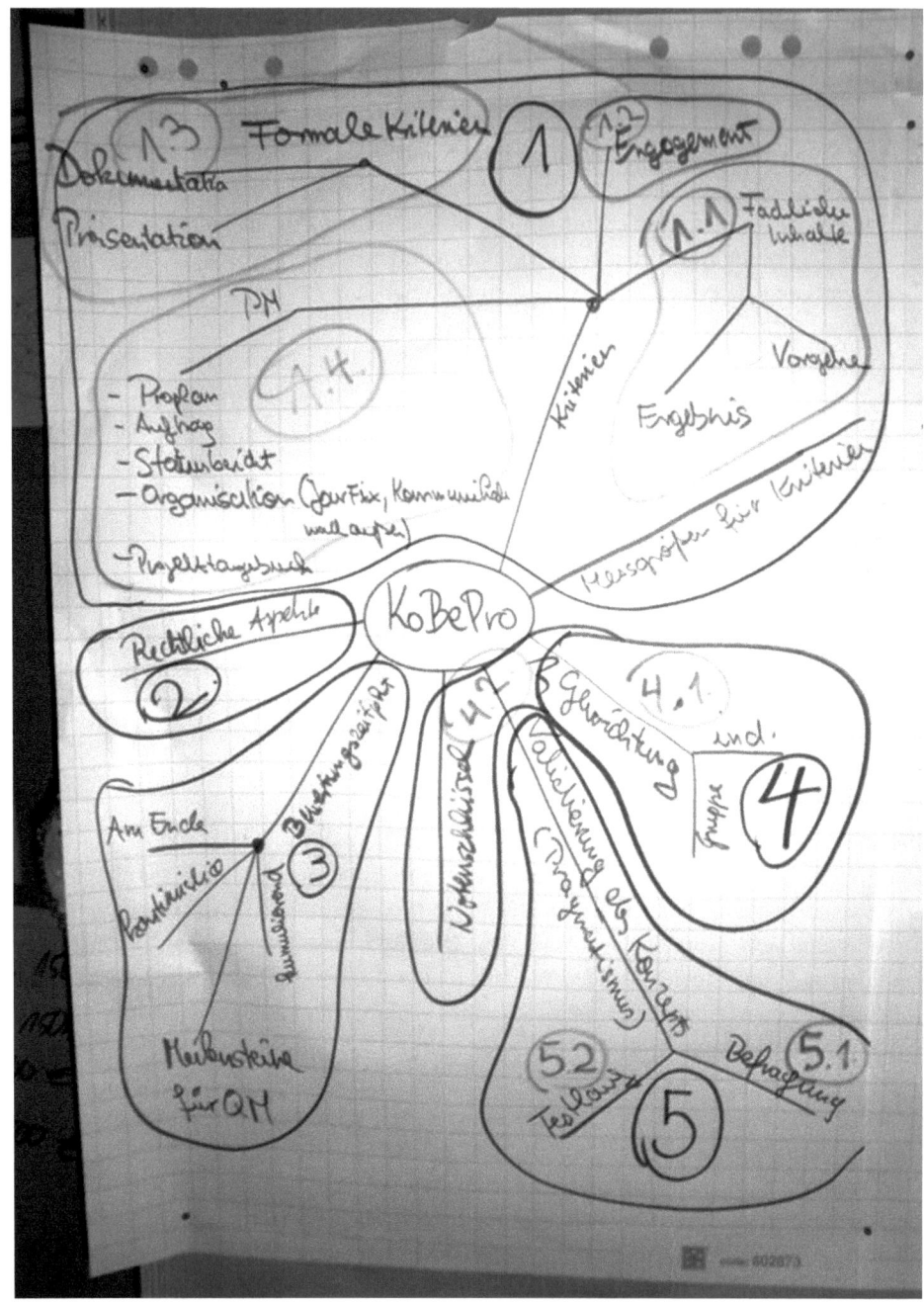

Abb. 4.11 Mindmap-Beispiel (vgl. Stöhler 2016, S. 45)

4.1 Startphase

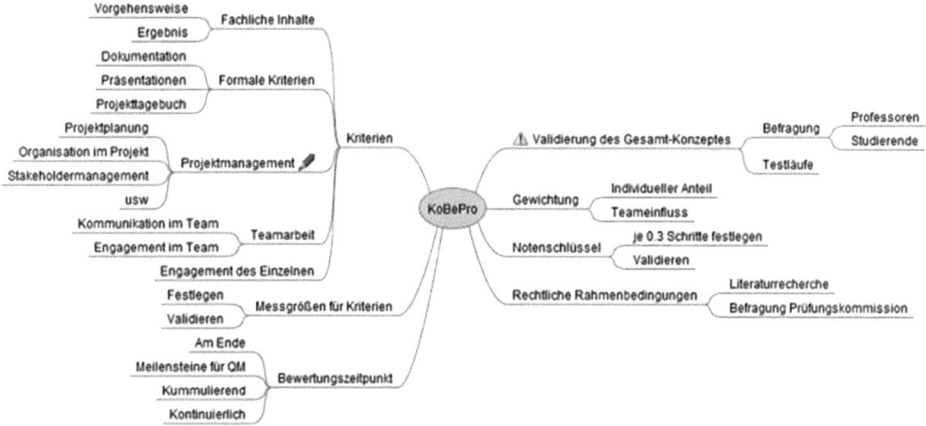

Abb. 4.12 Darstellung einer Mindmap erstellt mit Freemind

Inzwischen gibt es eine ganze Reihe von Programmen, um Mindmap elektronisch zu erstellen, wie im Beispiel in Abb. 4.12 ersichtlich ist. Die digitale Variante hat den Vorteil, dass Verweise auf Dateien oder Internetquellen eingebunden werden können. Sie ermöglicht es auch, mit mehreren Personen gleichzeitig daran zu arbeiten und Änderungen und Verschiebungen sind ohne neue Zeichnungen darstellbar. Bei den Teamversionen für mobile Geräte bewegen sich die Studierenden zudem in einem für sie gewohnten Umfeld. Nachfolgend sind Beispiele genannt, die sich nach Meinung der Autoren für den Einsatz in studentischen Projekten eignen:

- Freemind: http://freemind.softonic.de
- Freeplane: http://freeplane.sourceforge.net/wiki/index.php/Main_Page
- Mindmeister: https://www.mindmeister.com/de
- Wisemapping: http://www.wisemapping.com/

Nach dem Mind Mapping wurden die Arbeitspakete auf die Gruppenmitglieder verteilt. Dazu wird eine Matrix mit den zwei Dimensionen Arbeitspakete und Studierende erstellt und durch die Markierung mit einem Kreuz die Zuordnung durchgeführt, wie in Abb. 4.13 dargestellt ist.

Anschließend wurde der Terminplan mit den Terminvorgaben, wie Abgabetermin und Zwischenpräsentationen, abgeleitet und auch andere Zeitfenster im Studium berücksichtigt, wie Prüfungen und Semesterferien. Eine Vorgehensweise wurde festgelegt, Meilensteine ermittelt und eingetragen. Die Arbeitspakete wurden im Projektplan eingeplant und auf Unstimmigkeiten geprüft, wie in Abb. 4.14 zu sehen ist. Zum Abschluss wurde der Projektplan elektronisch erfasst (Abb. 4.15).

Dadurch ist eine gute Ausgangsbasis für die weiteren Detailplanungen vorhanden, die das Projektteam nun selbständig durchführt. Klare Zuständigkeiten sind dokumentiert,

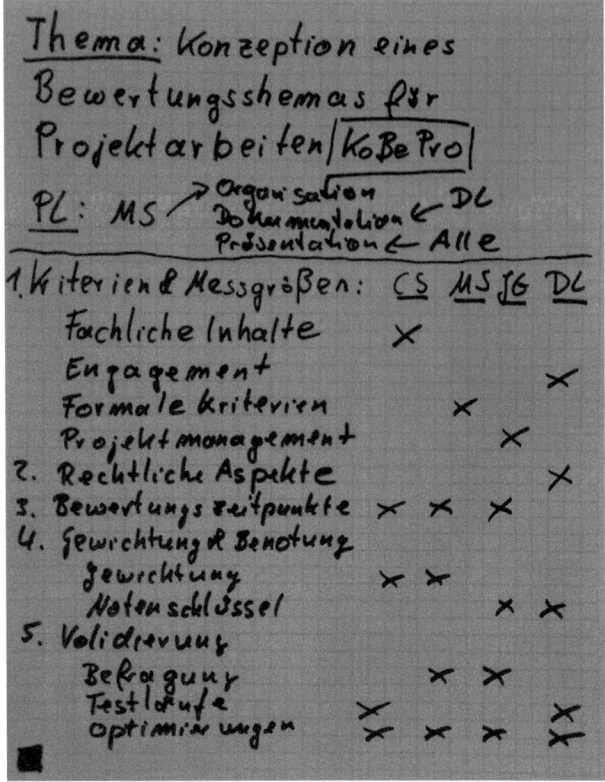

Abb. 4.13 Beispiel – Arbeitspakete zuordnen (vgl. Stöhler 2016, S. 46)

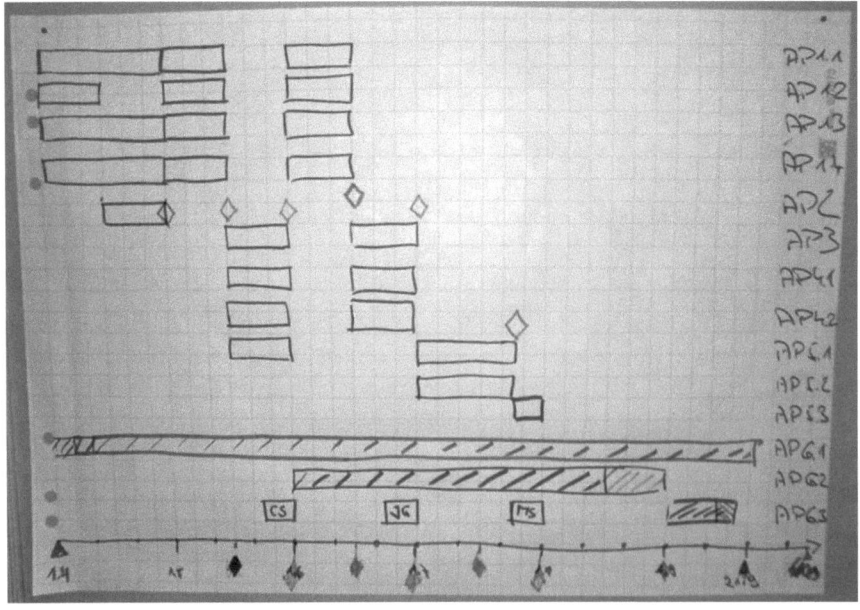

Abb. 4.14 Beispiel – Projektplan als Gantt-Diagramm (vgl. Stöhler 2016, S. 47)

4.1 Startphase

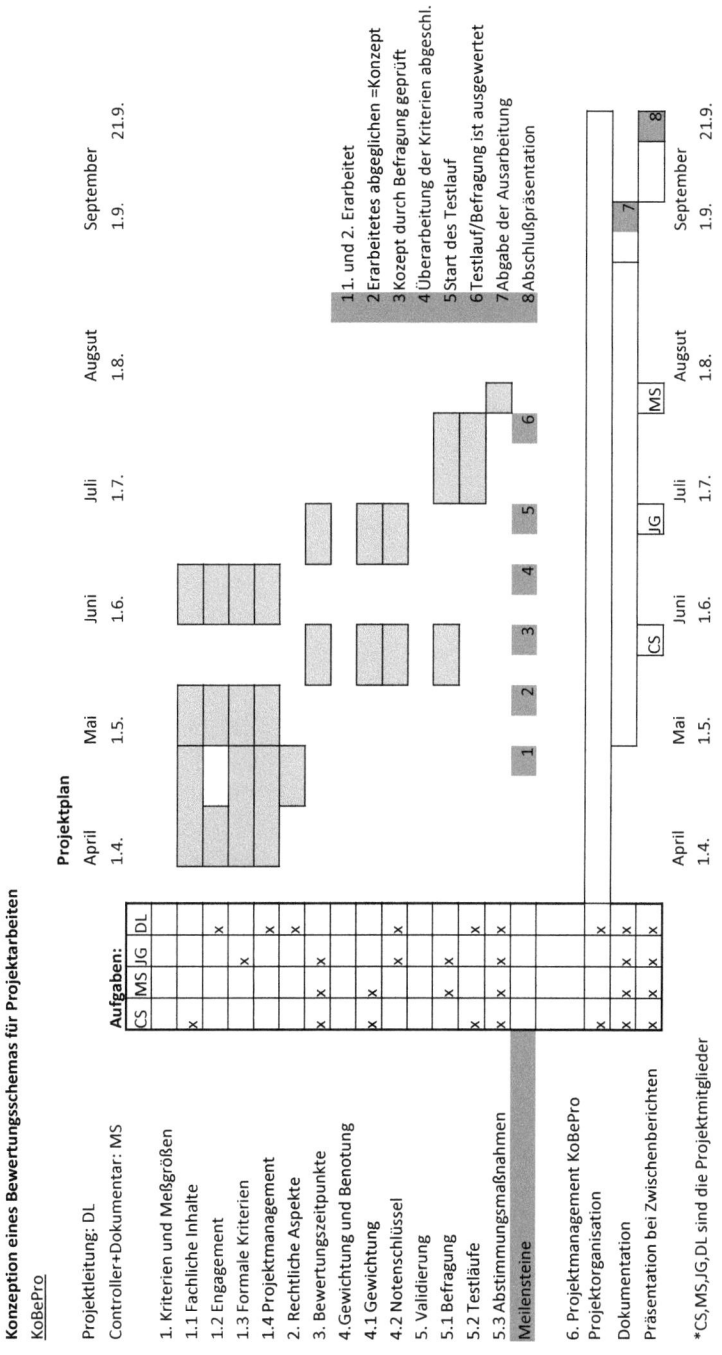

Abb. 4.15 Reinschrift Projektplan KoBePro (vgl. Stöhler 2016, S. 48)

wie die Rollen (Projektleiter, Controller, Dokumentar), Verantwortliche der Arbeitspakete und Präsentatoren in den Zwischenpräsentationen.

4.1.5 Projektsimulationen

Projektsimulationen ermöglichen es, die verschiedenen Stadien bzw. Phasen eines Projekts in kurzer Zeit zu durchlaufen. Dabei können die Studierenden für ausgewählte Aspekte des Projektmanagements sensibilisiert werden. So können die Teilnehmer beispielsweise:

- ein Bewusstsein für Ineffizienzen im Projekt erhalten.
- diese Ineffizienzen in der Simulation mit Projektcoach und Simulationsspezialist bearbeiten.
- lernen, Schwerpunkte und Prioritäten zu setzen (größter Hebel zur Effizienz).
- im gesicherten Raum mit ihrem Projekt experimentieren.
- aktuell hinderliche Verhaltensmuster in Projekten erkennen.
- neue nachhaltige Lösungswege finden.
- sich selbst und das Team weiterentwickeln.

Projektsimulationen eigenen sich daher sehr gut für die Startphase eines Projekts.

Am Markt gibt es eine ganze Reihe von Anbietern, die sich auf Planspiele (Serious Gameing) spezialisiert haben und die sich auch für den Einsatz in der Lehre eignen. So sind virtuelle Spiele verfügbar, die meist über das Internet gespielt werden. Der Dozent muss dafür Lizenzen abhängig von der Anzahl der Spieldurchläufe kaufen. Haptische Spiele werden meist in Form von Brettspielen angeboten, die einmalig beschafft und bezahlt werden. Manche von ihnen verwenden auch explizit bestimmte PM-Standards. Der Fachverband SAGSAGA (abgekürzt für „Swiss Austrian German Simulation And Gaming Association", deutsch: Gesellschaft für Planspiele in Deutschland, Österreich und der Schweiz e. V.) versteht sich als interdisziplinäres Netzwerk von Planspielentwicklern, -anwendern und -forschern. Er wurde 2001 gegründet und arbeitet eng mit dem internationalen Netzwerk der ISAGA (International Simulation and Gaming Association) zusammen. Informationen finden sich unter:

- http://www.sagsaga.org

Alle zwei Jahre findet das europäische Planspielforum statt. 2017 richtet es die Duale Hochschule Baden-Württemberg in Stuttgart aus, wie in Abb. 4.16 ersichtlich ist.

Eine aktuell gepflegte Sammlung von Planspielherstellern findet sich neben SAGSAGA an der Dualen Hochschule in Stuttgart unter nachstehendem Link:

- http://zms.dhbw-stuttgart.de/planspielplus/institutionen/planspielanbieter.html

Abb. 4.16 Planspielforum (vgl. Duale Hochschule Baden-Württemberg 2017)

Aber es geht auch anders: Im Kontext der Lehre hat sich die Simulation von Bauprojekten besonders bewährt. Damit können kostengünstig Erfahrungen gesammelt werden. Nachfolgend werden zwei mögliche Varianten exemplarisch vorgestellt, nämlich Turmbau mit Legosteinen und Turmbau mit Papier.

Lego Turmbau

Die anwesenden Studierenden werden in Gruppen zu jeweils ca. fünf Personen aufgeteilt. Jede Projektgruppe bekommt vom Dozenten den Auftrag, einen Turm aus den bereitgestellten Legosteinen (ca. 250 Bausteine) zu erstellen. Der Dozent kann individuell seine Wünsche bzgl. der Beschaffenheit und des Aussehens des Turms äußern.

Bei der Formulierung des Projektauftrags hat sich bewährt, diesen sehr vage zu formulieren. D. h. der Dozent gibt an, dass er keine konkreten Vorstellungen bzgl. des Aussehens, der Höhe und der Konstruktion des Turms hat. Ferner sollten jedoch Wünsche geäußert werden, die Interpretationsspielraum beinhalten und sich auch teilweise widersprechen, um zu testen, wie das studentische Projektteam mit diesen Anforderungen umgeht. Beispielsweise kann geäußert werden, dass ein sehr modernes, futuristisches Aussehen des Turms wünschenswert sei und ein spezielles Farbschema umgesetzt werden sollte. Zusätzlich sollte eine verpflichtende Anforderung bzgl. der Qualität des Turms ausgesprochen werden. Zum Beispiel, dass der Turm nach Abschluss der Bauphase für mindestens 1 Minute frei, d. h. ohne jegliche stützende Maßnahmen, stehen muss.

Zusätzlich sollten dem Projektteam noch wirtschaftliche Projektziele mitgegeben werden. D. h. Ziel des Auftragnehmers (= studentische Projektgruppe) muss es sein, maximalen Gewinn aus dem Auftrag zu erwirtschaften. Den Studierenden muss dann vorab erläutert werden, wie Gewinne in diesem Projekt erwirtschaftet werden können.

In Abb. 4.17 ist ein Beispiel gegeben, wie die Rahmenbedingungen der Projektabwicklung gestaltet werden können.

Es ist praktikabel, die Einflussgrößen von Kosten für Planungszeit, Bauzeit und ggf. Steine sowie die Einnahmen für die Bauhöhe und das ansprechende Design, welches der Dozent willkürlich bewertet, grafisch darzustellen. So können die Studierenden in der kurzen Planungszeit einen schnelleren Kosten- und Ertragsüberblick bekommen. Beispiele sind in Abb. 4.18 zu sehen.

Lego Turmbau

Kostensätze und Grenzen sind vom Dozenten festzulegen

Input	Einheiten	Ressourcen	Kosten	Strafen bei:	
Planungszeit	Min	5-15 Min	2.000€ pro Min	>15 Min	10.000€ pro Min Zuschlag
Bauzeit	Min	2-5 Min	10.000€ pro Min	>5 Min	50.000€ pro Min Zuschlag
Bausteine	Stk	50-250	500€/Stein		
Output	Einheiten	Ressourcen	Ertrag	Strafen bei:	
Turmhöhe	cm	100- xcm	2.000€/cm	<100 cm	5.000€ pro cm Strafe
Design	Punkte	1-10	5.000€/Punkt		

Ergebnisbeispiel:

Input			Kosten	Zuschläge	
Planungszeit	16		32.000 €	10.000 €	wg. 1 Min Überplanung
Bauzeit	6		60.000 €	50.000 €	wg. 1 Min Bauzeitüberzug
Bausteine	250		125.000 €		
		Summe	217.000 €	60.000 €	277.000 €
Output			Ertrag	Strafen	
Turmhöhe	99		198.000 €	-5.000 €	wg. 1 cm Unterbauung
Design	8		40.000 €		
			238.000 €	-5.000 €	233.000 €
				Ergebnis	-44.000 €

Abb. 4.17 Planspielregeln

4.1 Startphase

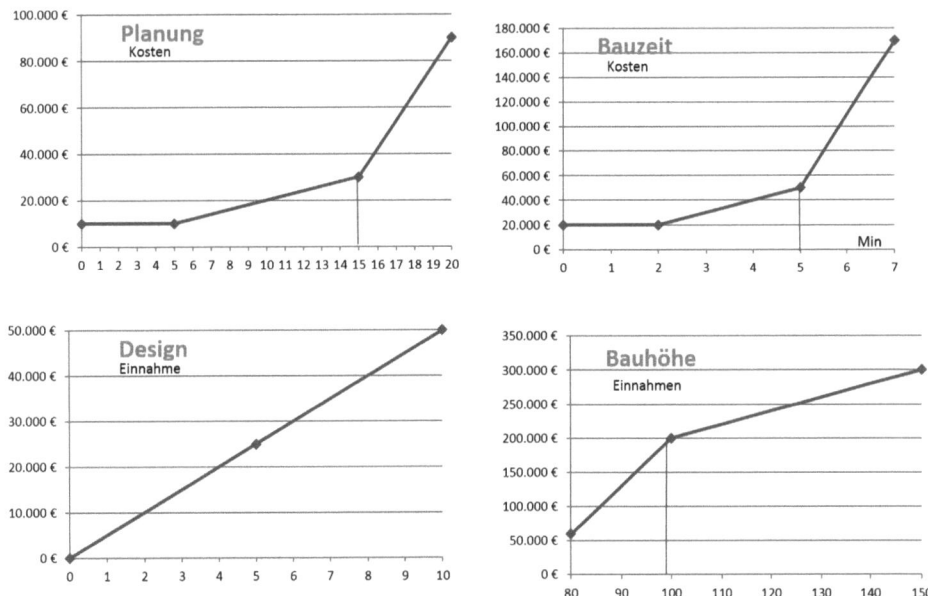

Abb. 4.18 Planspielregeln grafisch

Prinzipiell besteht das Turmbau-Projekt aus zwei verschiedenen Phasen:

- Phase 1: Planungsphase (maximal 20 Minuten)
  In der Planungsphase müssen die Studierenden die wesentlichen Parameter des Projekts festlegen und in einem Planungsformular dokumentieren: Anzahl Bausteine, geplantes Aussehen, geplante Bauhöhe, geplante Bauzeit sowie eine Skizze des geplanten Turms.
- Phase 2: Bauphase (maximal 7 Minuten)
  Die Projektteams versuchen, ihren Plan umzusetzen und bauen gemeinsam den geplanten Lego-Turm.

Nachdem die Einführung in das Turmbau-Projekt durch den Dozenten abgeschlossen ist, wird an jedes Projektteam ein Planungsformular ausgeteilt und sofort mit dem Stoppen der Zeit für die Planungsphase begonnen.

Ab sofort läuft die Planungsphase. Falls die Studierenden nachfragen, kann den einzelnen Projektteams ein paar Legosteine zum Testbauen zur Verfügung gestellt werden. Ansonsten steht der Dozent als Ansprechpartner und somit Vertreter des Projektauftraggebers während der gesamten Planungsphase den Studierenden zur Verfügung. Der Dozent bleibt aber passiv in seiner Rolle und reagiert nur auf die Anfragen der Studierenden. Es kann durchaus sein, dass kein studentisches Projektteam eine Kontaktaufnahme mit dem Auftraggeber während der Planungsphase vornimmt. Aus didaktischer Perspektive ist dies jedoch auch zu begrüßen, denn in der abschließenden Reflexionsphase kann dieses typische Projektverhalten dann beleuchtet werden: In einem Projekt werden bestimmte Annahmen getroffen, welche Leistung der Projektauftraggeber erwartet und es wird gleich ohne Rücksprache losgearbeitet. Sind alle Angaben in dem Planungsformular (geplante Anzahl an verwendeten Bausteinen, geplante Turmhöhe, geplante Bauzeit, Planungsdauer, angestrebter Gewinn sowie eine Skizze des Turms) ausgefüllt, können die Projektteams individuell ihre Planungsphase beenden, indem sie das Planungsformular beim Dozenten abgeben. Dieser notiert die Dauer der durchgeführten Planungsphase auf dem Blatt. Nach spätestens 20 Minuten müssen alle Teams die Planungsblätter beim Dozenten abgeben.

Nach Abgabe der Planungsdokumente bauen alle Projektteams hintereinander den jeweils geplanten Turm. Am besten reflektiert man dabei die Reihenfolge der abgegebenen Planungsdokumente. D. h. die Gruppe, die am kürzesten geplant hat, muss nun als erstes ihr Projekt umsetzen. Zur Projektumsetzung muss der Dozent einen Tisch, auf dem der Turm gebaut wird, vorbereitet haben. Auf diesem Tisch sind alle zur Verfügung gestellten Lego-Steine ausgebreitet (siehe Abb. 4.19).

Anschließend formieren sich jeweils alle Projektteammitglieder um den Tisch und der Dozent startet die Bauphase. Dazu aktiviert dieser eine Stoppuhr und die Studierenden beginnen mit dem Bau des Lego-Turms. Sobald das Team beschließt, dass ihr Turm im finalen Zustand umgesetzt ist, teilen sie dies dem Dozenten mit. Dieser beendet das Laufen der Stoppuhr und notiert anschließend die verwendete Bauzeit auf dem Planungsformular

Abb. 4.19 Tisch mit Lego-Steinen

des Projektteams. Sollte das Team nicht selbständig den Bau abschließen, wird die Bauzeit nach 7 Minuten durch den Dozenten abgebrochen.

Die Bauphase der einzelnen Projektteams kann durch den Dozenten gestört werden, indem dieser wiederholt mit konkreten Änderungswünschen an die Projektgruppe herantritt. Je nach gewünschtem Störungsgrad können die Häufigkeit und die sich ggf. teilweise widersprechenden Änderungswünsche abgegeben werden.

Abschließend wird das erzielte Projektergebnis der jeweiligen Projektgruppe dokumentiert. Erst wird die Qualität des Turms überprüft, d. h. die Projektteammitglieder treten vom Tisch zurück und es wird geprüft, ob der Turm tatsächlich ohne jegliche Unterstützung die vereinbarten Zeitdauer standhält. D. h. der Turm müsste wie oben angeführt für eine Minute stehen, ohne dass dieser in sich zusammenbricht. Abb. 4.20 zeigt ein studentisches Projektteam, das die Bauphase beendet hat und kritisch beobachtet, ob der Turm tatsächlich stehen bleibt.

Hat der Turm die Qualitätskontrolle erfolgreich durchlaufen, muss als nächstes durch den Dozenten das erzielte Projektergebnis dokumentiert werden. Dazu wird als erstes durch den Dozenten die erreichte Turmhöhe ermittelt, indem er die Höhe des Turms mit einem Meterstab misst und die abgelesene Maßzahl in Zentimeter in das Formular des Projektteams einträgt. Ferner können sowohl Aussehen, umgesetztes Farbmuster und weitere zum Projektstart definierte Anforderungen mit dem Projektteam diskutiert werden. Zusätzlich muss noch die Anzahl der tatsächlich verbrauchten Legosteine bestimmt werden. Hierzu

Abb. 4.20 Turm gegen Ende der Bauphase

wird der Turm in seine Einzelteile zerlegt und die Legosteine abgezählt. Die ermittelte Gesamtanzahl der Legosteine wird auch auf dem Projektformular festgehalten.

Nachdem alle Türme gebaut und die erzielten Ergebnisse pro Gruppe festgehalten wurden, sollte anschließend eine Reflexion des durchgeführten Projektmanagements erfolgen. Dabei können u. a. folgende Aspekte reflektiert werden:

- Wurde eine Auftragsklärung/Scoping durchgeführt?
  Hier kann das Verhalten und die Arbeitsweise des Projektteams in der Planungsphase besprochen und kritisch hinterfragt werden. Hat das Projektteam eine angemessene Projektauftragsklärung durch gezieltes Nachfragen beim Dozenten durchgeführt. D. h. wurden die Erwartungen und Ziele des Auftraggebers ermittelt und angemessen hinterfragt, so dass eine exakte Spezifikation des zu erzielenden Projektergebnisses erreicht wurde. Dadurch kann verhindert werden, dass der Auftraggeber in der Umsetzungsphase permanent mit Änderungswünschen kommt.
- Wurde eine realistische Projektplanung durchgeführt?
  Hier kann reflektiert werden, ob durch das Projektteam hinterfragt wurde, welche Ressourcen für das Projekt gegeben sind, beispielsweise durch das Nachfragen beim Dozenten wie viele Legosteine insgesamt zur Verfügung stehen, wie viele Legosteine in welcher Farbe und in welcher Größe vorhanden sind, etc.. Ferner kann diskutiert werden, ob ein Probebauen durch die Teams stattgefunden hat. Um eine realistische Planung abzugeben, wäre ein Probebauen zu empfehlen, denn nur dadurch bekommt man ein Gefühl dafür, welche Höhen umgesetzt werden können, um die geforderten Stabilitätsanforderungen zu erfüllen.
- Wurden im Projektteam unterschiedliche Rollen definiert?
  Von besonderem Interesse ist hier, wie die Teams sich intern organisiert haben. Effektive und weniger effektive Arbeitsweisen können dabei hinterfragt werden. Beispielsweise kann beleuchtet werden, ob es in den jeweiligen Teams eine Rolle, die für die Einhaltung der zeitlichen Vorgaben im Projektplan verantwortlich war, gab.
- Wurde ein Risikomanagement praktiziert?
  Das größte Risiko in diesem Projekt stellt sicherlich das Risiko dar, dass während des Bau des Legoturms dieser in sich zusammenstürzt. Insofern kann beleuchtet werden, ob die unterschiedlichen Gruppen auf dieses Ereignis vorbereitet waren Ist der Turm bei der einen oder anderen Projektgruppe umgefallen, kann auch noch besprochen werden, wie das Team dann tatsächlich reagiert hat.
- Wie ging das Team mit Änderungswünschen des Projektauftraggebers um?
  Auch diese Frage ist sehr spannend, denn in jedem Projekt treten Änderungen auf. In diesem Kontext können die verschiedenen praktizierten Ansätze der Projektteams reflektiert werden.

Papier Turmbau

Die Studenten haben 20 Minuten Zeit, aus einem Stapel Papier einen möglichst hohen Turm zu bauen. Hilfsmittel wie Kleber, Schere, Hefter etc. sind nicht zugelassen. Der

Turm muss 10 Sekunden frei stehen können. Die Übung lässt sich sowohl mit Kopierpapier, als auch mit großen Blättern (Flip-Charts) durchführen. Es werden ganz erstaunliche Höhen erreicht. Die Teilnehmerzahl ist beliebig, bei sehr großen Gruppen bietet sich ein Wettbewerb an: Wer baut den höchsten Turm?

Auch in diesem Kontext können die unterschiedlichen Ansätze des praktizierten Projektmanagements in den einzelnen Projektgruppen nach Fertigstellung des Papierturms im Plenum reflektiert werden.

4.1.6 Projektvertrag

Ein Vertrag schafft Verbindlichkeit in einem Projekt. Es wird in der Wirtschaft zwischen einem Werksvertrag und einem Dienstvertrag des Auftragnehmers unterschieden. Diese Vertragsarten sind Grundidee für den Projektvertrag einer Studentengruppe mit ihrem Auftraggeber, auch wenn dieser rechtlich nicht bindend abgeschlossen wird, sondern lediglich zur Sicherstellung des gemeinsamen Verständnisses vom Projektinhalt und dessen Rahmenbedingungen dient.

Bei einem Dienstvertrag ist der Auftragnehmer zur Leistung der versprochenen Dienste und sein Auftraggeber zur Zahlung der vereinbarten Vergütung verpflichtet (vgl. § 611 BGB). Daher wird meist die Erbringung einer Dienstleistung in Art, zeitlichem Umfang und Güte vereinbart und näher beschrieben. Der Auftragnehmer unterstützt seinen Kunden durch seine Dienstleistung und schuldet keinen konkreten Arbeitserfolg, kein konkretes Ergebnis und kein konkretes Produkt. Die Projekt- und Erfolgsverantwortung bleibt beim Auftraggeber, das ist beim Werksvertrag anders.

Bei einem Werkvertrag schuldet der Auftragnehmer einen konkreten Erfolg oder ein bestimmtes Arbeitsergebnis (vgl. §§ 631 ff BGB). Er verpflichtet sich durch seine Dienstleistung, einen bestimmten Erfolg herbeizuführen. Bei einem Werkvertrag interessiert sich der Auftraggeber nicht dafür, wie der Auftragnehmer den geschuldeten Erfolg herstellt, sondern nur für das erzielte Ergebnis. Daher wird die Erbringung der Leistung bzw. eine genaue Spezifikation des Werkes oder Produktes (z. B. mittels Lastenheft) näher beschrieben.

In einem studentischen Projektvertrag sollten daher sowohl der Aufwand (ECTS der Studierenden in Arbeitsstunden) und die Leistung (Was zu tun ist), als auch das zu erarbeitende Ergebnis enthalten sein. Die Güte des Projekts und das Ergebnis werden letztlich durch die Notenbildung beurteilt. Die Studierenden sollten sowohl die Erwartungshaltung des Auftraggebers und des Dozenten kennen, als auch über die Bewertungskriterien Bescheid wissen.

Ein Projektvertrag sollte kurz sein, 1–3 Seiten nicht überschreiten und vom Projektteam geschrieben werden. Wenn ein Projektteam in der Lage ist, den Inhalt strukturiert kurz zusammen zu fassen, dann besteht eine hohe Wahrscheinlichkeit, dass das Projekt richtig verstanden wurde. Der Projekt Canvas kann als inhaltliche Vorlage zum Vertrag genutzt werden. Als Anhang zum Vertrag können das Organigramm, der Projektplan, die Vorgehensweise, der Kosten- und Ressourcenplan etc. dienen.

„Entwicklung eines Logistik-Cockpitcharts"

1. Projektteam: Projektleitung mit Funktionen:
Leiter
Controller
Dokumentar
Team

2. Ziel: Betriebswirtschaftliche Entwicklung eines Cockpitcharts für die Logistik, einer zu definierenden fiktiven Firma und Erstellung eines Prototyps.

3. Aufgabenstellung:
- Organisation des Projektes
- Definition einer Beispielfirma „Kids4fun"
- Erarbeitung der zugehörigen logistischen Prozesse
- Ermittlung von logistischen Kennzahlen für „Kids4fun"
- Auswahl und Bewertung der Kennzahlen für das Cockpitchart unter Anwendung der Prinzipien einer Balanced Scorecard
- Realisierung eines Prototyps am PC z.B. mittels Tabellenkalkulation oder als Eigenentwicklung

4. Zu erarbeitende Ergebnisse:
- Darstellung der logistischen Prozesse der Beispielfirma
- Beschreibung der Kennzahlen, Messmethoden, Messfehler
- Prototyp eines Cockpitcharts
- Erklärung von mindestens zwei Szenarien im Cockpitchart
- Projektdokumentation
- Ergebnispräsentation auf der Projektmesse

5. Budget für 4 ECTS Projektumfang:
- Sachkosten 400 € (reales Budget der Fakultät)
- Personalkosten 8 Studenten*120 Std*15 V€ = 14.400 V€
  (V€ = virtuelle Euro; 15€ marktüblicher Stundensatz eines Studenten der Informatik)

6. Randbedingungen:
- Kontakte zu 3 Firmen für Recherchen sind durch die Dozentin gegeben
- Literatur aus der BiB, Internet
- PC-Labor

7. Termine/ Meilensteine: (im anhängenden Projektplan)
Start: 3.4.2017, Projektmesse voraussichtlich: 4.7.2017

13.4.17
Datum

Projektleiter Kids4fun
für das Projektteam

Dozentin

Kids4fun ★

Anhang: Organigramm mit Zuordnung der Arbeitspakete, Projektplan, Ressourcenplan

Abb. 4.21 Beispiel eines Projektvertrags

Ein Projektvertrag kann nachfolgende Struktur aufweisen:

- Projektleitung und Team,
- Ziel,
- Aufgabenstellung,
- zu erarbeitende Ergebnisse,
- Budget/Projektkosten (Sach- und Personalkosten),
- Randbedingungen,
- Termine/Meilensteine,
- Unterschriften (Projektleitung und Auftraggeber) und
- Anhang.

Vielleicht existiert ein reales Budget der Hochschule für das Projekt, ansonsten können virtuelle Kosten veranschlagt werden. Die Studierenden sollen ein Gefühl für den Wert ihrer Arbeit bekommen. Das wird sehr plakativ, wenn marktübliche Stundensätze verwendet werden und später im Review des Projekts gefragt wird, ob die Leistung/Ergebnis die Kosten rechtfertigt und effizient gearbeitet wurde. In Abb. 4.21 ist exemplarisch ein Vertragsbeispiel gegeben.

4.1.7 Kick-off-Workshop

Die Startphase kann mit der Durchführung eines Kick-off-Workshops beendet werden. Dadurch wird ein klares Zeichen gesetzt, dass nun alle vorbereitenden Aufgaben des Projekts abgeschlossen sind und anschließend die Projektdurchführung gestartet wird. Zentrale Zielsetzung des Kick-off-Workshops ist es, einen gemeinsamen Informationsstand zum Projekt unter den Projektbeteiligten herzustellen und diese für die Durchführung des Projekts zu motivieren. In einem Kick-off-Workshop sollten folgende Themen angesprochen werden:

- Darstellung des Projektauftrags,
- Informieren über die Rahmenbedingungen und die Festlegungen,
- Vorstellen der Stakeholder und Teammitglieder,
- Besprechung der Arbeitsweise im Projekt sowie
- Einwerben des Commitments zum Projektauftrag

Ein Abstimmungstermin zwischen Dozenten und studentischem Projektteam kann für die Durchführung eines Kick-off-Workshops verwendet werden. An dem Workshop teilnehmen sollten neben dem Dozenten, das Projektteam sowie der Auftraggeber des Projekts.

Prinzipiell ist bei der Durchführung eines Kick-off-Workshops zu beachten, dass drei verschiedenen Phasen zu durchlaufen sind:

1. **Vorbereitung**
   Im Mittelpunkt der Vorbereitungsphase steht die inhaltliche Vorbereitung des Workshops. Dabei ist festzulegen, wer die Rolle des Moderators übernehmen wird. Ferner sind ein Ablaufplan und ggf. geeignete Methoden für die Durchführung sowie benötigtes Material zu bestimmen. Anschließend ist es wichtig, dass die Einladung rechtzeitig (beispielsweise 1 Woche vorher) mit den Zielen des Workshops, Raum, Uhrzeit sowie mit einer Agenda an alle teilnehmenden Personen versandt wird.
2. **Durchführung**
   In der Durchführungsphase haben die studentischen Projektteams die Aufgabe, ihr Projekt angemessen dem Dozenten und dem Auftraggeber (ggf. noch weiteren wichtigen Stakeholdern) zu präsentieren. Dabei sollten diese die oben aufgelisteten Themen behandeln und darauf sensibilisiert werden, dass sowohl die Sach- als auch die Beziehungsebene in dem Workshop anzusprechen sind. Ferner müssen mindestens die beiden Rollen Moderator und Protokollant von ausgewählten Studierenden übernommen werden. Der Moderator verantwortet die professionelle Durchführung des Workshops und der Protokollant ist für die Erstellung eines Ergebnisprotokolls zuständig. Von allen anderen Studierenden wird eine aktive Beteiligung am Workshop erwartet.
3. **Nachbereitung**
   Es ist darauf zu achten, dass das Ergebnisprotokoll zeitnah an alle Teilnehmer versendet und auf der entsprechenden Projektinfrastruktur (z. B. Projekt-Wiki) zur Verfügung gestellt wird. Dieses enthält immer das Datum und den Ort, die anwesenden Teilnehmer sowie die besprochenen Ergebnisse. Zusätzlich könnte eine Reflexion des Kick-off-Workshops gemeinsam mit den Studierenden angeregt werden mit der Zielsetzung eine gute Feedback-Kultur im Projektteam zu schaffen sowie Erfolgsmuster und wichtige Hinweise bzgl. der Gestaltung von Workshops bzw. Meetings zu erhalten.

4.2 Durchführungsphase

In der Durchführungsphase (siehe Abb. 4.22) sind vor allem folgende wichtige Aufgaben durch den Dozenten zu berücksichtigen:

- **Regelmäßig den Projektfortschritt der studentischen Projekte überprüfen**
  Hierbei muss sowohl der Fortschritt in den einzelnen Projekten überwacht als auch ggf. steuernd eingegriffen werden. Die aktuelle Ist-Situationen zu Arbeitsfortschritt, Projektrisiken, Kundenkommunikation bzw. – kontakt, Stimmung und Zusammenarbeit im Team sollten erhoben werden. Ferner bedarf es der Abstimmung mehrerer Projekte, falls Synchronisationen aufgrund der Projekt-Portfolios nötig sind.
- **Feedback-Kultur etablieren und anregen**
  In regelmäßigen Abständen sollten Anlässe geschaffen werden, in deren Mittelpunkt Feedback untereinander steht.

4.2 Durchführungsphase

Abb. 4.22 Überblick wichtiger Aufgaben des Dozenten bei der Abwicklung von studentischen Projekten

- **Kreativität fördern**
  Ideenfindung ist kein Zufall. Der Dozent kann die Studierenden auf Methoden und Techniken aufmerksam machen, um auf neue Denkansätze zu kommen.
- **Problemlösung systematisieren**
  Während der Projektarbeit treten verschiedene Situationen auf, in denen die studentischen Projektteams möglichst systematisch die verschiedenen Herausforderungen meistern müssen. Der Dozent sollte die Studierenden dazu befähigen, dass diese wissenschaftlich und damit methodengestützt ihre Aufgaben bewältigen. D. h. er sollte diese befähigen, dass sie systematisch Probleme lösen und Entscheidungen treffen.
- **Reflexionsprozess einrichten**
  Die Studierenden müssen aktiviert werden, dass sie ihre Verhaltens-, Denk- und Wahrnehmungsmuster reflektieren. Ferner sollten diese sensibilisiert werden, dass sie gruppendynamische Aspekte im Kontext der Teamarbeit beachten und dementsprechend ihre Zusammenarbeit gestalten.

4.2.1 Regelmäßige Treffen mit dem studentischen Projektteam

Ein wichtiger Erfolgsfaktor für die Durchführung von Studierendenprojekten ist, dass der Dozierende sich regelmäßig mit dem studentischen Projektteam trifft. Für eine engmaschige Überwachung des Projektablaufs eignet sich ein wöchentliches Treffen. Zentrale Zielsetzung des Meetings bzw. Treffens ist, sich als Dozent einen Eindruck bzgl. des Projektstatus zu verschaffen, um ggf. steuernde Maßnahmen einleiten zu können.

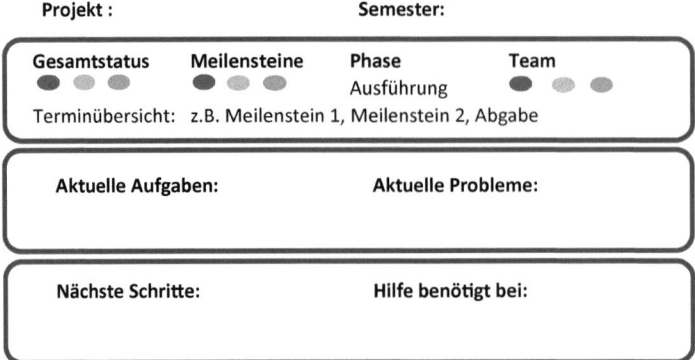

Abb. 4.23 Muster für Statusupdate-Formular (vgl. Stöhler 2016, S. 69)

Bewährt hat sich, dass der Dozent vorab zu jedem Treffen ein standardisiertes, kurzes, schriftliches Status-Update einfordert, um über alle studentischen Projekte hinweg den Projektfortschritt einheitlich dokumentiert zu bekommen. Um das systematisch durchzuführen, eignet sich eine Vorlage, welche die Studierenden jeweils vorbereiten müssen. Die Studierenden üben somit die Konzentration auf Wesentliches. Dem Dozenten gibt es die Möglichkeit, bei mehreren Projekten leichter den Überblick zu behalten und es zudem für die eigene Projektdokumentation als Unterlage zu nutzen. In Abb. 4.23 ist eine Vorlage zu sehen.

Der Gesamtstatus, der Status der aktuell anstehenden Meilensteine und die Situation im Team werden mittels Ampel beurteilt. Grün ist der Status, wenn alles planmäßig läuft, gelb, wenn es Verzögerungen oder Schwierigkeiten gibt, und rot, wenn er als kritisch eingeschätzt wird. Ein roter Status im Team müsste beispielsweise angezeigt werden, wenn die Beteiligung kritisch ist, bei Krankheitsausfällen usw. Eine Terminübersicht weist auf die nächsten anstehenden Termine hin.

Im zweiten Bereich werden aktuelle Themen geschildert, etwa die aktuellen Aufgabenschwerpunkte aus der Taskliste und Probleme.

Im dritten Bereich werden die nächsten Schritte dargestellt und Themen benannt, bei denen Hilfe benötigt wird. Das aktive Nachfragen um Hilfestellung wird in den Projektteams sehr unterschiedlich praktiziert. Entweder es wird fast gar nicht und wenn dann zu spät um Hilfe gebeten, oder das Team ist sehr unselbständig und fragt ständig nach. Wenn dieser Punkt regelmäßig angesprochen wird, dann relativiert sich dieser Punkt.

Das Template kann ergänzt werden um andere wichtige Aspekte im Projekt. Prinzipiell sollten aber auch folgende Punkte in den Statusmeetings thematisiert werden:

- Risiken des Projekts
  Das studentische Projektteam wird dazu verpflichtet, eine jeweils aktuelle Risikoliste zu führen und diese wird bei jedem Statusmeeting mit dem Dozenten präsentiert und diskutiert.
- Stakeholdermanagement mit besonderer Berücksichtigung des bisher stattgefundenen Kundenkontakts

Der Dozent lässt sich in dem Statusmeeting darüber informieren, welcher Kundenkontakt und welcher Informationsaustausch seit dem letzten Treffen stattgefunden hat. Aus Dozentenperspektive ist auf eine regelmäßige, professionelle Interaktion zwischen studentischen Projektteam und Kunde/Auftraggeber zu achten. Nur durch einen regelmäßigen Kontakt können die Erwartungen und Ziele des Kunden bestmöglich verstanden und umgesetzt werden.

- Stimmung im Team
  Das studentische Projektteam wird beauftragt, das Klima im Team regelmäßig, bspw. durch eine anonymisierte Abfrage, zu messen und angemessen darzustellen. Dieses Teambarometer wird ebenfalls in jedem Statusmeeting präsentiert und kann als nützliches Hilfsmittel zur Erkennung von drohenden Teamproblemen benutzt werden.
- Arbeitsauslastung
  Die geleisteten Arbeitsstunden sind pro Projektteam zu dokumentieren. Um den Überblick des Arbeitseinsatzes der einzelnen Teammitglieder zu behalten, sollte dies ebenfalls regelmäßig in den Statusmeetings besprochen werden. Die Dokumentation kann mittels PM-Software oder mit einer einfachen Tabelle erfolgen und grafisch dargestellt werden, wie in Abb. 4.24 ersichtlich ist. So ist der zeitliche Beitrag jedes einzelnen zum Projekt transparent. Das kann auch als Maßnahme genutzt, werden um „Verweigerer" über den daraus resultierenden Gruppendruck anzutreiben, Überengagierte auszubremsen oder die Effizienz im Arbeiten bei entsprechendem Output anzusprechen. Es findet so eine direkte Reflexion der Planung zur Realität des Arbeitseinsatzes statt. Eine solche Transparenz erfordert jedoch Vertrauen und Offenheit im Team.

In dem gegebenen Beispiel bearbeiten vier Studierende ein Projekt über eine Laufzeit von fünf Monaten. Es werden 8 ECTS vergeben, d. h. jeder Student hat ein Arbeitsvolumen von 8*30 = 240 Stunden als Budget zur Verfügung. Das sind in Summe 960 Stunden. Als ortsüblicher Stundensatz kann für die Studierende 15€ angesetzt werden, so dass für 14.400 € Arbeitsleistung zur Verfügung steht. Damit kann eine Diskussion geführt werden, ob die erarbeiteten Ergebnisse dem entsprechen. Typisch ist die gleichmäßige Verteilung der Stunden über die Monate auf die Studierenden. Der März und der Juli sind halbe Monate und im Mai finden andere Aktivitäten statt, so dass dies bei der Planung berücksichtigt wurde. Im März wurde das Volumen höher geschätzt, da ein Kick-off Camp für drei Tage (30 Std.) inkludiert ist. Im Juli findet ein Projekttag statt (10 Std.), welcher vorbereitet werden muss. Die Studierenden wollen inhaltlich bis Ende Juni fertig sein.

Real findet dann eine andere Leistungsverteilung statt. Student1 arbeitet mit 280 Std. deutlich mehr als die 240 veranschlagten Stunden und hebt sich deutlich von allen anderen ab, die ihr Budget nicht ausschöpfen. Student4 bringt sogar mit 125 Std. nur 50 % ein. Entweder die Zeiterfassung ist geschönt oder nicht real erfasst, oder es findet tatsächlich ein Ungleichgewicht im Engagement statt. Dies sollte sich auch in der Arbeit und den

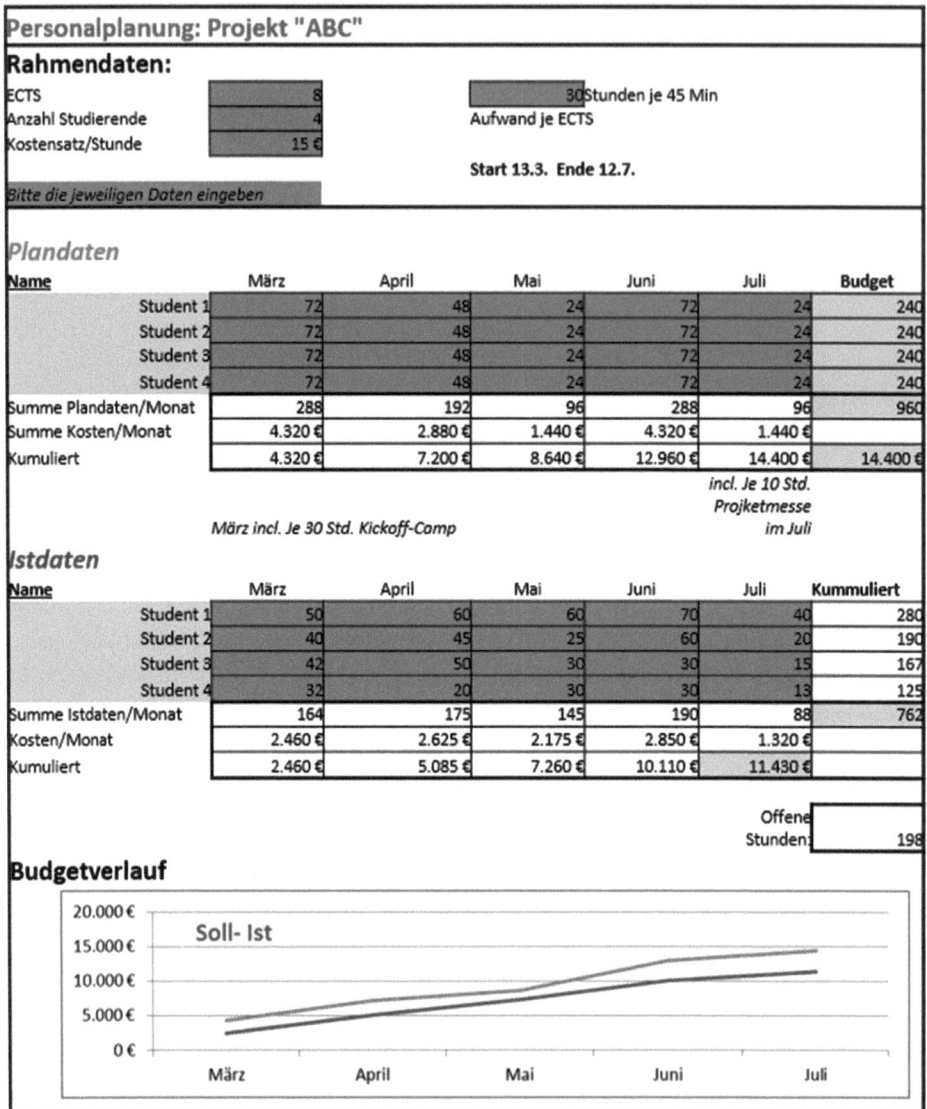

Abb. 4.24 Beispiel zur Kapazitätsplanung (vgl. Stöhler 2016, S. 43)

Ergebnissen. Immer wieder begegnet den Autoren die Argumentation der Studierenden, dass die ECTS ja sowieso in keinem Fach real sind und 240 Std. nicht zu schaffen sind. Daher empfinden sie ein Engagement von 150–200 Std. als höchst-engagiert und sind beratungsresistent, dass mit mehr Engagement auch ein besseres Ergebnis erzielt werden könnte. Andererseits gibt es auch sehr viele Projekte, die deutlich über der veranschlagten Zeit durch die ECTS liegen. Insbesondere bei Projekten mit 3–5 ECTS ist dies auffällig.

4.2.2 Zwischenpräsentationen mit mehreren Projektteams

Wenn in einem Modul mehrere Projekte betreut werden, diese womöglich noch in einem Zusammenhang stehen, dann ist es sinnvoll, Zwischenpräsentationen mit allen Projektgruppen gemeinsam durchzuführen. Für die Studierenden stellt dies eine Motivation dar, da manchmal im längeren Projektverlauf Einbrüche im Engagement stattfinden. So sind kurzfristigere Ziele definierbar, die auch eine Außenwirkung haben. Im Falle eines abgestimmten Projektportfolios dienen sie der Koordination der Projektgruppen.

Je nach Zeitangebot und der Anzahl der Projektgruppen bietet es sich an, alle Projektgruppen nur sehr kurz ihren Status darstellen zu lassen, beispielsweise mit einem Elevator-Pitch, wie er auch im späteren Berufsleben anzutreffen ist.

Elevator Pitch
Der Elevator Pitch ist eine Technik für eine Kurzpräsentation von 30 Sekunden bis zwei Minuten Dauer, mit der die Neugier und das Interesse des Zuhörers oder der Zuhörer für das Anliegen des Präsentators gewonnen werden soll (vgl. Bohinc 2016). Die Methode dient allgemein dazu, die Aufmerksamkeit eines Entscheiders für ein Anliegen zu wecken. Typische Anliegen im Rahmen von studentischen Projekten sind:

- Präsentation eines Zwischenstands zum Projektfortschritt,
- Vorstellung einer Lösungsidee,
- Unterbreiten eines Verbesserungsvorschlags,
- Bitte um eine gezielte Unterstützung oder
- Herbeiführen einer benötigten Entscheidung.

Diese Methode kann daher an verschiedenen Stellen im Projekt eingesetzt werden. Aufgrund der Kürze eignet sie sich aber nicht als abschließende oder zusammenfassende Präsentation, sondern in diesem Fall als Einstieg zu einer solchen.

Ausgedehntere Varianten wären Präsentationen zwischen 10 und 20 Minuten, längere haben sich nicht bewährt, da es dann nur ein Präsentationsmarathon wird, bei dem die Zuhörer mit der Zeit die Aufmerksamkeit verlieren. Diskussionsrunden bringen die Teams zusammen, Demonstrationen vom jeweiligen Entwicklungsstand oder das Einholen von kritischem Feedback durch die anderen Projektteams sind dem ebenfalls förderlich. Falls Produkte getestet werden müssen, kann dieses Gremium auch dafür genutzt werden. Feedbackrunden zum Präsentationsstil können ebenfalls eingeplant werden, um die Kommunikationskompetenz zu verbessern. Videoanalysen können dafür nützlich sein.

Zwischenpräsentationen können auch zur Notenbildung herangezogen werden, so kann es derart ausgestaltet werden, dass jedes Projektmitglied (oder Zweier-Team) eine Zwischenpräsentation hält, die dann in seine Individualnote einfließt.

4.2.3 Feedback-Techniken

Es gibt eine Reihe von Feedback-Techniken, die sich bei studentischen Projekten eignen, um die Feedbackkultur untereinander anzuregen (vgl. Stangl 2017c), drei werden nachfolgend vorgestellt. Der Coach sollte diese, aus in Kap. 2 ausgeführten Gründen, zur Verbesserung von Kommunikation und Kooperation fördern und dafür Situationen schaffen, in denen sie angewendet werden.

Blitzlicht
Das Blitzlicht ist das am häufigsten eingesetzte Feedback-Verfahren, da es spontan eingesetzt werden kann, um eine Rückmeldung zu einer aktuellen Situation, einem Problem oder Ideen für das weitere Vorgehen einer Gruppe zu erhalten. Entscheidend für ein Blitzlicht ist die Fragestellung – je konkreter desto hilfreicher für die Weiterarbeit einer Arbeitsgruppe. Die Beteiligten nehmen bei einem Blitzlicht der Reihe nach mit wenigen Worten zu einer konkreten Frage subjektiv Stellung (z. B. „Wie fühle ich mich jetzt nach dieser Plenumsphase mit den Zwischenberichten?", „Wie kann das bisher Erreichte gesichert werden?"). Diese Äußerungen dürfen von den anderen weder kommentiert noch kritisiert werden. Es sollte auch nicht nachgefragt werden, wenn jemand nichts sagen will, sodass jede/r nur genau so viel sagt, wie sie/er will. Auf diese Weise bekommt man schnell einen guten Einblick in die momentane Stimmungslage innerhalb einer Projektgruppe.

One-Minute-Paper
Am Ende eines Projektereignisses werden die Teilnehmer gebeten, ein leeres Blatt zu nehmen und auf einer Seite alle positiven Gedanken und Rückmeldungen zu schreiben (Was hat mir gefallen? Was habe ich verstanden? Wo habe ich mitarbeiten können? Was hat mich angeregt?). Auf der Rückseite werden alle kritischen oder unklaren Gedanken niedergeschrieben (Was hat mir nicht gefallen? Was habe ich nicht ganz verstanden? Woran habe ich mich nicht beteiligen können? Was hat mich wenig berührt?). Eine Auswertung kann sofort erfolgen oder am Beginn des nächsten Treffens, wobei die Auswertung entweder der Dozent oder ein Projektmitglied vornimmt – danach erfolgt die Interpretation der Rückmeldungen und die Erarbeitung der Vorschläge für etwaige Konsequenzen (Was könnte man beim nächsten Mal anders machen?).

Feedback- Briefe
Die Methode der Feedback-Briefe ist ratsam ab einer Gruppenstärke von 6 Teilnehmern und eignet sich besonders als Abschluss einer gemeinsamen Sitzung. Jeder Teilnehmer wird gebeten, seinen Namen auf eine Karte zu schreiben, die dann verdeckt auf dem Boden verteilt werden. Nun zieht jeder der Reihe nach eine Karte und hält dabei aber geheim, welchen Namen er gezogen hat. Auf die Rückseite soll nun für die gezogene

4.2 Durchführungsphase

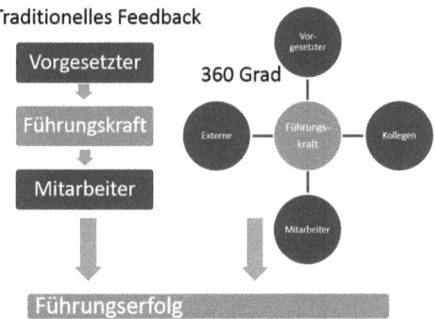

Abb. 4.25 Feedback 360 Grad

Person folgendes Feedback notiert werden: Was hat mir an Ihnen besonders gut gefallen? Was könnten Sie an sich noch ändern und/oder verbessern? Anschließend werden die Karten wieder auf dem Boden verteilt, diesmal allerdings mit den Namen nach oben. Jeder nimmt nun wieder seine eigene Karte und liest die für ihn bestimmte Rückmeldung. Im Anschluss daran soll jeder Teilnehmer berichten, ob er das ihm gegebene Feedback annehmen kann oder nicht. Dabei sollte es den einzelnen Teilnehmern überlassen sein, ob sie ihr Feedback vorlesen möchten oder nicht.

Für die Beurteilung von Führungskompetenz eignet sich ein 360-Grad-Feedback, wie es auch gängig in der Wirtschaft eingesetzt wird. Das Prinzip ist in Abb. 4.25 dargestellt.

Während des Projekts sind verschiedene Teammitglieder in einer Führungsrolle, nicht nur der Projektleiter. Es kann daher sinnvoll sein, ein 360-Grad Feedback einzusetzen, das über ein normales Feedbackgespräch in der Gruppe hinausgeht. Wichtig ist die richtige Auswahl der Feedbackgeber, die auch Führungsverhalten erlebt haben müssen. Das können der Dozent und Teammitglieder, aber auch Kunden oder Auftraggeber sein.

Die fünf Dimensionen des Ulmer Kompetenzmodells (vgl. Inworks 2017), das für untere und mittlere Führungsebenen im 360-Grad-Feedback häufig eingesetzt wird, können beispielsweise als Kriterien herangezogen werden:

- Kommunikation & Information,
- Motivation,
- Teamentwicklung,
- Planung & Organisation sowie
- Führungspersönlichkeit

Dabei kann eine Bewertung mit Punkten erfolgen (1 = schlecht bis 5 = sehr gut). Anhand der beispielhaften grafischen Darstellung von zwei der fünf Dimensionen in Abb. 4.26 ist sehr schnell ersichtlich wo Selbstbild und Fremdbild auseinanderlaufen. Der Student in diesem Beispiel überschätzt sich deutlich.

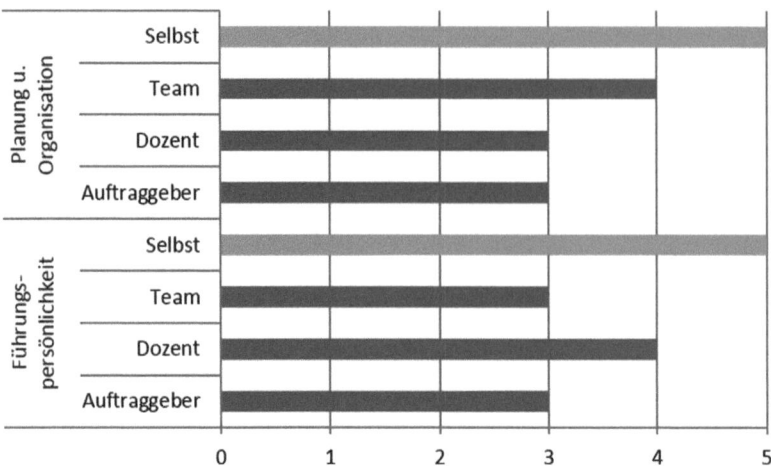

Abb. 4.26 Beispiel zur 360-Grad-Auswertung: Planung & Organisation und Führungspersönlichkeit

4.2.4 Methoden zur Ideenfindung

Während des Projekts können wiederholt Situationen auftreten, in denen das studentische Projektteam vor der Aufgabe steht, möglichst viele neue Ideen zu generieren. Wenn das Projektteam selbst schwer welche findet, kann durch den Dozenten der Einsatz von Kreativitätstechniken gefördert werden.

Kreativitätsmethoden fördern die Kreativität gezielt, indem sie auf verschiedene Arten versuchen, bestehendes Wissen neu zu kombinieren, um daraus Ideen zu generieren. Es wird dabei in intuitive und diskursive Methoden unterschieden. Entweder werden Reize gesetzt, um implizites Wissen anzusprechen und so durch Assoziation neue Ideen zu generieren. Oder es werden durch systematische Zerlegung der Problemstellung in Fragmente und deren anschließender Neuordnung neue Erkenntnisse gewonnen (vgl. Moser 2012, S. 28). Nachfolgend werden einige Methoden in alphabetischer Reihenfolge kurz vorgestellt, die sich für den Einsatz in der Projektarbeit eignen.

Brainstorming und **Mindmap** sind hinlänglich bekannt.

Galeriemethode/SIL-Methode
Zunächst entwickelt jedes Teammitglied in einer Hausarbeit eine Idee zur gestellten Aufgabe und stellt diese dann in einem Teamtreffen der Gruppe vor (10–15 Minuten). Die Vorzüge dieser Idee werden diskutiert. Danach wird die nächste Idee genauso vorgestellt und ebenfalls diskutiert. Nun versucht die Gruppe, beide Ideen zu verbinden. Diese Vorgehensweise wird bei allen weiteren Ideen angewandt, so dass sich schließlich durch die Integration der Ideen eine gemeinsame Lösung bildet.

Kopfstandtechnik
Bei der Kopfstandtechnik wird die Aufgabenstellung umgekehrt. Anschließend werden für die umgekehrte Aufgabe Lösungen gesucht. Diese Lösungen werden dann wieder auf den Kopf gestellt. So entwickeln sich neue Lösungsansätze, die bislang nicht im Blickfeld lagen.

Methode 6-3-5
6 Teilnehmer erhalten ein jeweils gleich großes Blatt Papier. Dieses wird mit 3 Spalten und 6 Zeilen in 18 Kästchen aufgeteilt. Jeder Teilnehmer wird aufgefordert, in der ersten Zeile drei Ideen (je Spalte eine) zu formulieren. Jedes Blatt wird nach fünf Minuten – von allen gleichzeitig im Uhrzeigersinn weitergereicht. Der Nächste soll versuchen, die bereits genannten Ideen aufzugreifen, zu ergänzen und weiterzuentwickeln. 6 Teilnehmer, je 3 Ideen, 5 Mal weiterreichen – so entstehen innerhalb von 30 Minuten maximal 108 Ideen. Es ist also eine effiziente Methode, um in kurzer Zeit möglichst viele Ideen zu sammeln.

Provokationstechnik
Durch Was-wäre-wenn-Szenarien werden neue Ideen provoziert, da bestehende Sichtweisen und Annahmen oder Hemmnisse außer Kraft gesetzt werden. Dabei können Aspekte idealisiert, vereinfacht, übertrieben oder weggelassen werden.

Semantische Intuitionen/Synektik
Idee ist hier die Auseinandersetzung mit Inhalten, die scheinbar nichts mit dem ursprünglichen Problem zu tun haben. Durch die Verfremdung bekannter Sachverhalte soll verhindert werden, dass Voreingenommenheit gegenüber bestimmten Lösungsschemata besteht und somit Lösungsansätze übersehen werden. Bekannteste Verfahren sind die Reizwortanalyse mittels Wörtern oder Bildern, bei denen danach gefragt wird, was jedes Teammitglied damit verbindet. Danach wird aufgrund dieser Eindrücke nach Lösungen gesucht, für die diese verwendet werden können.

Morphologischer Kasten
Beim morphologischen Kasten werden Merkmale eines Sachverhaltes in Zeilen und dessen mögliche Ausprägungen in Spalten einer Tabelle aufgelistet. Anschließend können aus dem Merkmalkasten verschiedene Produkte kombiniert werden.

Sechs-Hüte Methode
Jeder Student nimmt eine bestimmte Rolle ein und kennzeichnet sich durch einen farbigen Hut, ein Band oder etwas Ähnliches. Jeder „Hut" entspricht einer Denkweise oder einem Blickwinkel und äußert sich ausschließlich in dieser Rolle. Die 6-Hüte-Methode bietet den Vorteil, dass der Einzelne aus einer ganz bestimmten Rolle heraus agiert und argumentiert und deshalb ein offener Umgang miteinander möglich ist. Die genannten Argumente und Meinungen werden an der Tafel oder dem Flip-Chart vom „blauen Hut" gesammelt.

Nachfolgend sind die Denkweisen der verschiedenen „Hüte" zu lesen: **Der blaue Hut:** ordnendes, moderierendes Denken; **Der weiße Hut:** analytisches Denken; **Der rote Hut:** emotionales Denken; **Der schwarze Hut:** kritisches Denken; **Der gelbe Hut:** optimistisches Denken; **Der grüne Hut:** kreatives, assoziatives Denken.

4.2.5 Methoden zur Problemlösung

Während eines Projekts können sich wiederholt Situationen ergeben, in denen Probleme auftreten, für die Lösungen gefunden werden müssen. Der Dozent sollte bei dem studentischen Projektteam die systematische Problemlösung fördern. D. h. gemeinsam mit den Studierenden reflektieren, welche Muster bei der Problemlösung durch die Studierenden angewendet werden.

Prinzipiell geht es bei der Problemlösung darum, dass man sich von einem problematischen Zustand weg zu einem „gelösten" Zustand bewegt. Dazu muss ein gewisser Lösungsweg beschritten werden. Dieser Lösungsweg kann mit der Metapher einer Reise oder eines Ausflugs verglichen werden. In Abb. 4.27 sind die fundamentalen Schritte, die auf der Reise bzw. beim Ausflug zu gehen sind, sowie die zentralen Fragen, die man sich stellen sollte, dargestellt.

Diese Reise verkörpert die wesentlichen Schritte eines Problemlösungsansatzes. In der Literatur finden sich viele verschiedene Problemlösungsansätze. Je nach Disziplin werden unterschiedliche Problemlösungsprozesse definiert. Diese variieren meist in der Anzahl der durchzuführenden Schritte und der verwendeten Begriffe. Jedoch im grundlegenden Aufbau und in der Vorgehensweise ähneln sich diese durchaus. Exemplarisch wird hier der Problemlösungsprozess von Andler vorgestellt, der vier grundlegende Prozessstufen bzw. –schritte unterscheidet und einen integrativen Ansatz aus verschiedenen Disziplinen darstellt. Abb. 4.28 zeigt den Problemlösungsprozess.

Abb. 4.27 Problemlösung nach Andler (vgl. Andler 2010, S. 28)

4.2 Durchführungsphase

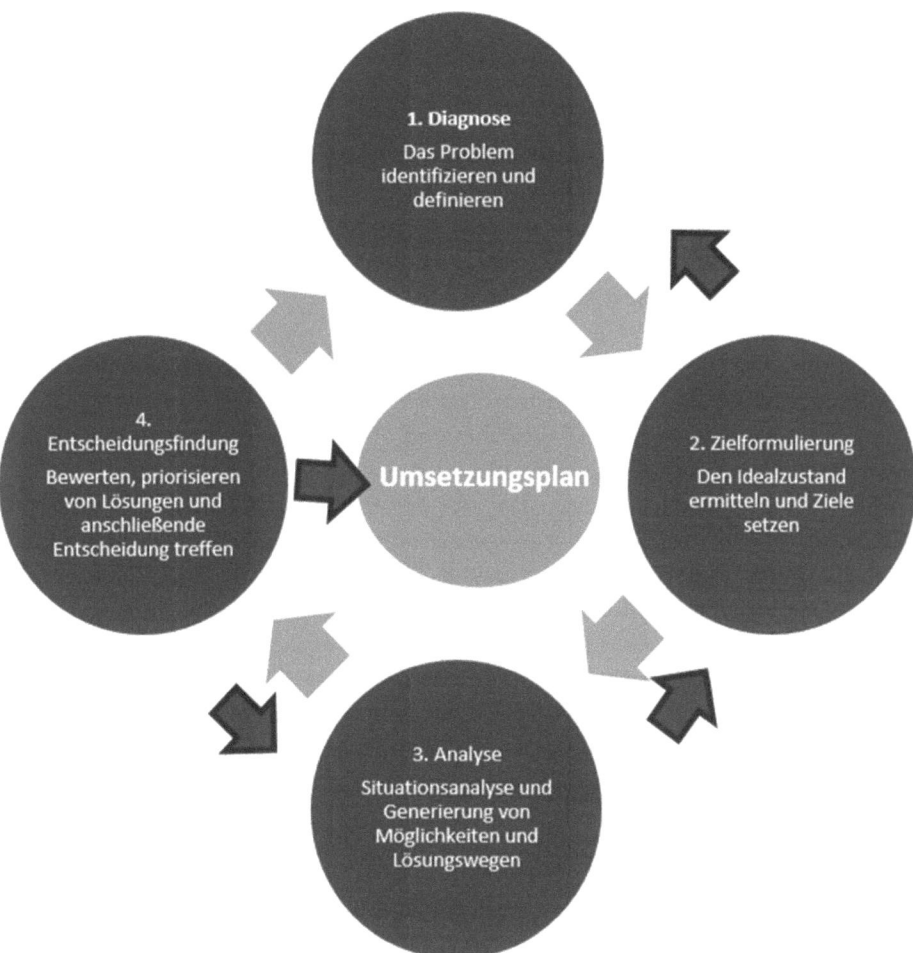

Abb. 4.28 Umsetzungsplan (vgl. Andler 2010, S. 28)

Die vier Prozessschritte sind folgendermaßen charakterisiert:

1. **Diagnose des Problems**
   Als erstes muss das Problem klar eingegrenzt und beschrieben werden, um zu vermeiden, dass Lösungen geschaffen werden, die sich mit falschen Aspekten des Problems befassen. Oft wird viel Zeit verschwendet, um ein unwichtiges Symptom zu bekämpfen, anstatt den Kern des Problems anzugehen. Daher ist es besonders wichtig, alle Aspekte des Problems zu verstehen und zu definieren.

2. **Zielformulierung**
   Im Mittelpunkt dieses Prozessschritts steht die Festlegung der Ziele und Ergebnisse. D. h. es gilt zu beschreiben, wie der Idealzustand aussehen könnte und welche Ziele zu erreichen sind.
3. **Analyse der Situation und Entwicklung von Lösungswegen**
   Im Zentrum dieses Prozessschritts steht das Finden von Lösungswegen für das Problem. Dabei steckt die Hauptarbeit in der Analyse der Situation. Es müssen angemessene Alternativen, Lösungswege, Vorschläge und Empfehlungen entwickelt werden, die das Problem beheben und die gesetzten Ziele erreichen.
4. **Entscheidungsfindung**
   Zum Ende dieses Prozessschritts soll eine angemessene Lösung ausgewählt sein, die sich allgemeiner Zustimmung erfreut. Dazu müssen die verschiedenen Alternativen, Lösungswege, Vorschläge und Empfehlungen der Vorstufe bewertet, priorisiert und letztendlich eine Entscheidung getroffen werden.

Prinzipiell sollte beachtet werden, dass der Problemlösungsprozess nicht linear und sequentiell abläuft, sondern dass jederzeit zur vorherigen Stufe zurückgekehrt werden kann. Es sollten sogar Teile oder der gesamte Prozess nochmals durchlaufen werden, wenn auf Informationen gestoßen wird, die die vorherigen Prämissen in Frage stellen.

Ferner ist zu beachten, dass in Abhängigkeit von der jeweiligen Prozessstufe eine unterschiedliche Art und Weise des Denkens erforderlich ist. In Tab. 4.1 ist für jede Prozessstufe die erforderliche Denkweise mit typischen Stolpersteinen/Fallen dargestellt.

Nachfolgend werden einige Methoden zu den vier Prozessschritten kurz vorgestellt, die sich für den Einsatz in der Projektarbeit eignen.

Tab. 4.1 Prozessstufen mit ihren Fallen (vgl. Andler 2010, S. 32)

Prozessstufe	Denkweise	Typische Fallen
Diagnose	Integrierend	Zu enge oder nur funktionale Sichtweise, zu eng oder zu weit
Zielformulierung	Visionär und pragmatisch	Nur Top-down oder Bottom-up Denkansatz ohne Koordination
Analyse	Divergierend	Die Ausschau und Suche nach der „einzigen" Antwort oder Lösung, vorschnelle Ablehnung anderer Lösungen
Entscheidungsfindung	Konvergent	Politische, persönliche oder emotionale Aspekte verhindern das logische Vorgehend der Entscheidungsfindung. Nur kreativ denken, zu kurz analysieren und bewerten.

Prozessschritt 1: Diagnose

- **Problembaum**
  Der Problembaum ist eine hierarchische Darstellung basierend auf dem Konzept eines verzweigten Baums. Dazu wird das Ausgangs-/Kern-Problem zentral, z. B. auf einem Flipchart platziert. Dieses verkörpert den Stamm. Die Wurzeln des Baums stellen die Ursachen und Gründe für das Entstehen des Problems dar. Die Äste verkörpern die aus dem Problem resultierenden Auswirkungen und Konsequenzen. Ziel ist es, in einer gemeinsamen Diskussion die einzelnen Elemente zu identifizieren.
- **Black Box**
  Das Black-Box-Tool dient dazu, die Komplexität eines Problems zu reduzieren. Dazu wird die Situation/das Problem als Black Box definiert und anschließend nur die Interaktion mit der Außenwelt betrachtet indem die Eingangs- und Ausgangsströme identifiziert werden. Diese Ströme können Kommunikation, Information, Auskünfte und Wünsche von Systemen oder Menschen sein.
- **Ist-Ist-nicht**
  Das Ist-Ist-nicht-Tool kann zum Klären und Definieren des Umfangs eines Problems verwendet werden. Es soll festgestellt werden, was sich innerhalb und außerhalb des Problembereichs befindet. In einer Gruppendiskussion wird ein Ist-/Ist-nicht-Diagramm oder -Tabelle erstellt.
- **Vogelperspektive**
  Um die Gesamtsituation klarer erfassen zu können und sich nicht von zu vielen Details ablenken zu lassen, sollte man sich „über das Problem stellen" und es aus Distanz betrachten. Als Metapher eignet sich ein Helikopter, der vom Boden abhebt und die Situation unter sich lässt. Dadurch erfolgt eine Konzentration auf die wirklich wichtigen und notwendigen Punkte. Aus der Vogelperspektive sollte dann ein Bild der aktuellen Situation gezeichnet werden (Bigger Picture): Anschließend können die Blickwinkel und die Perspektive aus verschiedenen „Höhen" erforscht werden.
- **5 W (5 Warum)**
  5 W ist eine Technik, um einer Gruppe auf systematische Art die „echten" Gründe des Problems zu zeigen. Dadurch kann in minimaler Zeit zur Ursache eines Problems vorgestoßen werden. Zu einem spezifischen Problem wird einfach gefragt „Warum?" bzw. „Was kann der Grund dafür sein, dass dies passiert?". Jede Antwort wird anschließend durch „Warum" weiter hinterfragt. D. h. die Frage „Warum?" wird fünfmal hintereinander gestellt, bis eine zufriedenstellende Antwort gefunden ist.

Prozessschritt 2: Zielformulierung

- **Zielbaum**
  Basierend auf einem Problembaum kann anschließend ein Zielbaum verwendet werden, um die Ziele und Unterziele zu definieren. Dazu werden die problemorientierten Aussagen des Problembaums in zielorientierte Aussagen konvertiert. Beispielsweise wird

aus „Wassermangel" das Ziel „Verbesserung der Wasserbereitstellung". Am besten man fängt beim Kernproblem an und formuliert alle Elemente des Problembaums in erwünschte, erstrebenswerte Ziele um – als ob das Problem bereits behoben wäre. Dadurch werden aus den Ursachen und Auswirkungen die Lösungsmöglichkeiten, die im Projekt umgesetzt werden.

- **Zielkatalog**
  Ein Zielkatalog liefert einen Rahmen, um Ziele und Ergebnisse angemessen zu definieren und zu dokumentieren. Zu jedem Ziel sollten verschiedenen Aspekte wie Zielkategorie, Zieldefinition, Bedingungen bzw. Beschränkungen und die Priorität (bspw. „muss, sollte, wäre schön") angegeben werden.
- **SMARTe Ziel**
  Das SMARTe-Ziele-Tool ist eine Richtlinie, um die Qualitätsanforderungen von Zielen zu implementieren. Für jedes Ziel wird anhand der fünf S-M-A-R-T-Kriterien überprüft, ob die fünf Qualitätsmerkmale angemessen reflektiert sind.
- **3P-Äußerungen**
  Die Abkürzung 3P steht für die drei Anfangsbuchstaben von Purpose, Process und Payoff: Zweck, Prozess und Lohn/Ergebnis. Hierbei handelt es sich um eine Technik, um die drei wichtigen Fragen zu beantworten: Was werden wir tun? Wie werden wir es tun? Was ist das Ergebnis? Das Tool wird genutzt, um Äußerungen zu formulieren und ggf. diese zu optimieren: „Um zu … (Zweck), werden wir … (Prozess), so dass … (Ergebnis/Lohn)". Ferner könne die 3P-Äußerungen als Test benutzt werden. Kann der Zweck, der Prozess und der Lohn für ein Thema nicht festlegt werden, so sollte nicht weitergemacht werden, da ein Scheitern droht.

Prozessschritt 3: Analyse
In Abhängigkeit von dem zu lösenden Problem können bei der Analyse verschiedene Methoden und Techniken aus unterschiedlichen Bereichen zur Anwendung kommen.

So kann es notwendig sein, die Organisation zu analysieren, um Organisationsstrukturen gestalten zu können. Dazu können Organisationsstruktur-Diagramme, oft Organigramme genannt, sowie Abbildungen von Geschäftsprozessen erstellt werden.

Ein zweiter Bereich kann die Untersuchung von Systemen (auch Technologieanalyse genannt) sein. Dazu können verschiedene Modelle im Kontext technologische Infrastruktur, Daten, Prozesse, logische und funktionale Aspekte, etc. erstellt und analysiert werden.

Als dritter Bereich können strategische Analysen durchgeführt werden. Dazu können beispielsweise kritische Erfolgsfaktoren ermittelt werden oder eine SWOT-, Wettbewerber- oder Umfeld-Analyse durchgeführt werden.

Ferner können je nach Disziplin noch weitere Analysemethoden zur Anwendung kommen.

Prozessschritt 4: Entscheidungsfindung

- **Entscheidungsbaum**
  Der Entscheidungsbaum ist ein Tool, um mögliche Optionen und deren Entscheidungshierarchie transparent darzustellen. In einem Diagramm werden alle Entscheidungspunkte identifiziert und dargestellt und alle nachfolgenden Verästelungen, ähnlich wie bei einem Baum, gelistet. Der Stamm symbolisiert die Grundoption und jede Gabelung einen Entscheidungspunkt mit weiteren Optionen. Jeder Ast verkörpert eine eigene Option.
- **Argumentewaage**
  Die Argumentewaage unterstützt dabei eine limitierte Anzahl von Optionen zu vergleichen und dokumentiert alle Argumente für oder gegen jede der verschiedenen Optionen in Tabellenform. D. h. es wird eine Tabelle erstellt, in der die Zeilen die verschiedenen Optionen darstellen. Für jede Option werden zwei Spalten gefüllt, nämlich alle Vorteile und alle Nachteile.
- **Paarvergleich**
  Der Paarvergleich stellt ein Ranglisten-Tool dar. Es unterstützt, einen Gruppenkonsens bezüglich der besten Option zu finden bzw. die Rangliste der Optionen festzulegen. Dabei werden immer nur zwei Optionen miteinander verglichen und entschieden, welche der beiden Optionen gewinnt. Dadurch wird der Entscheidungsprozess einfach und übersichtlich. Am Ende wird ermittelt, welche Option die meisten Paarvergleiche gewonnen hat.
- **Polaritäten-Tool**
  Das Polaritäten-Tool vergleicht eine Auswahl von Kriterien einiger weniger Optionen durch Beurteilung der Kriterien. Die Kriterien werden dabei mit Hilfe eines vorgegebenen Ratings unter Verwendung einer einfachen Skala bewertet. Nach der Bewertung resultiert eine grafische Präsentation der Ergebnisse.
- **Nutzwertanalyse**
  Die Nutzwertanalyse verwendet das Prinzip des Polaritäten-Tools. Zusätzlich wird eine quantitative und kalkulierbare Seite hinzugefügt. In der Nutzwertanalyse werden verschiedene Kriterien gelistet und gewichtet. Anschließend wird für jede Option eine Punktebewertung abgegeben und die Gesamtpunktzahl mit Berücksichtigung der Gewichtung berechnet. Am Ende kann eindeutig der „Gewinner nach Punkten" ermittelt werden.

4.2.6 Praktische Übungen zur Teamarbeit

Um Studierende für verschiedene Probleme in der Teamarbeit zu sensibilisieren und diesen ein besseres Verständnis für effektive Teamarbeit zu geben, können praktische Übungen eingesetzt werden. Nachfolgend werden zwei Einsatzmöglichkeiten exemplarisch vorgestellt. Der Vorteil dieser Übungen liegt in dem Erfahrbarmachen der Situation in einem anderen Zusammenhang, so dass neue Sichtweisen und Lösungsimpulse gesetzt werden können.

Ideen zu Übungen

Im umfangreichen Praxisteil bietet Reiners (2007) in ihrem Buch über 120 erprobte erlebnispädagogische Übungen, die nach Anwendungskriterien und Schwerpunkten kategorisiert sind. Für jede Teamentwicklungsphase (nach Tuckman) werden Übungen und Spiele vorgestellt, die in der Projektarbeit eingesetzt werden können.

Seilüberquerung

Ein Seil wird hüfthoch gespannt und die Gruppe muss die Seite wechseln (Abb. 4.29). Das Seil darf dabei nicht berührt werden. Geschieht dies, müssen alle zurück und die Überquerung beginnt von neuem. Die Gruppe sollte nicht zu groß sein (>10 Teilnehmer), da ansonsten das Frustrationspotenzial zu hoch ansteigen kann, bei zu langer Dauer der Übung. Hilfsmittel sind keine zugelassen, ein zeitliches Limit gibt es nicht. Einige der Teilnehmer bekommen ein Handycap durch verbundene Augen. Je nach Gruppe dauert diese Übung ca. 30 Minuten.

Abb. 4.29 Seilüberquerung

4.2 Durchführungsphase

Diese Übung kann in Situationen eingesetzt werden, wenn einzelne Teammitglieder im Projekt ausgeschlossen werden, „weil sie ja nur eine Behinderung sind" oder keinen Beitrag leisten können. Die größten „Meckerer" können so erleben, wie es sich in so einer Rolle anfühlt – ausgeliefert der Hilfe durch das Team. Wenn einzelne „Überflieger" das Projekt alleine voranbringen und alle abhängen, dann können sie erfahren, wie sich Hilfe anfühlt, wenn man es selbst nicht schafft. Hierbei ist zu erleben, wie Pläne geschaffen werden können, alle gemeinsam auf die andere Seite zu bringen, da sonst das Ziel nicht erreicht wird.

Sternenübung

Das Team soll mit einem zu einem Kreis geknotetem Seil einen Stern formen. Alle Personen nehmen gemeinsam das Seil auf und spannen es zu einer Kreisaufstellung. Ab jetzt müssen sie die Hände immer am Seil halten, sobald jemand loslässt, wird wieder von vorne begonnen. Am Seil entlang rutschen ist erlaubt. In der fortgeschrittenen Variante müssen die Teammitglieder die Augen schließen, bis auf den Projektleiter, der jetzt alle Teammitglieder anleitet. Es sind mindestens 6 Teilnehmer erforderlich (für die Ecken), die Übung funktioniert auch mit 20 Teilnehmern, das Seil muss nur lang genug sein. Die Dauer hängt sehr vom Team und der Teilnehmerzahl ab, mit mindestens 15 Minuten ist zu rechnen. Große Gruppen benötigen auch bis zu einer Stunde.

Mit dieser Übung kann erlebt werden, wie wichtig ein guter Vorgehensplan ist, mitsamt Schaffung eines Modells (z. B. Schnürsenkel in Abb. 4.30) zur Verdeutlichung für alle Teammitglieder. Die Notwendigkeit direkter Führung (im Fall der geschlossenen Augen) wird erlebt, der Teamleiter übt das Team direkt und klar anzuleiten und den Fortschritt zu beschreiben (Talk-the-Walk-Prinzip), damit kein Teammitglied „verloren geht". Die Teammitglieder lernen sich auf den gemeinsam erarbeiteten Plan zu verlassen und darauf zu vertrauen, dass der Projektleiter sie richtig führt.

Abb. 4.30 Sternenübung

4.2.7 Projekttagebuch

Das Projekttagebuch ist ein Logbuch, in dem alle relevanten oder erwähnenswerten Projektereignisse festgehalten werden, die sich während der Projektdurchführung ergeben. Insbesondere sind dies Informationen, die nicht bereits in formalen Projektdokumenten festgehalten werden. Das Projekttagebuch wird laufend von den Studierenden selbst fortgeschrieben. Entweder jeder Student schreibt sein eigenes Tagebuch, oder es wird gemeinsam von der Projektgruppe geschrieben. Der Dozent hat grundsätzlich keine Einsicht in das Tagebuch, außer die Studierenden möchten dies.

Der Schreibprozess und die damit verbundene Selbstreflexion der Studierenden, kann durch Trennung in objektive Ereignisse und Handlungen, sowie subjektive Eindrücke und Bewertungen unterstützt werden. Es bietet sich an, den Reflexionsprozess in vier Schritten durchzuführen, der in Tab. 4.2 dargestellt ist: Zunächst werden die eigenen Erfahrungen beschrieben (Schritt 1), dann folgt die Analyse und Selbstreflexion (Schritt 2), woraufhin eher abstrakte Einsichten gewonnen und Schlussfolgerungen gezogen werden (Schritt 3). Diese gehen schließlich in konkrete Handlungspläne über (Schritt 4). Dieser Reflexionsprozess kann durch Leitfragen (vgl. Jones und Shelton 2006, S. 51 ff) geführt sein, die in der Tabelle zu sehen sind.

Das Tagebuchschreiben an sich ist eine Form des schriftlichen Nachdenkens. Es dient dazu, Beobachtungen, Erfahrungen und Ideen festzuhalten, um an diesen später anzuknüpfen und über sie zu reflektieren. Durch Verschriftlichung bietet das Tagebuch eine Chance, Distanz zum Geschehen aufzubauen, zu objektivieren und Schlussfolgerungen zu ziehen. Die regelmäßige Reflexion im Projekttagebuch zielt darauf ab, dass die Studenten

Tab. 4.2 Leitfragen Projekttagebuch

Objektive Ereignisse und Handlungen	Subjektive Eindrücke und Bewertungen
Schritt 1: Situationsbeschreibung	**Schritt 2: Analyse und Interpretation**
Was ist seit dem letzten Eintrag passiert?	Was sind meine Gedanken und Gefühle auf die aktuelle Situation im Projekt?
Wann und wo fanden diese Ereignisse statt und was sind die erzielten Ergebnisse?	Wie bewerte ich die aktuelle Situation und den Projektverlauf?
Wer war beteiligt und welche Rolle wurde dabei in der Gruppe übernommen?	Welche Meinungen und Erwartungen habe ich dabei?
Schritt 4: Voraussichten und Planungen	**Schritt 3: Einsichten und Folgerungen**
Welche Aufgaben und Ziele werden als nächstes in der Gruppe vereinbart?	Welche Chancen und Risiken sehe ich?
Wie schätze ich die Auswirkungen davon ein?	Wie wirken sich die Ereignisse auf meine Motivation und die Gruppe aus?
Was für Veränderungen will ich damit vielleicht für die Projektarbeit erreichen?	Welche Konsequenzen will ich aus meinen Überlegungen und der aktuellen Situation ziehen?

4.2 Durchführungsphase

lernen, über ihre Erfahrungen im Projekt auf methodische Art und Weise nachzudenken und gewonnene Erkenntnisse direkt im Anschluss in ihr Projekt einfließen zu lassen (vgl. Schön 1983, S. 68).

Als Methode ist das Tagebuch besonders dann geeignet, wenn Verläufe, Entwicklungsprozesse, Krisen, Konflikte und Lösungen bearbeitet werden sollen. Ein Projekttagebuch ist daher eine gute schriftliche Grundlage für ein Projektcoaching.

Zwei Beispiele für die Umsetzungen finden sich an den Universitäten in Augsburg und Giessen, die nachfolgend kurz vorgestellt und mit Hinweis auf weitere Informationen versehen sind:

Im Rahmen des Augsburger Studienprogramms „Begleitstudium Problemlösekompetenz" schreiben die Studenten regelmäßig Projektberichte, in denen sie ihre Erfahrungen in studentischen Projektgruppen dokumentieren und reflektieren. Philip Meyer hat in einem Team mit anderen Studenten zusammen den Workshop „Kreativität in Wort und Bild" organisiert. Dabei geben ältere Studenten Grundkenntnisse in Grafikbearbeitung und Kreativitätstechniken an Studenten im ersten Semester weiter.

Wie in Abb. 4.31 zu sehen ist, wurde das zugehörige Projekttagebuch geführt: Datum, Titel und Autor kennzeichnen den Eintrag, es wird zwischen objektiven Ereignissen und Schritten, sowie subjektiven Eindrücken und Bewertungen unterschieden. Die Gedankengänge der bereits vorgestellten Leitfragen von Jones und Shelton finden sich in den Eintragungen wieder. Zusätzlich gibt es einen Reiter zur Dokumentation des Arbeitsablaufs und Anhänge.

Abb. 4.31 Projekttagebuch (vgl. Universität Augsburg 2017b)

Die Universität Gießen nutzt für das Projekttagebuch die „Blogfunktion" im Ilias, die auch im Moodle zur Verfügung steht. Anders als in Augsburg ist das Tagebuch in Giessen frei von einer vorgegebenen Struktur, es wird als Blog geführt und arbeitet mit Kommentarfunktionen.

Es gibt dazu eine „Einführung in Blogs und E-Portfolios" in ihrem Internetauftritt unter:

- http://ilias.uni-giessen.de/ilias/goto.php?target=cat_34493&lang=fr.

4.3 Abschlussphase

In der Abschlussphase (siehe Abb. 4.32) sind vor allem folgende wichtige Aufgaben durch den Dozenten zu berücksichtigen:

- **Projektdokumentation im Team begleiten**
  Der Dozent kann Vorgaben für die Dokumentation machen oder Vorlagen zur Verfügung stellen, vielleicht gibt es auch Musterbeispiele von vorangegangenen Projekten. Ferner kann er bei Schwierigkeiten im Schreibprozess durch Feedback und Erklärungen sowie Hinweise auf Informationsveranstaltungen z. B. Schreibseminar oder Schreibwerkstatt der Universität bzw. Hochschule weiterhelfen.
- **Angemessenen Projektabschluss einfordern**
  Für die Beendigung eines Projekts sollte ein angemessener Rahmen geschaffen werden. Das kann in Form einer größeren Veranstaltung stattfinden z. B. Poster-Ausstellung

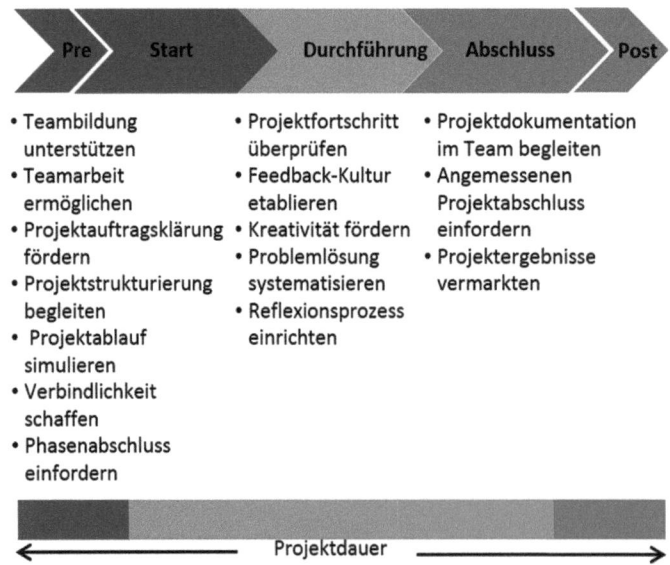

Abb. 4.32 Überblick wichtiger Aufgaben des Dozenten bei der Abwicklung von studentischen Projekten

oder durch eine gelungene Abschlusspräsentation, welche die Studierenden selbständig organisieren sollten.

- **Projektergebnisse vermarkten**
  Wenn Projekte sehr erfolgreich waren, kann dies genutzt werden, um die Hochschule zu vermarkten. Dazu sind in Kap. 3 Beispiele gegeben. Aber auch die Studierenden profitieren davon, so kann eine nachträgliche Teilnahme an einem Wettbewerb für sie ein späterer Bewerbungsvorteil sein. In Kap. 2 sind daher Awards im Projektmanagement aufgelistet und in Kap. 3 wird auf Quellen zu Wettbewerben hingewiesen. Da Studierende dies oftmals nicht wissen können, sollte der Dozent darauf hinweisen.

4.3.1 Projektdokumentation im Team

Die Erstellung eines Projektberichts ist als Schreibprojekt an sich anzusehen. Schreiben ist komplex. Neben dem Inhalt und dem Kontext stellen Sprache mit Ausdruck, Rechtschreibung und Interpunktion schon für viele Studierende eine Herausforderung dar. Auch der Schreibprozess erfordert beim Alleine-Schreiben schon Systematik und Disziplin, im Team erschwert sich dies nochmals. In sehr vielen Studiengängen ist die Bachelorarbeit das erste und einzige Dokument während des Studiums, was geschrieben werden muss. Das ist sehr schade, da die Schreibkompetenz dabei fast schon verloren geht. E-Mails, Kurznachrichten und PowerPoint-Präsentationen lassen die Ausdruckskraft der schriftlichen Sprache verkümmern und auf Schlagworte reduzieren. Es ist daher eine gute Möglichkeit, Schreibanlässe in der Projektarbeit zu schaffen, damit dies wieder trainiert werden kann. Der Projektauftrag, Lasten- und Pflichtenhefte, Projekttagebücher, Protokolle und auch Geschäftsbriefe an den Auftraggeber, Artikel für Zeitungen und Internetauftritte oder Wikis sind mögliche Schreibanlässe, die eingeplant werden sollten.

Der Schreibprozess gliedert sich in fünf Phasen: Vorbereitung, Planung, Erarbeitung, Überarbeitung und Endkorrektur. Er ist in der Abb. 4.33 dargestellt und sollte Dozenten vertraut sein. Wird ein Dokument von verschiedenen Personen gemeinsam geschrieben, so ist zusätzlich die Arbeit zu koordinieren, überwachen und sicherzustellen.

Wurde die Rolle des Dokumentars für das Projekt definiert, so ist er jetzt als Teilprojektleiter aktiv. Besondere Beachtung findet der Einfluss verschiedener Schreibtypen für den Verlauf der gemeinsamen Dokumentationserstellung, da hierin ein Konfliktpotenzial liegt. Die verschiedenen Schreibtypen mit ihren Bedürfnissen und Arbeitsweisen werden nachfolgend erläutert. Zunächst jedoch, werden die Inhalte der Projektphasen beschrieben:

- **Vorbereitung**
  In der Vorbereitungsphase sollten Informationen beschafft werden, wie ein Projektbericht aufgebaut sein sollte. Inhalt, Länge und Struktur können dabei vom Dozenten vorgegeben sein, vielleicht gibt es sogar Vorlagen oder Referenzdokumente von anderen Projekten.

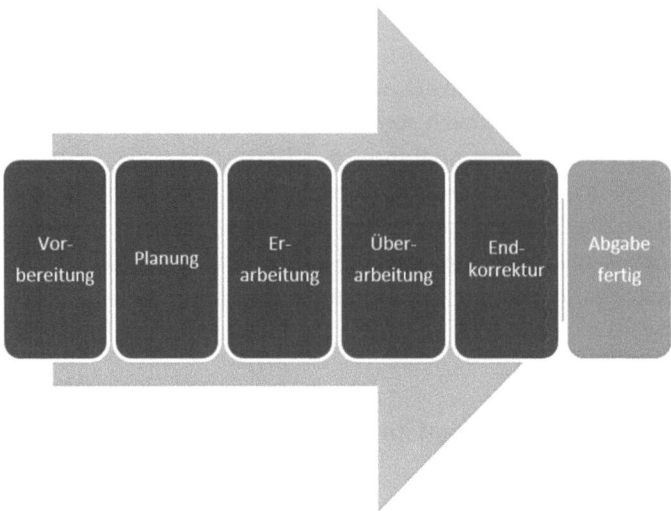

Abb. 4.33 Der Schreibprozess im Projekt

- **Planung**
  Das Projektteam muss seinen Schreibprozess planen: Neben dem Inhalt und der Strukturfestlegung müssen Fragen geklärt werden wie: wer, wann, was schreibt, welche Normen verwendet werden sollen (z. B. Zitierstil, Layout, Abbildungen, Tabellen), wie der Gesamtzeitplan sein wird und wie eine Qualitätssicherung erfolgt. Nach Abschluss der Planung kann ein Feedback vom Dozenten eingeholt werden, so erfolgt eine Qualitätssicherung, dass keine wesentlichen Faktoren vergessen wurden.
- **Erarbeitung**
  Wurde das Projekt gut dokumentiert, kann aus dieser Sammlung an Dokumenten geschöpft werden. Weitere Informationen müssen ggf. recherchiert und Abbildungen erstellt werden. In der Erarbeitung liegt der Fokus auf dem Inhalt, eine erste Struktur für ein Inhaltsverzeichnis wird erstellt. Alle Studierende müssen nun ihre „Schreibpakete" liefern – Versprachlichung des erarbeiteten Materials. Eine Phase des Sammelns und Sichten von Inhalten findet statt. Sehr gut funktioniert dies, wenn gleichzeitig an gemeinsamen Dokumenten gearbeitet werden kann, da dann der Fortschritt und der Inhalt für alle transparent ist. Dafür ist die passende Infrastruktur von Nöten z. B. Cloud-Lösungen. Die Studierenden müssen sich hierfür aber trauen, dass andere ihre unfertigen und manchmal sicher peinlichen Textfragmente lesen. Schreiben ist Arbeit, das sollte ein Dozent vermitteln. Wenn in dieser Phase wieder ein Feedback eingeholt wird, dann sollte der Dozent fragen, unter welchen Gesichtspunkten er sich das durchlesen soll. Es ist kein gutes Feedback an Rechtschreibfehlern „rumzukritteln", wenn der Text nur nach der Struktur oder dem groben Inhalt angeschaut werden soll. Dies führt letztlich nur dazu, dass nicht mehr nach Feedback gefragt wird.

- **Überarbeitung**
  Steht der Text einmal, so muss er überarbeitet und vereinheitlicht werden, auch gegenseitige Verweise werden nun eingearbeitet. Je unterschiedlicher die Schreibtypen und deren Schreibkompetenz sind und je weniger Absprachen im Vorfeld stattfanden, desto mehr Arbeitszeit muss in diese Phase investiert werden. Oftmals wird am Ende dieser Phase nach Feedback vom Dozenten gefragt. Schreibproben machen im Verlauf der Dokumentenerstellung meist wenig Sinn, da mehrere Schreiber beteiligt sind. Manche Studierende versuchen sich bzgl. der Note für die Projektarbeit abzusichern und wollen jetzt sehr viel Feedback haben, hier muss der Dozent entscheiden, wann es genug ist.
- **Endkorrektur**
  Bevor die Arbeit abgegeben wird, sollte nochmals eine Endkorrektur z. B. Rechtschreib- und Interpunktionsprüfung, sowie Satzbau erfolgen. In dieser Phase sollte der Dozent nicht mehr involviert sein.

Zur Motivation und Fortschrittskontrolle (nur bei „längeren" Schreibprojekten zu empfehlen) eignet sich ein Schreibchart, das in Abb. 4.34 zu sehen ist. Der Dokumentar kann dies regelmäßig aktualisieren. Wenn keine Seitenzahlen vorgegeben sind, sondern Wörter oder Zeichen, dann können diese eingesetzt werden.

Schreiben im Team hat seine Tücken
Der gemeinsame Schreibprozess birgt ein Konfliktpotenzial, aufgrund verschiedener Schreibtypen. Manche Schreiber haben eine sehr methodische Vorgehensweise, ihr

Fortschrittkontrolle Abschlussbericht

Kapitel	Stand: 27. Feb Ziel Seiten A4	Seiten A4	Status	Abgabe 5. März Bearbeitungsstand
1	4	1		Voll überarbeiten zum Schluss
2	10	10		Fertig estellt incl. Abschlussarbeiten
3	10	2		Arbeitspaket von Sven fehlt noch komplett !!
4	11	8		Inhalt fertig, aber noch nicht gut formuliert
5	5	3		Fazit fehlt noch, sonst fertig erstellt, Abschlussarbeiten noch offen
Summe	40	24		
Vorgabe		40	7	VerbleibendeTage bis zur Abgabe
Freier Platz		16		

Abb. 4.34 Fortschrittsübersicht im Schreibprozess

Schreibfortschritt ist gut sichtbar und für alle Teammitglieder nachvollziehbar. Andere denken sich ihre Texte im Kopf und schreiben erst sehr spät, so wie Aquarellmaler das Bild im Kopf haben und nach dem Pinselstrich nichts mehr ändern können oder wollen. Problematisch ist, dass für die anderen in Team nicht sichtbar ist, ob überhaupt ein Beitrag von diesem Projektmitglied kommen wird. Ist diese Person gleichzeitig mit dem Problem Prokastination behaftet, so kommt es zwangsläufig zu einem Konflikt. Sehr kreative Schreiber, die gerne und oft Konzepte ändern, machen ihre Mitschreiber „wahnsinnig" durch ständige Änderungen, die sich oft auf andere auswirken. Wie ein Ölmaler, es wird immer wieder alles „übermalt" bis es perfekt ist.

Otto Kruse hat sich mit Schwierigkeiten im Schreibprozess beschäftigt und in Anlehnung an Überlegungen von Wyllie fünf Schreibtypen heraus gearbeitet (vgl. Kruse 2007, S. 43 ff). Einen Test zur Ermittlung des eigenen Schreibtyps nach Kruse wurde von Rautenfeld und Vode entwickelt und steht kostenfrei als pdf in der Schreibwerkstatt an der Hochschule Nürnberg zur Verfügung: https://www.th-nuernberg.de/institutionen/service-lehren-und-lernen/servicestelle-lernen/schreibzentrum/page.html

Die Schreibtypen sind:

- **Aquarellmaler**: Als Aquarellmaler sind Sie nicht nur ein genauer Planer, sondern auch jemand, der seinen Text vollständig im Kopf im Voraus entwirft. Sie haben eine Gliederung vor Augen, an die Sie sich dann halten. Sie schreiben den Text dann in einem Wurf, in einer fast druckreifen Fassung. Die Überarbeitung fällt minimal aus. Dieser Schreibtyp erfordert Übung, routinierte Journalisten arbeiten oftmals so.
- **Architekt**: Als Architekt brauchen Sie einen schriftlichen Plan. Ihre Gliederung ist detailliert und Sie füllen sie anschließend mit Text. Die Reihenfolge, in der Sie Ihre Gliederung dann mit Text füllen, steht nicht fest. In der Überarbeitungsphase ändern Sie Ihren Text gründlich und meist in der Reihenfolge der Gliederung von vorne nach hinten. Sie sind damit bestens geeignet, im Team mit Schreibpaketen zu arbeiten.
- **Maurer**: Als Maurer bauen Sie Ihren Text Block für Block auf und überarbeiten ihn laufend bis ins kleinste Detail. Dabei fällt es Ihnen häufig schwer, einen Überblick über den ganzen Text zu behalten. Am Schluss fällt Ihre Überarbeitung daher eher zögerlich aus. Sie fühlen sich am wohlsten, wenn jemand anderes die Gliederung erstellt und Sie Ihr Kapitel dafür richtig gut schreiben.
- **Zeichner**: Als Zeichner erstellen Sie zunächst die groben Überschriften, denen Sie folgen. Sie verändern Überschriften und Unterkapitel permanent und arbeiten immer zunächst an Kapiteln, die Ihnen am einfachsten erscheinen. Die Endkorrektur liegt Ihnen nicht, Sie überarbeiten lieber regelmäßig, sowohl inhaltlich als auch grammatikalisch und stilistisch.
- **Ölmaler**: Als Ölmaler lassen Sie sich gerne von Ihrem Thema treiben und überarbeiten das Geschriebene exzessiv. Sie empfinden Unbehagen dabei, sich beim Schreiben frühzeitig festzulegen. Sie sammeln lieber Ideen beim Schreiben, die Sie später einbauen.

Sie produzieren dabei meist eine Flut von Zetteln und Notizen. Ölmaler haben es daher schwer, im Team zu schreiben, produzieren aber sehr kreative Texte mit konzentrierter Ausdruckskraft.

Es gibt noch weitere Einordnungen in verschiedene Schreibtypen. Informationen und Strategieempfehlungen im Umgang mit verschiedenen Schreibtypen und Schreibproblemen gibt es in den Schreibwerkstätten der Universitäten und Hochschulen auf die an dieser Stelle verwiesen sei. Eine Liste der universitären Schreibzentren findet sich unter: http://www.wort-ort.uni-wuppertal.de/die-links/die-anderen-schreibzentren.html

4.3.2 Variantenvielfalt des Projektberichts

Es stellt sich die Frage, welche Dokumente während eines Projekts erstellt werden sollten. Neben den erforderlichen Dokumenten aus dem Fachgebiet und Protokollen etc., ist der Projektbericht von besonderer Bedeutung. Er wird auch meistens als Prüfungsleistung gewählt und bewertet. Die Struktur, Form und Länge des Berichtes kann vom Dozenten vorgegeben werden ggf. sogar mit vorgegebenen Vorlagen, die die Studierenden nutzen müssen. Sie kann aber auch sehr frei gestellt sein. Es kann grundsätzlich zwischen vier Typen von Projektberichten gewählt werden:

1. PM-Kompetenzen,
2. Persönlich- Sozial,
3. Fachlich: Klassische schriftliche wissenschaftliche Arbeit oder
4. Mischform: Mit Abschnitten jeweils dazu.

1. PM-Kompetenzorientiert
Der Aufbau dieser Art von Projektbericht orientiert sich an den vermittelten PM-Kompetenzen während des Projekts. In Abb. 4.35 ist eine Vorlage für Berichte zur Projektarbeit an der Universität Würzburg (vgl. Universität Würzburg 2017), zu sehen, den die Studierenden nutzen müssen. Neben dem Projektbericht gibt es Vorlagen für alle Arten von Dokumenten, die während des Projekts zu erstellen sind. Sie sind unter nachfolgendem Link öffentlich zugänglich: https://www3.informatik.uni-wuerzburg.de/courses/vorl_08_ss/projman/vorlagen.htm

2. Persönliche und soziale Kompetenzen
Steht bei einem Projekt vorrangig die persönliche und soziale Weiterentwicklung im Mittelpunkt, eignet sich ein Projektbericht in Form einer Lerngeschichte. Sie kann aus einem Lerntagebuch entstehen, das während des Projekts zur Selbstreflexion geschrieben wurde. Das Konzept des Lerntagebuchs wurde beschrieben.

Inhaltsverzeichnis

1. Projekt / Projektziele 4
 1.1 Projektbeschreibung 4
 1.2 Zielbeschreibung / Zielhierarchie 4
 1.3 Zielbeziehungen / Zielkonflikte 4

2. Projektumfeld, Stakeholder 4
 2.1 Projektumfeld, Umfeldfaktoren 4
 2.2 Stakeholder (Interested Parties) 4
 2.3 Stakeholderportfolio und Stakeholdersteuerung 4

3. Risikoanalyse 4
 3.1 Erfassung, Klassifizierung und Beschreibung der Risiken 4
 3.2 Bewertung der Risiken 4
 3.3 Maßnahmen zur Risikobegegnung 4

4. Projektorganisation 4
 4.1 Art der Projektorganisation 4
 4.2 Wahl einer Projektorganisation 4
 4.3 Entscheidungsgremien, Eskalation 5

5. Phasenplanung 5
 5.1 Beschreibung der Projektphasen 5
 5.2 Meilensteinliste 5
 5.3 Veranschaulichung der Projektphasen 5

6. Projektstrukturplan 5
 6.1 Darstellung und Codierung des PSP 5
 6.2 PM im PSP 5
 6.3 Arbeitspaketbeschreibung 5

7. Ablauf- und Terminplanung 5
 7.1 Vorgangsliste 5
 7.2 Vernetzter Balkenplan oder berechneter Netzplan 5
 7.3 Anordnungsbeziehungen (AOB) 5

8. Einsatzmittel- / Kostenplanung 5
 8.1 Einsatzmittelbedarf / Einsatzmittelplan 5
 8.2 Auslastungsprofil für kritische Einsatzmittel 6
 8.3 Projektkosten 6

9. Soziale Kompetenz 6
 9.1 Teamarbeit (Teambildung, Konflikte) 6
 9.2 Führung (Führungshilfe, Entscheidungsfindung) 6
 9.3 Kommunikation im Projekt (Meetings, Berichte, Beteiligung) 6

Abb. 4.35 Beispiel zur Gliederung eines Berichts zur Projektarbeit

Die Struktur des Berichtes kann folgendem Aufbau in drei Teilen folgen:

- Teil A Hintergrund des Projekts und persönliche Motivation
  - Projektkontext und –ziele
  - Persönlicher Biografiebezug
  - Motivation für die Teilnahme am Projekt
  - Übernommene Aufgaben und eigener Beitrag
- Teil B Verlauf der Projektarbeit als Lerngeschichte
  - Beschreibung des Projektablaufs in den wesentlichen Abschnitten
  - Aufgetretene Schwierigkeiten und Konflikte
- Teil C Resümee der Projektarbeit und persönliche Bewertung

Einen solchen 10-seitigen Erfahrungsbericht zu einem Projekt (Organisation und Durchführung eines Workshops „Kreativität in Wort und Bild" für Studienanfänger) gibt ein Student an der Universität Augsburg exemplarisch unter: http://websquare.imb-uni-augsburg.de/2009-04/2

Eine Anleitung zum Verfassen und bewerten eines solchen Berichts gibt es unter http://www.imwk.uni-augsburg.de/studium/begleitstudium/Kriterien_bei_der_Bewertung_der_Projektberichte_im_Begleitstudium_0.pdf

3. Fachlich

Der Aufbau und Inhalt des Berichts folgt vollkommen dem Standard im jeweiligen Fachgebiet. Daher wird an dieser Stelle darauf verzichtet einen Projektbericht exemplarisch darzustellen. Neben der Form eines Berichts sind auch andere Dokumente wie eine Produktbeschreibung, Benutzerhandbuch oder ein Artikel möglich, um das Projekt abschließend zu beschreiben. Vielleicht ist die Erstellung eines Textes zu einer Thematik an sich das Ziel eines Projekts.

4. Mischformen

Die drei bereits erläuterten Arten von Projektberichten lassen sich auch kombinieren. Es ist weiter möglich, dass ein gemeinsamer Bericht vom Projektteam abgegeben wird und zusätzlich ein persönlicher. Oder es wird ein gemeinsamer Bericht zum Projektverlauf und zur Team-Reflexion erstellt und ein zweiter Bericht in Form einer wissenschaftlichen Ausarbeitung zum Projektgegenstand. Letzterer kann durch Kennzeichnung des jeweiligen Ergebnisbeitrags der Studierenden auch individuell bewertet werden. Beide Berichte können dann in die Notenbildung eingehen.

Ein Beispiel für die zuletzt genannte Mischform findet sich an der Hochschule Augsburg. Als Word-Vorlage mit inhaltlicher Erläuterung ist er abrufbar unter www.projekt-toolbox.de.

Der Projektbericht wird als Team abgegeben und beschreibt, wie die PM-technischen Elemente im Projektverlauf eingesetzt wurden, sowie Reflexionen zur Vorgehensweise und Teamarbeit. Er deckt sich mit dem Konzept dieses Buchs. Nachfolgend ist der inhaltliche Aufbau gegeben, der von den Studierenden zu beschreiben ist.

Inhaltsverzeichnis

1 Projektbeschreibung und Projektziele
    1.1 Projektbeschreibung
    1.2 Sachliche Zielbeschreibung
    1.3 Projektvertrag
2 Lernziel -Kompetenzerwerb
3 Projektorganisation
    3.1 Art und Wahl der Projektorganisation
    3.2 Entscheidungsgremien und Eskalationswege
    3.3 Regeln für die Teamarbeit
    3.4 Überwachung und Steuerung
4 Projektumfeld und Stakeholder
    4.1 Projektumfeld und Stakeholder
    4.2 Stakeholder- Portfolio und Steuerung
5 Vorgehensplanung
    5.1 Beschreibung des verwendeten Vorgehensmodells und Methoden
    5.2 Darstellung des Projektstrukturplans
    5.3 Arbeitspaketbeschreibung
6 Projektplan
    6.1 Meilensteine
    6.2 Projektplan
7 Ressourcenplanung
    7.1 Projektkosten
    7.2 Personalplanung
8 Risikoanalyse
    8.1 Klassifizierung und Bewertung der Risiken
    8.2 Maßnahmen zur Risikobegegnung
9 Qualitätsmanagement
10 Teamarbeit
    10.1 Teambildung
    10.2 Führung und Selbstorganisation
    10.3 Koordination und Kommunikation
    10.4 Kooperation und Motivation
    10.5 Interpersonelle Prozesse
11 Projektstart, Zwischenpräsentationen und Projektende
12 Zusammenfassung der Erkenntnisse
13 Anhang

4.3.3 Abschlusspräsentation beim/mit Auftraggeber

Ein wichtiger Punkt in der Abschlussphase eines studentischen Projekts stellt die Abschlusspräsentation beim bzw. mit dem Auftraggeber dar.

Dabei ist es wichtig, dass der Dozent den Studierenden klar macht, dass er besonderen Wert auf die Durchführung einer professionellen Abschlussveranstaltung/-präsentation Wert legt, in der das Projekt bzw. das entstandene Produkt dem Auftraggeber bzw. Kunden verkauft wird.

Nach Coverdale (2017b) sind zwei Elemente von zentraler Bedeutung für den Erfolg einer Präsentation, unabhängig davon, wie die konkrete Umsetzung der Präsentation gestaltet ist:

1. **Grundrechte des Zuhörers**, die vom Vortragenden zu beachten sind

   Ein erstes Grundrecht des Zuhörers ist die respektvolle Haltung und Wertschätzung den Zuhörern gegenüber. Die Studierenden müssen sich bewusst sein, dass die innere Haltung gegenüber dem Publikum nicht verborgen werden kann, sondern immer von den Zuhörern wahrgenommen wird. D. h. es gilt als erstes, die Menschen hinter der Zielgruppe Kunden/Auftraggeber zu sehen (bspw. indem folgende Fragen beantwortet werden: Wer sitzt uns da gegenüber? Was interessiert und bewegt diese Menschen? Welche Ängste, Sorgen und Bedürfnisse haben sie?) und diese auch ernst zu nehmen. Ferner sollte natürlich die eigene Haltung zum Thema des Vortrags passen, d. h. ein gewisses Brennen und Freude vorhanden sein. Zusätzlich gilt es, eine besserwisserische Art und Weise im Vortrag zu unterlassen.

   Das zweite Grundrecht des Zuhörers ist der verantwortungsvolle Umgang mit der Zeit. D. h. eine Präsentation darf nie länger dauern, als sie vorgesehen und angekündigt war. Sollte ein mögliches Überziehen erkannt werden, so müssen weniger wichtige Teile der Präsentation weggelassen werden. Dabei ist aber darauf zu achten, dass nicht schneller vorgetragen wird und somit kein gehetzter Eindruck entsteht. Auf gar keinen Fall sollte aber das Schlussstatement oder die Zusammenfassung gekürzt werden.

   Als drittes Grundrecht des Zuhörers wird eine funktionierende und vorbereitete Vortragstechnik erwartet. D. h. vermeidbare Dinge bzw. Probleme wie bspw. lichtschwacher Beamer, blendende Lichtverhältnisse, mangelnde Lautstärke, stockende Animationen etc. werden als mangelnde Wertschätzung gegenüber dem Auditorium ausgelegt. Da hilft auch keine Entschuldigung, dies könnte sogar eher als Provokation empfunden werden. Unvorhersehbare Dinge dagegen werden leicht verziehen.

   Das vierte Grundrecht des Zuhörers ist die Möglichkeit, dass dieser Antworten auf einige grundlegende Fragen bekommt. Zu berücksichtigen ist, dass das Bild, welches sich der Zuhörer vom Vortragenden macht, über die „selektive Wahrnehmung" entscheidet. Die selektive Wahrnehmung legt fest, welche Inhalte der Zuhörer hört und mit welcher inneren Haltung er zuhört. Bereits in den ersten 30 Sekunden werden vom Zuhörer intuitiv Antworten auf folgende Fragen gesucht: Wer ist der da vorne?

Worum geht es überhaupt? Will ich überhaupt bzw. macht es für mich Sinn, zuzuhören und aufzupassen? Ferner ist zu beachten, dass eine erste Einschätzung der vortragenden Person völlig subjektiv schon in den ersten 7 Sekunden erfolgt, um als Zuhörer ein erstes Orientierungsraster im Sinne der folgenden Fragen zu bekommen: Was für ein Typ von Mensch ist er? In welcher Stimmung ist er? Kann ich ihm vertrauen?

2. **Kundenorientierung in der Präsentation**
Einen ersten wichtigen Punkt bei der Kundenorientierung stellen die ungefragten Fragen der Zuhörer dar. D. h. die Studierenden sollten sich für jede einzelne Folie bzw. für jedes Element des Vortrags Antworten auf folgende Fragen geben können: Warum erzähle ich ihnen das? Was heißt das für sie im Detail? Für wen ist das wichtig?
Als zweiter Aspekt der Kundenorientierung ist es wichtig, dass man dem Kunden zeigt, dass man sich mit ihm beschäftigt hat. D. h. zum einen muss man sich über den Kunden informiert haben, bspw. welche Erfolge hat dieser in letzter Zeit erzielt, auf die er stolz ist; wie sieht die Organisation aus; welche Märkte sind relevant; welche Mitbewerber und Geschäftspartner existieren. Ferner sollten zwischendurch Fragen an den Zuhörer gestellt werden, wie bspw. haben wir das richtig dargestellt?
Ein dritter Aspekt der Kundenorientierung ist, dass man diesem das Gefühl vermittelt, dass diese Präsentation nur für ihn gemacht wurde. D. h. in die Präsentation muss die Welt der Zielgruppe sowohl verbal als auch mit visuellen Hilfsmitteln eingebaut werden, bspw. durch Bilder von Produkten oder Betriebsstätten und Bezüge zur Historie des Kunden. Zusätzlich sollte die Präsentation in der Farbwahl oder durch Einbau des Kundenlogos angepasst sein.

Für die konkrete Ausgestaltung der Abschlusspräsentation könnten die Studierenden fernen für folgende Aspekte sensibilisiert werden:

- **Vor Beginn der Präsentation**: Angemessene Begrüßung der Teilnehmer und freundliche Atmosphäre schaffen. Ggf. durch Small Talk die Teilnehmer abholen und einstimmen.
- **Passender inhaltlicher Aufbau der Präsentation**: Prinzipiell unterteil sich jede Präsentation in Einleitung, Hauptteil und Schluss. In der Einleitung sollte eine angemessene Eröffnung mit Fokus auf die Zielgruppe erfolgen. Auch der Hauptteil sollte an der Zielgruppe ausgerichtet sein. Ferner ist auf eine Agenda mit rotem Faden zu achten, in der ggf. sowohl Pausen als auch interaktive Phasen integriert sind. Beim Schluss ist darauf zu achten, dass eine Zusammenfassung und ein passendes Schlussstatement dargeboten werden.
- **Organisatorische Aspekte**: Die Einladung sollte zeitgerecht bzw. frühzeitig an alle Teilnehmer mit angemessener Formulierung versendet werden. Dabei sind sowohl die wichtigsten Informationen (z. B. Datum, Zeitdauer, Ort, Agenda) und ggf. weitere Briefing-Unterlagen zu versenden. Der Raum sollte zur Präsentation angemessen vorbereitet werden (bspw. Namensschilder, Tischordnung oder Anordnung sonstiger Hilfsmittel). Auch sollte besprochen werden, welche Unterlagen für die Teilnehmer bei

4.3 Abschlussphase

Abb. 4.36 Abschlusspräsentation einer Projektgruppe

der Präsentation vorbereitet werden (bspw. Flyer, Power-Point-Folien oder sonstige Handouts).
- **Risikomanagement für die Präsentation durchgeführt**: Prinzipiell sollte man für verschiedene problematische Ereignisse vorbereitet sein wie bspw. falls keine Internetverbindung verfügbar wäre, das System bei einer Live-Demo abstürzen würde oder sonstige Probleme bei einer Live-Demo auftreten.
- **Rollenverteilung für die Präsentation festgelegt**: Für die Abschlusspräsentation sollten wenigstens die beiden Rollen Moderator und Protokollant vorab festgelegt werden. Die wichtigste Aufgabe des Moderators ist es, auf die Agenda und die Zeiteinhaltung zu achten. Alle wesentlichen Ergebnisse der Abschlusspräsentation müssen durch den Protokollanten schriftlich festgehalten werden.
- **Angemessene Kleidung und Auftreten**: sowie Vortragsstil (siehe Abb. 4.36)

4.3.4 Poster-Präsentation

Bei Poster-Präsentationen formulieren und gestalten Studierende Poster zu ihrem Projekt. Die Studierenden lernen mit dieser Methode, die zentralen Phasen ihres Projekts übersichtlich, wissenschaftlich korrekt sowie ansprechend darzustellen. Da Poster im wissenschaftlichen Kontext in der Regel auf Tagungen präsentiert und diskutiert werden, bietet es sich an, die gesamte Präsentation als eine Art kleine „Konferenz" zu veranstalten, bei der die Studierenden sowohl präsentieren, als auch andere Poster kritisch diskutieren müssen. Die Hochschule Furtwagen würdigt beispielsweise die beste Poster-Präsentation im studentischen Projekt im Studiengang Gesundheitswesen und schafft somit einen zusätzlichen Anreiz für die Präsentation des Projektergebnisses (vgl. Medienhaus Südkurier 2017).

Anleitungen zur Gestaltung von wissenschaftlichen Postern gibt es an der Hochschule Eberswalde und der Universität Würzburg, die sich als Leitfanden für die Studierenden eignen:

- http://www.wissenschaftstagung.de/de/programm/anleitung_postergestaltung.pdf
- http://www.rz.uni-wuerzburg.de/dienste/druck/posterdruck/postergestaltung

Beispiele für Veranstaltungen mit Poster-Präsentation finden sich an der Universität Göttingen (Fakultätsübergreifende Veranstaltung) und Reutlingen (Maschinenbau). Auf den Internetseiten der jeweiligen Hochschule (Abb. 4.37 und 4.38) sind Beispiele von den

Abb. 4.37 Posterpräsentation Beispiel 1 (vgl. Universität Göttingen 2017)

4.3 Abschlussphase

Abb. 4.38 Posterpräsentation Beispiel 2 (vgl. Hochschule Reutlingen 2017)

Veranstaltungen und Ergebnisposter zu sehen sowie deren Ablauf nachzulesen (vgl. Universität Göttingen 2017; und Hochschule Reutlingen 2017).

- Universität Göttingen https://www.uni-goettingen.de/de/posterpr%C3%A4sentation/437283.html
- Hochschule Reutlingen http://www.tec.reutlingen-university.de/projekte/fe-projekt/

4.3.5 Projektmesse

Die Ausrichtung einer Projektmesse ist wohl die umfangreichste Möglichkeit, dem Projektabschluss einen würdigen Rahmen zu geben. Die Studierenden präsentieren sich und ihre Ergebnisse an Ständen, die sie selbst gestaltet haben. Es können Gäste und Presse eingeladen werden und ein Semester-Ende-Fest lässt sich ebenfalls damit verbinden. Für das Kollegium ergibt es einen Austausch zu den Projekterfahrungen und weil niemand ein „peinliches Projekt" ausgeschrieben oder betreut haben möchte, entsteht automatisch eine Qualitätssicherung. Allerdings ist mit einer Messe auch ein nicht unerheblicher Vorbereitungsaufwand verbunden, der eingeplant und organisiert werden muss.

Eine ausführliche Beschreibung ist von der Hochschule Augsburg in den Fallstudien von Kap. 5 zu lesen, in dem die Projektmesse einen gebührenden Abschluss des Projektkonzeptes der Fakultät Informatik gibt. Projektmessen finden sich aber auch an anderen Hochschulen an verschiedensten Fakultäten (Abb. 4.39 und 4.40) (vgl. Hochschule Osnabrück 2017; Hochschule Hamm 2017).

- Hochschule Osnabrück - Studiengänge Elektrotechnik und Medieninformatik: https://www.hs-osnabrueck.de/de/nachrichten-iui/2016/09/projektmesse-zeigt-ideen-von-morgen/
- Hochschule Hamm - Studiengang Mechatronik: http://www.hshl.de/von-frei-schwebenden-kugeln-und-balancierenden-lego-mindstorm-fahrzeugen/

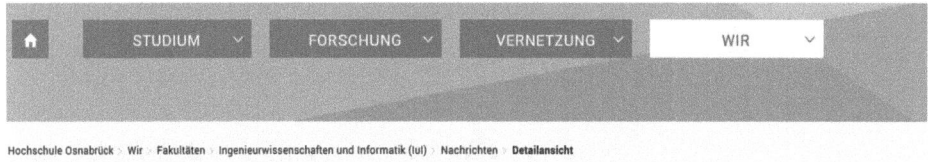
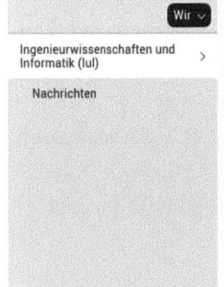

Abb. 4.39 Projektmesse Beispiel 1 (vgl. Hochschule Osnabrück 2017)

4.3 Abschlussphase

Abb. 4.40 Projektmesse Beispiel 2 (vgl. Hochschule Hamm 2017)

4.3.6 Review des Projekts

Am Ende des Projekts sollte eine Projektretrospektive stattfinden. Eine Retrospektive stellt eine Chance für alle Projektbeteiligte dar, um zu lernen, was zukünftig verbessert werden könnte. D. h. der Projektablauf sollte analysiert werden, um Schlussfolgerungen zu ziehen, was in den nächsten Projekten anders angegangen wird.

Neben Projektretrospektive gibt es noch eine Vielzahl von weiteren Begriffen, die diese abschließende Projektreview bezeichnen, beispielsweise Lessons Learned Workshop, Touch Down Workshop, Debriefing Workshop oder Post Mortem Analyse.

Unabhängig davon, welcher Begriff verwendet wird, geht es beim Projekt-Review darum zu analysieren, wo die Stärken und Schwächen bei der Projektabwicklung lagen. So sollte das Projektteam sich gegenseitig und dem Dozenten Feedback geben. Es ist zu betrachten, welche Vorgehensweisen, Projekthilfestellungen und Ansätze sich bewährt haben und welche nicht, um daraus Empfehlungen und Vorgaben für die zukünftige Projektabwicklung abzuleiten.

Prinzipiell sollte eine Projektretrospektive in drei Phasen ablaufen:

- **Startphase**
  In der Startphase ist es wichtig, dass eine angenehme und positive Atmosphäre geschaffen wird. D. h. die Teilnehmer müssen sich sicher und wohl fühlen. Dies ist eine notwendige Voraussetzung für eine konstruktive Retrospektive. Hier gilt es, eine positive Grundhaltung im Team zu schaffen und das Team auf die Erfolge im Projekte auszurichten, da Teams sich häufig nur auf Probleme und nicht auf Erfolge fokussieren. Ferner sollten Regeln definiert werden, wie im Kontext der Retrospektive miteinander kommuniziert und umgegangen wird.
- **Lern- und Reflexionsphase**
  Im Mittepunkt dieser Phase steht die Vergangenheit. D. h. der Projektverlauf muss aufgearbeitet werden. D. h. das Projekt sollte in Gedanken noch mal ablaufen und Erfahrungen sollten bewusst reflektiert werden. Dabei ist es wichtig zu betrachten, welche Probleme, schwierigen Situationen, Krisen, etc. aufgetreten sind. Auch positive Ereignisse sollten in die Betrachtungen mit einbezogen werden. Eine geeignete Technik stellt das Aufzeichnen einer Timeline des Projekts dar. Auf dieser Timeline werden die wichtigsten Phasen und Meilensteine des Projekts eingezeichnet und anschließend lassen die Teilnehmer das Projekt noch einmal Revue passieren. Dabei notieren sie jeweils auf unterschiedlich farblichen Moderationskarten bzw. Post-its ihre persönlichen Einschätzungen zu persönlichen Konflikten und Erfolge sowie fachlich, sachlich, methodische Misserfolge und Erfolge als auch noch offene Themen. Abb. 4.41 zeigt eine exemplarische Farbkodierung (vgl. Rupp 2009).

  Anschließend klebt bzw. ordnet jeder seine Post-its/Karten entlang der Timeline zeitlich richtig ein und es entsteht ein Bild, wie in Abb. 4.42 dargestellt (vgl. Rupp 2009).

  Am Ende ist ein Bild des Projekts entstanden, welches alle wichtigen Punkte aus den wesentlichen Blickwinkeln beleuchtet. Dadurch sind die Ergebnisse der Retrospektive anschaulich dokumentiert und es kann ein gemeinsames Lernen stattfinden.
- **Abschlussphase**
  Im Fokus der Abschlussphase steht die Zukunft. D. h. basierend auf den Erkenntnissen der Lern- und Reflexionsphase sollen konkrete Verbesserungen im Vorgehen und in der Methodik für die zukünftige studentische Projektarbeit abgeleitet werden.

Eine weitere Möglichkeit den Review eines Projekts durchzuführen, stellt das klassische **After-Action-Review** dar (vgl. Busch und von der Oelsnitz 2006). Das After-Action-Review verläuft in vier Stufen, die in einem Workshop bearbeitet werden (Abb. 4.43). Ein Moderator, das kann ein Gruppenmitglied oder der Dozent sein, leitet ihn. Für die Visualisierung sollten ein Flipchart, die Tafel oder eine Pinnwand mit Karten zur Verfügung stehen.

4.3 Abschlussphase

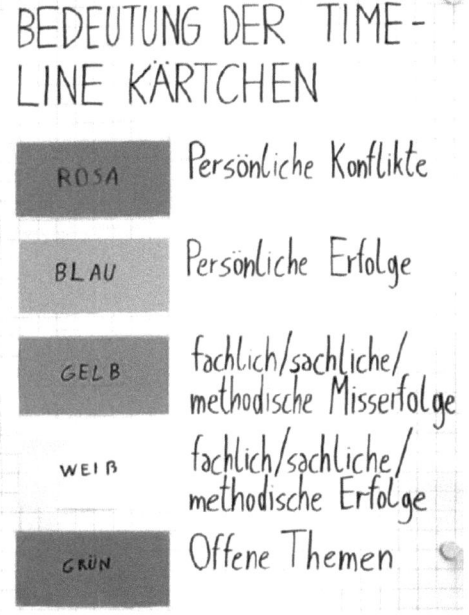

Abb. 4.41 Projektretrospektive 1 (vgl. Rupp 2009)

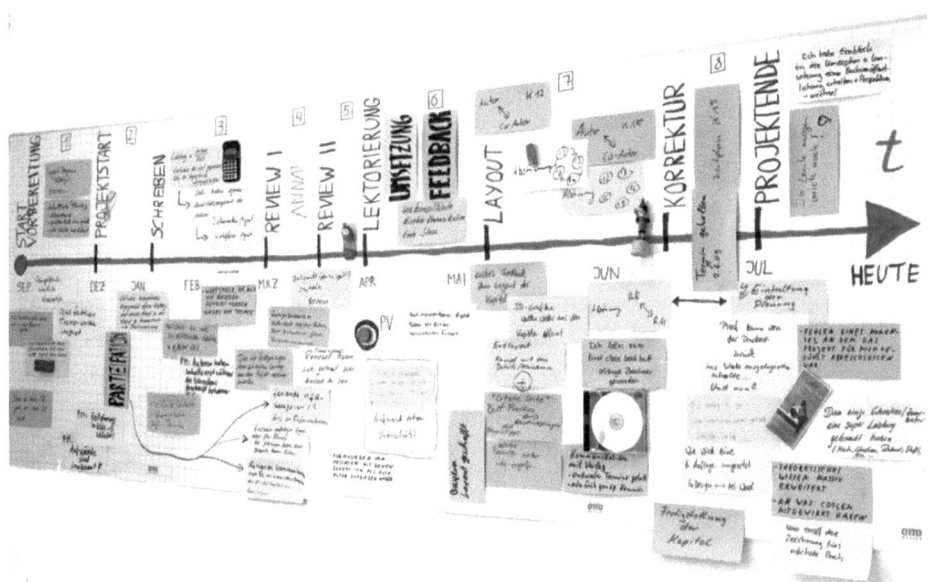

Abb. 4.42 Projektretrospektive 2 (vgl. Rupp 2009, S.20)

Abb. 4.43 Projektreview in vier Stufen nach Busch (vgl. Stöhler 2016)

- **Zunächst wird der ursprünglich geplante Sollzustand aufgezeigt**, also das Ziel des Projekts. Dafür können die Dokumente vom Projektbeginn genutzt werden (Project Canvas, Projektvertrag).
- **Im zweiten Schritt wird das Geschehen chronologisch aufgearbeitet**. Auf dieser Stufe werden nicht nur Handlungen, sondern auch Erwartungen und Gefühle, Schlüsselsituationen und aufgetretene Probleme beschrieben. Der letzte Stand des Projektplans, also so wie das Projekt dann wirklich durchgeführt wurde, sowie die Terminentwicklung der Meilensteine kann dabei eine gute Orientierung bieten.
- **Im dritten Schritt erfolgt ein Soll-Ist-Vergleich**. Die Ursachen für den Erfolg oder den Misserfolg des Projekts werden ermittelt. Fehler und Erfolgsfaktoren werden angesprochen und gesammelt. Systemtisch kann dabei auch eine Root Cause Analysis eingesetzt werden. Die Root Cause Analysis ist ein bedeutender Bestandteil vieler Qualitätsmanagement-Prozesse, wie z. B. dem Six Sigma- oder dem 8D-Prozess.
- Auf Grundlage der Analyse aus Schritt 3 fasst das Team im **vierten und letzten Schritt** ihre **Erfahrungen und Erkenntnisse zusammen**. Ein „Lessons Learned" kann auch Bestandteil des Projektberichtes sein.

4.4 Benotung von Projektarbeiten

Wie in Kap. 3 ausgeführt, gibt es für die Notenbildung Rahmenbedingungen, die zu beachten sind. Nachfolgend werden drei Möglichkeiten der Bewertung vorgestellt.

4.4.1 Bewertung eines Lernberichts zur Projektarbeit

Im interdisziplinären Begleitstudium „Bildung durch Verantwortung" an der Universität Augsburg gibt es auf individueller Ebene eine Beurteilung und keine Note, sondern bestanden/nicht bestanden. Prüfungsleistung ist hierfür ein Lernbericht, der bereits in Kap. 4

vorgestellt wurde. Der Lernbericht ist von jedem Studierenden selbst zu erstellen, einen Einfluss der Teamleistung auf die Beurteilung gibt es hierbei nicht. Nachfolgend sind die Beurteilungskriterien zu lesen sowie Fragen, anhand derer die Beurteilung erfolgt. Diese Form der Beurteilung ist dann besonders geeignet, wenn vorrangig die individuelle Erfahrung und Lerngeschichte der Projektbeteiligten zu beachten ist (vgl. Universität Augsburg 2017).

Überblick über die geleistete Projektarbeit: Gibt der Projektbericht einen nachvollziehbaren Überblick über die im Verlauf des Semesters geleistete Projektarbeit? Fasst die im Projektbericht dargestellte Lerngeschichte die wichtigsten Ereignisse, die im Projekttagebuch festgehalten wurden, schlüssig zusammen?

Qualität der Reflexion der Projekterfahrungen: Wird im Projektbericht deutlich, wie im Verlauf der Projektteilnahme mit positiven und negativen Erfahrungen (Erfolge, Fehler, Unsicherheiten, etc.) umgegangen wurde? Wird auf die Konsequenzen dieser Erfahrungen eingegangen und die daraus resultierende Lernerfahrung begründet?

Darstellung der Kompetenzentwicklung: Geht aus dem Projektbericht hervor, was durch die Mitarbeit in dem Projekt gelernt wurde? Wird deutlich, welche Kompetenzen sich im Verlauf der Projektteilnahme angeeignet wurden? Wird die Kompetenzentwicklung anhand von beispielhaften Episoden der eigenen Lerngeschichte belegt?

Originalität der Erfahrungsaufbereitung: Zeichnet sich der Projektbericht durch eine „persönliche Note" aus? Beinhaltet der Projektbericht auch eigene Gedanken, die über die vorgegebenen Leitfragen hinausreichen? Werden zu den Erkenntnissen aus dem Projekttagebuch zusätzliche Schlüsse gezogen?

Struktur der Darstellung und Sprache: Findet sich im Projektbericht ein „roter Faden"? Hat der Projektbericht eine nachvollziehbare Struktur und innere Konsistenz? Ist der Projektbericht sprachlich ohne größere Mängel? Vermittelt der Projektbericht klare und verständliche Botschaften? Kann sich der Verfasser/die Verfasserin klar und deutlich ausdrücken?

Relevanz der bearbeiteten Problemstellung: Behandelt der Projektbericht eine im Zusammenhang mit dem Studiengang „Medien und Kommunikation" relevante Problemstellung? Beschreibt der Projektbericht den Kontext der Problemstellung in verständlicher Weise?

Nutzen der erzielten Arbeitsergebnisse: Wird der Nutzen der im Rahmen der Projektarbeit erzielten Arbeitsergebnisse deutlich? Wurde mit dem Projekt ein Nutzen für Dritte geschaffen und wie überzeugend wurde dieser Mehrwert dargestellt?

Engagierter Einsatz für die Projektgruppe: Geht aus dem Projektbericht hervor, welchen Beitrag der Verfasser/die Verfasserin für die Projektgruppe geleistet hat? Geht das Engagement über die eigenen Ziele hinaus und berücksichtigt auch die Ziele der Projektgruppe?

4.4.2 Bewertungsrichtlinien im Modul mit Kompetenzorientierung

Wenn in einem Modul Projekte von mehreren Dozenten betreut werden, so sollte aufgrund der Chancengleichheit gleiche Bewertungsverfahren verwendet werden. Darauf wurde bereits in Kap. 3 eingegangen. Nachfolgend ist eine Richtlinie der Universität Stuttgart zu sehen, die eine derartige Bewertung regelt (vgl. Universität Stuttgart 2017).

	Beurteilungs-kriterien	Stufe 1	Stufe 2	Stufe 3	Stufe 4
L E R N Z I E L E	Interdisziplinäre Teamfähigkeit	Unzureichende Kooperationsbereitschaft in der Gruppe	Auseichende Kooperationsbereitschaft in der Gruppe	Zufriedenstellende Kooperationsbereitschaft in der Gruppe	Vorbildliche Kooperationsbereitschaft in der Gruppe
	Anwendung PM-Grundlagen	Kaum strukturierte wenig zielgerichtete Arbeitsweise	Ausreichend strukturierte wenig zielgerichtete Arbeitsweise	Zufriedenstellend strukturierte wenig zielgerichtete Arbeitsweise	Sehr strukturierte wenig zielgerichtete Arbeitsweise
	Lösungsorientierte Wissensanwendung	Transferkompetenz ist unzureichend	Transferkompetenz ist ausreichend	Transferkompetenz ist zufriedenstellend	Transferkompetenz ist vorbildlich
	Eigenständige Recherche/Wissensaneignung	Autodidaktische und Recherchefähigkeiten sind unzureichend	Autodidaktische und Recherchefähigkeiten sind ausreichend	Autodidaktische und Recherchefähigkeiten sind zufriedenstellend	Autodidaktische und Recherchefähigkeiten sind vorbildlich

	Qualität der Ausarbeitung nach Inhalt und Form			
L E I S T U N G	Definiertes Ziel erreicht	Aufbau ist logisch strukturiert	Inhalte sind komprimiert dargestellt	Verwendete Quellen sind qualitativ angemessen
	Verzeichnisse sind vollständig	Formulierung ist präzise und mit Fachvokabular	Zitation formal korrekt	Formalien sind anforderungskonform
	Vortragsqualität			
	Inhalt ist logisch und komprimiert auf Wesentliches	Foliengestaltung ist übersichtlich und ansprechend	Auftreten mit positiver Körpersprache	Sprachlich eloquent gehaltener Vortrag

Abb. 4.44 Beurteilungsbogen (vgl. Universität Stuttgart 2017)

Leistungsbewertung zur Projektarbeit, Universität Stuttgart

„Die Projektarbeit zählt zu den unbenoteten Studienleistungen (USL). Ungeachtet dessen wird es für jeden Studierenden trotz der Gruppenarbeit eine individuelle Leistungsbeurteilung geben. Die Leistungsbeurteilung durch die Betreuer erfolgt im Rahmen der Projektarbeit für jeden Studierenden separat. Bedingung für das Bestehen der Projektarbeit ist das Erbringen folgender Leistungen:

- Fristgerechte Abgabe einer inhaltlich und formal den Anforderungen entsprechenden schriftlichen Ausarbeitung im Umfang von 10–15 Seiten/Person.
- Fristgerechter Vortrag zentraler Ergebnisse der Arbeit im Umfang von ca. 5–10 min/Person.
- Fristgerechte Abgabe der verpflichtenden Übungen des ILIAS-Moduls zum Wissenschaftlichen Arbeiten.

4.4 Benotung von Projektarbeiten

Der Betreuende bewertet anhand des „Beurteilungsbogen für Projektarbeiten, ob die Projektarbeitsanforderungen (= Lernziele erreicht, Qualität der schriftlichen Ausarbeitung und des Vortrages entspricht den Anforderungen) erfüllt wurden".

Der Beurteilungsbogen gliedert sich in drei Abschnitte. Zunächst wird die Erreichung der Lernziele nach Handlungsstufen (1–4) bewertet. Als Lernziele wurden gewählt: Interdisziplinäre Teamfähigkeit, Anwendung von PM-Grundlagen, Lösungsorientierte Wissensanwendung und Eigenständige Recherche/Wissensaneignung. Im zweiten Abschnitt werden die Leistungen der schriftlichen Arbeit nach Inhalt und formalen Gesichtspunkten, sowie der Vortrag nach Inhalt, Gestaltung, Auftreten und Sprache eingestuft. Im dritten Abschnitt erfolgt ein individuelles beschreibendes Feedback. Der dargestellte Beurteilungsbogen in Abb. 4.44 ist den Überlegungen aus Stuttgart nachempfunden.

Dieses Verfahren kann um eine Skalierung durch Punktevergaben erweitert werden, so dass aufgrund dieser Vorlage auch Noten gebildet werden könnten. Vereinzelt wird dies in Stuttgart durchgeführt, damit die Studierenden eine für sie gewohnte Rückmeldung zu ihrer Leistung erhalten, ohne dass sie jedoch zu einem Noteneintrag führt.

4.4.3 Zielkompetenzwürfel und Notengebung

In Kap. 3 wurde bereits die Detailplanung eines Projekts, auf das an dieser Stelle zurückgegriffen wird, beschrieben. Die wesentlichen Informationen für die Notenbildung werden nochmals wiederholt. Ein Projekt im Masterstudiengang Wirtschaftsinformatik ist für vier Studierende mit fünf ECTS semesterbegleitend ausgeschrieben. In Abb. 4.45 ist die Ausschreibung zu sehen.

Für die Ausgestaltung und Bewertung wurden die Ausgangs- und Zielkompetenzen definiert, die sich grafisch, wie in Abb. 4.46 ersichtlich ist, darstellen lassen. Das Modulhandbuch des Studiengangs sieht sowohl schriftliche, als auch mündliche Prüfungsleistungen für die Projektarbeit vor. Der Individualanteil der Note soll bei 70 % liegen und 30 % soll durch Teamaspekte einfließen. Alle drei Dimensionen des Zielkompetenzwürfels sollen beachtet werden, der fachliche Anteil soll jedoch deutlich überwiegen. Folgende Prüfungsleistungen wurden daher festgelegt:

- Vier Präsentationen beim Auftraggeber, jeder Student leitet eine davon (Individualnoten),
- Erstelltes Pflichtenheft für die Kontaktierung von Anbietern (Teamnote),
- Projektbericht (Individualnote je Fach-Abschnitt der Studierenden, Teamnote: Gesamtleistung des Projektergebnisses) und
- Projektablauf mit Engagement und Stakeholdermanagement (Individual- und Teamnote) semesterbegleitend.

Softwareauswahl Logistik-Netzwerk-Simulation für die IWL AG   BIS-Master 1   WS 2014

Dipl.-Ing. Dipl.-Wirtschaftsing. Claudia Stoehler

Masterprojekt BIS WS14

http://www.iwl.de/

Für die IWL AG aus Ulm soll eine Recherche zur Softwareauswahl für die Simulation von Logistik-Netzwerken erfolgen. Die Software soll für den Einsatz in der Beratung verwendet werden. Das Projekt erfolgt im Sinne eines Beratungsauftrags der Projektgruppe, d.h. neben dem fachlichen Inhalt des Projekts wird auch die Organisation des Projektes und der Auftritt gegenüber dem Kunden bewertet!

Inhalt des Projektes:
- Definition der Anforderungen des Kunden (vom Projektteam zu evaluieren)
- Recherche von Produkten, die am Markt verfügbar sind
- Vorauswahl aufgrund der ermittelten Anforderungen
- Nähere Analyse der Vorauswahl
- Erarbeitung einer Entscheidungsvorlage bzw. Empfehlung

Projektdaten

Eingetragen   24.07.2014

Abb. 4.45 Projektbeispiel (vgl. Hochschule Augsburg, Sempro 2017)

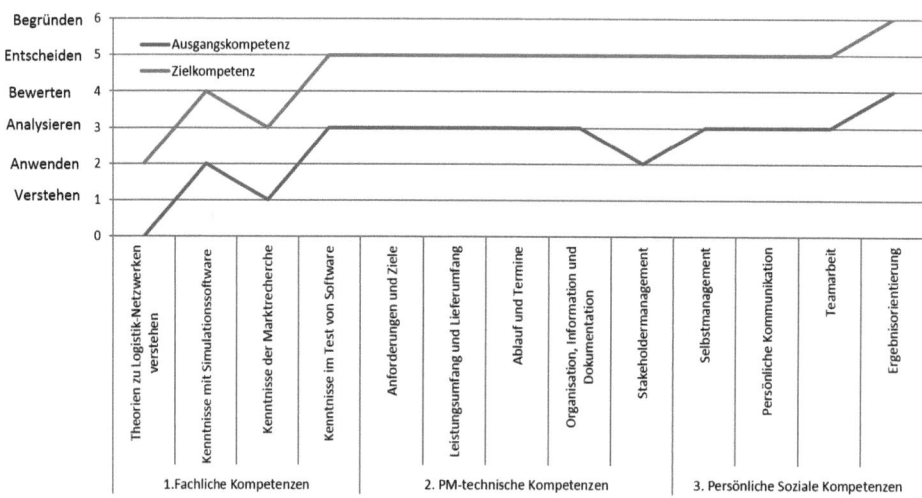

Abb. 4.46 Ausgangs- und Zielkompetenzen

4.4 Benotung von Projektarbeiten

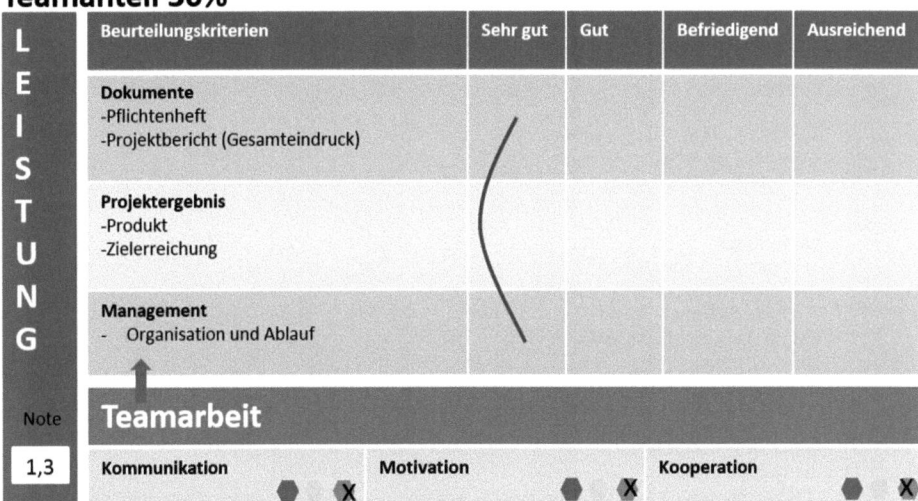

Abb. 4.47 Bewertungsraster für den Teamanteil

Da für die Notenbildung Beobachtungen aus dem Projektverlauf einfließen, ist es erforderlich, dass diese durch den beurteilenden Dozenten dokumentiert werden. Es empfiehlt sich daher eine Eigendokumentation über den Projektablauf zu führen, so dass die Notengebung begründet werden kann. Es genügt nicht, sich auf die Protokolle oder den studentischen Projektbericht als Informationsquelle zu verlassen. Im Falle einer Klage des Studierenden zur Notengebung, wäre dies ansonsten nicht ausreichend dokumentiert, wie die Autoren nach juristischer Abklärung herausfinden konnten. Aber es ist wie bei allen Rechtsfragen: Es kommt auf den individuellen Fall an.

Aufgrund der Erreichung der geforderten Zielkompetenzen und der Prüfungsleistungen können die Noten gebildet werden, wie in Abb. 4.47 und 4.48 dargestellt ist. Die Unterpunkte und die Gewichtung der Elemente sind jeweils für das spezifische Projekt anzupassen, so wie in diesem Beispiel der Softwareauswahl die Leistungen und Elemente der Zielkompetenzen.

Auf diese Weise lassen sich Team- und Individualaspekte transparent und systematisch zu einer Note zusammenfassen. Die Vorlage kann auch genutzt werden, um als Handout eines Feedbacks zu dienen, in diesem Fall können die freien Felder für Kommentare genutzt werden.

Um die Berechnung der Note zu verdeutlichen: Die Gesamtnote ergibt sich zu 30 % aus dem Teamanteil mit Teilnote 1,3 und zu 70 % aus den Teilnoten des Individualanteils (2,0 und 1,8). In diesem Beispiel hat der Student seine Individualnote von $(2{,}0 + 1{,}8)/ 2 = 1{,}9$ auf 1,7 durch den Teameinfluss verbessert.

Die Kompetenzelemente der Bewertungskriterien können individuell für jedes Projekt angepasst werden, so lässt es sich als Vorlage nutzen, die alle Dozenten in einem Modul

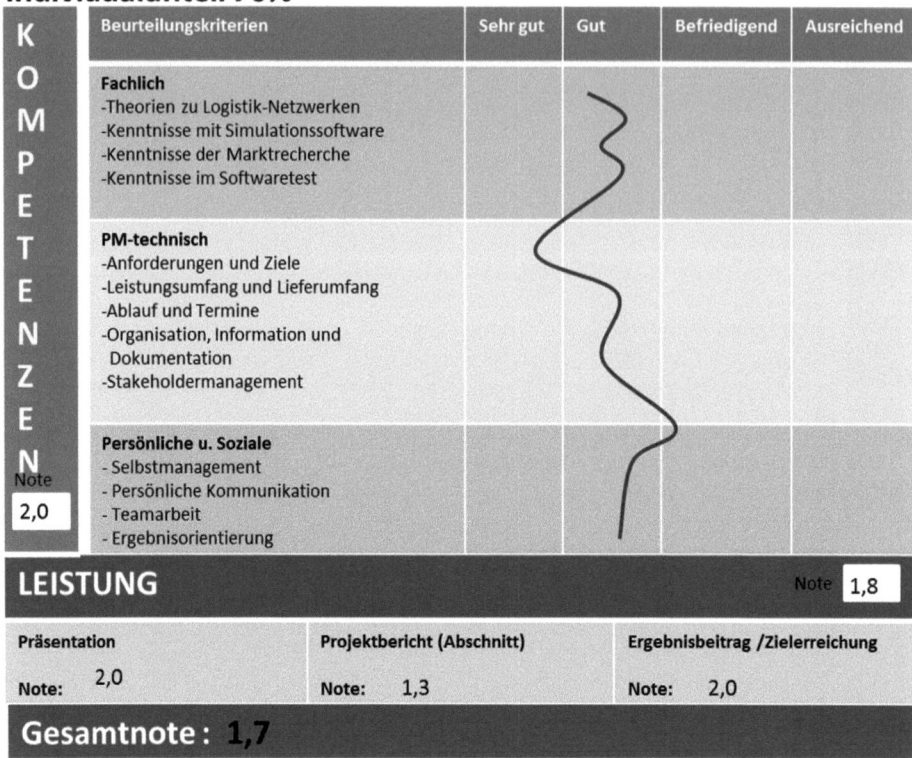

Abb. 4.48 Bewertungsraster für den Individualanteil

nutzen können, wie es auch im vorherigen Beispiel der Universität Stuttgart praktiziert wird. Auch für die Einschätzung, was sehr gut, gut, befriedigend und ausreichend ist, kann ein Raster erstellt werden, damit das Beurteilungsniveau innerhalb eines Moduls gleich gesetzt wird. Da dies jedoch fachspezifisch ist, wird an dieser Stelle darauf verzichtet.

4.5 Coaching von studentischen Projekten

Wie in Kap. 2 bereits hingewiesen, sind bei der Durchführung von studentischen Projekten auch gewisse Stolpersteine zu beachten. Laut der Lernexpertin Pfäffli sind u. a. folgende Aspekte bei studentischen Projekten zu berücksichtigen (vgl. Pfäffli 2005, S. 205 ff):

- Mangelhafte Begleitung und Einflussnahme durch den Dozierenden,
- Fehlende Voraussetzungen für eigenverantwortliche Lernprozesse bei den Studierenden,
- Mangelhafte inhaltliche Voraussetzungen bei den Studierenden sowie
- Geringe Beachtung der Funktion der Metakognition und Reflexion.

Fazit: Der Dozent muss das studentische Projekt angemessen begleiten bzw. coachen und darauf gestaltend Einfluss nehmen, so dass die angestrebten Zielkompetenzen gezielt gefördert werden. Also einfach nur eine Aufgabe geben und darauf warten, dass sich die Studierenden schon melden, falls sie was wissen wollen, ist zu wenig.

4.5.1 Definition von Coaching in studentischen Projekten

Der Begriff Coaching kommt aus dem Englischen und bedeutet so viel wie betreuen, trainieren und ist nicht geschützt. Der Deutsche Bundesverband Coaching e.V. definiert Coaching wie folgt:

> Coaching ist die professionelle Beratung, Begleitung und Unterstützung von Personen mit Führungs-/Steuerungsfunktionen und von Experten in Unternehmen/Organisationen. Zielsetzung von Coaching ist die Weiterentwicklung von individuellen oder kollektiven Lern- und Leistungsprozessen bzgl. primär beruflicher Anliegen (vgl. dbvc 2017a).

Die International Coaching Federation (ICF) definiert Coaching als „partnerschaftlichen und zum Nachdenken anregenden Prozess, der Menschen und Organisationen kreativ dabei unterstützt, ihr persönliches und professionelles Potential zu steigern" (vgl. ICF 2017).

In diesem Buch geht es speziell um das Coaching in der Lehre. Überträgt man die Hauptaussagen der beiden oben stehenden Definitionen auf den Kontext der Lehre, so könnte man Coaching dort definieren als professionelle Beratung, Begleitung und Unterstützung von Studierenden, um die erforderlichen Kompetenzen, die für die berufliche Praxis (in Zukunft) notwendig sind, zu aktivieren, zu entwickeln und zu trainieren. Dies sollte in einem partnerschaftlichen und zum Nachdenken anregenden Prozess stattfinden.

Da es in diesem Buch ferner um das Coaching von Projekten geht, stellt sich als nächstes die Frage: Was ist Projektcoaching? Projektcoaching ist nach Moser und Galais eine „durch psychologische Methoden geleitete, systematische Förderung ergebnisorientierter Selbst-, Prozess-, Problem- bzw. Lösungsreflexionen sowie Beratung von Personen, Gruppen oder Organisationseinheiten im Kontext von oder in Zusammenhang mit Projekten" (vgl. Wastian et al. 2009, S. 101 ff). Sie unterscheiden dabei drei Formen des Projektcoachings:

- Einzelcoaching,
- Teamcoaching und
- Prozesscoaching.

Nach ihrer Definition soll Projektcoaching dazu beitragen, selbst-, team- und projektkongruente Ziele zu erreichen, die bewusste Selbstveränderung und -entwicklung von Projektbeteiligten und Projektteams bzw. deren Projektprozesse zu verbessern und zu fördern. Es geht hierbei nicht darum, Ratschläge zu geben, im Sinne einer Beratung

Abb. 4.49 Definition von Coaching

durch einen Fachexperten, sondern darum, Katalysator zu sein. Es sind also vor allem die reflexionsbetonten Maßnahmen, die am effektivsten sind (vgl. Wastian et al. 2009, S. 101 ff).

Zusammenfassend kann festgestellt werden, dass Coaching Hilfe zur Selbsthilfe bedeutet. D. h. der Coach gibt Hilfestellung, wie sich die aktuelle Situation durch Selbstreflexion und Eigenverantwortung besser oder anders gemeistert werden kann. Ein wesentlicher Aspekt ist es, persönliche, im Team- oder im Prozess stattfindende Verhaltens- und Denkmuster herauszuarbeiten, sie zu verstärken, wo sie hilfreich sind oder sie zu unterbrechen und neue zu etablieren, wo sie eher hinderlich sind (Abb. 4.49). Typische Aufgaben eines Coachs sind daher: Er beobachtet und spricht mit dem Coachee darüber, macht Mut, unterstützt, betreut, wirft Fragen auf, verweist auf Varianten und Optionen, deckt Lücken oder verborgene Möglichkeiten auf, wirkt als Verstärker und regt Perspektivenwechsel an (vgl. dbvc 2017b). Dazu kann er verschiedene Methoden einsetzen, die nachfolgend in einem eigenen Abschnitt ausgeführt sind, wie: Aktiv Zuhören, Feedback geben oder Reflexionen durchführen.

Für ein Einzelcoaching steht dem Coach im Kontext von studentischen Projekten real nur wenig Zeit zur Verfügung. Meistens reicht es nur für Gespräche mit Problem-Studenten, wie: Störenfriede, Über- oder Unterengagierte, oder mit Studierenden, die mit Verhaltensauffälligkeiten oder Defiziten hervorstechen. Hier kann insbesondere „Aktiv Zuhören" eingesetzt werden, um mit dem Studierenden Ursachen für ihre Verhaltensweisen herauszuarbeiten – falls sie dazu bereit sind.

Im Team- und Prozesscoaching kann der Dozent mit Hilfestellungen und Hintergrundwissen zur Selbstreflexion der Studierenden in den verschiedenen Projektsituationen beitragen, welche im zweiten Kapitel bereits vorgestellt wurde, bspw.

- Persönlichkeitsstrukturen erkennen, beachten und dazu anregen, deren Kompetenzen im Projekt zu integrieren, anstatt sie verändern zu wollen, was nicht möglich ist.
- Rollen im Team nach persönlichen Profilen der Teilnehmer besetzen lassen.

4.5 Coaching von studentischen Projekten

- Verhaltenstendenzen verschiedener Persönlichkeitsstrukturen erklären, kenntlich machen und zu deren Nutzung raten.
- Motivationsanreize geben (extrinsisch) und biologisch vorgegebene intrinsische Aspekte (Macht, Leistung, Zugehörigkeit) beachten, so dass Demotivation verhindert wird.
- Persönliche Motive der einzelnen einbeziehen (soweit bekannt) und dazu raten, Aufgaben entsprechend zu besetzen.
- Volitionskompetenz erklären, erkennen und fördern.
- Den Teamentwicklungsprozess vermitteln und im Coaching einbeziehen, durch adäquate Unterstützung in fachlicher und emotionaler Hinsicht.
- Gelegenheit zum Training der Kommunikationsfähigkeit in verschiedenen Situationen geben, insbesondere Feedback üben und sehr häufig Reflexionsmöglichkeiten geben.
- Regelungen anraten zur: Kommunikation, Koordination, Kooperation und Motivation und diese fördern, um die Leistungsfähigkeit des Teams zu sichern und Konflikten vorzubeugen.
- Transparenz im Projektfortschritt einfordern.
- Konfliktfähigkeit fördern und dazu anleiten, sowie Konfliktfestigkeit des Projektteams schaffen.
- Konflikteskalationen beobachten und im Bedarfsfall: Analysieren, Lösungsmöglichkeiten aufzeigen und herbeiführen.

Anders als im Projektcoaching in der Wirtschaft ist der Dozent in verschiedenen Rollen im Projekt involviert, die bereits in Kap. 3 vorgestellt wurden. Das stellt eine besondere Herausforderung für alle Beteiligten dar. So hat der Dozent als Coach auch konzeptionelle und gestalterische Möglichkeiten. Anstatt einer Auftragsklärung mit dem Coachee ist es seine Aufgabe, Zielkompetenzen mit deren Handlungsstufen festzulegen und dann in der weiteren Konzeption darauf zu achten, dass im Projekt Elemente und Situationen eingeplant sind, die diese auch gezielt fördern, wie in Kap. 3 bereits beschrieben ist. Darüber hinaus kann er situativ Maßnahmen ergreifen, die auf die Problemfelder der Studierenden, des Teams und der stattfindenden Prozesse einwirken und somit weit mehr Möglichkeiten bieten, sowohl zum Lernerfolg der Studierenden, als auch zum Projektergebnis mittelbar beizutragen. Denn er kann sowohl die inhaltlichen Voraussetzungen der Studierenden bei der Festlegung des Projektinhaltes berücksichtigen (Ausgangskompetenzen), als auch seine Betreuungsintensität auf deren Voraussetzungen für eigenverantwortliche Lernprozesse abstimmen, wie ebenfalls bereits in Kap. 3 ausgeführt wurde.

Wichtig ist es, Rahmenbedingungen zu schaffen, die dann genutzt werden können. Nur wenn eine vertrauensvolle Atmosphäre im Team gegeben ist, werden sich Studierende äußern. Dafür muss ausreichend Zeit und Gelegenheit für Feedback und Reflexionen eingeplant werden. Nur wenn Eskalationsmechanismen eingerichtet sind, können kritisch werdende Situationen gelöst werden. Im letzten Abschnitt dieses Kapitels wird auf typische Schwierigkeiten im studentischen Projekt eingegangen und mögliche Hilfestellungen und Verhaltensweisen des Dozenten skizziert, die zur eigenen Orientierung für solche Sachverhalte genutzt werden können.

Damit ist der Rahmen für die Betreuung eines studentischen Projekts mit einem Coaching-Ansatz gegeben.

4.5.2 Anforderungen an den Projektcoach

Im Anwendungsfall „Coaching" von studentischen Projektgruppen, nimmt der Dozent eine andere Rolle ein, als er von der klassischen Form der Wissensvermittlung gewöhnt ist. Prof. Dr. Michl, ehemaliger Leiter des Didaktikzentrums der bayerischen Hochschulen, vertritt die Meinung, dass Lernen ein Wagnis ist, im Fall des Lernens mit Projekten für beide: Professoren wie Studenten. Wer sonst viel Fleiß in die Vorbereitung von Vorlesungen steckt, soll nun auf einmal nur steuern, beraten, Teamkonflikte lösen und zum Coach werden (vgl. Michl 2013, S. 47)? Die Coaching-Funktion erfordert daher zusätzliche Kompetenzen, deren er sich bewusst sein sollte.

Aus Sicht der Didaktik, schreibt Rogers, gehören zu einem lern- und wachstumsförderlichen Klima drei Bedingungen bzw. Kompetenzen des Lehrenden, nämlich die Fähigkeit zur Kongruenz, zur Akzeptanz und zur Empathie (vgl. Rogers 1981, S. 18), die er wie folgt beschreibt:

- **Kongruentes Verhalten** bedeutet echtes, unverfälschtes Verhalten. Der Mensch kann sich zeigen, kann sein emotionales und körperliches Empfinden transparent machen und muss keine Show abziehen, keine mechanische „professionelle" Fassade errichten.
- **Akzeptanz** ist die „bedingungslose positive Zuwendung". Die Würde des Menschen steht immer im Mittelpunkt. Akzeptierende Haltung ist im Idealfall absolut wertschätzend, nicht bewertend, ohne Verurteilung oder Ablehnung.
- **Empathie** besitzt jemand, der die Gefühle und gegebenenfalls Gedanken der anderen mitempfinden kann. Rogers schreibt dazu: „Der Lehrer, der (…) sich in die Empfindungen von Angst, Erwartung und Enttäuschung einfühlen kann, die in jeder Begegnung mit neuem Stoff enthalten sind, hat bereits eine Menge zu den Lernbedingungen beigetragen" (vgl. Rogers 1981, S. 281).

Auch der Verband Coaching e. V. gibt Richtlinien an die Anforderungen eines Coaches aus. So sollte ein Coach fünf Kompetenzen besitzen, um seiner Aufgabe gerecht zu werden: Persönliche Kompetenz, Handlungskompetenz, Fachlich-methodische Kompetenzen, Sozial-kommunikative Kompetenzen, Feldkompetenz, wie in Abb. 4.50 zu sehen ist.

Ein Coach verfügt über Fähigkeiten, die ihm garantieren, reflektiert und selbstorganisiert zu handeln (Persönliche Kompetenz). Ein Coach zeigt Fähigkeiten, sein Handeln auf den Coachee, sein Veränderungsthema, den Kontext des Coachee und die damit verbundene Umsetzung auszurichten (Handlungskompetenz) und dabei auf situativ passende Modelle und Vorgehensweisen zurückzugreifen (Fachlich-methodische Kompetenzen). Er nutzt seine Fähigkeiten, um einfühlend zuzuhören, eine Beziehung zum Coachee aufzubauen,

4.5 Coaching von studentischen Projekten

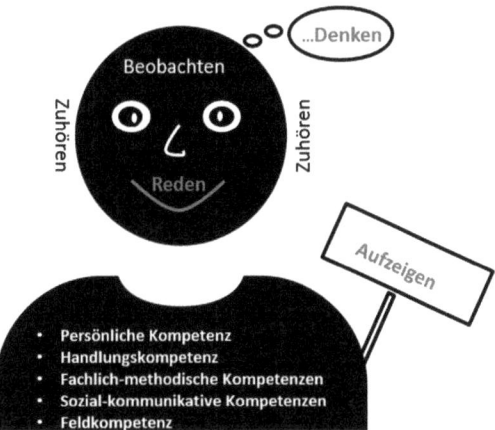

Abb. 4.50 Kompetenzen eines Coaches

und angemessen die Kommunikation zu führen. Zur sozial-kommunikativen Kompetenz gehört auch die Fähigkeit, Konflikte wahrzunehmen und einen Konsens oder Kompromiss zu finden. Feldkompetenz besteht aus den spezifischen Sach- und Fachkenntnissen, Fertigkeiten und Fähigkeiten, die durch Erfahrung in einem bestimmten Arbeit- oder Tätigkeitsfeld erworben worden sind (vgl. dbvc 2017).

Erfahrung, Integrität, Vertrauenswürdigkeit wie auch eine hohe persönliche Reife gelten als erfolgskritische Eigenschaften von Coaches (vgl. Joo 2005). Schelle und Ottmann fordern darüber hinaus gute Projektmanagementkenntnisse, umfassende Erfahrung in der Projektarbeit und Projektleitung sowie Prozesskompetenz (vgl. Schelle et al. 2005, S. 388 ff) für einen Projektcoach.

Wenn studentische Projekte nicht von Professoren oder Dozenten betreut werden, sondern der Modulverantwortliche die Projektgruppen von Tutoren oder anderen Studenten managen lässt, dann ist es eher unwahrscheinlich, dass diese Projektbetreuer die nötige Reife und Kompetenz besitzen, ein gutes Projektcoaching durchzuführen. Dafür öffnen sich andere Möglichkeiten durch ähnliche Altersgruppen, der frischen eigenen Erfahrung mit der Projektarbeit und der Möglichkeit, Führungskompetenzen der Tutoren zu entwickeln, die dann wiederum vom Modulverantwortlichen betreut werden sollten.

4.5.3 Methodenübersicht im Coaching von studentischen Projektteams

Um als Coach einen guten Beitrag für das Projekt und seine Mitglieder leisten zu können, sind unter anderem fachlich-methodische Kompetenzen erforderlich. Die Hypothesenbildung des Coachs ist im Beratungsprozess als Leitidee zu verstehen, die den Coachingprozess steuert. Ohne eine Hypothese kann der Coach also nicht die richtigen Methoden auswählen und einsetzen. Sie ist der Hintergrund für Fragen des Coachs, die dem Coachee helfen sollen, die Bedingungen seiner Wirklichkeitskonstruktionen und Bedeutungsgebungen und deren Veränderungsmöglichkeiten greifbar zu machen.

Nachfolgend sind einige ausgewählte Methoden alphabetisch aufgelistet, die für die Betreuung eines studentischen Projekts relevant sein können. Auf eine nähere Ausführung wird an dieser Stelle verzichtet und es sei auf die Literatur verwiesen. Eine übersichtliche Beschreibung der Coaching-Methoden und Hinweise auf weiterführende Literatur gibt es z. B. bei Lippmann, Backhausen und Thommen aus denen die Auswahl zusammen gestellt ist (vgl. Lippmann 2013, S. 427–454 und Backhausen und Thommen 2006, S. 173–194). Essenzielle Methoden werden dann nachfolgend näher vorgestellt.

- **Aktives Zuhören**
  Arbeit mit Bildern (Veranschaulichen in Bildern) und Geschichtenerzählen (Bildsprache) und Metaphern, um eigenständige Imaginations- und Fokussierungsprozesse anzustoßen.
- **Entscheidungsfindung** mittels Pro-Contra-Liste, Skalierungsfragen, Entscheidungsmatrix bzw. Nutzwertanalyse, Tetralemma (Strukturaufstellung) als Hilfe im Umgang mit gegensätzlichen Lösungen, Durchführung einer „inneren Konferenz" bei inneren Widersprüchen in der Entscheidungsfindung (siehe hierzu Methoden in der Durchführungsphase Kap. 4).
- **Feedback geben**
- **Fragen als Interventionen**
  Kommunikationsanalyse mittels 4-Seiten Modell und Werte- und Entwicklungsquadrat (beide von Schulz von Thun), sowie Analyse von Interaktionen nach transaktionsanalytischen Mustern (parallele, gekreuzte und verdeckte Transaktionen). Ziel der Kommunikationsanaylse ist es, Missverständnisse aufzudecken, die zu Konflikten eskaliert sind. Konfliktanalyse einsetzen, um den Konflikt zu klassifizieren (Arten, Reichweite, Eskalationsstufen) und geeignete Lösungsstrategien (z. B. nach Glasl, Schwarz) aufzuzeigen und Methoden (z. B. Mediation, Harvard Prinzip) vorzuschlagen. Durchführung einer Rollenanalyse, falls hierin eine Ursache liegt.
  Musterveränderung in Verhaltensweisen (Erkennung, Unterbrechung, Kombination von Problem- und Lösungsmustern, Potenzialtransformation)
  Perspektivwechsel beispielsweise durch Fokussierendes Reflecting nach Brandau u. Schüers: Nach der Schilderung des Anliegens begibt sich die Gruppe in vier unterschiedliche Positionen (Narren, Weisen, gerechten, guten Geister des Mutes) und aus diesen Perspektiven heraus wird die Situation beschrieben und mögliche Lösungsperspektiven entwickelt. Eine andere Möglichkeit ist die 6-Hüte-Methode von de Beno aus der Kreativitätstechnik, die ebenfalls mit Perspektivwechsel arbeitet, um Argumente/Ideen aus verschiedenen Blickwinkeln zu sammeln.
- **Reflexion** während und nach dem Projekt
- **Testverfahren einsetzen,** um systematisch das Team zu analysieren
  Verschriftlichung von Gedanken und Einstellungen, um sie auszurücken und objektive und subjektive Elemente zu trennen. Das kann durch Schreiben eines Projekttagebuchs

als Arbeitsgrundlage für Reflexionen gelingen (siehe Durchführungsphase Kap. 4) oder durch das Schreiben von fiktiven Briefen an verschiedene Adressaten.
- **Übungen** durchführen aus dem Kontext der Erlebnispädagogik, um Situationen in einem anderen Kontext erfahrbar zu machen und so neue Sichtweisen und Impulse zu setzen (siehe hierzu Methoden in der Durchführungsphase Kap. 4).

4.5.3.1 Aktiv zuhören

Wenn ein Coach Personen, Team und Prozesse im Projekt beobachtet und Feedback dazu geben will, dann sollte er sicher sein, dass er richtig zuhören kann. Das klingt banal, ist es im Alltag aber nicht. Sehr oft herrscht Zeitnot und sprichwörtlich finden Gespräche zwischen Tür und Angel statt. So ist gemeint, gesagt, gehört, verstanden, im Prozess der Kommunikation fast zwangsläufig mit Missverständnissen behaftet, die selten zu guten Ergebnissen beitragen.

Das Aktive Zuhören ist eine Technik, die der Psychologe und Erziehungsberater Carl R. Rogers in seinem Ansatz einer „nicht-direktiven" Beratung entwickelt hat und sich gut eignet, um zu einer Klärung eines Problems beizutragen. Die „Drei Stufen des Aktiven Zuhörens" werden von Schulz von Thun (vgl. Schulz von Thun et al. 2010, S. 70 ff) wie folgt zusammen gefasst:

- Zunächst wird die Beziehung zwischen Student und Dozent geklärt und ein eindeutiges Signal gegeben: „Du hast meine ungeteilte Aufmerksamkeit, ich höre Dir zu und bemühe mich, Dich zu verstehen". Wie dieses Signal aussieht, hängt von den beteiligten Personen ab.
- In der nächsten Stufe fasst der Zuhörende den Inhalt und sein inhaltliches Verstehen der Äußerungen konkret zusammen.
- In der dritten Stufe werden die dabei aufgetretenen Emotionen aufgenommen, verstanden und verbalisiert.

Es gibt eine Reihe von Kern-Techniken, die in Abb. 4.51 dargestellt sind. Nachfolgend gelistete Techniken können darüber hinaus kombiniert eingesetzt werden (vgl. Landesverband der Musikschulen in NRW e.V. 2017):

- Die Körpersprache der zuhörenden Person sollte dem Sprecher körperlich zugewandt sein und ihn freundlich ansehen, den Blickkontakt halten. Sich Zeit nehmen und nicht ständig auf die Uhr schauen, dem Gegenüber vermitteln, dass er im Moment das Wichtigste auf der Welt ist.
- Sprachverhalten und Klang der Stimme sollten stets wertschätzend und die Wortwahl bewusst sein. Selbstverständlich sollte der Gegenüber ausreden können, nicht ins Wort fallen.
- Zuhören, ohne zu unterbrechen, ist sehr intensiv und eher angebracht, wenn die erzählende Person unter Druck steht, also Unterbrechungen schlecht ertragen könnte.

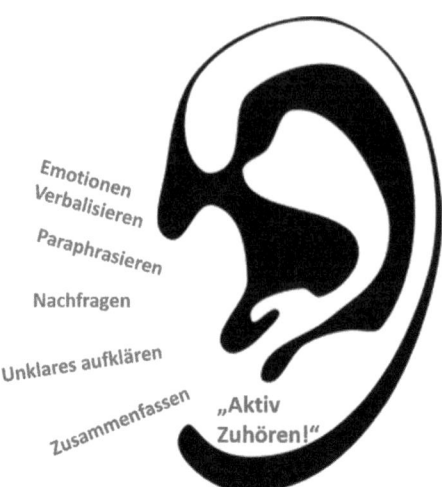

Abb. 4.51 Aktiv zuhören

- Beim Sprechen nicht bereits über eine Antwort nachdenken, denn wenn man beim Zuhören schon über eine Antwort nachdenkt, ist man nicht mit voller Konzentration bei der Sache, d. h. man bekommt lediglich einen Teil der Erzählung mit.
- Die „Brummsprache" (mmh, aha ….) lässt auf Resonanz schließen und ermutigt den Gegenüber.
- Rückmeldung sollte gegeben werden durch Paraphrasieren und Verbalisieren: „Ich habe das so … gehört, ist das richtig so, habe ich das richtig erfasst?" oder „Ich höre daraus …" Im Falle von emotionalen Aspekten: „Also ich habe das so … gehört, wenn ich das richtig verstehe, dann hat Dich das sehr glücklich/ganz schön sauer gemacht!"
- Nachfragen und Zusammenfassen helfen Missverständnisse zu minimieren. „Darf ich mal gerade unterbrechen? Ich bin mir nicht ganz sicher, ob ich Dich richtig verstanden habe. Ich wiederhole mal kurz, was ich gehört habe, und Du sagst mir, ob ich es richtig verstanden habe, ok?"
- Klären und Weiterführen „Sie haben gesagt, sie hätten sofort reagiert. War das noch am gleichen Tag?" und „Dann hat … das Gespräch gesucht. Wie hat er sich dann verhalten?"
- Eine Aufforderung zum Abwägen kann helfen, Schwerpunkte herauszuarbeiten: „War die … schlimmer als …?"

4.5.3.2 Feedback geben

Feedback bedeutet, dem anderen zu zeigen, wie ich sein Verhalten wahrgenommen, verstanden und erlebt habe (vgl. Kratz 2005). Solche Rückmeldungen finden im Kontakt mit anderen ständig statt, bewusst oder unbewusst, spontan oder erbeten, in Worten oder körpersprachlich. Damit ein Feedback für den Empfänger wertvoll ist, sollte es erbeten,

4.5 Coaching von studentischen Projekten

beschreibend, konkret, hilfreich und zeitnah erfolgen. Öffentliches Feedback auf dem Gang zum Hörsaal ist eher geeignet, um Stati abzuklären und nicht um wertvolles Feedback zu geben – leider aber universitärer Alltag.

Feedback geben verbindet sich mit drei Zielsetzungen des Gebers:

- Ich will den anderen darauf aufmerksam machen, wie ich sein Verhalten erlebe und was es für mich bedeutet (im positiven wie im negativen Sinn).
- Ich will den anderen über meine Bedürfnisse und Gefühle informieren, damit er darüber informiert ist, worauf er besser Rücksicht nehmen könnte. So muss er sich nicht auf Vermutungen stützen.
- Ich will den anderen darüber aufklären, welche Veränderungen in seinem Verhalten mir gegenüber die Zusammenarbeit mit ihm erleichtern würden.

Feedback ist keine einfache Angelegenheit, sowohl Feedback zu geben als auch zu nehmen (siehe Abb. 4.52). Es kann manchmal schmerzhaft oder peinlich sein, Abwehr auslösen oder neue Schwierigkeiten heraufbeschwören. Niemand akzeptiert leichten Herzens, in seinem Selbstbild korrigiert zu werden. Auch muss der offene Umgang mit Gefühlen – um die es beim Feedback meist geht – häufig erst erlernt werden.

Eine Checkliste mit Feedbackregeln für den Geber und Nehmer findet sich beispielsweise an der Universität Freiburg unter:
http://www.hochschuldidaktik.uni-freiburg.de/koll_hospi/checklisten/feedback.

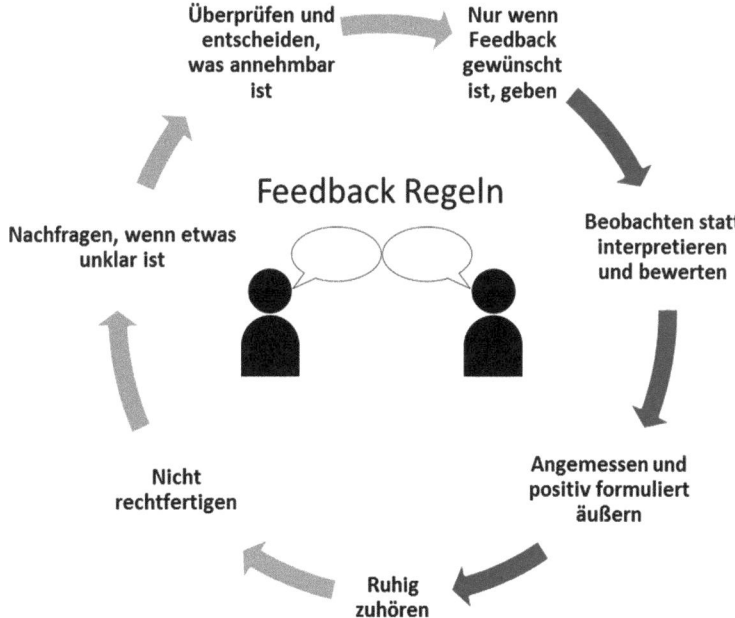

Abb. 4.52 Feedbackregeln

Diese können im Team erarbeitet werden, wenn über Feedback gesprochen wird. Eine Liste dieser Regeln einfach vorzugeben, ist nicht sinnvoll, da sie dann nicht angenommen und somit nicht angewendet werden.

Feedback ist ein ganz wesentliches Instrument, um Konflikte zu vermeiden und die Teamarbeit zu verbessern. Im Team hat Feedback aber noch weitere Funktionen:

- **Wirkung von Verhalten erkennen**
  Hinter jedem Verhalten steht einerseits eine (mehr oder weniger klare) Absicht, andererseits hat jedes Verhalten eine Wirkung auf den anderen und wird von ihm unterschiedlich erlebt und beurteilt. Durch offenes Feedback kann der Empfänger erfahren, wie er auf andere wirkt. Er kann nun überlegen, ob er das so will und kann gegebenenfalls sein Verhalten verändern.
- **Beziehungen klären**
  In Beziehungen wird häufig vieles verschwiegen. Durch offenes Feedback werden Wünsche und Bedürfnisse, Freude und Anerkennung erkennbar, aber auch Ängste und Verletzungen können angesprochen werden. Dadurch entsteht Vertrautheit, Vertrauen und Nähe.
- **Arbeitsfähigkeit verbessern**
  Herrscht im Team eine offene Atmosphäre und alle geben sich Feedback, verbessert sich die Arbeitsfähigkeit, da das Team schneller und effizienter arbeiten kann. Man verbringt keine Zeit damit „um den heißen Brei" herumzureden, sondern kommt schneller auf den Punkt.

Einige Methoden wie Feedback in die Teamarbeit zu integrieren sind, wurden in der Durchführungsphase in Abschn. 4.1.2 vorgestellt.

4.5.3.3 Fragen stellen

Eine zentrale Aufgabe eines Coachs ist geeignete bzw. die richtigen Fragen zu stellen. Somit stellen gute Fragen ein wichtiges Handwerkszeug des Dozenten dar. Jedoch ist es nicht so einfach, gute Fragen zu stellen.

Durch Fragen können verschiedene Wirkungen erzeugt werden: Ein Fragensteller kann mit Fragen lenken, führen, provozieren, zum Experiment herausfordern, zur Problem- oder Entscheidungsfindung beitragen, etc. Somit können Fragen einen wichtigen Beitrag zur Reflexion von Verhaltens-, Denk- oder Wahrnehmungsmuster von Studierenden liefern und den Austausch und das Gespräch in einer Gruppe fördern.

Es ist wichtig, dass sich der Dozierende Gedanken macht über die eigene Praxis des Fragenstellens und über ein fundiertes Wissen über die Wirkungen von Fragen verfügt.

Als erstes jedoch ein Blick auf den eigentlichen Begriff: Was ist eine Frage? Prinzipiell ist eine Frage eine Äußerung, die gemacht wird, um Informationen zu erhalten. Somit kann die Frage als Aufforderung zur Reflexion und zu einer Antwort aufgefasst werden oder aber auch als Aufforderung zu einem Dialog.

In der Literatur finden sich eine Vielzahl von verschiedenen Fragetypen bzw. -arten. Es existiert jedoch keine allgemeingültige Einteilung von Fragen. Prinzipiell ist die Zahl der Fragenarten nach oben hin offen, denn es ließe sich zu jeder Absicht eine eigene Fragenart entwickeln. Im folgendem wird exemplarisch eine Auflistung von Fragentypen, die sich im Kontext von Coaching eignen, beschrieben (vgl. Coverdale 2017a):

- **Geschlossene Fragen**
  Diese ermöglichen eine straffe Gesprächsführung, denn es kann nur mit Ja oder Nein geantwortet werden. Dadurch können Daten sehr schnell erhoben werden und es können sich Vermutungen oder Vorinformationen bestätigt werden lassen.
- **Offene Fragen**
  Offene Fragen werden auch W-Fragen genannt. Durch diesen Fragentyp gibt man dem Gesprächspartner den größten Spielraum für seine Antworten und dadurch können Informationen in der Breite ermittelt werden.
- **Fragen nach Unterschieden**
  Prinzipiell lassen sich Phänomene leichter beschreiben, wenn sie voneinander abgegrenzt werden. Somit sollen Fragen nach Unterschieden zur Klärung von Begrifflichkeiten und Bedeutungszuschreibungen im Kontext beitragen. Hierbei sollte streng zwischen Beschreiben, Erklären und Bewerten unterschieden werden. Ferner können sowohl Fragen nach der Qualität und Fragen nach der Quantität der Unterschiede gestellt werden.
- **Klassifikationsfragen**
  Klassifikationsfragen zielen auf das Identifizieren von qualitativen Unterschieden ab. Dabei sollen sowohl Unterschiede in Sichtweisen und Beziehungen aufgespürt werden. Beispiele: „Wer würde als Erster …, wer zuletzt … ?" – „Wenn man eine Rangfolge in Bezug auf … erstellen wollte, wer käme an erster Stelle, zweiter Stelle … letzter Stelle?" – „Wer freut sich über Ihren gelungenen Deal in der Abteilung am meisten? Wer am wenigsten?" – „Wer hatte am meisten das Bedürfnis heute zu gewinnen, wer am wenigsten?"
- **Prozentfragen**
  Mit Prozentfragen wird es möglich u. a. eine bessere Differenzierung und Präzisierung von Ideen, Problemen, Meinungen voneinander etc. in quantitativer Hinsicht zu erreichen. Bedarfsabhängig können zusätzliche Skalierungen verwendet werden.
  Beispiele: „Zu wie viel Prozent halten Sie dies für … und zu wie viel Prozent hingegen für … ?" „Zu wie viel Prozent halten Sie Ihr Problem für ein medizinisches, zu wie viel Prozent für ein psychisches?" – „Für wie felsenfest halten Sie auf einer Skala von 0 bis 100 % die Betrugsabsichten Ihrer Kollegin?"
- **Übereinstimmungsfragen**
  Prinzipiell haben Übereinstimmungsfragen zwei Funktionen: (1) Sie geben Hinweise auf Koalitionen und (2) geben sie die Möglichkeit des Feedbacks zu vorherigen Äußerungen.

Beispiele: „Wer stimmt mit wem überein/nicht überein?" – „Stimmen Sie dem zu oder sehen Sie das anders?" – „Sind Sie der gleichen Meinung wie Ihr Kollege oder sehen Sie den Sachverhalt anders?"
- **Lösungsorientierte Fragen (Verbesserungsfragen)**
  In einem problematischen Kontext richtet sich erfahrungsgemäß der Fokus aller Beteiligten meist nur auf das Problem. Doch solch ein eingeschränkter Blickwinkel verhindert die Wahrnehmung von Ressourcen, die zur Auflösung des Problems führen könnten. Dadurch besteht die Gefahr, dass man sich von einer möglichen Lösung immer weiter entfernt. Durch lösungsorientierte Fragen soll hingegen der Fokus explizit verlagert werden.
- **Fragen nach Ausnahmen von Problemen**
  Oft sehen die Beteiligten des Systems das Problem bzw. Symptom als die Regel an: „Person X ist immer schlecht gelaunt.". Durch das Fragen nach Ausnahmen wird wiederum verdeutlicht, dass das Problem nicht allgegenwärtig ist.
  Beispiel: „Wie oft (wie lange, wann, wo) ist das Problem nicht aufgetreten?" – „Was haben Sie und andere in diesen Zeiten anders gemacht? – „Wie könnten Sie mehr von dem machen, was Sie in Nicht-Problem-Zeiten gemacht haben?"

4.5.3.4 Reflexionen durchführen

„In der Psychologie ist Reflexion die Rückwendung des Subjekts vom wahrgenommenen Gegenstand auf seine eigenen Wahrnehmungen und Gedanken; z. B. Kants Vernunftkritik als das Hinterfragen der Möglichkeitsbedingungen von Erfahrung" (vgl. Stangl 2017a). Reflexion ist Bestandteil jedweder wissenschaftlichen Arbeit und ist daher jedem Dozenten vertraut und sollte im Rahmen einer Projektarbeit bei den Studierenden bewusst trainiert und somit im Projektverlauf häufig erfolgen.

Heppekausen beschreibt die reflexive Praxis im erfahrungsbasiertem Lernzyklus wie in Abb. 4.53 zu sehen ist. In der Rolle des Coachs kann der Dozent diesen Prozess anleiten, unter anderem indem ein Projekttagebuch geführt werden muss, um die Erfahrung zu dokumentieren. Aus dieser festgehaltenen, spontanen Interpretation durch den Studierenden kann nun explizit eine Deutung erfolgen, einerseits durch Selbstreflexion sowie durch eine Gruppenreflexion, die durch den Dozenten geleitet wird. Mittels weiterer Analyse durch die Studierenden selbst, als auch durch Führung des Dozenten, kann eine Abstraktion erfolgen, die es dem Studierenden ermöglicht, neue Schritte zu planen und die gewonnen Erfahrungen und Erkenntnisse einzusetzen (vgl. Heppekausen 2013, S. 120 ff).

Es gibt verschiedene Kanäle, durch die Reflexion verwirklicht werden kann. Bereits vorgestellt wurde die Selbstreflexion der Studierenden mittels Projekttagebuch. Es gibt darüber hinaus verschiedene Anlässe, in denen Reflexion stattfinden kann. In Tab. 4.3 sind einige zusammengestellt (vgl. Wilczenski und Coomey 2007, S. 30). Je nach Situation, der Projektgruppe und Art des Projektablaufs eigenen sich einige mehr oder weniger. Die gebräuchlichsten sind sicherlich die Reflexion bei einer Gruppendiskussion oder im Einzelgespräch.

4.5 Coaching von studentischen Projekten

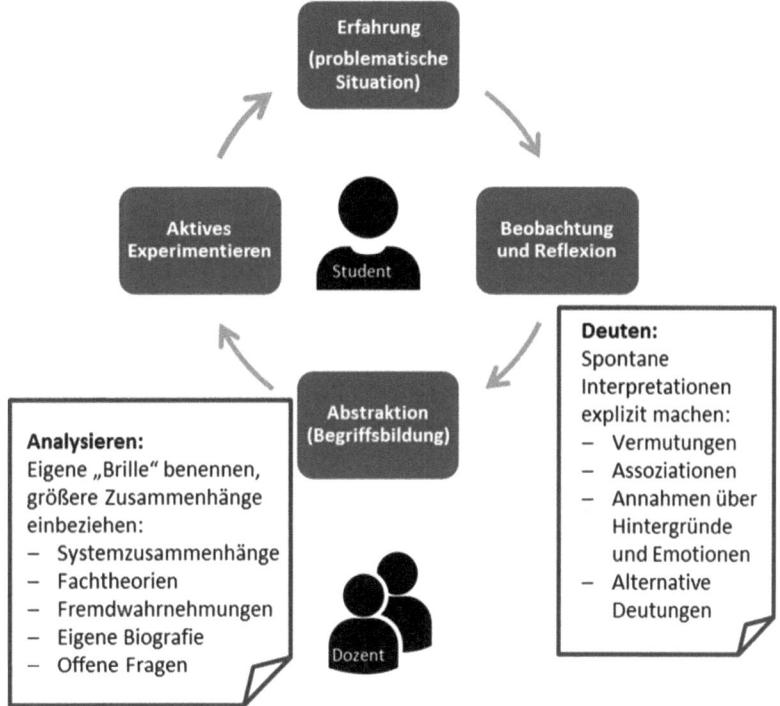

Abb. 4.53 Erfahrungsbasierter Lernzyklus in Anlehnung an Heppekausen (vgl. Heppekausen 2013, S. 120)

Tab. 4.3 Anlässe der Reflexion nach Wilczenski

Oraler Zugang: • Gruppendiskussionen • Präsentationen • Interviews • Debriefing/Nachbesprechung • Audits • Singen • Rollenspiele	Schriftlicher Zugang: • Lerntagebuch/Journal • Gedichte • Rätsel • Essays • Newsletters • Szenario-Analyse kritischer Ereignisse • E-Portfolio
Visuell gestalterischer Zugang: • Fotografie • PowerPoint-Präsentation • Puzzle • Zeichenbuch • E-Portfolios • Theater • Film • Malerei • Gestaltende Kunst	Logischer-mathematischer Zugang: • Vorhersagen treffen • Experimente durchführen • Charts erstellen • Graphen erstellen • Übersichten erstellen • Umfragen durchführen und auswerten

Mit einer Reflexion können durch das Erläutern der unterschiedlichen Perspektiven verschiedene Ziele erreicht werden, welche für die Projektarbeit förderlich sind. Nachfolgend sind einige genannt:

- Erlebnisse bewusst verarbeiten.
- Erfahrungen nachhaltig sichern.
- Das eigenen Verhalten kritisch betrachten.
- Meinungen und Gefühle unkommentiert zum Ausdruck bringen.
- Die eigene Position in der Gruppe wahrnehmen.
- Gruppenprozesse erkennen.
- Die anderen und die Gruppe besser verstehen.
- Unterscheidung zwischen Sach- und Beziehungsebene bei Rückmeldungen lernen.

4.5.3.5 Testverfahren einsetzen

Wenn die persönliche und soziale Kompetenzentwicklung mit einer hohen Handlungsstufe (begründen) im Fokus des Projekts steht (siehe Kompetenzwürfel Kap. 2 und 3), dann bietet sich der Einbezug von Testverfahren an. Ein Beispiel dazu wurde bereits zu Beginn von Kap. 4 vorgestellt: Teamrollentest, um die Rollen im Team systematisch zu besetzen und die wahrscheinlichen Stärken und Schwächen des Teams bereits zu Beginn des Projekts zu analysieren, damit dem Rechnung getragen wird. Das hilft auch dem Betreuer im Coaching-Prozess, da entsprechende Maßnahmen, wie dort bereits ausgeführt, ergriffen werden können.

Sollen Gründe von Handlungsweisen verstanden werden und sich damit das Johari-Fenster (vgl. Stangl 2017b) der Studierenden weiter öffnen (Abb. 4.54), so können neben Erkenntnissen aus dem aktiven Zuhören, den verschiedenen Feedbackverfahren und Reflexionen auch Testverfahren angeboten werden, wie sie in Kap. 2 bereits vorgestellt wurden. Die Testverfahren sind meistens sehr viel preiswerter, wenn sie den Studierenden über die Hochschule angeboten werden.

Zur Bestimmung der Ausprägung **beruflicher Kompetenzfelder** bietet sich das Bochumer Inventar an, das an der Universität Bochum entwickelt wurde, mit wissenschaftlich fundierten Studien belegt ist und an dem sich die eigene Hochschule auch als

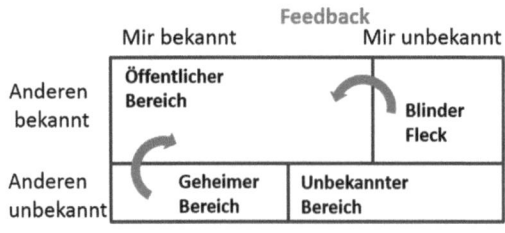

Abb. 4.54 Johari-Fenster

Forschungsteilnehmer beteiligen kann. Zur Sichtbarmachung der **persönlichen Eigenschaften** ist das Fünf-Faktoren-Modell als einzig fundierter psychologischer Test verfügbar, auf dessen Grundlage die Psychologen Forschungen betreiben (Dauer 1 Std). Von Typisierungen ist eher abzuraten, da Testbetreiber meist wirtschaftliche Interessen verfolgen und zudem oft der fundierte Nachweis fehlt oder eher unzuverlässig ist. Psychologen raten dazu, sich auf seinen gegenüber einzulassen und auf ein Training der Empathie zu setzen, anstatt Schubladendenken zu betreiben. Wenn für die **Analyse von Kommunikationsverhalten** im Team ein Test hinzugezogen werden soll, dann bietet sich das DISG-Modell an. Aufgrund dieser Typisierung können Argumentationsketten (Prozess- versus Zielorientierung und Sach- versus Beziehungsargumentation) erfolgen, welche dem Team helfen können sich besser aufeinander einzustellen (Dauer 1 Std).

Bestehen Fragestellungen hinsichtlich **Volition und Prokrastination** als mögliche Problemfelder im Team, so stehen zwei kostenfreie Online-Tests am Forschungsinstitut Management-Innovationen an der Hochschule Mittelhessen und an der Psychologischen Ambulanz der Universität Münster zur Verfügung, die jeweils ca. 20 Minuten dauern. Diese zwei Testverfahren ersetzen keine Diagnose! Sie dienen nur als Indiz, ob aufgrund der Testaussage weitergehende Abklärungen anzuraten sind. Sie können daher genutzt werden, um Schwellenängste abzubauen und professionelle Hilfe hinzuzuziehen. Mehr als darauf hinweisen kann und soll der Dozent im Rahmen seiner Funktion nicht leisten.

Anders als der Teamrollentest, dessen Ergebnisse aus genannten Gründen im Team diskutiert werden sollten, sind persönliche Testverfahren persönlich zu lassen. Es obliegt jedem einzelnen Studierenden inwieweit Ergebnisse oder Erkenntnisse gewonnen, geteilt, hinterfragt oder validiert werden.

4.5.4 Typische Schwierigkeiten in studentischen Projekten

Es gibt kein erfolgreiches Projekt ohne gemeisterte Schwierigkeiten. Es stellen sich also zwei Fragen: Was sind typische Schwierigkeiten während der Projektarbeit und zweitens, gibt es dafür wiederverwendbare Lösungsansätze, die von dem Dozenten angewendet werden können?

In einer Umfrage an der Hochschule Augsburg wurden 2015 rund 450 Studierende und 50 Lehrende aus allen Fakultäten gebeten, ihre Wahrnehmung zur eigenen Projektarbeit zu äußern. Personen ohne Erfahrung in mindestens einem studentischen Projekt waren ausgeschlossen. Eine offene Frage lautete: **„Was waren die größten Schwierigkeiten während Ihres Projekts?"** Mehrfachnennungen waren möglich. Die Antworten wurden geklastert und die Sicht der Lehrenden und Studierenden anschließend vergleichend betrachtet. Einzelnennungen und sehr konkrete, das einzelne Projekt betreffende Antworten, wurden nicht für die vergleichende Darstellung hinzugezogen, die in der Abb. 4.55 zu sehen ist. Auch wenn die Bedeutung der einzelnen Schwierigkeiten etwas unterschiedlich eingeschätzt wurde von Studierenden und Lehrenden, so wurden sie doch sehr ähnlich benannt.

Abb. 4.55 Risiken bei der Projektarbeit (vgl. Stöhler 2016, S. 85)

Bei den Studierenden wird mit 41 % der „Aufwand", der zu betreiben ist, um ein erfolgreiches Projekt zu absolvieren, als größte Herausforderung gesehen. Bei näherer Betrachtung konnte ermittelt werden, dass dieser Punkt hauptsächlich von einer Fakultät genannt wurde – sowohl bei den Studierenden, als bei den Lehrenden. In der Fakultät wird bereits seit einiger Zeit diskutiert, ob die Credits richtig angesetzt sind, für den Leistungsumfang, der von den Studierenden in der Breite erbracht wird. Bei allen anderen Fakultäten wird das nicht so stimmig wahrgenommen. 37 % der Nennungen betreffen Organisationsprobleme innerhalb des Teams. Mit zunehmender Studien- und Projekterfahrung nimmt dieser Wert ab und verlagert sich hin zu unterschiedlicher Motivation/Engagement im Team. Dieser Punkt wird mit fortschreitender Erfahrung immer weniger toleriert und das „Durchschleifen" von Mitstudenten wird offener angesprochen, als zu Beginn des Studiums. Konflikte werden offener und zielführender ausgetragen. Das geschieht nicht nur in den Projektarbeiten, sondern nach Erfahrungswerten der Dozenten auch im Rahmen von anderen Lehrveranstaltungen. Weitere Risiken ergeben sich aus unklaren Zielen, wie sich durch 15 % der Nennungen zeigt. Die Unterstützung des Dozenten wird von beiden Stakeholdern ähnlich wichtig eingestuft.

Bei den Lehrenden werden „Organisationsprobleme innerhalb des Projektteams" mit 43 % der Nennungen als Hauptproblem gesehen und zu mehr als ¾ von ihnen genannt. Das steht auch im Zusammenhang mit „unterschiedlicher Motivation und Engagement im Team" (17 %) und „Konflikten untereinander" (9 %). Die Schwierigkeiten im studentischen Projekt sind in dieser Hinsicht keine anderen als bei Projekten in der Wirtschaft. Verwundert hat, dass äußere Einflüsse, bis auf sehr wenige Einzelfälle, überhaupt nicht als Schwierigkeiten genannt wurden. Diese hängen sehr viel von der guten Auswahl und Vorbereitung der Projektarbeit durch den Dozenten ab, was so auch von ihnen eingeschätzt wurde, als ein Erfolgsfaktor für ein erfolgreiches Projekt. Mangelndes Vorwissen der Studierenden wird mit 13 % der Nennungen von Lehrenden häufiger als Risiko eingeschätzt, als von den Studierenden selbst.

Aufbauend aus den Erkenntnissen der Untersuchung in Augsburg und dem Erfahrungsaustausch der Autoren mit Kollegen erfolgte die nachfolgende Zusammenstellung von typischen Schwierigkeiten während der Durchführung von studentischen Projekten. Prinzipiell lassen sich die immer wiederkehrenden Probleme in folgende vier Klassen einteilen:

1. **Personenbezogene Probleme in der Teamarbeit**
   – Übermotivierte Studierende (Personen, die den anderen alles wegarbeiten)
   – Untermotivierte Studierende (Personen, die sich mitziehen lassen bzw. sich vor der Arbeit drücken; Extremfall: Nichtstuer)
   – Hochqualifizierter Studierender (Gefahr: Unterforderung und für die anderen Demotivation)
   – Unterqualifizierter Studierender (Es fehlt die inhaltliche Beitragsfähigkeit)
   – Fehlende Voraussetzung der Studierenden für selbstgesteuertes Lernen
   – Störenfriede, Unruhestifter (Personen, die permanent meckern)
   – Alpha-Tier (Personen, die dominat sind in Diskussionen und Entscheidungen)

2. **Gruppenbezogene Probleme bei der Teamarbeit**
   – Ausgrenzung/Mobbing einzelner Teammitglieder
   – Meinungsverschiedenheiten im Team (Streit, unterschiedliche Vorstellungen usw.)
   – Unterschiedliche Qualitätsansprüche im Team (bzgl. Leistung und Ergebnis)
   – Zuverlässigkeit in der Zusammenarbeit fehlt (Zusagen werden nicht eingehalten)
   – Ausfall von Teammitgliedern (kurfristig und langfristig)
   – Zielorientierung fehlt bei der Projektarbeit (nicht zielführende Arbeiten werden ausgeführt)
   – Unterschiedliches Engagement im Projektverlauf (bspw. Tal der Tränen in der Projektmitte)
   – Mangelnde Entscheidungsfähigkeit (Entscheidungsprozesse sind unklar und Mut zur Entscheidung fehlt)

3. **Organisationsbezogene Aspekte**
   – Mangelnde Erreichbarkeit des Dozenten (unklar wie erreichbar oder tatsächlich mangelhafte Betreuung)

- Projektthema ist nicht geeignet (unrealistisch, zu groß oder auch zu komplex für die Projektmitglieder oder einfach nicht genügend definiert)
- Ungenügende Infrastruktur (Kommunikationswege, Örtlichkeiten, Tools)
- Defizite im Zeitmanagement (Aufwandsschätzung versus realem Zeitbedarf, Prokrastination)
- Zuständigkeitsfragen sind ungeklärt (Aufgaben, Rollen und Kompetenzen)

4. **Externe Aspekte**
    - Erreichbarkeit von Auftraggeber/Kunde (Terminfindung, keine Rückmeldung, keine Zusammenarbeit)
    - Widersprüchliche Erwatungshaltungen und Aussagen lähmen das Team
    - Ressourcen werden nicht wie vereinbart zur Verfügung gestellt

5. **Konflikte**
    - Beziehungskonflikt: Empfundene Gegensätze in Bezug auf Verhaltensdispositionen von Projektmitgliedern (regen sich, auf wie Einzelne sich verhalten, bspw. der kommt immer zu spät, spricht so laut, …)
    - Wertekonflikt: Unterschiedliche Anschauungen zu moralischen, religiösen, kulturellen oder ideologischen Überzeugungen bzw. Grundsätzen im Team
    - Rollenkonflikt: Widersprüchlich empfundene Rollen liegen dem Konflikt zugrunde, oder ein Student wird in seiner Rolle nicht akzeptiert
    - Machtkonflikt: Ungleich empfundene Machtverteilung im Team
    - Führungskonflikt: Eine „Führungskraft" z. B. Projektleiter, setzt ihre Interessen gegen die Teammitglieder durch
    - Ressourcenkonflikt: Man hat nur begrenzte Ressourcen zur Bewältigung mehrerer Ziele im Projekt und muss entscheiden, für welches Ziel man sie einsetzt. Ressourcen kann Arbeitszeit heißen oder finanzielle Mittel oder Ausstattung.
    - Zielkonflikt: Empfundene Gegensätze in Bezug auf Absichten bzw. Interessen bestehen im Team oder zwischen zwei Parteien. Man unterscheidet auch zwischen Bewertungskonflikt, Zielkonflikt, Beurteilungskonflikt und Wegkonflikt. Arbeiten für Projekt oder für anderes Fach

Die oben genannten Aspekte können mit der Metapher von Bausteinen einer Mauer verglichen werden. In Abb. 4.56 ist eine Auswahl von häufig im Kontext von studentischen Projekten auftretende Probleme dargestellt. Durch die Aneinanderreihung dieser Probleme kann eine Mauer entstehen, die erfolgreiche Projektarbeit behindert. Je mehr Probleme auftreten, desto höher wird die Mauer und desto schwieriger ist die Fortsetzung des Projektweges.

Zusammenfassend kann festgestellt werden, dass der Dozent die Aufgabe hat, während der Projektabwicklung proaktiv darauf zu achten, dass keine Mauern entstehen.

Typische Schwierigkeiten:

- Meinungsverschiedenheiten im Team
- Über-Unter motivierte Studierende
- Störenfriede, Unruhestifter
- Ausgrenzung einzelner Teammitglieder
- Konflikte
- Zuverlässigkeit in der Zusammenarbeit fehlt
- Zielorientierung fehlt
- Ungenügende Infrastruktur
- Unterschiedliche Qualitätsansprüche im Team

Abb. 4.56 Mauer mit Schwierigkeiten

4.5.5 Handlungsfeld für den Coach im Kontext von studentischen Projekten

Zentrale Zielsetzung dieses Kapitels ist es, den Dozenten Hinweise zu möglichen Handlungsoptionen aufzuzeigen. Dabei werden, basierend auf dem in diesem Buch dargestellten Hintergrundwissen und Erkenntnissen, konkrete Handlungsfelder abgeleitet und Vorschläge für Handlungsempfehlungen vorgestellt. Dieses Konstrukt kann Dozenten bei ihrer Coaching-Tätigkeit als Orientierungsrahmen bei der Abwicklung von studentischen Projekten dienen. Dieser Rahmen sollte anschließend mit den selbtgemachten Erfahrungen Schritt für Schritt weiter ausgearbeitet und verfeinert werden, so dass ein individueller Werkzeugkoffer entsteht, um Mauern einzureißen bzw. gar nicht erst entstehen zu lassen.

Projektarbeit ist per Definition eine Methode des problembasierten Lernens, wie im Didaktikabschnitt von Kap. 2 zu lesen ist. Daher sollte der Dozent proaktiv dafür sorgen, dass der Prozess der Problemlösung im studentischen Projektteam möglichst systematisch gelebt wird. In Kap. 4 sind bewährte Methoden, die sich für die Durchführung von studentischen Projekten besonders eignen, beschrieben. Sollten die Studierenden bei der Projektabwicklung jedoch auf Schwierigkeiten stoßen, kann der Dozent in vielen Fällen auf die „Selbstheilungskräfte" im Team vertrauen und die stattfindende Entwicklung aus der Distanz beobachten. Er sollte dabei jedoch die Metakognition und die Reflexion bei den Studierenden kontinuierlich fördern, um sowohl unterstützende als auch hinderliche Muster bei Personen, in der Gruppe oder in den Prozessen zu erkennen. Ferner kann der Dozent bei der Begleitung der studentischen Projekte auf die oben beschriebenen

Abb. 4.57 Werkzeuge für die Projektbegleitung/das Coaching

Coaching-Methoden zurückgreifen (Aktives Zuhören, Feedback geben, (die richtigen) Fragen stellen, Testverfahren einsetzen). Abb. 4.57 gibt einen Überblick über mögliche Werkzeuge, um bestehende Mauern einzureißen bzw. während der Projektarbeit gar nicht erst entstehen zu lassen. Sie sind in diesem Kapitel bereits erläutert worden.

Prinzipiell sollte der Dozent beobachten und sich eine Meinung bilden, ob das Team das „Problem" oder den Konflikt nicht alleine lösen kann. Dabei bildet er sich Arbeitshypothesen, die sein Handeln leiten, um aus den verschiedenen Bereichen die vorliegenden Muster gemeinsam mit den Studierenden herauszufiltern und diese je nach Bedarf zu verstärken oder zu unterbrechen. Bei seinen Beobachtungen sollte er auf folgende Aspekte achten und in seinem Handeln entsprechend berücksichtigen:

1. Personenbezogene Aspekte in der Teamarbeit
In den meisten Projektgruppen sind Studierende mit unterschiedlicher Motivation und Engagment vertreten, die unterschiedliche Qualifikationen in fachlicher und selbststeuernder Hinsicht mitbringen. Wichtig ist es, darauf hinzuweisen, Erklärungen zu geben, Konsequenzen aufzuzeigen und der Gruppe die Frage zu stellen, wie sie damit umgehen will. Denn in den meisten Fällen wird dies nicht offen angesprochen, sondern von den Studierenden gegenüber dem Dozenten sogar aktiv vertuscht. Kalte Konflikte können dabei entstehen. Alle Beteiligten werden in ihren gewohnten Verhaltensweisen bestärkt und eine Weiterentwicklung findet somit für niemanden statt.

Oft vernachlässigt wird die Förderung von sehr guten, hoch qualifizierten Studenten, da der Fokus und die Zeit des Dozenten oft für das untere Ende des Leistungsspektrums verwendet wird. Viele Dozenten kennen das beispielsweise aus der Betreuung von Bachelorarbeiten. Dort wird sich auf die intrinsische Motivation und die Fähigkeiten dieser Studierenden verlassen. Das ist für diese Studierenden frustrierend, die gefordert werden wollen und die dasselbe Verhaltensmuster bereits aus ihrer Schulzeit kennen. Der Dozent kann für ausreichend inhaltlichen Anspruch sorgen und als Coach kann er Maßnahmen ergreifen, die einer Integration im Team förderlich sind.

Störenfriede und Unruhestifter sollten vom Coach direkt darauf angesprochen werden, falls dies nicht durch das Team selbst erfolgt. Ewiges „Gemeckere" bringt keinen Beitrag zur Projektleistung und lähmt das Team. Dominaten Persönlichkeiten, die Diskussionen fast alleine führen und auch Entscheidungen „durchdrücken", kann das Wort durch die Autorität des Dozenten entzogen werden, damit die anderen Teammitglieder auch Redezeit erhalten und mehr gleichberechtigte Arbeit möglich wird.

2. Gruppenbezogene Aspekte bei der Teamarbeit

Die Teamdynamik ist in der Projektarbeit als ganz erheblich anzusehen. Der Dozent kann durch das Aufzeigen und Spiegeln von beobachteten Verhaltensweisen dem Team Impulse geben, sich mit den Problemen auseinanderzusetzen, anstatt sie zu leugnen, zu verharmlosen oder zu vertuschen. Meinungsverschiedenheiten im Team sollten zielführend moderiert werden, damit sie nicht zu einem Konflikt eskalieren. Unterschiedliche Qualitätsansprüche im Team bedürfen einer Klärung, ebenso wie Unzuverlässigkeit in der Zusammenarbeit oder mangelnde Zielorientierung in der Arbeitsweise sowie Entscheidungsdefizite. Der Dozent kann hierbei seine eigene Erwartungshaltung äußern, sowie Zeit und Raum im Projekt einrichten, so dass eine Klärung durch die Studierenden stattfinden kann. Feedback und Reflexionen sind regelmäßig im Projekt fest einzuplanen, damit sich eine selbständige Problemlösung entwickelt. Dadurch wird das Denkmuster der Studierenden aufgebrochen, da es ja sowieso durch den Dozenten angesprochen wird. Mit der Zeit kann dadurch ein anderes Muster etabliert werden und Dinge werden von der Gruppe selbstständig angesprochen und Veränderungen durchgeführt.

Ein kurzfristiger Ausfall von Teammitgliedern muss vom Team selbst getragen werden, langfristige oder komplette Ausfälle können durch Anpassungen des Anspruchs an das Projektergebnis durch den Dozenten teilkompensiert werden. In der beruflichen Praxis wird dies oft durch Zuführung eines weiteren Projektmitglieds gelöst, was im Fall des studentischen Projekts in der Regel nicht möglich ist. Das unterschiedliche Engagement im Projektverlauf (bspw. Tal der Tränen in der Projektmitte) ist ein normales Phänomen in der Teamentwicklung und in der Bearbeitung von Aufgaben. Es hängt auch von der Volitionskompetenz im Team ab. Dies sollte dem Team vermittelt werden. Der Dozent kann in der Konzeption des Projekts bereits Zwischenziele einplanen, die dem entgegen wirken.

Ein aktives Eingreifen durch den Dozenten ist fast schon zwingend notwendig, wenn Ausgrenzung oder Mobbing einzelner Teammitglieder erfolgt. Dies ist in keinster Weise zu dulden und sollte so auch durch den Dozenten als Autoritätsperson kenntlich gemacht werden. Die Werte unserer Gesellschaft sind zu achten, somit auch die Würde jedes Einzelnen. Eine Diskussion über Werte im Team ist mindestens erforderlich. Der Dozent kann und sollte weiterführende Maßnahmen ergreifen, wenn es sich für ihn erforderlich darstellt. Das ist nicht einfach und er braucht dafür ggf. selbst Rückhalt und Unterstützung seitens der Hochschule.

3. Organisationsbezogene Aspekte

Die Art der Zusammenarbeit mit dem Dozenten sollte bereits zu Beginn des Projekts geklärt werden, damit keine widersprüchlichen Erwartungshaltungen bestehen und daraus Unsicherheit oder Konflikte erwachsen. Die Spezifikation des Projektinhaltes sollte durch den Dozenten nochmals geprüft werden, wenn er die Kompetenzen und Kenntnisse der Studierenden kennt. Dies gilt insbesondere, wenn in den Masterstudiengängen ganz unterschiedliche Vorkenntnisse zusammen kommen, die der Dozent im Vorfeld nicht einschätzen kann. Hier können manchmal kurzfristige Ziel- oder Weganpassungen notwendig werden. Verändern sich äußere Rahmenebdingungen im Projektverlauf, kann ebenfalls eine Anpassung notwendig sein.

Organisatorische Aspekte gehen oft auf ungeklärte Zuständigkeitsfragen zurück (Aufgaben mit Terminen, Rollen und deren Kompetenzen). Diese sollten thematisiert werden, anstatt an Einzelfällen zu elaborieren. Defizite im Zeitmanagement (Aufwandsschätzung versus realem Zeitbedarf, Prokrastination) sind das Hauptproblem bei der Organisation im Projekt. Der Dozent kann durch seine Erfahrungswerte und durch Aufzeigen von Steuerungsmöglichkeiten dem Team weiterhelfen. Studierende beschweren sich oft, das ihr Aufwand für das Projekt zu groß ist. Hier hilft es, die Erwartungshaltung durch die ECTS deutlich zu machen, da von den Studierenden oft nur die SWS gesehen werden. In manchen Fällen hat der Dozent den Aufwand aber auch selbst nicht richtig eingeschätzt, für den Anspruch und den Umfang, den er selbst erwartet. Das sollte er für sich abklären und ggf. Anpassungen vornehmen und diese auch kommunizieren.

4. Externe Aspekte

Externe Aspekte liegen in der ungenügenden Erreichbarkeit von Auftraggebern bzw. Kunden und dessen widersprüchliche Erwatungshaltungen und Aussagen, die das Team lähmen können. Falls zugesagte Ressourcen nicht wie vereinbart zur Verfügung gestellt werden oder Terminabsprachen nicht gehalten werden, sollten die Studierenden zunächst selbst für eine Klärung sorgen. Ist dies in angemessener Weise geschehen, führt aber nicht zu einer Verbesserung, dann sollte der Dozent als Mitglied im Steuerungsausschuss eingreifen und für die Studierenden klären. Falls auch dies nicht zielführend ist, was nur sehr selten vorkommt, trifft der Dozent Entscheidungen, macht Vorgaben oder sorgt für Ersatz von Ressourcen.

5. Konflikte

Die Möglichkeiten eines Konfliktmanagements durch den Coach ist in Kap. 2 beschrieben, auf das an dieser Stelle verwiesen sei. Wichtig ist es, für sich eine Konfliktanalyse durchzuführen und die Eskalation zu beobachten, damit der Coach entscheiden kann, wann er eingreifen sollte und welche Schritte dann erfolgen sollten.

Insgesamt stehen dem Dozenten mit seinem Erfahrungsschatz und diesem Buch sehr viele Informationen und Methoden zur Verfügung, die ihn befähigen, Projekte erfolgreich coachen zu können. Bei aller Planung – es bleibt spannend, wie sich Teams mit ihren Projekten weiter entwickeln.

Literatur

Andler, N. (2010). *Tools für Projektmanagement, Workshops und Consulting: Kompendium der wichtigsten Techniken und Methoden*, 3., überarb. und erw. Aufl. Erlangen: Publicis Publ.

Backhausen, W., & Thommen, J.-P. (2006). *Coaching: Durch systemisches Denken zu innovativer Personalentwicklung*. Wiesbaden: Gabler Verlag/GWV Fachverlage.

Bohinc, T. (2016). Elevator Pitch [WWW Document]. Projekt Magazin. https://www.projektmagazin.de/methoden/elevator-pitch. Zugegriffen: 22. März 2017.

Busch, M. W., & Von Der Oelsnitz, D. (2006). Teamlernen durch After Action Review. *Personalführung* 54–62.

Coverdale. (2017a). Systemische Fragen [WWW Document]. Coverdale Austria. http://www.coverdale.at/toolbox/toolbox-coaching/systemische-fragen/. Zugegriffen: 22. März 2017.

Coverdale. (2017b). Toolbox [WWW Document]. http://www.coverdale.at/fileadmin/Austria/Toolbox/Toolbox_Praesentation_1.pdf. Zugegriffen: 22. März 2017.

DBVC. (2017a). DBVC Coaching Definition [WWW Document]. http://www.dbvc.de/der-verband/ueber-uns/definition-coaching.html. Zugegriffen: 22. März 2017.

DBVC. (2017b). DBVC Kompetenzmodell des Coach [WWW Document]. http://www.dvct.de/coaching/kompetenzmodell-coach/. Zugegriffen: 22. März 2017.

dejure (2017a). Vertragstypische Pflichten beim Dienstvertrag – § 611 [WWW Document]. https://dejure.org/gesetze/BGB/611.html. Zugegriffen: 31. März. 2017.

dejure (2017b). Vertragstypische Pflichten beim Werkvertrag – § 631 ff. [WWW Document]. https://dejure.org/gesetze/BGB/631.html. Zugegriffen: 31. März. 2017.

Duale Hochschule Baden-Württemberg. (2017). Planspielforum [WWW Document]. Zentrum für Management Simulation. http://zms.dhbw-stuttgart.de/planspielforum. Zugegriffen: 22. März 2017.

Habermann, F. (2016a). Der Project Canvas – Hochschulprojekte besser starten. *Die Neue Hochschule – DNH*, 146–149.

Habermann, F. (2016b). Der Project Canvas – Projekte interdisziplinär definieren. *projektMANAGEMENT aktuell*, (5), 36–42.

Habermann, F., & Schmidt, K. (2014). *The Project CANVAS*. Berlin: Eigenverlag.

Habermann, F., & Schmidt, K. (2017a). Bekannte Muster brechen. Langsames Denken in Projekten – ein Manifest. Projekt Magazin. https://www.projektmagazin.de/artikel/langsames-denken-projekten-ein-manifest_1116932. Zugegriffen: 31. März 2017.

Habermann, F., & Schmidt, K. (2017b). *Project Design – Thinking Tools for Visually Shaping New Ventures*. Berlin: Eigenverlag.

Heppekausen, J. (2013). Beobachtung, Selbstbeobachtung und Reflexion in der Lernbegleitung. In H. Coelen & B. Müller-Naendrup (Hrsg.), *Studieren in Lernwerkstätten: Potentiale und Herausforderungen für die Lehrerbildung, Research* S. (109–126). Wiesbaden: Springer VS.

Hochschule Augsburg. (2017). semPro. Semester-Projekte 2017 [WWW Document]. https://sempro.hs-augsburg.de/semPro/#start. Zugegriffen: 22. März 2017.

Hochschule Hamm-Lippstadt. (2017). Von frei schwebenden Kugeln und balancierenden Lego-Mindstorm-Fahrzeugen: Mechatronik-Prüfung [WWW Document]. http://www.hshl.de/von-frei-schwebenden-kugeln-und-balancierenden-lego-mindstorm-fahrzeugen/. Zugegriffen: 22. März 2017.

Hochschule Osnabrück. (2017). Projektmesse zeigt Ideen von morgen [WWW Document]. Hochschule Osnabrück. https://www.hs-osnabrueck.de/de/nachrichten-iui/2016/09/projektmesse-zeigt-ideen-von-morgen/. Zugegriffen: 22. März 2017.

Hochschule Reutlingen. (2017). Fakultät TEC: F&E Projekt [WWW Document]. http://www.tec.reutlingen-university.de/projekte/fe-projekt/. Zugegriffen: 22. März 2017.

ICF. (2017). ICF Coaching Definition [WWW Document]. http://www.coachfederation.de/icf-d/ueber-die-icf.html. Zugegriffen: 22. März 2017.

Inworks. (2017). 360-Grad-Feedback – Ulmer Kompetenzmodell [WWW Document]. Inworks. https://www.inworks.de/loesungen/360-grad-feedback/planung-konzeption/360-grad-feedback-ulmer-kompetenzmodell. Zugegriffen: 22. März 2017.

Jones, M., & Shelton, M. (2006). *Developing your portfolio: Enhancing your learning and showing your stuff: A guide for the early childhood student or professional.* New York: Routledge.

Joo, B.-K. (Brian). (2005). Executive coaching: A conceptual framework from an integrative review of practice and research. *Human Resource Development Review, 4,* 462–488. doi:10.1177/1534484305280866.

Kratz, H. J. (2005). *30 Minuten für richtiges Feedback,* 2. Aufl. Offenbach: GABAL.

Kruse, O. (2007). *Keine Angst vor dem leeren Blatt: Ohne Schreibblockaden durchs Studium 12.,* völlig neu bearbeitete Auflage, 12. Aufl. Frankfurt/Main u. a: Campus Verlag.

Landesverband der Musikschulen in NRW e.V. (2017). Aktives Zuhören [WWW Document]. IGU-Portal. http://www.instrumentaler-unterricht.de/methoden/aktives-zuhoeren. Zugegriffen: 22. März 2017.

Lippmann, E. (Hrsg.) (2013). *Coaching Angewandte Psychologie für die Beratungspraxis.* Berlin: Springer.

Medienhaus Südkurier. (2017). Furtwangen: Gesundheitswissenschaften verleihen Preis fürs beste Projektposter [WWW Document]. http://www.suedkurier.de/region/schwarzwald-baar-heuberg/furtwangen/Gesundheitswissenschaften-verleihen-Preis-fuers-beste-Projektposter;art372517,8008574. Zugegriffen: 22. März 2017.

Michl, W. (2013). Erlebnispädagogik zwischen ISO-Normen und Innovation. Lernen in Bewegung. Weiterbildung. *Zeitschrift für Grundlagen, Praxis und Trends, 3,* 26–29.

Moser, C. (2012). *User-Experience-Design: mit erlebniszentrierter Softwareentwicklung zu Produkten, die begeistern, X.media.press.* Berlin: Springer Vieweg.

Pfäffli, B. K. (2005). *Lehren an Hochschulen: eine Hochschuldidaktik für den Aufbau von Wissen und Kompetenzen.* Bern: Haupt.

Reiners, A. (2007). Praktische Erlebnispädagogik 2. Augsburg: Ziel Verlag.

Rogers, C. R. (1981). *Der neue Mensch, Konzepte der Humanwissenschaften.* Stuttgart: Klett-Cotta.

Rupp, C. (2009). Erfolg und Misserfolg unter der Lupe. Projektretrospektiven Teil 2: Praktische Durchführung [WWW Document]. Projekt Magazin. https://www.projektmagazin.de/artikel/projektretrospektiven-teil-2_7228. Zugegriffen: 22. März 2017.

Schelle, H., Ottmann, R., & Pfeiffer, A. (2005). *ProjektManager.* Nürnberg: GPM Deutsche Gesellschaft für Projektmanagement.

Schön, D. A. (1983). *The reflective practitioner: How professionals think in action.* New York: Basic Books.

Schulz von Thun, F., Ruppel, J., & Stratmann, R. (2010). *Miteinander reden: Kommunikationspsychologie für Führungskräfte,* 11. Aufl. Reinbek bei Hamburg: rororo Sachbuch. Rowohlt Taschenbuch Verlag.

Stangl, W. (2017a). http://lexikon.stangl.eu/2879/reflexion/ [WWW Document]. http://lexikon.stangl.eu/2879/reflexion/. Zugegriffen: 22. März 2017.

Stangl, W. (2017b). Stangls Arbeitsblätter: Das Johari-Fenster [WWW Document]. http://arbeitsblaetter.stangl-taller.at/KOMMUNIKATION/Joharifenster.shtml. Zugegriffen: 22. März 2017.

Stangl, W. (2017c). Stangls Arbeitsblätter: Feedback – Methoden für die Praxis [WWW Document]. http://arbeitsblaetter.stangl-taller.at/KOMMUNIKATION/FeedbackPraxis.shtml. Zugegriffen: 22. März 2017.

Stöhler, C. (2016). *Projektmanagement im Studium: vom Projektauftrag bis zur Abschlusspräsentation,* 2. Aufl. ed, Lehrbuch. Wiesbaden: Springer Gabler.

Universität Augsburg. (2017a). 5.3.4 Beurteilungskriterien für Reflexionen | Service Learning [WWW Document]. http://service.e-learning.imb-uni-augsburg.de/node/1732. Zugegriffen: 22. März 2017.

Universität Augsburg. (2017b). Projekttagebuch für Kreativität in Wort und Bild | Uni Engagiert [WWW Document]. http://uni-engagiert.de/node/6392. Zugegriffen: 22. März 2017.

Universität Göttingen. (2017). Eindrücke von der Posterpräsentation [WWW Document]. https://www.uni-goettingen.de/de/posterpr%C3%A4sentation/437283.html. Zugegriffen: 22. März 2017).

Universität Stuttgart. (2017). Downloads zur Projektarbeit im Bachelor | Gemeinsame Kommission Maschinenbau | Universität Stuttgart [WWW Document]. http://www.gkm.uni-stuttgart.de/projektarbeit/downloads.html. Zugegriffen: 22. März 2017.

Universität Würzburg. (2017). Projektabschluss [WWW Document]. https://www3.informatik.uni-wuerzburg.de/courses/vorl_08_ss/projman/vorlagen.htm. Zugegriffen: 1. Apr. 2017.

Wastian, M., Braumandl, I., Rosenstiel, L., & Rosenstiel, L. V. (2009). *Angewandte Psychologie für Projektmanager. Ein Praxisbuch für das erfolgreiche Projektmanagement*, 1. Aufl. Berlin: Springer.

Wilczenski, F. L., & Coomey, S. M. (2007). *A practical guide to service learning: Strategies for positive development in schools*, New York: Springer.

Fallbeispiele 5

> **Zusammenfassung**
>
> In diesem Kapitel werden ganz unterschiedliche Konzepte zu Projektarbeiten an verschiedenen Hochschulen vorgestellt. Die Verbreitung von Projektarbeiten über eine ganze Hochschule ist möglich, wie das Beispiel der Hochschule Augsburg zeigt. Exemplarisch wird das Organisationskonzept für Projektarbeiten an der Fakultät Informatik vorgestellt. Studentische Beratungsprojekte finden sehr erfolgreich an der Hochschule München in Kooperation mit Unternehmen statt und tragen damit auch zum Image der Hochschule bei. An der Hochschule Rosenheim werden im Kontext des Bachelorstudiengangs Informatik in zwei aufeinander folgenden Projektarbeiten konträre Ansätze der Projektabwicklung mit den Studierenden und in Kooperation mit regionalen Unternehmen praktiziert. So erleben die Studierenden sowohl einen klassischen als auch agilen Projektmanagement-Ansatz und können dadurch wertvolle Erfahrungen für den Berufsalltag sammeln. Ein letztes Fallbeispiel beschreibt die Realisierung unternehmerisch orientierter Medienprojekte an der Hochschule Würzburg, für welche das didaktisches Gesamtkonzept ZAPAZ entwickelt wurde.

5.1 Fallbeispiel: Hochschule Augsburg

5.1.1 Vorstellung der Hochschule Augsburg

Die Hochschule Augsburg wurde 1971 durch Vereinigung des Rudolf-Diesel-Polytechnikums und der Werkkunstschule gegründet. Beide Vorgängereinrichtungen blickten zu diesem Zeitpunkt bereits auf eine längere Tradition zurück.

An der Hochschule Augsburg studieren heute rund 6000 Studierende in 15 Bachelor- und 17 Masterstudiengängen, sowie in 2 berufsbegleitenden Masterstudiengängen. Es gibt

7 Fakultäten: Architektur und Bauwesen, Elektrotechnik, Gestaltung, Informatik, Maschinenbau und Verfahrenstechnik, Wirtschaft sowie Allgemeinwissenschaften. Weitere Informationen sind auf der Internet-Präsenz der Hochschule unter der Adresse www.hs-augsburg.de zu finden.

Die Hochschule Augsburg hat sich als Mission die Ausbildung gefragter Persönlichkeiten für die Region gesetzt. Neben der Vermittlung von Fachkenntnissen wird viel Wert auf ein Angebot zur persönlichen Weiterentwicklung gelegt. Praxisbeziehungen und moderne Lernformen kommen dabei zum Einsatz. Eine gemeinsame Einstellung zu dieser Mission wurde in einem 10-Punkte-Dekret zusammengefasst (vgl. Hochschule Augsburg 2017):

- Wir verstehen uns als Team. Zur Erreichung unserer Ziele wollen wir das eigene Verhalten von einer individuellen auf eine gemeinschaftliche Handlungsorientierung hin ausrichten.
- Wir gestalten unsere Hochschule so, dass wir uns darin wohlfühlen, und wir gehen respektvoll, fair und offen miteinander um.
- Wir wollen durch Übernahme von Verantwortung und Konsequenz im eigenen Handeln unsere gemeinsamen Zielsetzungen verwirklichen.
- Wir wollen durch Leistungswillen und Innovationsgeist ein wesentlicher Impulsgeber für die Region sein.
- Wir sind aufgeschlossen gegenüber neuen wissenschaftlichen Erkenntnissen sowie technologischen Entwicklungen.
- Wir fördern funktionsübergreifendes Denken und praxisorientiertes Handeln.
- Wir wollen von vielen unterschiedlichen Kulturen aktiv lernen, indem wir ihre Denk- und Handlungsweisen verstehen.
- Wir sind alle Botschafter unserer Hochschule und vertreten unsere gemeinsamen Interessen nach innen und außen.
- Wir sind bereit, uns fachlich und persönlich permanent weiterzuentwickeln.
- Wir gestalten die Zukunft unserer Hochschule gemeinsam und sichern unsere Erfolge.

5.1.2 Verbreitung von studentischen Projekten im Curriculum der Fakultäten

Studentische Projekte haben an der Hochschule eine langjährige Tradition in allen Fakultäten, da mit der Methode Projektarbeit, neben der praktischen Vermittlung von Fachkenntnissen, auch viele Möglichkeiten zur persönlichen Weiterentwicklung gefördert werden können. Daher eignet sich die Projektarbeit hervorragend, um die Mission der Ausbildung von gefragten Persönlichkeiten zu unterstützen. Ein im Jahr 2015 durchgeführter Vergleich aller Modulhandbücher hat ergeben, dass sowohl Lehrveranstaltungen zum Projektmanagement, als auch studentische Projekte in allen Fakultäten fester Bestandteil im Curriculum sind. Die vergebenen Credits belaufen sich dabei zwischen 4 und 10 ECTS. Eine Übersicht der Projektarbeiten in den Bachelorstudiengängen ist in Tab. 5.1 zu sehen.

5.1 Fallbeispiel: Hochschule Augsburg

Tab. 5.1 Übersicht der Projektarbeiten in den Studiengängen

Studiengang	Projektarbeit
Architektur	6. Semester: großes Praxisprojekt
Bauingenieurwesen	4. Semester: (Grundlagen-)Wissen wird im Rahmen einer Projektarbeit am Beispiel einer praxisnahen Problemstellung angewandt. 7. Semester: Projektsemester, mehrere Projekte werden parallel bearbeitet und in dessen Verlauf soll auch die Bachelorarbeit entstehen.
Energie Effizienz Design	2. Semester: Konstruktion II – Bauen im Bestand - Projekt 4. Semester: Konstruktion III – Bauen im Bestand - Projekt
Elektrotechnik	Ein Projekt kann als Wahlfach (= kleine Bachelorarbeit) durchgeführt werden. 5. Semester: Modul Systems Engineering 1 in Form eines Projekts 7. Semester: Modul Systems Engineering 2 in Form eines Projekts
Mechatronik	5. Semester: Modul Systems Engineering 1 in Form eines Projekts 6. Semester: eine Projektarbeit, wobei die Studenten mechatronische Geräte für Schwerbehinderte bauen (Felsensteinprojekt: http://www.campus-vor-ort.de/experience_reports/195) 7. Semester: Modul Systems Engineering 2 in Form eines Projekts
Technische Informatik	5. Semester: Technische Projektarbeit
Kommunikationsdesign	4. Semester: Designprojekt 1 7. Semester: Designprojekt 2
Interaktive Medien	6. Semester: Medienprojekt 7. Semester: WPF Designprojekt
Informatik	4. Semester: Projekt 1 6. Semester: Projekt 2
Wirtschaftsinformatik	4. Semester: Projekt 1 6. Semester: Projekt 2
Maschinenbau	6. Semester: Projekt Teilnahme am Wettbewerb: https://www.formulastudent.de/ Das Team wird mit Teilnehmern aus allen Fakultäten besetzt. Die Teilnahme am Wettbewerb kann als Projektleistung im jeweiligen Studiengang anerkannt werden.
Verfahrenstechnik	6. Semester: Projekt
Betriebswirtschaft	7. Semester: Projekt/Fallstudien zum Vertiefungsmodul
International Management	6. Semester: Projekt/Fallstudien zum Vertiefungsmodul/Project Cases

5.1.3 Das Organisationskonzept zu studentischen Projekten an der Fakultät Informatik

Im Laufe ihres Studiums bearbeiten Informatik-Studenten mehrere Projekte, da die Informatik eine projektgetriebene Branche ist und die Studierenden darauf vorbereitet werden sollen. In einem Semester werden insgesamt etwa 20 Projekte, das sind rund 160 Studierende, betreut. Wie das einzelne Projekt konkret ausgestaltet wird, obliegt dem jeweiligen Betreuer. Er legt fest, welche Kompetenzen und Fachkenntnisse vermittelt und welche Projektmanagementmethoden und Vorgehensmodelle eingesetzt werden. Neben der Projektarbeit als Praxiserfahrung, haben die Studierenden die Möglichkeit, verschiedene Projektmanagement-Vorlesungen zu besuchen. Das kann über Wahlpflichtfächer vor, während oder nach der Projektarbeit geschehen. Dort werden ihnen Vorgehensweisen und Methoden theoretisch vermittelt und sie lernen anhand von Fallbeispielen, Simulationen, Übungen und Praxisvorträgen von Vertretern der Industrie.

In diesem Fallbeispiel, der Projektarbeit in der Fakultät Informatik, wird daher nicht der konkrete Ablauf eines Projekts mit seiner Struktur und den Inhalten beschrieben, sondern das organisatorische Gesamtkonzept. Im Curriculum sind in den Studiengängen folgende Projektarbeiten vorgesehen, die in der Tab. 5.2 zusammenfassend dargestellt sind. Studienbeginn für die Bachelorstudiengänge ist zum Wintersemester, die Masterstudiengänge können sowohl im Winter- als auch im Sommersemester begonnen werden. Für diese Projektarbeiten gelten folgende Rahmenbedingungen:

- Ein Projekt wird grundsätzlich im Team bearbeitet.
- Teamgröße: normalerweise 6–8 Studenten.
- Bearbeitungszeitraum ist ein Semester oder ein Block von 4 Wochen in den Semesterferien.
- Betreut wird jedes Projekt von einem Professor oder Lehrbeauftragten der Fakultät Informatik.
- IAM-Projekte haben typischerweise je einen Ansprechpartner aus der Fakultät Gestaltung und Informatik (Interaktive Medien).

Tab. 5.2 Übersicht der Projektarbeiten im Fachsemester

Studiengang	Fachsemester
Informatik	4. und 6. Studiensemester
Wirtschaftsinformatik	4. und 6. Studiensemester
Technische Informatik	5. Studiensemester
Interaktive Medien IAM	6. Studiensemester
Master Informatik	1. oder 2. Semester
Master Wirtschaftsinformatik	1. oder 2. Semester

- Der in der Studienordnung vorgesehene Arbeitsaufwand für das Projekt liegt je nach Studiengang und Studiensemester zwischen 2 und 8 Semesterwochenstunden mit 4 bis 10 ECTS.
- Projektarbeiten können auch in Kooperation mit Partnern aus der Industrie durchgeführt werden.
- Jedes Team hat 400€ Budget, die benötigten Materialien sind Eigentum der Hochschule und müssen am Ende des Projekts zurückgegeben werden, so es ich nicht um Verbrauchsmaterialien oder Gebühren handelt.

Themenvorschläge für Projektarbeiten können eingereicht werden von:

- Professoren und Mitarbeitern der Hochschule,
- Studierenden der Fakultät Informatik oder
- Externen Partnern, z. B. Firmen.

Abgabefristen für externe Themenvorschläge sind:

- 31. Oktober für nachfolgendes Sommersemester.
- 31. Mai für nachfolgendes Wintersemester.

5.1.3.1 Organisatorischer Ablauf

Während des aktuellen Semesters können Themenvorschläge zu studentischen Projekten für das folgende Semester im Verwaltungstool Sempro erfasst werden, das Tool selbst wird nachfolgend kurz vorgestellt. In einem Auswahlgremium werden abschließend alle Vorschläge auf ihre Eignung überprüft. Neben der Qualität der Themen werden die Vorschläge mit den notwendigen Kapazitäten abgeglichen und gegebenenfalls angepasst, so dass genügend und qualifizierte Projekte für die Studierendenanzahl angeboten werden können. Es gibt Projekte, die geschlossen nur für einen Studiengang im jeweiligen Fachsemester angeboten werden, studiengangübergreifende und Projekte mit Beteiligung aus dem 4. und 6. Fachsemester. In einer Informationsveranstaltung werden die Studierenden über den Ablauf und die allgemeinen Rahmenbedingungen für die Projektarbeiten informiert, und können sich dann mit Angabe von 1.-3. Wunsch im Sempro auf die Projekte bewerben. Die Zuweisungen auf die Projekte werden vor Ende des Semesters bekannt gegeben und die Studierenden haben die Möglichkeit, sich mit ihrem Betreuer zu treffen, bevor die Prüfungszeit zu Ende ist.

Das Projekt beginnt für alle Projektgruppen des Semesters mit einem dreitägigen Kickoff auf einer Hütte im Bayerischen Wald. Die Veranstaltung wird nachfolgend näher beschrieben. Die Projektarbeiten finden anschließend semesterbegleitend oder im Block in den nächsten Semesterferien statt. Ein Projekt kann als Blockveranstaltung auch im Ausland an einer Partnerhochschule stattfinden, diese Möglichkeit wird nachfolgend ausgeführt. Die Projektarbeiten enden mit einer öffentlichen Projektmesse in der letzten

Vorlesungswoche des Semesters, an der die Projektgruppen an Ständen und mit Vorträgen ihre Ergebnisse präsentieren. Es besteht Anwesenheitspflicht für die Studierenden und alle Veranstaltungen der Fakultät fallen an diesem Tag aus, um allen die Möglichkeit zu geben, teilzunehmen. Die Projektmesse wird nachfolgend vorgestellt. Alle Projektarbeiten der Fakultäten an der Hochschule Augsburg werden mit einem gemeinsamen Evaluationsbogen zentral evaluiert. Die Projektergebnisse (Dokumentationen) können abschließend im Sempro abgespeichert werden, so dass sie zukünftigen Projekten als Informationsquelle zur Verfügung stehen.

Der Ablauf für das Sommersemester ist in Tab. 5.3 zusammenfassend tabellarisch dargestellt. Ausführliche und aktuelle Informationen zu Projektarbeiten an der Fakultät

Tab. 5.3 Organisatorischer Ablauf

Aufgabe	Termin
Themeneingabe im Sempro	bis Ende November
Informationsveranstaltung für Auslandsprojekte an Partnerhochschulen für Studierende und Dozenten mit Erfahrungsberichten von Studierenden der vergangenen Semester	November
Gremium zur Auswahl der Projekte, je nach Bedarf (Studierendenzahlen) und Qualität der Vorschläge	Anfang Dezember
Informationsveranstaltung für Studierende zum Ablauf der Projekte	vor Weihnachten
Freischaltung zur Anmeldung der Studierenden im Sempro Für Auslandsprojekte erfolgt eine persönliche Bewerbung an der Fakultät sowie anschließend eine schriftliche Bewerbung für die Partnerhochschule. Die Koordination erfolgt über die Fakultät, eine Bestätigung der Zulassung erfolgt in der Regel bis Jahresende.	ca. 13.–23. Januar November
Vergabe der Plätze nach 1.–3. Wunsch Bekanntgabe der Gruppeneinteilung	ca. 27. Januar
Kick-off-Tage im Bayerischen Wald, 3 Tage. Die Veranstaltung ist für alle Studierenden verpflichtend und bei Verhinderung nachzuholen im nächsten Semester. Die Veranstaltung ist kostenfrei für die Studenten.	9.–11. März (vor Vorlesungsbeginn des Sommersemesters)
Projektdurchführung in den Projektgruppen	während des Semesters oder als Block in den Semesterferien
Informationsveranstaltung zur Projektmesse für alle Projektgruppen Einladung von Externen und der Presse Feinabstimmung der Organisation der Projektmesse für alle Projektgruppen	4 Wochen vor der Projektmesse 2 Wochen vor der Projektmesse

5.1 Fallbeispiel: Hochschule Augsburg

Tab. 5.3 (Fortsetzung)

Aufgabe	Termin
Projekttag für die Präsentation der Ergebnisse. Es besteht Anwesenheitspflicht.	ein Tag in der letzten Vorlesungswoche des Sommersemesters
Notenvergabe	gemäß Standardablauf
Zentrale Evaluation der Projekte https://www.hs-augsburg.de/hsa/einrichtung/studium_lehre/qualitaetsentwicklung/evaluation/index.html	Semesterende

Informatik sind in der Internet-Präsenz der Hochschule, wie in Abb. 5.1 zu sehen, unter der Adresse https://www.hs-augsburg.de/Informatik/Projekte.html zu finden.

Abb. 5.1 Hochschule Augsburg (vgl. Hochschule Augsburg 2017)

5.1.3.2 Das Verwaltungstool Sempro

Am Markt ist keine Projektmanagementsoftware verfügbar, die den Anforderungen zum Projektportfoliomanagement für Projektarbeiten im Lehrbetrieb einer Hochschule genügt:

- Jedes Semester finden viele Projekte statt, die verwaltet werden müssen.
- Projektvorschläge werden von vielen erfasst und beschrieben.
- Studierende bewerben sich auf ein Projekt.
- Mittels Prioritätenvergabe (1–3. Wunsch) werden die Studenten auf die Projekte verteilt.
- Dokumentation der Ergebnisse, um dauerhaft zur Verfügung zu stehen.
- Veröffentlichung des Umfangs der Projektarbeiten als Außenwirkung der Hochschule.

Daher wurde 2009/2010 ein Verwaltungstool (https://sempro.hs-augsburg.de) entwickelt. Die beiden Abbildungen Abb. 5.2 und 5.3 zeigen zwei Seiten des Tools. Für den Erfassungs- und Zuweisungsbereich ist ein Login erforderlich.

Seit 2012 werden mit diesem Tool alle Projektarbeiten der Fakultät beschrieben und verwaltet. Wie ersichtlich ist, besteht die Möglichkeit nach diversen Kriterien zu filtern z. B. Studiengang, Studiensemester und Betreuer, sowie sich die Kurzbeschreibung der angebotenen Projekte anzuschauen. In Abb. 5.3 ist ein Beispiel zu sehen. Aufgrund dieser Beschreibungen bewerben sich die Studierenden während einer Bewerbungsphase mit ihrem 1.-3. Wunsch auf die Projekte. Anschließend werden sie nach einer Vergabelogik ihrem Projekt verbindlich zugewiesen. Ende Januar sind die Projektarbeiten für das

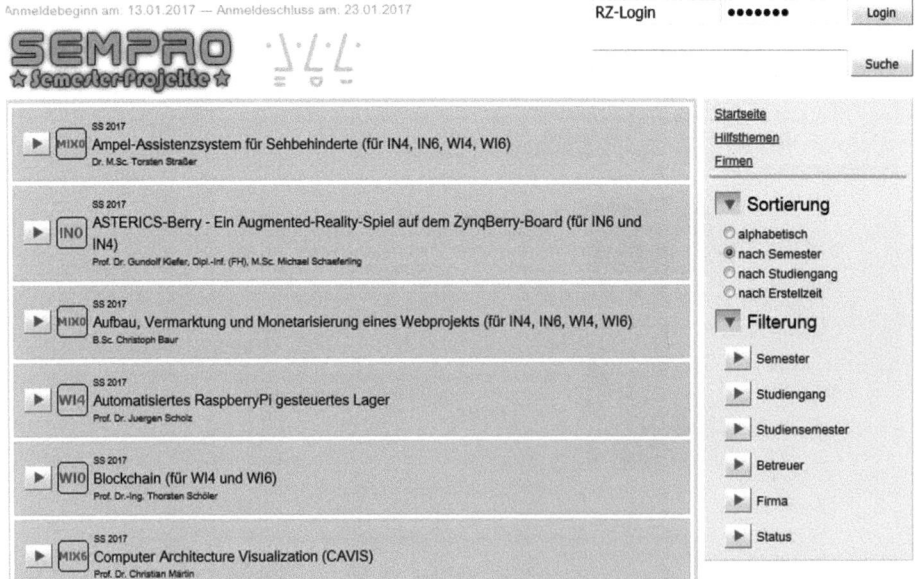

Abb. 5.2 Beispiel Screenshot 1 Sempro (vgl. Sempro 2017)

Softwareauswahl Logistik-Netzwerk-Simulation für die IWL AG   BIS-Master 1   WS 2014

Dipl.-Ing, Dipl.-Wirtschaftsing. Claudia Stoehler

Masterprojekt BIS WS14

http://www.iwl.de/

Für die IWL AG aus Ulm soll eine Recherche zur Softwareauswahl für die Simulation von Logistik-Netzwerken erfolgen. Die Software soll für den Einsatz in der Beratung verwendet werden. Das Projekt erfolgt im Sinne eines Beratungsauftrags der Projektgruppe, d.h. neben dem fachlichen Inhalt des Projekts wird auch die Organisation des Projektes und der Auftritt gegenüber dem Kunden bewertet!

Inhalt des Projektes:
- Definition der Anforderungen des Kunden (vom Projektteam zu evaluieren)
- Recherche von Produkten, die am Markt verfügbar sind
- Vorauswahl aufgrund der ermittelten Anforderungen
- Nähere Analyse der Vorauswahl
- Erarbeitung einer Entscheidungsvorlage bzw. Empfehlung

Projektdaten

Eingetragen   24.07.2014

Abb. 5.3 Beispiel Screenshot 2 Sempro (vgl. Sempro 2017)

Sommersemester besetzt. Nach Beendigung des Projekts können die Ergebnisdokumente hochgeladen werden und stehen zukünftigen Projekten als Informationsquelle zur Verfügung (nur Hochschulinterner Zugriff).

Um den Kommunikationsaufwand zu verringern, wird für jedes Projektteam ein Email-Verteiler angelegt, den sowohl die Studierenden nutzen als auch die Dozenten und die Verwaltung. Es gibt auch eine hochschulinterne Cloud, damit Studierende ihre Daten tauschen können. Diese ist aus Datenschutzgründen marktüblicher Software vorzuziehen (https://cloud.hs-augsburg.de)

Eine einheitliche Software für das Projektmanagement des studentischen Projekts selbst gibt es nicht. Manche Betreuer geben eine Software vor, die beispielsweise für ihr Fachgebiet am Markt üblich ist. 2016 wurde eine Befragung der Studierenden und Professoren durchgeführt, ob und wenn ja, welche sie für ihr Projekt einsetzen. Die absolute Mehrheit (> 95 %) verwendet keine Projektmanagement-Software, sondern verwaltet das Projekt mittels Tabellen, Listen und ähnlichem. Wenn keine Vorgaben vom Professor gegeben sind, dann wird auf diverse Freeware ausgewichen. Hauptgrund hierfür ist der Aufwand, sich in ein Tool einzuarbeiten im Verhältnis zum Gesamtaufwand für das Projekt – dies ist eine absolut legitime Entscheidung. Ausnahme: Lernziel im Rahmen des Projekts ist das Erlernen des Umgangs mit einer bestimmten Software. Im Kapitel drei sind die Ergebnisse einer Untersuchung zum Einsatz von PM-Software für die Projektarbeit beschrieben.

5.1.3.3 Das Kick-off im Bayerischen Wald

Initiiert und konzipiert wurde dieses Kick-off-Seminar 2007 gemeinsam von Prof. Dr. Nik Klever, Studiendekan der Fakultät für Informatik, und Prof. Dr. Werner Michl, lange Jahre Leiter des „Zentrums für Hochschuldidaktik" und Experte für erlebnis- und handlungsorientiertes Lernen. Die Veranstaltung, in Form eines Camps, wird seit einigen Jahren organisiert und durchgeführt mit Erlebnistage e.V. (www.erlebnistage.de) und kontinuierlich weiter entwickelt.

Jeweils das erste der beiden Projekte eines Studiengangs beginnt mit einer dreitägigen gemeinsamen Fahrt im Bayerischen Wald. Die Unterbringung erfolgt in einer für Seminare eingerichtete Selbstverpflegungs-„Hütte". Im Sommersemester findet das Kick-off Mitte März vor Beginn der Vorlesungszeit statt. Die Studenten durchlaufen dort das Programm in ihren jeweiligen Projektgruppen. In den letzten Jahren fand auch ein Kick-off zum zweiten Projekt statt, aber mit dem Wegfall der Studiengebühren war dies nicht mehr finanzierbar. Die Veranstaltung des Kick-offs ist für die Studierenden kostenfrei und verpflichtend. Jeder Teilnehmer erhält ein Zertifikat mit den Inhalten der Veranstaltung, welches von den Studierenden oft bei Bewerbungen für das Praxissemester beigelegt wird.

In der Fakultät ist ein „Projektorganisationsbüro" eingerichtet, welches die gesamten Aktivitäten der Projekte verwaltet. Dazu gehört auch die Organisation des Kick-offs inklusive An- und Abreise. Von ihnen ist immer jemand mit im Camp und erstellt eine Fotodokumentation. Nicht alle Projektbetreuer begleiten das Camp. Meistens nehmen 2–4 Professoren oder Lehrbeauftragte repräsentativ teil. Das Camp wird von erfahrenen Erlebnispädagogen und Master-Studierenden der Erlebnispädagogik durchgeführt.

Im Rahmen dieser Veranstaltungen können sich die Studierenden als zukünftige Projektgruppe finden und eine Basis für eine erfolgreiche Zusammenarbeit legen. Inhalte der handlungsorientierten Veranstaltung sind Zielfindung, Rollen im Team, Umgang mit Konflikten, Moderation und Präsentation, sowie Informationen zu aktuellen Projektmanagement-Methoden. Eine Übersicht des Programms ist in Abb. 5.4 zu sehen.

Die Veranstaltung beginnt mit einer „Begrüßung". Hier stellen sich alle Projektteams mit ihren Mitgliedern kurz vor, die Örtlichkeiten und die Regeln für das Camp werden erklärt und die Zimmer aufgeteilt – die Zimmer sind nicht abschließbar. Das ist bewusst so gewählt, als vertrauensbildende Maßnahme. Danach wird ein gemeinsames Mittagessen eingenommen. Es gibt Küchendienste für alle drei Mahlzeiten des Tages, welche die Studierenden in Selbstorganisation regeln müssen. Die Verpflegung wird angeliefert, es muss also nicht selbst gekocht werden.

Das Seminar wird eröffnet. Zunächst werden die Inhalte besprochen, die für das Projekt wichtig sind, und eine theoretische Einführung in Projektmanagement wird gegeben. Bei den Programmpunkten „Teamphasen" und der „Kommunikation" werden Theorien z. B. Teamrollen nach Belbin, Teamentwicklung nach Tuckman, Aktiv zuhören, Feedback, Vier-Ohren-Modell von Thun vermittelt (siehe Abb. 5.5) und jeweils mit praktischen Übungen erfahrbar gemacht.

Abb. 5.4 Programm des Kick-offs (vgl. Stöhler 2016, S. 57)

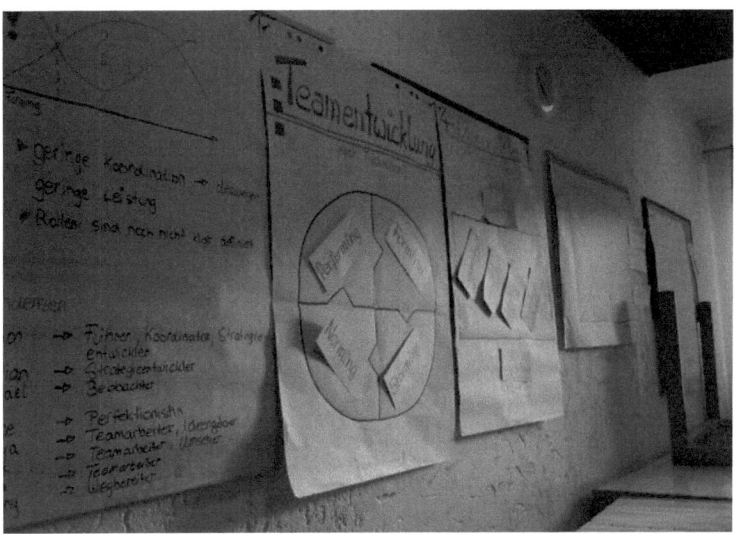

Abb. 5.5 Übersichtsposter zu relevanten Theorien

Ein Teamrollen-Test kann eingesetzt werden z. B. nach Belbin, um die eigene Rolle im Team zu finden und Projektrollen zu besetzen. Die Vorgehensweise wurde bereits in Kapitel vier vorgestellt.

Die „Projektsimulation" ist eine praktische Aufgabe, die im Team bewältigt werden muss. Dabei soll die Zusammenarbeit geübt und die bisher im Seminar erworbenen Kenntnisse angewendet werden. Das Team baut beispielsweise eine Brücke über einen Fluss oder eine Murmelbahn über mehrere Stockwerke im Treppenhaus des Gebäudes. Die gestellten Aufgaben variieren und hängen auch von den Wetterbedingungen im Camp ab. Die Betreuer im Camp (Erlebnispädagogen von Erlebnistage e.V.) beobachten dabei genau, welche Prozesse im Team ablaufen, wie es plant, kommuniziert und welche Rollen die Einzelnen einnehmen. Sie dokumentieren den Verlauf und ihre Beobachtungen. Während der abschließenden Reflexion geben sie der Gruppe Feedback. Das ist für viele Studierenden die erste professionelle Reflexionserfahrung und gibt viel Gesprächsstoff. Der Abend steht zur freien Verfügung oder es wird ein Gast aus der Industrie eingeladen, der aus seinem Berufsleben erzählt. Hier wird der Idee von „Kamingesprächen" gefolgt, wie sie auch in der Wirtschaft oft stattfinden.

Im Block „Projektplanung" erstellen die Teams die erste Planung ihres Projekts, sie haben dafür einen halben Tag Zeit. Sie sollten in dieser Zeit:

- Das Ziel und die Vorgehensweise beschreiben, Rahmenbedingungen aufnehmen.
- Ihre organisatorischen Rollen im Team besetzen (Projektleiter, Dokumentar ….).
- Arbeitspakete anhand eines Strukturplans bilden und Verantwortliche benennen.
- Ein Vorgehensmodell festlegen z. B. V-Modell oder Scrum.
- Einen ersten Zeitplan erstellen in Form eines Gantt Diagramms.
- Ihre Meilensteine/Sprints im Projekt festlegen.

Am Ende wird in einem Abschlussgespräch zusammengefasst, was die Teilnehmer während der letzten Tage gelernt haben und sie werden um Feedback zur Veranstaltung gebeten. Nach einem gemeinsamen Mittagessen endet das Camp und die Rückreise zur Hochschule wird angetreten.

5.1.3.4 Die Projektmesse

Jeweils in der letzten Vorlesungswoche des Semesters findet der Projekttag der Fakultät statt. An diesem Tag entfallen alle Veranstaltungen, damit jedem die Gelegenheit gegeben wird, die Messe zu besuchen. Die Veranstaltung ist öffentlich, Industriepartner und Presse sind dazu eingeladen. Eine Bildergalerie ist in der Internet-Präsenz der Hochschule zu finden, wie in Abb. 5.6 zu sehen ist (vgl. Hochschule Augsburg Projekttag 2017).

Jede Projektgruppe hat einen eigenen Stand und präsentiert dort zwischen 10 und 15 Uhr ihre Ergebnisse. Im nachfolgenden Beispiel haben 21 Projekte (das sind rund 160 Studierende) ihren Standort auf den Gängen im Gebäude der Informatik. Bei einem Rundlauf der Professoren in den jeweiligen Fachgebieten z. B. Webanwendungen, hält jede Projektgruppe an seinem Stand einen 15-minütigen Vortrag. In den zwei großen Hörsälen M 1.02 und M1.01 finden zusätzlich Vorträge statt. Der Aufbau der Stände erfolgt am Vortag nachmittags. Siehe Plan in Abb. 5.7.

Der Projekttag wird umrahmt mit Forschungsvorträgen der Professoren zwischen 8 und 10 Uhr (nicht jedes Semester) und im Sommersemester von einem Grillfest der Fakultät nach dem Abbau der Stände ab ca. 15:30 Uhr. Somit ist der Projekttag zu einer festen Institution an der Fakultät geworden.

Die Materialien für die Gestaltung der Stände sind im Projektbudget von 400 € enthalten. Die Studierenden dürfen maximal 200 € davon für die Anschaffung von T-Shirts für

5.1 Fallbeispiel: Hochschule Augsburg

Abb. 5.6 Projektmesse 2014 (vgl. Hochschule Augsburg Projekttag 2017)

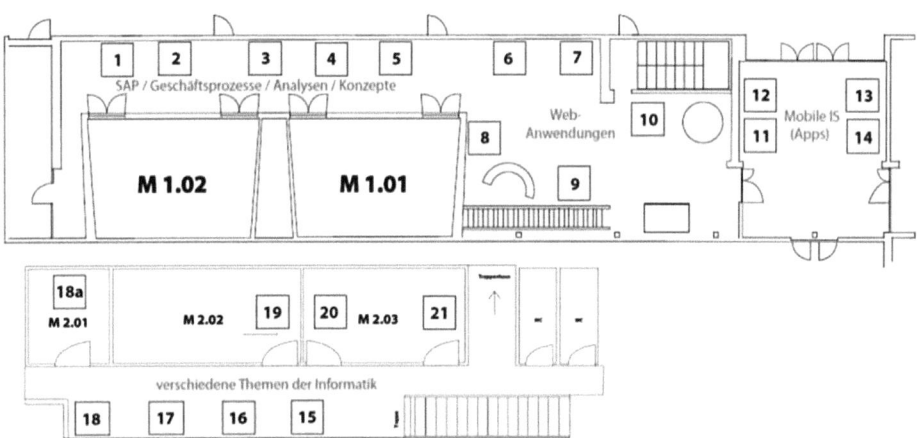

Abb. 5.7 Standübersicht auf der Projektmesse (vgl. Hochschule Augsburg Projekttag 2017)

Abb. 5.8 Projekt-T-Shirts

ihr Projekt verwenden und es anschließend behalten. Jedes Team organisiert die T-Shirts selbst. Das Logo der Hochschule und die Fakultät Informatik müssen aufgedruckt sein. In Abb. 5.8 ist ein Beispiel zu sehen.

Jede Projektgruppe darf die hochschuleigene Druckerei benutzen, um beispielsweise Plakate zu drucken. Diese dürfen auf dem Gelände der Hochschule angebracht werden, müssen aber am Abend des Projekttags wieder entfernt sein. Werbung für den Besuch seines Stands ist ausdrücklich gewünscht!

5.1.4 Studentische Projekte mit Partnerhochschulen im Ausland

Seit 2009 besteht die Möglichkeit, die Projektarbeit auch als Blockveranstaltung (4–5 Wochen) an einer Partnerhochschule anzubieten. Begonnen hat es mit einem Projekt mit der VIA University College in Horsens, Dänemark, und der Firma LEGO. Seither wurde dieses Modell für einen Kurzaufenthalt im Ausland kontinuierlich ausgebaut. Mittlerweile bestehen enge Kontakte zu anderen Partnerhochschulen, z. B. in Växjö/Schweden, Moskau/Russland mit unterschiedlichen Themenschwerpunkten, so dass geeignete Projektthemen für die Studiengänge Informatik, Wirtschaftsinformatik und Technische Informatik angeboten werden können.

Die Studierenden müssen sich zuerst an der Fakultät in Augsburg bewerben, sind alle Voraussetzungen erfüllt, kann sich der Student für die Partnerhochschule bewerben. Die Betreuung der Projektgruppe erfolgt durch einen Dozenten der Partnerhochschule, ggf. bilden sich auch international besetzte Projektgruppen. Zur Abschlusspräsentation reist ein Professor aus Augsburg an die Partnerhochschule oder wenn dies nicht möglich ist,

Tab 5.4 Übersicht der Partnerhochschulen

Hochschule		Kontaktdaten
	Dänemark	VIA University College, Horsens www.viauc.com
	Schweden	Linnaeus University, Växjö http://lnu.se/?l=en
	Nordirland (UK)	University of Ulster https://www.ulster.ac.uk/
	Ukraine	Polytechnische Universität Odessa http://www.opu.ua/en
	Russland	Moskau State University of Railway Transport MIIT http://www.miit.ru
	Schweiz	Hochschule Luzern https://www.hslu.ch/
	Großbritannien	University of Ulster https://www.ulster.ac.uk/

wird per Videokonferenz zugeschaltet. Partnerhochschulen, mit denen ein Auslandsprojekt möglich ist, sind in Tab 5.4 gelistet.

Exemplarisch ist in der Abb. 5.9 der Bewerbungsablauf für ein Auslandsprojekt in Schweden zu sehen (vgl. Hochschule Augsburg Auslandsprojekte 2017).

Ein Aufenthalt im Ausland ist normalerweise mit Kosten für die Studierenden verbunden. Für jeden erworbenen Credit beteiligt sich die Fakultät mit 50 € Zuschuss. Über das International Office der Hochschule und das Erasmusprogramm können weitere Zuschüsse beantragt werden. Für das Erasmusprogramm ist jedoch ein Mindestaufenthalt von zwei Monaten erforderlich. Auslands-BaföG kann ebenfalls beantragt werden, auch für nicht BaföG-Empfänger, da hierfür die Bemessungsgrenzen anders sind. Eine gute Zusammenstellung der Fördermöglichkeiten für Studierende gibt es auf den Informationsseiten des International Office der TU München unter Auslandspraktika:

http://www.international.tum.de/auslandsaufenthalte/studierende/praktikum/

Da ein Auslandsprojekt auch den internationalen Austausch der Hochschulen fördert, besteht die Möglichkeit hierfür Fördergelder für die Hochschule selbst zu erhalten z. B. von der Europäischen Kommission für Erasmus: http://www.erasmusplus.de/erasmus/bildungsbereiche/hochschulbildung/

Auslandsprojekt Schweden
Fakultät für Informatik

**Hochschule
Augsburg** University of
Applied Sciences

Bewerbung für ein Auslandsprojekt
an der Linnaeus University, Växjö

Bewerbung Hochschule Augsburg

Registrieren Sie sich im Mobilitätsportal **Mobility-Online** der Hochschule Augsburg. Dies ist auch Voraussetzung für die Beantragung eines Mobilitätszuschusses.

Verwenden Sie hierzu das „Online-Bewerbungsformular für Projektteilnehmer",

zu finden über den Link auf unserer Fakultätsseite
„.... Rund ums Studium – Projekte – Projekte im Ausland – Bewerbung"

Bitte E-Mail-Adresse in der Form "Vorname.Nachname@hs-augsburg.de" angegeben.

Den **unterschriebenen Kontrollausdruck** reichen Sie bitte bis spätestens 22. März in der Fakultät für Informatik ein (z.H. Fr. Matzke).

Bewerbung Gasthochschule

Die Bewerbung an der **Linnaeus University** erfolgt Online über das reguläre Bewerbungsverfahren für Austauschstudenten:

- Die Hochschule Augsburg meldet die Namen aller nominierten Austauschstudenten für das nächste Semester fristgerecht an die LNU.
- Daraufhin erhält jeder nominierte Student eine E-Mail mit den Login-Daten für die Online-Bewerbung und weitere Informationen zum Bewerbungsprozess.
- Beim Ausfüllen der Online-Bewerbung müssen Sie einen Kurs auswählen, den Sie belegen wollen. An dieser Stelle wählen Sie bitte den Kurs mit der folgenden Bezeichnung:
  „*Current Topics within Computer Science*" (Kurs-ID: 4DV505)
- Folgende Dokumente müssen im Verlauf des Bewerbungsprozesses elektronisch beigebracht werden. Bitte stellen Sie diese Dokumente vor Beginn des Online-Bewerbungsprozesses bereit:
  - aktuelle Notenliste in englischer Sprache (Transcript of Records)
  - Sprachzertifikat Englisch (English Language Proficiency Report) **)
  - Kopie Personalausweis bzw. Reisepass - Seite mit Bild
    (als PDF-File nicht größer als 5 MB)

  **) zur Ausstellung/Unterzeichnung des Sprachzertifikates wenden Sie sich bitte an den jeweiligen Professor, bei welchem Sie an der HSA das Pflichtfach Englisch absolviert haben.

Den gesamten Bewerbungsprozess finden Sie auch unter
https://lnu.se/en/education/exchange-studies/

Abb. 5.9 Auslandsprojekt in Schweden (vgl. Hochschule Augsburg Auslandsprojekte 2017)

5.1.5 Benotung der Projekte

Die Benotung erfolgt individuell vom jeweiligen Projektbetreuer der Hochschule. Es gibt keine einheitliche Richtlinie, wie ein Projekt zu betreuen und zu bewerten ist. Aus rechtlichen Gründen sind Teamnoten nicht zulässig, auch dann nicht, wenn die Studierenden vorher zustimmen würden. Dies resultiert aus dem Recht auf eine individuelle Bewertung der Leistung. Einen Einfluss der Teamnote darf es geben, da Teamarbeit Bestandteil der Aufgabe ist. Der Einfluss darf jedoch nicht so groß sein, dass sie zu einem „Bestanden" führt. Bewährte Bewertungskriterien sind:

Gruppen und Teambewertung (ca. 30 %)

- Projektauftrag
- Statusupdates/Zwischenpräsentationen
- Projektmanagement: Terminplan, Struktur, Taskliste
- Einhaltung der Terminvereinbarungen
- Qualitätssicherung
- Projektbericht (Gesamteindruck, Teamleistung)
- Abschlusspräsentation (Gesamteindruck, Teamleistung)
- Projekt Review
- Zielerreichung

Einzelbewertung (ca. 70 %)

- Regelmäßige und aktive Teilnahme an den Teammeetings
- Engagement während des Projekts
- Initiative, Selbständigkeit, Systematik, Problemlösungskompetenz
- Ergebnisbeitrag zum Projekt (Fachlich + Projektmanagement)
- Präsentation der Ergebnisse (eigenes Arbeitspaket)
- Dokumentation des eigenen Arbeitspaktes im Abschlussbericht
- Bonus für besonderen Schwierigkeitsgrad

Einige Betreuer verwenden ein Peer-Feedback als Grundlage für ein Projekt-Review. Hierbei wird jedes Projektmitglied aufgefordert, sich selbst und jeden anderen zu bewerten. Die Bewertung der Projektmitglieder erfolgt in Noten von „sehr gut" = 1 bis „schlecht" = 5, die auf einem Bewertungsbogen anzukreuzen sind. Ein Beispiel für einen Bewertungsbogen ist in Tab. 5.5 zu sehen. Es ist eher selten, dass die Einschätzung der Teammitglieder wesentlich abweicht von der Einschätzung des Betreuers. Auffällig ist, dass sich die Teams meistens selbst kritischer bewerten, als die Noten dann tatsächlich vergeben werden.

Tab. 5.5 Bewertungsbeispiel

Name	Team Wie gut habe ich mich für das Team eingebracht?	Mitarbeit Wie engagiert habe ich im Projekt mitgearbeitet?	Ergebnis Wie gut ist mein Ergebnisbeitrag?	Innovation Wie gut waren meine Ideen zur Lösung der Aufgabenstellung?
Eigene Bewertung	1 2 3 4 5	1 2 3 4 5	1 2 3 4 5	1 2 3 4 5
Name 1 …	1 2 3 4 5	1 2 3 4 5	1 2 3 4 5	1 2 3 4 5
Name 2 …	1 2 3 4 5	1 2 3 4 5	1 2 3 4 5	1 2 3 4 5

5.1.6 Wesentliche Erkenntnisse

Das Konzept wird seit mehreren Jahren praktiziert und ist organisatorisch ausgereift und etabliert. Es ist gut für das Klima in der Fakultät, da hierdurch ein gemeinsames Thema aller Professoren, Dozenten, Mitarbeiter und Studierenden gelebt wird. Erfahrungen werden dadurch fast zwangsläufig ausgetauscht. Das Konzept ist ohne weiteres übertragbar in andere Fakultäten und ist nicht speziell zugeschnitten auf die Fachrichtung Informatik. Durch das vielfältige Angebot an Projektinhalten und der Freiheit der Lehrenden, die Projektarbeit selbst auszugestalten, ist ein sehr offenes Angebot vorhanden, sowohl fachlich als auch PM-methodisch. Die Projektarbeit lässt sich verschränken mit Wahlpflichtfächern im Projektmanagement.

Der Aufwand, jedes Semester eine ausreichende Anzahl (> 20 Projektthemen!) und zudem noch gut geeignete Projektthemen zu finden, ist nicht unerheblich. Die Betreuungsleistung von Projekten steht oft nicht im Verhältnis zum Deputat und lebt von der intrinsischen Motivation der Lehrenden. Von Unternehmen wird manchmal ein kostengünstiger Zugriff auf die Expertise der Professoren vermutet, diese Erwartungshaltung sollte im Vorfeld des Projekts eindeutig geklärt werden, um Konfliktsituationen zu vermeiden. Für Unternehmen bietet sich der Vorteil des direkten Kontaktes und Kennenlernen potenzieller zukünftiger Mitarbeiter, was aus Firmensicht meistens höher gewertet wird, als die Ergebniserreichung zur Weiterverwendung im eigenen Unternehmen. Bei Non-Profit-Auftraggebern wie Vereinen, Kindergärten usw. sowie von Hochschuleinrichtungen, besteht dagegen oft ein sehr großes Interesse an der Weiterverwendung des Projektergebnisses, was meistens eine Programmierleistung ist.

Nach Möglichkeit erfolgt das zweite Projekt im Bachelor und das Masterprojekt mit einem realen externen Kunden, das ist beim ersten Projekt eher nicht der Fall. Dies stellt eine höhere Motivation zur Ergebniserreichung dar und die Studierenden können Erfahrungen im Umgang mit einem realen Kunden, sowie bei der Repräsentation ihrer Hochschule sammeln. Öfters ergibt sich für sie auch ein Nachfolgethema für eine Abschlussarbeit. Auslandsprojekte werden gerne angenommen, tendenziell sogar eher von Studierenden im ersten Projekt.

Das Konzept der Projektarbeit an der Fakultät Informatik trägt somit in vorbildlicher Weise zur Mission „gefragter Persönlichkeiten" bei.

5.2 Fallbeispiel: Hochschule München

5.2.1 Vorstellung der Hochschule München

Die Hochschule für angewandte Wissenschaften München wurde 1971 aus dem Zusammenschluss von sieben Münchner Ingenieurschulen und Höheren Fachschulen, die wiederum auf das 19. Jahrhundert zurückgehen, als Fachhochschule gegründet. Diese neue Fachhochschule war bereits zu dieser Zeit als Hochschule mit einem breiten Spektrum angelegt: von Technik und Ingenieuren über Design bis zu Sozial- und Wirtschaftswissenschaften.

Analog zur Hochschullandschaft in Deutschland hat sich auch die Hochschule München verändert. Neben der Bologna-Reform, deren Bachelor- und Masterabschlüsse und einer Verstärkung der Forschungstätigkeit hat sich das Angebot an Studiengängen – auch in der Weiterbildung – ständig weiterentwickelt.

Zum aktuellen Stand im Februar 2017 studieren rund 18.500 Studierende in über 80 Bachelor- und Masterstudiengängen bei über 470 ProfessorInnen und 740 MitarbeiterInnen und wissenschaftlichen Angestellten in 14 Fakultäten an drei Standorten in München. Diese Historie und Ausrichtung spiegelt sich auch im Leitbild der Hochschule wider:

- Interdisziplinäre Vielfalt: Die Hochschule München bietet die Möglichkeit, interdisziplinäre Studiengänge oder Veranstaltungen zu erleben.
- Studieren mit Profil: Studierende sollen neben der Fachkompetenz auch zusätzliche Kompetenzen in den Bereichen Unternehmerisches Denken, Nachhaltigkeit, interkulturelle Kompetenz und Digitalisierung erwerben.
- Attraktivität zeigen: Alle Menschen an der Hochschule München sind verpflichtet, die Attraktivität der Hochschule zu bewahren und zu verbessern.
- Begeisterung wecken: Lehren und Lernen stehen im Mittelpunkt.
- Potenzial entfalten: Kontakte zu Wirtschaft und Gesellschaft inspirieren zur verantwortungsbewussten Erweiterung unseres Potenzials.
- Einblick verschaffen: „Miteinander" und „Offenheit" sind übergreifende Prinzipien.
- Erfolg suchen: Wir stellen uns und unsere Absolventen in einen nationalen und internationalen Wettbewerb.
- Miteinander wirken: Unterschiede sind für uns eine Bereicherung.
- Format gewinnen: Wir bilden heute Persönlichkeiten für die Berufswelt von morgen aus.

Weitere Informationen zur Hochschule München sind unter der Adresse http://www.hm.edu zu finden.

5.2.2 Projektarbeit an der Fakultät Betriebswirtschaft

Das Modul „Projektstudium: Fallstudie Business Consulting" im Masterstudiengang Betriebswirtschaft mit Schwerpunkt auf „Business Innovation and Management Consulting" bietet eine hervorragende Möglichkeit, mit Studierenden herausfordernde Beratungsprojekte in der Praxis nicht nur durchzuführen, sondern damit wissenschaftliche Vorgehensweisen zu erproben und weiterzuentwickeln.

Der 2007 gegründete dreisemestrige Masterstudiengang Betriebswirtschaft (M.Sc.) umfasst die vier spezifischen Studienrichtungen (1) Business Innovation and Management Consulting, (2) Finance and Controlling, (3) Marketingmanagement sowie (4) Business Entrepreneurship and Digital Technology Management, welche jeweils eine gleiche Grundstruktur und den gleichen Aufbau besitzen.

Die Studienrichtung Business Innovation and Management Consulting richtet sich sowohl am Bedarf von Unternehmen als auch Beratungsgesellschaften aus, Masterabsolventen mit ausgeprägter Innovations- und Beratungskompetenz zu gewinnen. Neben Studienmodulen aus dem Bereich des Innovationsmanagements über Instrumente und Vorgehensmodelle werden Methoden aus dem Bereich der Management- und Strategieberatung angeboten. Die Masterstudierenden werden befähigt, an Innovationsprojekten in Unternehmen bzw. von Beratungsgesellschaften professionell mitzuwirken sowie für Unternehmen nützliche Konzepte und Methoden einer professionellen Projekt-, Prozess-, Strategie- und Innovationsberatung anzuwenden. Weiterhin werden sie in die Lage versetzt, wissenschaftliche Methoden eigenständig weiter zu entwickeln und neueste Forschungserkenntnisse zu identifizieren und effektiv umzusetzen.

Die im Folgenden vorgestellte Veranstaltung „Projektstudium: Fallstudie Business Consulting" im dritten Semester des Masterstudiums umfasst ca. 150 Leistungsstunden (5 ECTS), wobei nur ein kleiner Anteil als regelmäßige Präsenzstunden stattfindet. Das Modul wird mit einer Studienarbeit in Gruppenarbeit (bis vier Personen) abgeschlossen.

5.2.3 Konzept und Idee

Beratung kann nur bedingt theoretisch gelernt werden – Beratung verlangt „learning by doing", um die Bandbreite an Fähigkeiten zu erlangen. Die Lösung der Fallstudie bedarf einer Vielzahl an Aktivitäten im Projektmanagement und fachlicher Durchführung; von der Projektorganisation, eigenständigen Planung, Einrichten einer Projekt-Infrastruktur, Änderungsmanagement, Anforderungsdefinition, Research, Durchführung, Qualitätssicherung, Kundenkommunikation bis zur Präsentation des Ergebnisses und Wissensmanagement für zukünftige Projekte. Die Herausforderung des Moduls liegt in der schnellen Adaption von neuen Themen und in der Komplexität von realen Aufgabenstellungen.

Ziel des Moduls ist das Trainieren des Einsatzes von Arbeitspraktiken und Techniken eines Beratungsprojekts sowie des situativen Lernens anhand eines konkreten, komplexeren Projekts aus dem Bereich Business Consulting unter realitätsnahen Bedingungen.

Die Studierenden lernen die Fähigkeit, lösungsorientiert adäquate Arbeitspraktiken und Techniken der Beratungsprojektabwicklung zur Umsetzung theoretisch vermittelter Lehrinhalte in konkreten Projekten einzusetzen. Die Studierenden erwerben die Kompetenz, sich schnell und eigenständig in betriebswirtschaftliche Kundenprobleme einzuarbeiten, diese im Team zu lösen und für weitere Beratungsprojekte zu verallgemeinern.

In der Akquise der Projekte gibt es vorab keine Beschränkungen in Thema, Unternehmen, Branche, Auftraggeber oder Fachbereich. Es wurden bereits unterschiedliche Projekte – vom automobilen Premiumanbieter über die regionale Bank bis zum Social Entrepreneur Startup – erfolgreich durchgeführt. Natürlich wurden Projektpartner aus dem Großraum München bevorzugt, um neben den Kosten auch die Reisezeiten gering zu halten; thematisch werden betriebswirtschaftliche Themen wie Prozessoptimierung, Nachhaltigkeitskonzepte, digitale Geschäftsmodelle, Franchise-Konzepte, Projektorganisation oder Business Cases bearbeitet.

Für einen Eindruck der Vielfalt der Auftraggeber sei auf Beispiele aus dem Wintersemester 2016/2017 verwiesen:

- Proton Motor Fuel Cell GmbH (www.proton-motor.com) – Proton ist ein mittelständisches, deutsches Unternehmen mit Hauptsitz in Puchheim bei München. Es hat ein langjähriges Know-how hinsichtlich Brennstoffzellensysteme mit Polymer-Elektrolyt-Membran Brennstoffzellen. Beratungsauftrag im Bereich Digitalisierung mit dem Auftraggeber Dr. Bela Peterson, Chief Operating Officer.
- Urban/Soup – Urban/Soup (www.urbansoup.de) will „eine „köstliche Alternative bieten, die einem Energie für das schnelle Großstadtleben gibt". Ein Startup mit einem trendigen Suppenangebot möchte ein neues Konzept von der betriebswirtschaftlichen Seite analysieren lassen. Auftraggeber: Tim Maiwald, Gründer.
- Stadtsparkasse München (www.sskm.de) – Der Bereich Bauträger- und Immobilienkunden der Stadtsparkasse München betreut den gewerblichen Markt aus Bauträgern, Investoren und großen Immobilienkunden. Auftraggeber: Josef Hamberger, Leiter des Bereichs Bauträger- und Immobilienkunden.

Das Konzept des Moduls gestattet eine Win-win-Situation für Unternehmen und Studierende. Durch die Praxisnähe und die Eigenverantwortung ist das Engagement der Studierenden durchwegs hoch. Dieses zieht einen hohen Lerneffekt nach sich: Studierende erleben die Auswirkung von falsch kalkulierten Aufwänden, ohne Verhandlung akzeptierten Change Requests, einer falschen Planung im Angebot im negativen Sinne oder positives Feedback und Anfragen für Folgeaufträge im positiven Fall. Für die Studierenden bietet die Veranstaltung eine Möglichkeit, im Studium Gelerntes und neue Fragestellungen zu verknüpfen und weiter zu entwickeln. Die Unternehmen erhalten eine kostenfreie Beratungsleistung, neue wissenschaftliche Vorgehensweisen und nicht selten einen engagierten neuen MitarbeiterIn, der/die nach dem Studium ein Beschäftigungsverhältnis beginnt. Ein Bild einer Projektgruppe ist in Abb 5.10 zu sehen.

Abb. 5.10 Projekt-Kick-off bei ProGlove

5.2.4 Organisatorischer Ablauf

Im Folgenden werden die Rollen, die geforderten Ergebnistypen und der Ablauf skizziert. Abhängig vom Thema kann der jeweilige organisatorische Ablauf in einigen Punkten modifiziert werden. Das Modul wird sowohl im Sommer- als auch Wintersemester durchgeführt.

Rollen
Grundsätzlich werden vier Gruppen unterschieden: Studierende, Unternehmen, Partner und Externe.

- **Studierende** in Teams mit maximal vier Personen bilden ein selbstverantwortliches Projektteam. Dieses Team bestimmt neben der Projektmanagementmethode auch deren interne Rollen, wobei in den meisten Fällen nach Außen nur zwischen Projektleiter und Team unterschieden wird. Der Projektleiter dient vor allem auch als Kontaktperson zu Kunde und Partner. Bedingt durch die Projektgröße übernimmt der Projektleiter auch operative Tätigkeiten. Das Team greift zu Beginn der Themenvergabe den Beratungsauftrag auf und bringt das Projekt organisatorisch und inhaltlich zu Ende, wobei neben der Auftragsdefinition, der Durchführung und Abschluss vor dem Kunden auch die Nachbearbeitung innerhalb der (virtuellen) Unternehmensberatung wie Referenzerstellung, Erstellung von Schulungsmaterial für andere Teams und Ergebnisübergabe für das Wissensmanagement zum Auftrag gehört.

5.2 Fallbeispiel: Hochschule München

- Die **Dozenten** der Veranstaltung sind in der Rolle der „Partner" (im Sinne einer Unternehmensberatung), welche neben der Auftragsgenerierung vor dem Projektstart die Eskalationsstufe zum Kunden in kritischen Situationen bilden, Coach in der Durchführung sind, Qualitätssicherung gewährleisten, aber abschließend auch Bewertungen vergeben. Oftmals sind diese Aufgaben nicht eindeutig zu realisieren, da die Studierenden einerseits eigenverantwortlich sind – mit allen Konsequenzen, aus denen oftmals eine hohe Lernkurve entsteht – aber andererseits eine hohe Beratungsqualität entstehen soll. Es gilt abzuwägen, wie stark sich der Partner aktiv einbringen soll, um die Eigenverantwortung der Studierenden nicht zu untergraben.
- Im **Unternehmen** werden drei Rollen unterschieden: Neben dem Auftraggeber, der mit dem Partner in Kontakt steht, wird häufig ein Projektleiter gewählt, der als „Türöffner" für das studentische Projektteam dient. Weiterhin werden durch den Unternehmensprojektleiter die geeigneten Interviewpartner im Unternehmen ausgesucht.
- Abhängig vom Projekt nimmt sich das Projektteam **externe Experten** hinzu. Oftmals geschieht das in der Phase der Lösungsgenerierung in Verbindung mit der Literaturanalyse.

Ablauf des Projekts

Das Projekt durchläuft alle Phasen eines Beratungsprojekts – von der Akquise bis zur Wissensgenerierung, wie in Abb. 5.11 dargestellt.

1. **Projektakquise**: Die Akquise erfolgt durch die jeweiligen Dozenten; oftmals durch persönliche Kontakte, nach einigen Semestern auch durch Anfragen von Unternehmen oder durch Studierendenkontakte. Natürlich werden keine Aufträge von den Unternehmen angenommen, wenn aktuell beteiligte Studierende in einer aktiven Tätigkeit im Unternehmen sind. Obwohl versucht wird, eine „Pipeline" an Projektanfragen aufzubauen, entscheidet sich der Start eines Projekts oftmals erst kurz vor Projektbeginn, da eine fachliche Notwendigkeit und eine Teilnahme einer Person im

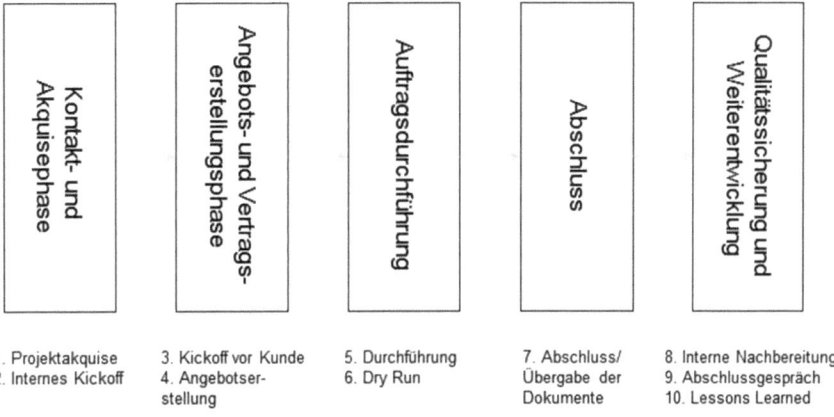

Abb. 5.11 Beratungslebenszyklus

Unternehmen gewährleistet sein muss. In der Akquise werden Informationen zum Unternehmen gesammelt und das Problem skizziert, um die Studierenden im internen Kickoff vorzubereiten. Es wird auf eine detaillierte Problemanalyse verzichtet, da das Verständnis für den Projektauftrag und die Strukturierung von den Studierenden in der dritten und vierten Phase aufgebaut werden soll. Dennoch muss der Dozent entscheiden, ob ein Auftrag inhaltlich von den Studierenden bewältigt werden kann. Außerdem wird bereits vom Dozenten der Kickoff-Termin mit dem Unternehmen, der oftmals in der ersten Woche nach Semesterbeginn stattfindet, fixiert.

2. **Internes Kick-off:** Im internen Kick-off zum Semesterbeginn werden den Studierenden in einer max. zweistündigen Veranstaltung die Themen erklärt, Informationen zu den Unternehmen und Stakeholdern gegeben und Teams gebildet. Die Studierenden erhalten eine Anleitung bezüglich der Erwartungen und des Ablaufs. Es wurden unterschiedliche Modi zur Verteilung der (bis zu vier) Studierenden auf Projekte durchgespielt. Die Abfrage von Kenntnissen oder Erfahrungen der Studierenden und deren singuläre Zuteilung auf ähnliche Projektthemen durch die Dozenten ist der „Bewerbung" von vorab gebildeten oder eingespielten Gruppen auf Projekten vorzuziehen.

3. **Kick-off vor Kunde:** Die Dozenten nehmen max. eine Woche später mit dem jeweiligen Team den Kick-off-Termin beim Auftraggeber wahr. Die erste Aufgabe der Studierenden ist es, die Struktur des Teams zu bilden, die Infrastruktur des Teams aufzubauen, sich inhaltlich mit dem Thema initial auseinander zu setzen und sich dem Kunden als Team mit Kompetenz in dem jeweiligen Thema vorzustellen. Weiterhin müssen die Studierenden die Stakeholder soweit befragen, um einerseits das „wahre" Problem (und nicht nur die Symptome) zu erfahren und andererseits die Anforderungen zu ermitteln, um daraus einen Projektauftrag und Vertrag mit allen notwendigen Abgrenzungen, Projektstrukturplänen, Arbeitsergebnissen und Zeitplanung zu definieren. Das Bild eines Kick-offs ist in Abb 5.10 zu sehen.

4. **Angebotserstellung:** Das Angebot wird aufgrund des Kick-offs vom Team erstellt und vor Übergabe an den Kunden durch den Partner freigegeben. Diese Phase sollte etwa drei Tage nach dem Kickoff mit der Unterschrift des Auftraggebers abgeschlossen werden.

5. **Durchführung:** Die Durchführung erfolgt nach dem im Projektangebot beschriebenen Vorgehensmodell. Im Normalfall findet ein Abstimmungstermin pro Team/Woche statt, um den Status, Fortschritt und eventuelle fachliche oder organisatorische Themen anzusprechen. Dieses Treffen erfolgt persönlich oder mit elektronischer Unterstützung. Weitere Treffen werden nur in Krisensituationen des Teams angesetzt. Fortwährend dokumentiert das Team grob die Tätigkeiten, damit der Kunde (und der Partner) den Verbrauch, d. h. die im Vertrag vereinbarten Personentage (PT), nachvollziehen kann. Dem Projektteam steht (ausgehend von den 5 ECTS) ein Aufwand von je 17 PT mit je 8 Stunde pro Person zur Verfügung. Davon sollen 12 PT (pro teilnehmende Person) für Kundenaktivitäten eingeplant werden. Projektaufträge von Viererteams umfassen somit 48 PT. Die restlichen 5 PT (pro Person) werden für Auftragserstellung, interne Team-Meetings und Nachbereitung verwendet. Die durchschnittliche Dauer

der Projektbearbeitung beträgt im Durchschnitt vier Wochen, da die Masterstudierenden im dritten Semester des Studiengangs nur ein weiteres Modul besuchen. Deshalb widmen sich die Studierenden nahezu im Vollzeitmodus dem Beratungsauftrag.

6. **Dry Run**: Es hat sich bewährt, dass wenige Tage vor der Abschlusspräsentation ein internes Review-Meeting (ca. 3 h pro Team) erfolgt, um kürzlich erstellte Dokumente zu sichten und vor allem die Abschlusspräsentation in einem simulierten Abschlussvortrag vor dem Dozenten durchzuspielen. Dadurch können Rolleneinteilung, Folieninhalt und -design und unklare Passagen modifiziert und geglättet werden.
7. **Abschluss/Übergabe der Dokumente**: Der Abschluss der Beratung erfolgt durch die Präsentation des Teams. In dieser Veranstaltung sind nicht selten zusätzliche Personen aus dem Unternehmen eingeladen, was für die Studierenden zwar eine zusätzliche Herausforderung, aber auch Motivation darstellt. Die Übergabe der vereinbarten Arbeitsergebnisse findet an dem Termin oder kurze Zeit später statt.
8. **Interne Nachbereitung:** Während der internen Nachbereitung schließen die Studierenden den Beratungsauftrag nach innen ab. Die Eigenreflexion, die Nachbereitung des Vorgehensmodells für das Wissensmanagement, das Erzeugen einer Case Study zum Training von anderen Studierendengruppen und das Einholen eines Referenzschreibens des Kunden werden von den Studierenden durchgeführt.
9. **Abschlussgespräch:** Im Abschlussgespräch mit dem Unternehmen gleicht der Dozent Erwartungen und Erlebnisse des Stakeholders ab.
10. **Lessons Learned:** Im Abschlussgespräch mit dem Team gibt der Dozent aufgrund aller Beobachtungen, Korrektur der Ergebnisse und Nachbereitung seine Sicht auf die Beratungstätigkeit ab. Dabei spielt auch die Eigenreflexion des Teams eine wichtige Rolle. Pro Team wird ca. 45 min angesetzt.

Kommunikation

Da dieses Modul keine regelmäßigen Treffen im Rahmen einer Vorlesung zulässt, werden folgende Abstimmungsmöglichkeiten gewählt:

- Persönliche Treffen im Rahmen des Internen Kickoff und „Lessons Learned" mit dem Partner. In Krisensituationen oder zur Diskussion von spezifischen Ergebnisdokumenten sind zusätzliche Termine nicht ausgeschlossen. Außerdem werden projektteaminterne Treffen des Teams notwendig. Diese werden in der Hochschule oder Privat – selten beim Kunden in einem eigenen Büro – organisiert.
- Exkursionen zum Unternehmen zum Kick-off und Abschlussvortrag. Weiterhin vereinbaren die Studierenden selbstständig Termine für Workshops, Interviews oder Beobachtungen.
- Skype-Meetings zwischen Partner und Projektteam sind oftmals ausreichend, um den Status abzugleichen.
- Die eLearning-Plattform Moodle wird für Dokumente und Kommunikation für alle Teams eines Semesters verwendet. Weiterhin erstellen die Projektleiter pro Team

einen eigenen Kurs, um Informationen des Kunden, Literatur, Ergebnisdokumente auszutauschen. Kommerzielle Werkzeuge werden von den Studierenden bevorzugt (wie Googledrive, Dropbox, etc.), aber aus Datensicherheit und Vertraulichkeit der Kundendaten nicht zugelassen. Zum Austausch von Dokumenten – auch für den Kunden – bietet die Hochschule München eine Cloud-Lösung über das Leibniz-Rechenzentrum (LRZ) an.

Ergebnisse
Folgende schriftliche Ergebnistypen werden in allen Projekten erzeugt und auch als Grundlage für die Bewertung herangezogen. Die Studierenden werden angehalten, die jeweilige Autorenschaft zu kennzeichnen.

- Angebot: Das Angebot (siehe Abb. 5.12) dient auch als Vertrag. Das Template wurde in einem anderen Modul des Studiengangs erstellt und wird mit den jeweiligen Projektspezifika gefüllt. Es werden nur Projekte im Modus „Zeit & Material" mit Dienstleistung vereinbart. Das Angebot beinhaltet neben dem fachlichen Vorgehensmodell auch Planungen des Projektmanagements.
- Projektmanagementergebnisse wie Projektstrukturplan, Stakeholderanalyse, Risikomanagement, Zeitplan, Change Requests, Zeitreporting, Protokolle, etc.
- Projektergebnisse – abhängig vom Projekt – wie Anforderungen, Prozessbeschreibungen, Kalkulationen, Abschlussfoliensatz, etc.

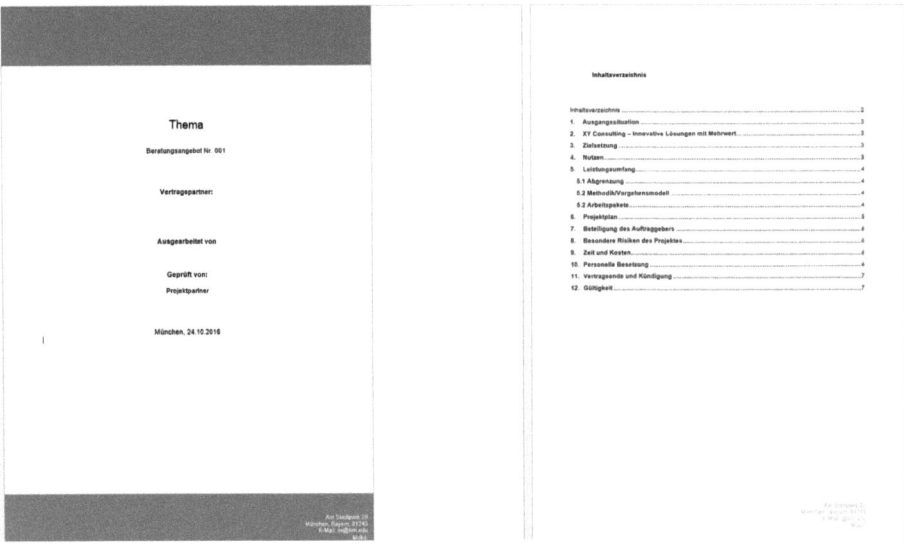

Abb. 5.12 Beispiel für ein Angebot

- Referenz des Kunden
- Beiträge für das Wissensmanagement: Alle erzeugten Templates werden von kundenspezifischen Inhalten befreit („sanitized"), um für andere Beratungsprojekte verwendet zu werden. Besondere Bedeutung haben das Beratungsvorgehensmodell, die Projektmanagementdokumente und Research/Literatur.
- Erfahrungsbericht/Lessons Learned des Teams
- Case Study zu Schulungszwecken

5.2.5 Benotung

Obwohl Teamnoten nicht zulässig sind und Studierende des Teams darauf hingewiesen werden, Teile namentlich zu kennzeichnen, ist eine vollkommen differenzierte Benotung nur schwer möglich (und vom Team auch nur bedingt gewollt). Analog zur Bearbeitung der Arbeitsergebnisse werden die Ergebnisse oftmals durch das Team qualitätsgesichert und geglättet. Alle schriftlichen Anteile (siehe Arbeitsergebnisse) werden nach folgenden Aspekten bewertet, die auch in anderen Studien- oder Abschlussarbeiten als Grundlage dienen. Die schriftlichen Anteile fließen mit 80 % in die Note ein:

1. Inhalt (40 %)
   - Aufbau und Gliederung der Ergebnisse
   - Vollständigkeit oder sinnvolle Eingrenzung des Themas
   - Inhaltliche Eigenständigkeit/Kreativität
   - Kritische Betrachtung
   - Handlungskompetenz in Bezug auf Theorie/Praxis-Transfer
   - Problemdefinition und Lösungsansätze
2. Sprache/Gedankenführung (10 %)
   - Stil und Klarheit der Sprache
   - Argumentation
3. Quellenarbeit (20 %)
   - Literaturarbeit
   - (Experten)Interviews
4. Äußere Form (30 %)
   - Formvorschriften
   - Zitierweise
   - Darstellungen

Im mündlichen Teil, der mit 20 % einfließt, werden neben der Abschlusspräsentation und Zwischenpräsentationen, die Statusupdates, das operative Projektmanagement, die Einhaltung der Terminvereinbarungen und der Umgang mit dem Kunden bewertet.

5.2.6 Wesentliche Erkenntnisse

Die Erfahrungen aus den Projekten der letzten Semester haben gezeigt, dass das Beratungsprojekt für viele Studierende einer sehr wertvolle Lernerfahrung war. In manchen Fällen ein echter „Augenöffner" hinsichtlich des geforderten Einsatzes, der professionellen Anforderungen und des doch in der kurzen Zeit Erreichbaren. Dies gibt den Studierenden ein besseres Bild über den beruflichen Einstieg und erleichtert ihnen den „Umstieg" vom Studium in die betriebliche Praxis, welche insbesondere in der Beratung von einer besonders kurzen Startphase begleitet ist. Auch von Berufseinsteigern werden der volle Einsatz sowie professionelle Ergebnisse und entsprechende Kommunikation von Start weg gefordert.

Um einen möglichst positiven Projektausgang zu erreichen, haben sich folgenden Maßnahmen bewährt:

- Das Thema sollte auf einer realen Notwendigkeit im Unternehmen beruhen. Damit ist die Ernsthaftigkeit für eine Beratung und ein ausreichendes zeitliches Engagement des Unternehmens gegeben.
- Die Unternehmen müssen das Projekt intern kommunizieren, um die Bereitschaft zur Kooperation zu gewährleisten.
- Das Thema darf nicht zu dringlich sein, da die Durchführungszeiten an den Semesterzyklus gebunden sind.
- Die Themen müssen eine betriebswirtschaftliche Nähe aufweisen, um eine Einarbeitung der Studierenden in kurzer Zeit zu ermöglichen.

Als sehr wertvoll haben sich zudem die Abstimmrunden mit dem Dozenten in dessen Rolle als Unternehmensberatungspartner erwiesen. Einerseits kann hier direktes Feedback zu Themen wie Arbeitsinhalte, Arbeitseinsatz, Teamzusammenhalt, professionelle Wirkung in der Präsentation und den Unterlagen, Realitätsnähe von Vorab-Planungen, etc. gegeben werden. Andererseits stellen diese Abstimmrunden auch eine Qualitätssicherung dar und bewirken ein nach außen hin vertretbares Projektergebnis.

5.3 Fallbeispiel: Hochschule Rosenheim

5.3.1 Vorstellung der Hochschule Rosenheim

Die Hochschule Rosenheim wurde am 1. August 1971 als Fachhochschule gegründet und bietet derzeit ein breites Studienangebot in den vier Fachrichtungen Technik, Wirtschaft, Gestaltung und Gesundheit an. Rund 34 Studiengänge mit Bachelor- und Masterabschluss stehen zur Auswahl. Angefangen von klassischen ingenieurwissenschaftlichen Angeboten (Maschinenbau, Elektrotechnik) über spezielle ingenieurwissenschaftliche Studienrichtungen (Energie- und Gebäudetechnologie, Gebäudehülle) bis hin zu branchenorientierten Studiengängen (Innenausbau, Holztechnik, Holzbau & Ausbau) sowie Angebote aus den

Bereichen Informatik/Wirtschaftsinformatik, Wirtschaftsingenieurwesen und Betriebswirtschaft als auch Innenarchitektur. Seit 2012 baut die Hochschule ihr Angebot in der Fachrichtung Gesundheit aus durch Studiengänge wie Management in der Gesundheitswirtschaft, Physiotherapie und Pflege. Auch sozialwissenschaftliche Studiengänge werden seit dem Wintersemester 2016/2017 (Pädagogik der Kindheit und Jugend) angeboten.

Die Hochschule hat ein Leitbild erarbeitet, welches primär der Motivation und der gegenseitigen Unterstützung beim Lehren, Forschen, Arbeiten und Lernen sowie der positiven Imagebildung nach außen hin dienen soll. Darin werden folgende sieben Bereiche mit entsprechenden Leitsätzen definiert:

- Bildungsauftrag: Unsere Ausbildung orientiert sich an Wissenschaft und Wirtschaft.
- Zukunft: Innovationen bestimmen die Zukunft, daran orientiert sich unser Handeln.
- Kommunikation: Wir sprechen miteinander.
- Vorbild: Spitzenausbildung erreichen wir durch exzellente Führung.
- Lernende Hochschule: Durch Lernen werden wir immer besser.
- Internationalität: Unsere Zusammenarbeit kennt keine Grenzen.
- Gesellschaft: Wir tragen gesellschaftliche Verantwortung.

Derzeit studieren rund 6000 Studierende an acht verschiedenen Fakultäten und einem Hochschulinstitut. Weitere Informationen sind auf der Internet-Präsenz der Hochschule unter der Adresse http://www.fh-rosenheim.de/ zu finden.

5.3.2 Projektarbeit und organisatorische Rahmenbedingungen an der Fakultät Informatik

Die Fakultät Informatik bietet zwei Bachelorstudiengänge Informatik und Wirtschaftsinformatik sowie einen Master-Studiengang Informatik an. Bei den Bachelor-Studiengängen erfolgt eine praxisorientierte Ausbildung. D. h. die Studierenden streben einen ersten, berufsqualifizierenden Hochschulabschluss an, in dem sowohl wissenschaftliche als auch praxisorientierte Inhalte, Methoden, Techniken und Vorgehensweisen im Kontext der Informatik bzw. Wirtschaftsinformatik vermittelt werden. Als zentrale Anforderung für die Ausgestaltung der Studieninhalte wurde das Ziel formuliert, dass die Absolventinnen und Absolventen ab dem ersten Arbeitstag produktiv in ihrem zukünftigen Berufsumfeld einsetzbar sind. Das bedeutet, dass neben der fachlichen Ausbildung im Kontext der Informatik bzw. Wirtschaftsinformatik auch die Abwicklung von Projekten und damit die Befähigung zur Teamarbeit ein zentrales Thema darstellt. Zielsetzung ist es, die Studierenden teamfähig zu machen und sie für die besonderen Aspekte, die erfolgreiche Projekt- bzw. Teamarbeit auszeichnet, zu sensibilisieren. Als Ergebnis resultiert, dass jeder Absolvent bzw. jede Absolventin während des Studiums mindestens zwei Pflichtprojekte selbständig in studentischen Projektteams bearbeitet hat. Zusätzlich werden in vielen fachspezifischen Wahlpflichtmodulen (FWPM) studentische Projektarbeiten durchgeführt. Die Projekte werden sowohl für interne als auch externe Kunden ausgeführt. Dadurch wird die Ausbildung der Studierenden realitätsnah, denn die Studierenden werden mit realen Anforderungen und Kundenverhalten konfrontiert. Somit können die Studierenden praxisnahe Erfahrungen im Kontext der Abwicklung von Softwareentwicklungs-Projekten sammeln und werden für ihre spätere Berufstätigkeit vorbereitet.

Um die Durchführung der studentischen Projektarbeit bestmöglich zu unterstützen, wurden die Labore umgestaltet. Die Erfahrungen haben gezeigt, dass v. a. für die kooperative Zusammenarbeit zwischen den Studierenden die räumlichen Rahmenbedingungen einen wesentlichen Einfluss auf den Projekterfolg haben. Deshalb wurden zwei mobile Labore eingerichtet. Diese stellen flexibel konfigurierbare Lehr- bzw. Lernräume dar. Jeder Ausstattungsgegenstand hat Rollen und es sind keine fest installierten Rechner vor Ort, sondern mobile Rechner und Monitore, die in Abhängigkeit von der konkreten Lern- bzw. Arbeitssituation schnell verändert und konfiguriert werden können. Als Materialien werden farbige Post-Its, Flip Charts, Whiteboards, bunte Stifte und bei Bedarf weitere kreativitätsunterstützende Materialien angeboten. Somit sind unterschiedliche Lern- und Arbeitssituationen abbildbar, wie Dozenten-Input, Gruppenarbeit, Open Space, etc. Die beiden Bilder in Abb. 5.13 zeigen zwei unterschiedliche Umsetzungsszenarien der mobilen Labore.

Ferner wurde zur Unterstützung der Abwicklung von innovativen Projekten das Rosenheimer Innovation Lab an der Fakultät Informatik gegründet. Das Innovation Lab ist eine Einrichtung des Zentrums Digitalisierung.Bayern. Im Laufe der letzten Jahre sind eine Vielzahl von verschiedenen Projekten zu unterschiedlichen Themen und mit einem großen Netzwerk an Partnerunternehmen abgewickelt worden. Einen Überblick über die Projektthemen sowie weitere Details sind unter folgender Adresse zu finden: https://innovation-lab.fh-rosenheim.de/.

Da das primäre Ziel der Projekte die Ausbildung der Studierenden ist, sind aus Kundenperspektive nur unkritische Projekte geeignet, da das Risiko eines Scheiterns des Projekts jederzeit gegeben ist. Erfahrungen haben gezeigt, dass v. a. folgende Projektinhalte besonders geeignet sind: (1) Technologiestudien oder Showcases, (2) Werkzeuge zur firmeninternen Verwendung oder (3) Prototypen für interne Zwecke oder für einen Kunden.

Abb. 5.13 Mobile Labore

Dabei werden bei der Projektabwicklung unterschiedliche Ansätze praktiziert. Zum einen ein Projekt, welches zum Festpreis und mit einem dokumentgetriebenen Wasserfallmodell abgewickelt wird versus einem Projekt, in dem eine Produktentwicklung mit Scrum im Mittelpunkt steht. Durch das Erleben der konträren Vorgehensweisen gewinnen die Studierenden zahlreiche Erkenntnisse: (1) Projektabwicklung nach „Kochbuch" mit fest vorgegebenen Meilensteinen und Dokumentenvorlagen versus (2) einem Projekt, in dem agiles Denken und Handeln im Mittelpunkt steht und die Studierenden in ihrer Methodenwahl frei sind. Im Folgenden wird exemplarisch der Ablauf der zwei verpflichtenden Projekte in der Ausbildung im Kontext des Bachelor-Studiengangs Informatik mit Schwerpunkt Software Engineering dargestellt. Maßgeblich für die konkrete Ausgestaltung der Vorgehensweise sind dabei der Schwerpunktleiter Prof. Dr. Gerd Beneken sowie Prof. Dr. Martin Deubler zu nennen.

5.3.3 Erstes Pflichtprojekt: Festpreis im iterativen Wasserfall

Nach der Grundlagenausbildung in den ersten vier Semestern und nach Absolvierung des Praxissemesters stehen im 6. Semester die Lehrveranstaltungen „Projektmanagement" und „Software Engineering 2" im Studienplan. Durch das Modul Projektmanagement werden die Studierenden in die elementaren Begriffe des Projektmanagements eingeführt. Ferner lernen sie wichtige Aufgaben, Abläufe sowie bestehende Zusammenhänge in der Projektabwicklung kennen. Zusätzlich werden den Studierenden ausgewählte Methoden und Techniken des Projektmanagements vorgestellt und sie lernen, diese richtig anzuwenden. Auch das Analysieren von vorgegebenen Projektsituationen und die Ableitung von Handlungsempfehlungen stehen im Mittelpunkt der Lehrveranstaltung.

Zentrale Zielsetzung der Lehrveranstaltung Software Engineering 2 ist es, den Studierenden einen klassischen Projektmanagement-Ansatz erleb- und begreifbar zu machen. Dabei wird eine plan- und dokumentengetriebene Vorgehensweise des Software Engineerings angewendet. Im Mittelpunkt der Lehrveranstaltung steht die Abwicklung eines Kundenprojekts als Festpreisprojekt (Werkvertrag). Durch diese Vorgabe wird eine spezifische Art und Weise der Projektabwicklung betont und bestimmte Themen erhalten dadurch besondere Bedeutung, worauf die Studierenden sensibilisiert werden sollen. Beispielsweise entsteht durch ein Festpreisprojekt ein starker Zusammenhang zwischen Auftragswert, Software-Features und Kosten. Von elementarer Bedeutung ist zu Projektbeginn die exakte Spezifikation der zu realisierenden Leistung sowie die darauf aufbauende Projektkalkulation und das während der Projektabwicklung notwendige umzusetzende Change-Management.

Das gesamte Projekt wird im Rahmen eines Semesters durchgeführt. Dabei müssen die Studierenden netto jeweils 15 Arbeitstage für das Projekt erbringen. Da die Projektteams meist aus 4–5 Studierenden bestehen, ergibt sich dadurch ein Gesamtaufwand von 60 bis 75 Personentage.

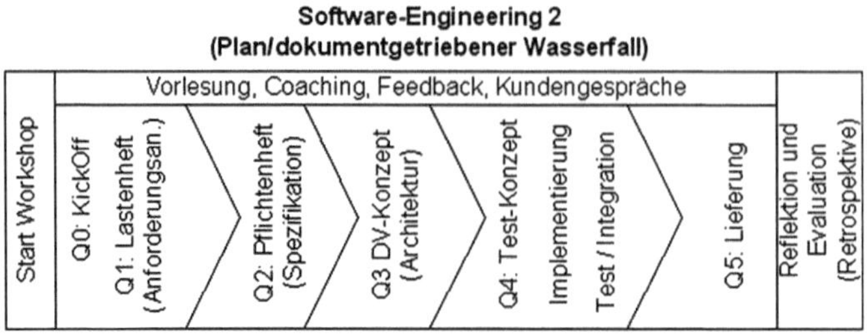

Abb. 5.14 Festpreis im iterativen Wasserfall (vgl. Beneken und Deubler 2017, S. 5)

Alle Projekte werden nach einem einheitlichen Muster durchgeführt. Abb. 5.14 gibt einen Überblick über den vorgegebenen Projektablauf. Für die Projektabwicklung sind sechs verschiedene Meilensteine (Quality-Gates) fest definiert. Zu festgesetzten Terminen über das Semester verteilt, müssen die studentischen Projektteams vordefinierte und in verschiedenen Übungsblättern beschriebene Ergebnisse abliefern und präsentieren. Dabei werden den Studierenden viele Dokumentvorlagen und Beispiele für die konkrete Umsetzung zur Hand gegeben. Es erfolgt somit eine enge Begleitung und die Studierenden haben eine Art „Kochbuch", an dem diese sich orientieren können. Die folgende Auflistung enthält jeweils eine kurze Charakterisierung der unterschiedlichen Meilensteine:

- **Q0 Kickoff**
  Zur Vorbereitung des Kickoffs führen die Studierenden erste Gespräche mit dem Kunden und dokumentieren ihre Sicht der Projektziele und des zu erwartenden Nutzens. Ferner müssen erste Arbeitshypothesen bzgl. der relevanten Benutzergruppen (Personas) und darüber, wie das Projekt seinen Nutzen für den Kunden bestmöglich entfalten kann, entwickelt werden.
  Zentrale Zielsetzung des Kickoffs ist somit die Klärung des Ausgangssituation und des Projektauftrags und damit die Schärfung der Projektziele. Die wichtigsten Ergebnisse müssen abschließend in einem Kickoff-Workshop präsentiert und mit dem Kunden diskutiert werden.
- **Q1 Angebot**
  Zum zweiten Meilenstein sollen die Studierenden ein verbindliches Angebot für das Festpreisprojekt abgeben. Dazu müssen die Studierenden die wichtigsten Anforderungen mit den Kunden abstimmen und darauf aufbauend das Minimal Viable Product (MVP) definieren. Dieses stellt die Grundlage für die Umsetzung des geforderten Systems dar, welches schlüssig, nützlich und benutzbar sein soll. Anschließend muss eine Kostenschätzung durchgeführt werden und ein Angebot erarbeitet werden. Das erarbeitete Angebot muss abschließend präsentiert werden und nach erfolgter Abnahme ist dieses für die Projektabwicklung bindend.

- **Q2 Pflichtenheft und Durchstich**
  Im nächsten Schritt müssen die studentischen Projektteams auf die erhobenen Anforderungen ausgewählte Spezifikationstechniken aus dem Software Engineering anwenden. Als Ergebnis muss ein Pflichtenheft resultieren, welches Anwendungsfälle, Datenmodelle, GUI-Entwürfe und ähnliches sowie erste validierte Personas enthält.
  Zusätzlich muss ein erster technischer Prototyp programmiert werden. Dieser dient zur Einarbeitung in die technischen Möglichkeiten und die Identifizierung von technischen Risiken. Dadurch wird frühzeitig im Projekt die Entscheidung bzgl. Programmiersprache und technischer Infrastruktur erzwungen.
- **Q3 Konzept und erweiterter Durchstich**
  Im folgenden Projektabschnitt erstellen die Studierenden ein DV-Konzept und überlegen sich dabei die Softwarearchitektur des zu entwickelnden Systems. Aus technischer Perspektive erfolgt die Strukturierung der Software in entsprechende Schichten und Komponenten. Die resultierenden Konzepte müssen abschließend in einem erweiterten technischen Durchstich validiert werden.
- **Q4 Testkonzept und erste Integration**
  Zum Meilenstein Q4 müssen die Studierenden ein Konzept zur Qualitätssicherung abgeben. Darin enthalten müssen sein Code Reviews, Testkonzepte sowie Testspezifikationen. Parallel dazu wird der technische Durchstich in mehreren Iterationen weiterentwickelt.
- **Q5 Lieferung**
  Den Abschluss des Projekts markiert eine Abschlusspräsentation vor Kunden und Betreuern. Dabei müssen die Studierenden eine CD abliefern, welche die lieferfertige Software sowie eine Installationsanleitung enthält.

Neben diesen Meilensteinen müssen die Studierenden fortlaufend für ein angemessenes Änderungsmanagement, Risikomanagement, Qualitätsmanagement und Konfigurationsmanagement in ihrem Projekt sorgen.

Zur Projektabwicklung werden die teilnehmenden Studierenden in Gruppen von fünf Personen aufgeteilt. Ferner werden fünf spezifische Projektrollen vorgegeben und deren Aufgabengebiete und Verantwortungsbereiche vorgestellt. Anschließend haben die Studierenden die Aufgabe, sich selbständig in der Gruppe zu organisieren und die Rollen angemessen zu verteilen. Ziel ist es, dass jeder Studierende eine Rolle einnimmt, während des gesamten Projektablaufs das Projekt aus seiner spezifischen Perspektive betrachtet und für die Lieferung der entsprechenden Ergebnisse verantwortlich ist. In den studentischen Projektteams sind folgende Rollen zu besetzen:

- **Projektleiter**
  Der Projektleiter ist während der Projektarbeit dafür verantwortlich, dass sich der Kunde gut betreut fühlt. Ferner muss er dafür Sorge tragen, dass die Termine und das Budget eingehalten werden, jeder im Team seine Arbeit erledigt sowie die Risiken im Projekt aktiv verfolgt werden.

Zusätzlich ist er während der Projektabwicklung für das Versenden der Einladungen zu den Statusmeetings/Jour Fixe, das Versenden von Protokollen nach den Statusmeetings, die Absprache mit dem Kunden sowie die Koordination des Teams verantwortlich. Auch eine Mit- und Nachkalkulation des Projekts sollte er sicherstellen.

- **Technischer Architekt**
  Der technische Architekt ist hauptsächlich dafür verantwortlich, dass die technischen Risiken verfolgt werden, die Software die Qualitätsanforderungen erfüllt sowie das Team produktiv arbeiten kann. In sein Aufgabengebiet fallen u. a. folgende Tätigkeiten: Entwurf der Software-Architektur, Entscheidungen bzgl. zu verwendender Technologie wie bspw. Frameworks oder Programmiersprachen, Durchführung von technischen Reviews und leitende Aufgaben bei der Umsetzung des technischen Durchstichs.
- **Fachlicher Architekt**
  In den Verantwortungsbereich des fachlichen Architekten fallen die Festlegung und Überwachung des Scopes. Ferner ist dieser sowohl für das Änderungsmanagement als auch das Stakeholdermanagement verantwortlich. Dadurch sind seine Hauptaufgaben die Abstimmung der Anforderungen mit dem Kunden, die Strukturierung von Anforderungen und die Dokumentation der Anforderungen im Angebot und Pflichtenheft. Auch Änderungswünsche des Kunden müssen von ihm erkannt und angemessen gemangt werden.
- **Usability Ingenieur**
  Die Hauptverantwortung des Usability Ingenieurs ist es, dafür Sorge zu tragen, dass das Projektergebnis nützlich für den Kunden ist und von den unterschiedlichen Zielgruppen auch benutzbar ist. Zu seinem Aufgabengebiet gehören die Formulierung von Persona Hypothesen sowie Hypothesen über den Nutzen und die Nutzung der Software. Die aufgestellten Hypothesen müssen in einem weiteren Schritt validiert werden. Auch diese Tätigkeit fällt in sein Aufgabengebiet. Ferner hat er auch dafür zu sorgen, dass angemessene Usability Test durchgeführt werden und die jeweiligen Bedürfnisse und das Verhalten der Personas analysiert wird.
- **Qualitätsmanager**
  Der zentrale Verantwortungsbereich des Qualitätsmanagers ist die Sicherstellung von angemessener Qualität in allen Projektergebnissen, d. h. sowohl in den Dokumenten, im Code, in den Quelltexten, in der Software als auch in den Prozessen. Die wichtigsten Aufgaben des Qualitätsmanagers sind die Formulierung und Kommunikation von Qualitätskriterien, die Organisation der Qualitätssicherung sowie der Überarbeitungsprozess. Ferner sollte er regelmäßig Retrospektiven mit dem Team durchführen und die Stimmung im Projektteam beobachten.

Die Rolle des Professors bzw. Dozenten

Die Studierenden werden während der gesamten Projektabwicklung durch den Professor bzw. Dozenten betreut. Die Betreuung stellt eine Art des Coachings dar. Dazu treffen sich die Studierenden mindestens einmal wöchentlich mit dem Professor/Dozenten zu einem Jour Fixe mit einer Dauer von 30 bis 45 Minuten. Hierbei wird vor allem das methodische

5.3 Fallbeispiel: Hochschule Rosenheim

Vorgehen, die Beziehung zum Kunden sowie die Stimmung im Projektteam diskutiert und reflektiert. Die jeweils erarbeiteten Projektergebnisse werden ebenfalls vorgestellt, diskutiert und teilweise in einem Vortrag durch die Studierenden dem Professor/Dozenten vorgestellt. Auch hier übernimmt der Professor/Dozent die Rolle des Coachs und für die erzielten Projektergebnisse ist ausschließlich das Projektteam verantwortlich.

Benotung
Zu jedem der sechs vorgegebenen Meilensteine müssen die Projektteams jeweils ihre bis dahin erreichten Ergebnisse präsentieren und die jeweiligen zu erstellenden Dokumente und/oder Quelltexte vorstellen und abgeben. Jeder Studierende erhält für seinen Beitrag zum jeweiligen Meilenstein eine individuelle Bewertung in Form einer Note. Die Gesamtnote setzt sich abschließend aus den sechs gewichteten Teilnoten zusammen.

5.3.4 Zweites Pflichtprojekt: Agile Produktentwicklung mit Scrum

Im siebten Semester findet das Schwerpunktprojekt „DV-Anwendungen des Software Engineerings" statt. Zielsetzung der Lehrveranstaltung ist die Vermittlung von agilen Vorgehensmodellen anhand von realen Software-Entwicklungsprojekten. Die Studierenden sollen speziell Scrum verstehen, begreifen und einsetzen können. Zusätzlich sollen die Studierenden die Unterschiede und v. a. die anderen Planungs- und Steuerungsmechanismen zwischen einem Festpreisprojekt und einem agilen Projekt erkennen und erleben.

Auch dieses Projekt wird im Rahmen eines Semesters und nach einem einheitlichen Muster durchgeführt. Abb. 5.15 gibt einen Überblick über den vorgegebenen Projektablauf.

Wie die Abbildung zeigt, wird zum Start der Lehrveranstaltung ein Scrum-Training durchgeführt. Dabei werden die Studierenden in Scrum eingeführt. D. h. die grundlegenden Begriffe und Konzepte sowie die Scrum-Rollen, -Artefakte und –Meetings werden erläutert. Ferner werden die dahinterstehenden Werte und Prinzipien innerhalb des Trainings diskutiert. Um das Ganze erlebbar zu machen, wird eine Scrum-Simulation mit Lego durchgeführt.

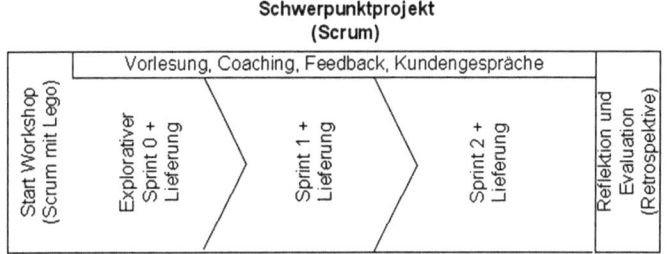

Abb. 5.15 Agile Produktentwicklung mit Scrum (vgl. Beneken und Deubler 2017, S. 7)

Abb. 5.16 Scrum-Training mit Studierenden – Bild 1

Die jeweils eingeführte Theorie wird anhand eines agilen Projekts „Green Rosenheim – Bau einer Stadt für junge Familien, die besonderen Wert auf die Sicherheit ihrer Kinder legen" gelebt. Dabei haben die Studierenden die Aufgabe, in zwei bis drei Sprints die Anforderungen vom Kunden zu erheben und die Stadt mit Legosteinen umzusetzen. Abb. 5.16 und 5.17 vermitteln Eindrücke des im Wintersemester 2016 stattgefundenen Scrum-Training.

Innerhalb der Projektabwicklung muss mindestens dreimal eine Auslieferung einer laufenden Software an den Kunden stattfinden. D. h. während der Projektabwicklung werden drei Sprints durchlaufen:

1. **Explorativer Sprint**
   Zielsetzung des ersten Sprints ist die Erkennung der technischen Risiken sowie die Identifizierung und Analyse der Anforderungen. Als Ergebnisse des ersten Sprints sind sowohl ein erster technischer Prototyp als auch die Dokumente, die Scrum einfordert (Product Backlog nach J. Patton mit User Story Maps) abzuliefern. Ferner sollen erste Hypothesen zu Personas und Aussagen, wie die Software für den Kunden nützlich sein kann, gebildet und möglichst auch validiert werden.

Abb. 5.17 Scrum-Training mit Studierenden – Bild 2

2. **Wachstums-Sprint**
   Zentraler Bestandteil von Sprint 1 ist ein Workshop, in dem der Product Owner gemeinsam mit seinem Team und dem Kunden festlegt, welche Anforderungen in diesem Sprint umgesetzt werden. Darauf aufbauend macht das Team eine Planung und setzt eine lieferfähige Software um. Diese soll abschließend vom Kunden getestet und abgenommen werden.
3. **Konsolidierungs-Sprint**
   Am Ende der Lehrveranstaltung wird das Ergebnis des zweiten Sprints an den Kunden in Form einer CD mit Installationsanleitung ausgeliefert. Die Software stellt eine Erweiterung des Ergebnisses aus dem ersten Sprint dar.

Die Rolle des Professors bzw. Dozenten

Die Studierenden werden während der gesamten Projektabwicklung durch den Professor bzw. Dozenten betreut. Dazu gibt es ein wöchentliches Jour Fixe mit einer Dauer von 30 bis 45 Minuten. Die studentischen Projektteams treffen sich mit dem Professor/Dozent vor ihrem festen Whiteboard (dem Taskboard) im Lernraum. Im Mittelpunkt der Treffen steht die Koordination des Teams, die Fortschrittsüberwachung sowie Review und Feedback durch das Team sowie durch den Professor/Dozenten.

Benotung

In der Note werden die Ergebnisse der drei Sprints bewertet. Dabei wird die Qualität der Software sowie die Qualität der entstandenen Dokumenten bewertet.

5.3.5 Technische Infrastruktur

Aktuell wird zur Abwicklung der studentischen Projekte folgende technische Infrastruktur verwendet:

- GitLab Wiki als Projektmanagement-Handbuch
  Jedes studentische Projektteam muss ein gruppenspezifisches Projekthandbuch als GitLab Wiki umsetzen. Dabei sind mindestens der Projektname und eine Beschreibung des Projekts zu integrieren. Ferner sollte die Projektorganisation dargestellt werden. D. h. welche Personen arbeiten an dem Projekt mit und welche Person übernimmt welche Rolle in dem Projekt. Zusätzlich sind auch noch wichtige Termine und Meetings sowie ein Link auf die Dokumente im Git mit Kommentar hinzuzufügen. Auch die Kundeninformationen sollten hier zentral abgelegt werden, d. h. wer sind die Ansprechpartner beim Kunden jeweils mit Namen, Kontaktdaten und ggf. Verfügbarkeit. Abb. 5.18 zeigt einen Screenshot eines im Sommersemester 2016 durch eine studentische Projektgruppe umgesetzte Projekt-Wiki.
- GitLab bzw. andere IssueTracker als Projektmanagement-Tool
  Zur Unterstützung der Projektplanung sowie der Projektüberwachung und -steuerung wird GitLab eingesetzt. Dabei werden das Projekt mit seinen Meilensteinen und Arbeitspaketen auf Issues und deren Zusammenhänge abgebildet. Die gesamte Projektabwicklung und Koordination des Teams wird somit dokumentiert und nachvollziehbar. Abb. 5.19 zeigt einen Ausschnitt der Issue-Liste eines studentischen Projektteams im Sommersemester 2016.
- GIT als zentraler Informationsspeicher
  Als zentraler Informationsspeicher wird Git verwendet. D. h. jedes studentische Projektteam verwaltet selbst ein Repository, indem alle Dokumente, Präsentationen sowie Code abgelegt werden, wie in Abb. 5.20 exemplarisch aufgezeigt.

Auch die Abwicklung der agilen Projekte wird durch GitLab unterstützt. Dort stehen typische agile Werkzeuge zur Verfügung.

5.3.6 Wesentliche Erkenntnisse

An der Fakultät Informatik werden schon jahrelang studentische Projekte durchgeführt. Dabei haben sich die Durchführung der Projektabwicklung sowie die Lehrinhalte verändert. Im Folgenden soll die Entwicklung, d. h. die verschiedenen Stadien und die gemachten Erkenntnisse kurz aufgezeigt werden.

In Anlehnung an Beneken (2015) lassen sich folgende Phasen unterscheiden:
Zentrale Charakteristik der Rahmenbedingungen in der ersten Phase (ca. 2003–2009) war, dass die studentischen Projektteams prinzipiell zwei verschiedene Gruppenrollen

5.3 Fallbeispiel: Hochschule Rosenheim

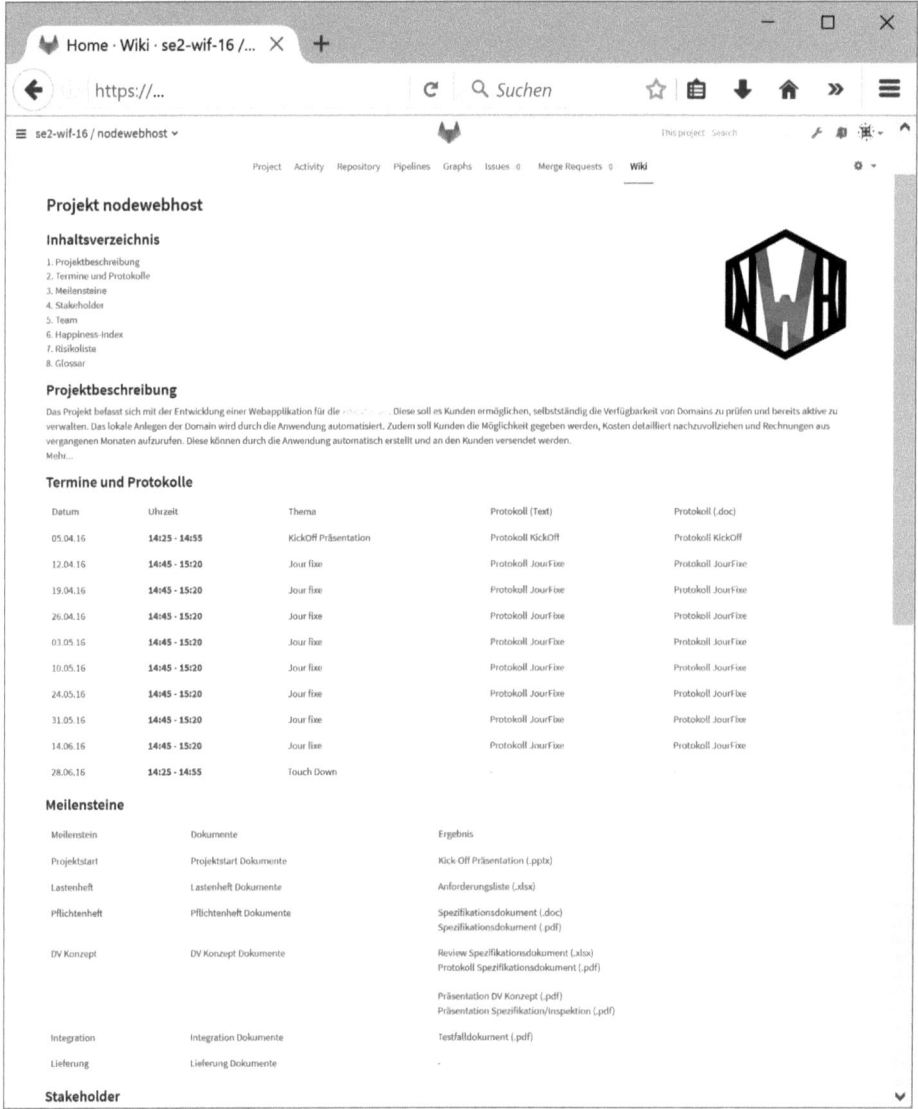

Abb. 5.18 Projekt-Wiki Beispiel

einzunehmen hatten: 1. Auftraggeber eines Projekts und 2. Auftragnehmer eines Projekts. D. h. ein studentisches Projektteam fungierte als Auftraggeber für ein anderes studentisches Team und war somit Ansprechpartner bei der Beschreibung des zu lösenden Problems und die Anforderungen an die abzuliefernde Software. Zusätzlich waren sie in einem anderen Projekt der Auftragnehmer, welcher für die Projektabwicklung und die

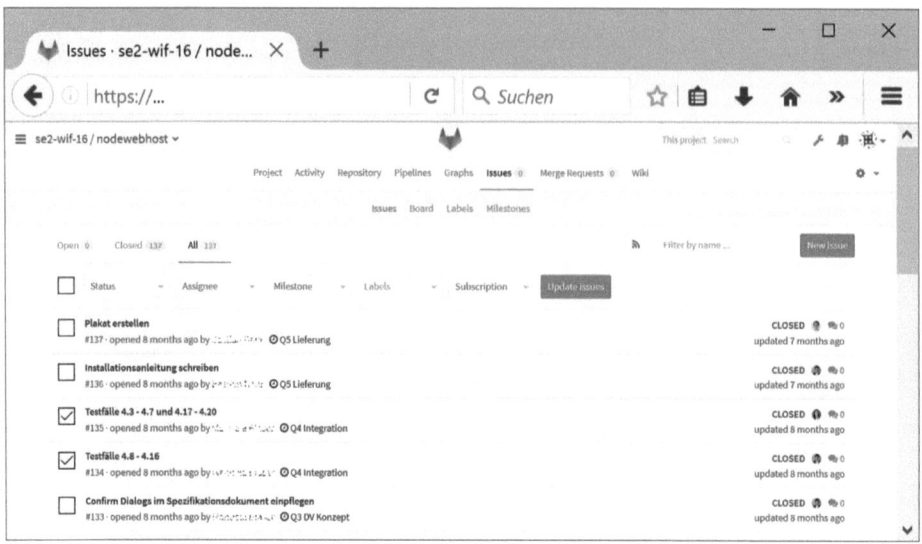

Abb. 5.19 Ausschnitt der Issue-Liste

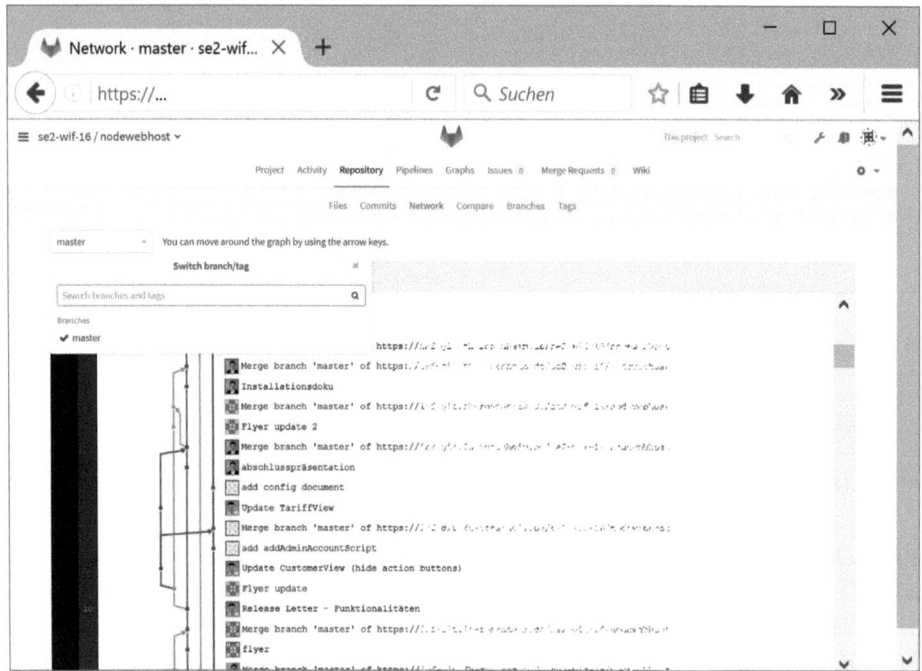

Abb. 5.20 Zentraler Informationsspeicher mit Git

5.3 Fallbeispiel: Hochschule Rosenheim

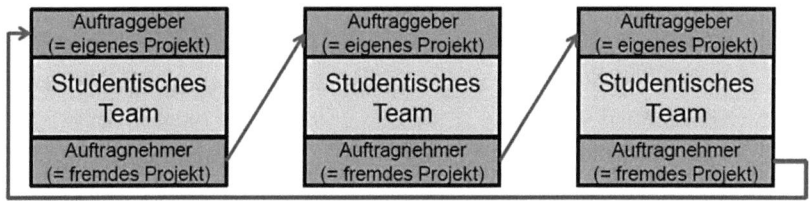

Abb. 5.21 Organisatorisches Konzept der Veranstaltung (vgl. Beneken, 2015)

Umsetzung der gewünschten Software zuständig war. Abb. 5.21 visualisiert das zugrundeliegende organisatorische Konzept.

Über mehrere Jahre wurden studentische Projekte mit dieser Art der organisatorischen Ausgestaltung durchgeführt. Dabei wurden u. a. folgende Erkenntnisse erzielt:

- Das Konzept funktioniert sehr gut und ist kaum mit Organisationsaufwand verbunden.
- Einige Aspekte wurden aber als problematisch eingestuft, bspw.
  - Das Requirements-Engineering wurde oberflächlich durchgeführt und lief zäh, da häufig ein künstliches Problem gelöst wurde.
  - Während der Spezifikationsphase traten bei den studentischen Projektteams Motivationsprobleme auf.
  - Die Implementierung der Software wurde teilweise vernachlässigt und es entstanden eher Ruinen und Baustellen als eine fertiggestellte und einsatzfähige Software.

In der zweiten Phasen (ab 2009) wurden dann Projekte für „echte" Kunden durchgeführt. D. h. externe Unternehmen oder interne Verwaltungsstellen fungieren als Auftraggeber. Dadurch waren die Studierenden wesentlich motivierter und lieferten wesentlich bessere Ergebnisse. Beispielsweise wird das Requirements-Engineering gründlicher durchgeführt und auch die Verpflichtung, lauffähige Software abzuliefern, ist wesentlich höher. Auch die Lehrinhalte haben sich teilweise verändert. So stehen nun eher praktische Tätigkeiten im Mittelpunkt, wie bspw. die Durchführung von Workshops, der Umgang mit Kunden und das Berichtswesen, die Durchführung von Reviews sowie der Umgang mit modernster technischer Infrastruktur (z. B. Issue-Tracker oder SVN/GIT). Die veränderte Lehrausrichtung wird anhand folgender drei zentraler Aspekte exemplarisch aufgezeigt:

- Minimal Viable Product (MVP)
  Projekterfahrungen führten zur Erkenntnis, dass, obwohl aus einem studentischen Projekt ein technisch sehr spannendes und voll funktionsfähiges Produkt entstand, dieses aus Kundenperspektive nicht einsetzbar war. D. h. es entstand ein Produkt, welches als wirtschaftlicher Totalschaden bezeichnet werden könnte. Als Konsequenz wurde das Konzept MVP in die Lehrveranstaltung integriert. Das MVP stellt ein Konzept dar, um Ideen zu testen. D. h. Produktideen werden mit geringem Aufwand umgesetzt und anschließend an die Ziel-Anwender bzw. -Kunden ausgeliefert, um von

diesen relevante Informationen zu sammeln und zu lernen. Somit können schnell und wiederholt verschiedene Produktideen getestet werden, ob das entsprechende Feature wertvoll bzw. brauchbar für den Kunden ist. Dadurch kann wertvolles Wissen über den Kunden erarbeitet und das Risiko reduziert werden, dass Produktfeatures entwickelt werden, die für den Kunden nicht sinnvoll sind.

- Minimal Marketable Featureset (MMF)
Verschiedene Projektbeispiele offenbarten das Problem, dass Studierende Schwierigkeiten haben, eine vollständige Spezifikation zu erstellen. D. h. vielfach wurde durch die studentischen Projektteams eine Unmenge an verschiedenen Anforderungen aufgenommen und die Priorisierung fiel ihnen schwer. Dadurch wurden viel zu viele Anwendungsfälle dokumentiert und es entstanden sowohl komplexe Datenmodelle als auch komplexe Benutzeroberflächen. Aufgrund des Zeitdrucks wurden dann ausgewählte Teilbereiche umgesetzt, die teilweise keine Zusammenhänge aufwiesen. Als Ergebnis resultierte eine Software, die nicht einsetzbar war. Als Schlussfolgerung für die nächsten Projekte wurde an die Studierenden klar kommuniziert, dass die Software später bei dem Kunden einsetzbar sein muss, d. h. diese muss für den Auftraggeber etwas Nützliches tun. Ferner muss der vorgegebene Aufwand eingehalten werden. D. h. während der Projektabwicklung ist es zwingend erforderlich, dass eine sinnvolle Minimierung der Anforderungen realisiert werden muss. Es muss ein Produkt entstehen, welches einen minimalen Funktionsumfang hat, der aber immer noch die Anwenderbedürfnisse angemessen befriedigt.
- Usability wesentlich stärker im Fokus
Durch die Umsetzung von verschiedenen Prototypen und Projektergebnissen kam es zur zentralen Erkenntnis, dass die Annahmen der Informatiker über ihre Kunden häufig falsch sind und dadurch Software entsteht, die für den Kunden nicht gebrauchstauglich ist. Zukünftig wurde deshalb verstärkt darauf geachtet, dass eine intensive Zusammenarbeit mit dem Kunden stattfindet, um ein besseres Verständnis für dessen Erwartungen und Bedürfnisse zu bekommen. Zusätzlich werden die studentischen Projektteams dazu angehalten, Personas zu definieren, und ihre Annahmen und Erkenntnisse über Prototypen kontinuierlich durch den Kunden überprüfen zu lassen.

Zusätzlich wurde aber auch erkannt, dass die Abwicklung von „echten Projekten" für den Dozenten wesentlich aufwendiger ist. Zum einen kostet der Aufbau eines Partnernetzwerks Zeit und zum anderen muss bei der Abwicklung der studentischen Projekte die Beziehung mit dem Auftraggeber gepflegt werden. So müssen/muss bspw.

- Absprachen mit einem potentiellen Auftraggeber durchgeführt werden.
- Während des gesamten Projekts auf die Kundenschnittstelle geachtet werden und v. a. eine angemessene Kundenkommunikation umgesetzt werden.
- Zum Abschluss des Projekts bei Kunden bzw. mit dem Kunden eine angemessene Abschlusspräsentation durchgeführt werden.
- Bei Problemen, die während der Projektabwicklung auftreten, der Dozierende als letzte Eskalationsebene miteinbezogen werden.

5.4 Fallbeispiel: Hochschule Würzburg

5.4.1 Vorstellung der Hochschule Würzburg

Die Geschichte der heutigen Hochschule für angewandte Wissenschaften Würzburg-Schweinfurt (FHWS) reicht bis 1807 zurück und ist verknüpft mit den Vorgängereinrichtungen „Balthasar-Neumann-Polytechnikum" des Bezirks Unterfranken, der „Höheren Wirtschaftsschule" der Stadt Würzburg und der Werkkunstschule der Stadt Würzburg. 1971 nahm sie mit über 1.500 Studierenden in sieben Studiengängen den Betrieb auf. Die Hochschule Würzburg-Schweinfurt hat zum Wintersemester 2016/2017 ca. 9.000 Studierende, davon 6.180 in Würzburg und 2.820 Studierende in Schweinfurt. 20 Bachelorstudiengänge, drei internationale Bachelorstudiengänge, 15 Masterstudiengänge sowie drei internationale Masterstudiengänge werden aktuell angeboten, in die aktuell über 2.750 Erstsemester starteten.

Die Vision der FHWS heißt „Vernetzung". Sie will Studierende stärker untereinander und mit der Praxis im In- und Ausland vernetzen. Zur Realisierung dieser Ziele hat sie die strategischen Schwerpunkte Internationalisierung und Forschung mit Technologietransfer gewählt. Als weitere hochschulpolitische, verpflichtende Zielsetzungen umfasst die Vereinbarung folgende Punkte:

- Systematische Qualitätsverbesserung in der Lehre
- Anstrengungen zur Sicherung der guten wissenschaftlichen Praxis
- Maßnahmen zur Gleichstellung von Frauen
- Verstärkte Nutzung der Angebote der Europäischen Union
- Beteiligung am Aufbau und an der Weiterentwicklung eines integrierten Berichtswesens
- Beteiligung am dialogorientierten Serviceverfahren
- Maßnahmen zur Realisierung der inklusiven Hochschule
- Steigerung der Effizienz in der Hochschulverwaltung
- Ausweitung der Zusammenarbeit zwischen den Hochschulen

Weitere Informationen sind auf der Internet-Präsenz der Hochschule verfügbar unter https://www.fhws.de/hochschule/die-fhws/

5.4.2 Projektarbeit an der Fakultät Wirtschaftswissenschaften

Die Hochschule Würzburg-Schweinfurt ist Mitglied im MedienCampus Bayern, dem Dachverband für die Medienaus- und -weiterbildung in Bayern und damit eine erste Adresse für Studierende im Bereich Medien. Der hier vorgestellte, praxisorientierte Leitfaden, hilft Studierenden, umsetzungsorientierte Projekte erfolgreich mit externen Partnern zu realisieren – zunächst im Studium und später im Job. Konkret geht es um kompakt dargestellte Handlungsempfehlungen, Möglichkeiten des Aufbaus von Schlüsselkompetenzen und konsequente Praxisorientierung. Das Team- und Projektmanagement Didaktiksystem der

Abb. 5.22 Integration von Team- und Projektmanagement in das Didaktiksystem

Fakultät Wirtschaftswissenschaften der Hochschule Würzburg-Schweinfurt wurde 2002 entwickelt und seitdem kontinuierlich optimiert und verfeinert. Mit der Einführung des Arbeitskreises „Aktivierende Lehre" 2010 intensivierte sich der systematische Austausch über das Team- und Projektmanagement Didaktiksystem.

Gut ein Dutzend Würzburger Wirtschaftsprofessoren führen regelmäßig Praxisprojekte durch, in der Summe fast 100 pro Jahr. Die Studierenden agieren dabei als strategische Berater und/oder operative Agentur. Kernanwendungsfelder für Praxisprojekte sind Problemstellungen in folgenden Bereichen: Strategisches Marketing, Marktforschung, Markenstrategie, Produkt- und Formatentwicklung, Content- und Online-Marketing, E-Commerce, Web-TV und Social Media.

Die regelmäßige Reflexion über erfolgreiche abgeschlossene Praxisprojekte hat bereits mehrere Publikationen hervorgebracht, u. a. „Erfolgsfaktoren des Online-Projektmanagement" (vgl. Büsching et al. 2011a), „Teamtraining" (vgl. Büsching et al. 2011b) sowie die 2015 initiierte Buchreihe „Projekt perfekt? – So managen Studierende Projekte erfolgreich" (vgl. Bolsinger und Büsching 2017). Im Ergebnis entwickelte sich das Team- und Projektmanagement zu einer, wenn nicht der berufsqualifizierenden Kernkompetenz in sieben der 14 Studienschwerpunkte des Bachelors Betriebswirtschaft und in beiden konsekutiven Masterstudiengängen der Fakultät Wirtschaftswissenschaften. Das Team- und Projektmanagement ermöglicht es den Lehrenden, den im Deutschen Qualifikationsrahmen für lebenslanges Lernen geforderten fachlichen, methodischen, sozialen und persönlichen Kompetenzaufbau ganzheitlich im Sinne der „angewandten Wissenschaften" zu realisieren (vgl. Bundesministerium für Bildung und Forschung 2011).

Das Würzburger Kompetenzentwicklungsmodell in Abb. 5.22 macht deutlich, wie Team- und Projektmanagement, Didaktik- sowie Fach- und Wissenschaftskompetenz helfen, umfassende Fähigkeiten und Kompetenzen aufzubauen und weiterzuentwickeln.

5.4.3 Konzeptionelle Gestaltung mit dem Projektnavigator ZAPAZ

Der im Folgenden näher betrachtete ZAPAZ-Projektnavigator sowie die Tipps zur Projektorganisation und Projektmanagement-Standards lassen sich auch auf andere Fachgebiete übertragen z. B. Architektur-, Landwirtschafts- und Technikprojekte. Die angeführten Erfolgsfaktoren des Projektmanagements geben dem Leser einen schnellen Überblick über Art und Menge der spezifischen Erfolgsfaktoren für angewandte Forschungsprojekte mit Studierenden. Als Vertiefung werden zahlreiche weitere Projektmanagement-Tools für die Studierenden auf der Lernplattform Moodle angeboten.

Die richtigen Fragen zu stellen, gilt unseres Erachtens nach als der größte Erfolgsfaktor im Projektmanagement. Deshalb haben wir, als Würzburger Dozenten, unseren Projektnavigator ZAPAZ phasenweise aufgebaut und mit lösungsorientierten Fragestellungen versehen. Das Akronym ZAPAZ ergibt sich aus den Anfangsbuchstaben der fünf Projektphasen Zusammenkommen des Teams, Analyse, Planung, Aktivitäten und Zusammenfassung. Die in Abb. 5.23 aufgeführten Fragen dienen als Leitfaden für Teambesprechungen. Zugleich erleichtern sie dem Team-Coach die Arbeit mit dem Projektnavigator ZAPAZ, unserem Input-, Coaching-, Umsetzungs- und Lernmodell.

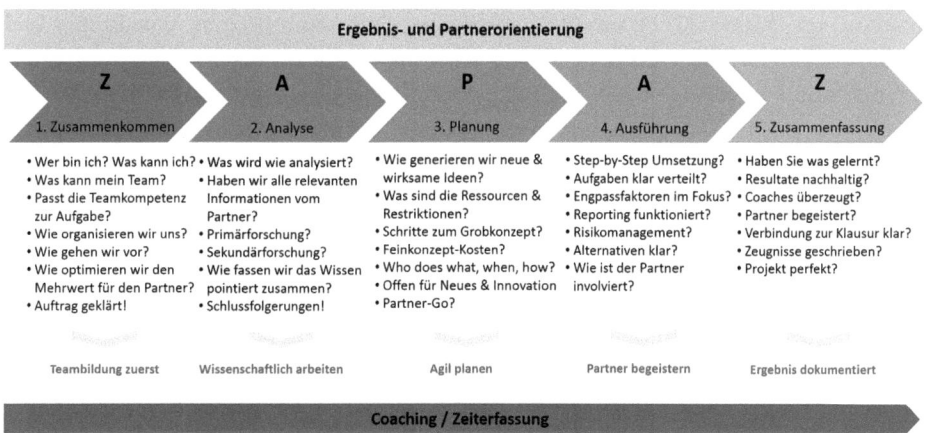

Abb. 5.23 Der Projektnavigator ZAPAZ

Ziel des ZAPAZ-Ansatzes ist es, eine effiziente und motivierende Zusammenführung des Teams sicher zu stellen, das wesentlichen Einfluss auf die folgenden Phasen hat und mit dazu beiträgt, dass am Ende des Projekts überzeugende Arbeitsresultate erreicht werden. Flankiert werden die fünf Projektphasen durch Team-, Partner- und Ergebnisorientierung sowie Ressourcenmanagement (insbesondere Zeit und Budget). Voraussetzung für einen gelungenen Start ist die bewusste Zusammenführung und Einarbeitung der Teammitglieder.

Der **ZAPAZ-Navigator** liefert einen kompakten Überblick über die Projektphasen, strukturiert den Arbeitsprozess vor, benennt die zentralen Lern- und Arbeitsschritte und fördert die explorative Neugierde der Studierenden. Damit wird deutlich, dass mit ZAPAZ das „was" definiert wird, nicht aber das „wie genau". Der strukturierte Ansatz mit zahlreichen Freiheitsgraden motiviert die Studierenden mit wichtigen Fragen und ermöglicht es ihnen, Projekte effizient sowie team- und lösungsorientiert zu managen. Das ist einer der Kernanforderungen an Absolventen – in einer zunehmend digitalisierten Arbeitswelt mit immer mehr Veränderungsprojekten.

In der 1. Phase Zusammenführung klären die Teammitglieder, welche Kompetenzen und Präferenzen jedes einzelne Teammitglied mitbringt und wie diese für das Projekt optimal genutzt werden können. Die Erwartungen können von den Studierenden unausgesprochen so formuliert sein: „Macht er was?", „Kriegt sie ihr Zeug fertig?", „Hat er Ideen?", „Hat sie Erfahrungen für die gegebene Fragestellung?", „Wer wird das Zugpferd der Gruppe sein?"

Dementsprechend sollte jedes Teammitglied zunächst über die eigenen Kompetenzen und Präferenzen nachdenken, bevor Aufgaben im Team verteilt werden. Dieser Reflexionsprozess wird durch den Einsatz von Persönlichkeitstypologien (z. B. MBTI und DISG). Selbsteinschätzungen im Hinblick auf präferenzbasierte Teamrollen (z. B. TMS und Belbin) und situativ geprägte Teamdynamiken (z. B. Persolog) ergänzt.

Nach Persönlichkeitstests mit dem Golden Profiler, den Big Five (z. B. von Dr. Satow) (vgl. Satow 2011), der Rollenpräferenz-Selbsteinschätzung von Belbin und dem Team-Management-System (TMS) wird aktuell, u. a. aus Kostengründen, das Teamdynamikmodell von Persolog eingesetzt. Zudem stellen sich die Coaches die Frage, wie ein resilienzförderndes Projektklima erzeugt werden kann (vgl. Borgert 2013, S. 9). Dafür wurden Resilienz-Faktoren in das ZAPAZ-Modell integriert. Neben der Selbstreflektion ist in dieser Phase das gegenseitige Kennenlernen von übergeordneter Bedeutung. Unterstützend bieten sich gemeinsame Teamtrainings an, welche zu Beginn der Schwerpunktveranstaltungen bzw. zu Beginn des Masterstudiums angeboten werden.

Die methodischen Hilfestellungen durch Ansätze und Modelle, ergänzt durch gemeinsame Übungen bei Teamtrainings, schaffen beste Voraussetzungen für die weitere Zusammenarbeit. In der Zusammenführungs-Phase wählt das Team selbst einen Projektleiter sowie einen Stellvertreter. Daneben werden grundlegende Regeln der Zusammenarbeit

5.4 Fallbeispiel: Hochschule Würzburg

vereinbart und hilfreiche Werkzeuge, z. B. zur Projektkommunikation und zur Projektdokumentation durch die Studierenden festgelegt.

Neben den zwischenmenschlichen und organisatorischen Fragen, die in der ersten Projektphase geklärt werden sollten, gilt es zu erarbeiten, wie vorgegangen wird, welche Schritte auf effiziente Art und Weise zum Ziel führen und wie der Projektpartner-Mehrwert maximiert werden kann. Wichtig dabei ist, sich klarzumachen, dass man nicht mehr „beste Freunde" sein muss, um diese Fragen gemeinsam zu beantworten, aber eine grundlegende Sympathie und Offenheit nötig ist, insbesondere was die Andersartigkeit der übrigen Teammitglieder betrifft. Denn heute wissen wir, dass Team-Vielfalt (Diversity) einen Mehrwert darstellt, der nicht unterschätzt werden sollte.

In der 2. Phase der Analyse werden der Projektpartner, seine Branche, sein Wettbewerbsumfeld und seine (potenziellen) Kunden (z. B. Soziodemografie, Sinus-Milieus, Persona, User-Journeys) näher betrachtet. Daneben werden zentrale Marktgegebenheiten, die so genannten PROST-Umfeldfaktoren (politisch, rechtlich, ökonomisch, soziokulturell und technologisch) empirisch untersucht, wobei insbesondere auf aktuelle Trends und Veränderungen geachtet wird. Weitere Werkzeuge, die in der Analysephase häufig zum Einsatz kommen, sind Benchmark-Betrachtungen, SWOT-Analysen (Stärken, Schwächen, Chancen, Risiken), Punktwertverfahren (Scoring-Modelle) und Szenario-Techniken. Methodisch wird ein Mix von Primär- und Sekundärmarktforschung eingesetzt: Im Anschluss an eine umfassende Informationsbeschaffung gilt es, die gewonnenen Erkenntnisse zu strukturieren und, vom Projektauftrag ausgehend, adäquat zu verdichten und zu verfeinern. Häufig eignen sich hierzu tabellarische Auswertungen, etablierte und/oder selbst entwickelte Modelle. Die Kombination von Literatur- und Onlinerecherchen, Benchmark, Online- und Expertenbefragungen und die Erkenntnis-Präzisierung von eigenen ganzheitlichen Modellen („Totalmodellen") führte bisher zu den besten Ergebnissen.

Die 3. Phase der Planung muss die schwierige Frage beantworten, wie z. B. aus 70–80 potenziellen Markenwerten ein Markenprofil abgeleitet werden kann, wie 100 Ideen in ein redaktionelles Blog-Konzept überführt werden können, wie eine Social Media Kampagne über ein halbes Jahr geplant werden kann oder wie tausende Ideen zu einem Spot-Drehbuch verfeinert werden können, die sich fristgerecht realisieren lassen. Dabei hat sich folgendes idealtypisches Vorgehen herauskristallisiert:

1. In 1–2 Kreativ-Meetings werden vom Team verschiedene Umsetzungsideen generiert.
2. In einem Workshop oder Abstimmungsgespräch werden mit dem Projektpartner Ziele präzisiert, Maßnahmen identifiziert und Erfolgsfaktoren vereinbart.
3. Das Team generiert 3–5 konkrete Umsetzungsvorschläge.
4. Die Vorschläge werden mit Hilfe einer Bewertungsmatrix (z. B. dem Punktwertverfahren) anhand festgelegter, gewichteter Kriterien bewertet, so dass sich 1–2 Favoriten herauskristallisieren.

5. Mit dem Partner und fallweise externen Experten wird diskutiert, ob, und wenn ja, wie weitere Ideen (aus anderen Lösungsansätzen) in den methodisch präferierten Ansatz integriert werden können.
6. Der weiter verbesserte Favorit für die Umsetzung und das damit verbundene Maßnahmenbündel wird zwecks Aufgabenverteilung mit Hilfe des Projektstrukturplans genau terminiert.

Das auf diese Weise mit großer Sorgfalt ermittelte, methodisch und fachlich fundierte Konzept kann in der sich anschließenden Phase umgesetzt werden.

In der 4. Phase findet schwerpunktmäßig die Ausführung statt, sprich es werden zahlreiche Maßnahmen und Aktivitäten realisiert, die in der Planungsphase festgelegt worden sind. Die notwendigen Ausführungen werden Schritt für Schritt, dem Projektstrukturplan folgend, umgesetzt. Dabei gilt es zentrale Engpassfaktoren (insb. Zeit und Budget) zu beachten und gleichzeitig proaktives Änderungsmanagement zu betreiben. Denn bei aller Vorplanung sollten auch in der Ausführungsphase nach wie vor neue Erkenntnisse, die einen Mehrwert für den Projektpartner ermöglichen, Berücksichtigung finden können. Dabei ist es wichtig, dass der Projektpartner rechtzeitig und situationsadäquat eingebunden wird.

In der abschließenden 5. Phase findet eine Zusammenfassung der zentralen Ergebnisse statt, mit denen Projektpartner und der betreuende Coach gleichermaßen begeistert werden können. Um die Team-Fähigkeiten stetig weiter zu entwickeln, ist es ratsam, das Praxisprojekt noch einmal zu reflektieren und die Erkenntnisfortschritte in Form von Learnings festzuhalten. Dies erfolgt z. B. in Form eines vierseitigen Aufsatzes in der Buchreihe „Projekt perfekt? So managen Studierende Projekte erfolgreich.", das alle sechs Monate auf Amazon als E-Book veröffentlicht wird.

Durch den spezifischen Team-, Wissenschafts-, Praxis- und Partnerbezug geht das ZAPAZ-Modell deutlich über das klassische Projektmanagement-Modell hinaus, wie es z. B. noch die Bundesregierung (2012) in ihrem 98-seitigen „Praxisleitfaden Projektmanagement für die öffentliche Verwaltung" dargestellt hat (vgl. Bundesministerium des Innern 2012).

5.4.4 Teamtraining

Die Binnenbeziehungen innerhalb des Teams entscheiden, wie die Evaluationen zahlreicher Studierendengenerationen gezeigt haben – in den meisten Fällen über den Erfolg studentischer Projekte. Positive Beziehungen stärken die eigene Motivation und Arbeitsdisziplin, die Bereitschaft, anderen Teammitgliedern zu helfen, freiwillig Zusatzaufgaben zu übernehmen und neuartige Aufgaben und Fragestellungen positiv aufzunehmen.

5.4 Fallbeispiel: Hochschule Würzburg

An der Fakultät Wirtschaftswissenschaften in Würzburg werden deshalb regelmäßig Teamtrainings angeboten, die fast immer mindestens zweitägig sind, wobei ganz bewusst Trainingsorte außerhalb der Hochschule gewählt werden, um einen (räumlichen) Kontrastpunkt zum Studierendenalltag zu setzen. Zudem kann nur so sichergestellt werden, dass alle Studierenden am Abend des ersten Trainingstages vor Ort bleiben. Meist ergibt sich abends ein improvisiertes, kurzweiliges und häufig sportliches und/oder geselliges Programm, das häufig genauso wichtig ist für das Teambuilding wie das reguläre Programm tagsüber!

Die Erfahrungen der letzten 15 Jahre haben gezeigt, dass das Teamtraining zu den zentralen Erfolgsfaktoren zählen, was Motivation und Kompetenzentwicklung der Studierenden

Tab. 5.6 Beispielhafter Team- und Projektmanagement-Entwicklungsprozess

Datum, Uhrzeit	Angebote mit Erläuterungen
Anfang März	Kurze Einführung in die präferierten Teamrollen nach Belbin und/oder die situative Teamdynamik nach Persolog mit allen Studierenden sowie Bereitstellung relevanter Arbeitsunterlagen mit der Bitte, die Erläuterung durchzuarbeiten und die Selbsteinschätzungen bis Mitte des Monats auszufüllen
15. März	Teamtraining – Tag 1
08:00 bis 13:00 Uhr	• Fahrt von der Hochschule zum Teamtraining-Standort • Einchecken und Aufwärmübung • Einführung in das Team- und Projektmanagement sowie vertiefende Erläuterungen zu Rollen (Belbin) und Beiträgen (Persolog) in Teams • Vorstellung von vier bis sieben Praxisprojekten mit unterschiedlichen Praxispartnern • Bewerbung in Teams zu zweit oder dritt mit speziellen Bewerbungsformularen • Optional bei semesterübergreifenden Gruppen: Mischung von neuen Studierenden mit Studierenden des höheren Semesters
13:00–14:30 Uhr	• Gemeinsame Durchsicht und Evaluation der Bewerbungen mit allen Coaches (Professoren, Lehrbeauftragte und Tutoren) • Zuordnung der Studierenden auf die einzelnen Projekte anhand vordefinierter Kriterien, z. B. bisherige Performance, vorhandene Kompetenzen, spezielle Fertigkeiten und Teampassung
14:30 Uhr	Kommunikation der Projektteams und Erläuterung der „Härtefälle", denn selten erhalten alle Studierende ihr Wunschprojekt
15:00–18:00 Uhr	Erste einfache Teamentwicklungsübungen in den Projektteams
20:00–21:30 Uhr	Erste Gespräche der Coaches und ihren Teams zu folgenden Themen: • Partnerunternehmen • Genaue Aufgabenstellung • Erste Ideen zum möglichen Vorgehen
16. März	Teamtraining – Tag 2

Tab. 5.6 (Fortsetzung)

Datum, Uhrzeit	Angebote mit Erläuterungen
09:00–15:00 Uhr	Teamaufgaben mit steigendem Schwierigkeitsgrad
15:00–17:00 Uhr	In allen Projektteams wird jeweils zum Leistungsangebot des Projektpartners ein Werbespot (alternativ ein Erklär-Spot) entwickelt und als Theaterstück live aufgeführt. Alle Spots werden gefilmt und je nach Kreativität und Problemlösungsbezug den Partnern im Kick-off vorgestellt.
20./21. März	Wissenschaftliche Fundierung des Projekts in der Bibliothek: Spezifische Recherchen auf Basis der Forschungsleitfragen, die aus dem Projektauftrag abgeleitet wurden
Ende März	Kick-off-Präsentation mit Projektpartnern
09:00–12:15 Uhr	Kick-off mit folgenden inhaltlichen Schwerpunkten: • Teamvorstellung mit Rollen und Beiträgen • Vorstellung der Projektmanagement-Werkzeuge: • Vorstellung der ausgewählten Ansätze, Modelle und Methoden • Optional: Gemeinsame Präzisierung des Briefings mit dem Projektpartner
Anfang April	Verabschiedung der Aufgabenvereinbarung mit dem Projektpartner
Mitte April	Reflexion über den Teamentwicklungsprozess und die Projektmanagement-Organisation mit weiterer Optimierung: Vertiefung und Reflexion der hier dargestellten Grundlagen
Anfang Mai	Zwischenpräsentationen
Anfang Juli	Abschlusspräsentation
09:00–10:30 Uhr (09:00–12:15 Uhr)	Abschlusspräsentation mit folgenden Vorgaben: • Dauer projektabhängig 90 oder 180 Min. • Jeder Studierende muss präsentieren Abgabe der Teamentwicklungsbewertungen
Mitte Juli	• Inhalte/Methoden des Praxisprojektes als Teil der Modulprüfung Abgabe des vierseitigen Aufsatzes für die E-Book-Reihe „Projekt perfekt? – So managen Studierende Projekte erfolgreich"

betrifft. Der im Folgenden dargestellte, exemplarische Team- und Projektmanagement-Entwicklungsprozess, hat sich nach vielen Jahren der Optimierung als äußerst zielführend für die ZAPAZ-Methodik herausgestellt (siehe Tab. 5.6).

Wie bereits erläutert wurde, hat sich die Teampassung und damit das gegenseitige Informieren, Motivieren und Coachen in vertrauensvoller und offener Art und Weise im Rahmen einer respektvollen Kommunikation miteinander als Haupterfolgsfaktor erwiesen. Aus diesem Grund sollte ein Coaching-Fokus im Teamtraining und auch während des Projektprozesses auf das Beziehungsmanagement gelegt werden, wie Abb. 5.24 zeigt.

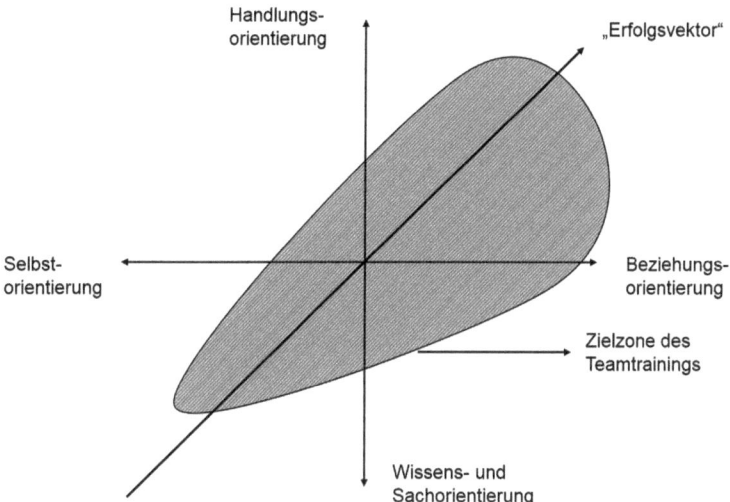

Abb. 5.24 Fokus auf das Beziehungsmanagement im Projektteam

Langjährige Beobachtungen haben gezeigt, dass das Beziehungsmanagement die Handlungsorientierung fördert und die Widerstandskraft (Resilienz) gegenüber Problemen und Rückschlägen erhöht, siehe dazu die Integration der Resilienz-Faktoren in das ZAPAZ-Modell. Häufig lässt sich beobachten, dass starke Teams selbst sehr ambitioniert formulierte Projektziele übererfüllen. Sie definieren selbst weitere anspruchsvolle Aufgaben und setzen sie auch in erhöhten Stresssituationen mit großem Erfolg um.

Teamleiter
Die Auswahl eines geeigneten Teamleiters ist ein weiterer Schlüsselerfolgsfaktor. Fehlt in Schlüsselsituationen ein proaktiver, gut organisierter, kompetenter und motivierender Projektleiter, steigt das Risiko, dass nicht das volle Potential des Teams abgerufen wird.

Nach Vetter, Seitz, Nabutovskij und Büsching lassen sich acht Kompetenzfelder herausarbeiten, u. a. das Selbstverständnis und die Positionierung, die Teamführung und das Teamcoaching und die Projektmanagementmethoden (vgl. Vetter et al. 2015) (siehe Abb. 5.25).

In jedem Kompetenzfeld werden vier Qualitätsstufen unterschieden. Mit Hilfe von konkreten Situationen und Kompetenzen wird erläutert, wie sich die Kompetenzunterschiede in jeder Kategorie in vier verschiedenen Qualitätsstufen einteilen und bewerten lassen.

Werkzeuge
Für eine erfolgreiche Planung und Ausführung von Projekten sollte die Organisation und Kommunikation im Team nicht unterschätzt werden. Ist beispielsweise die Dokumentation lückenhaft, werden wichtige Aufgaben möglicherweise vergessen oder mehrfach

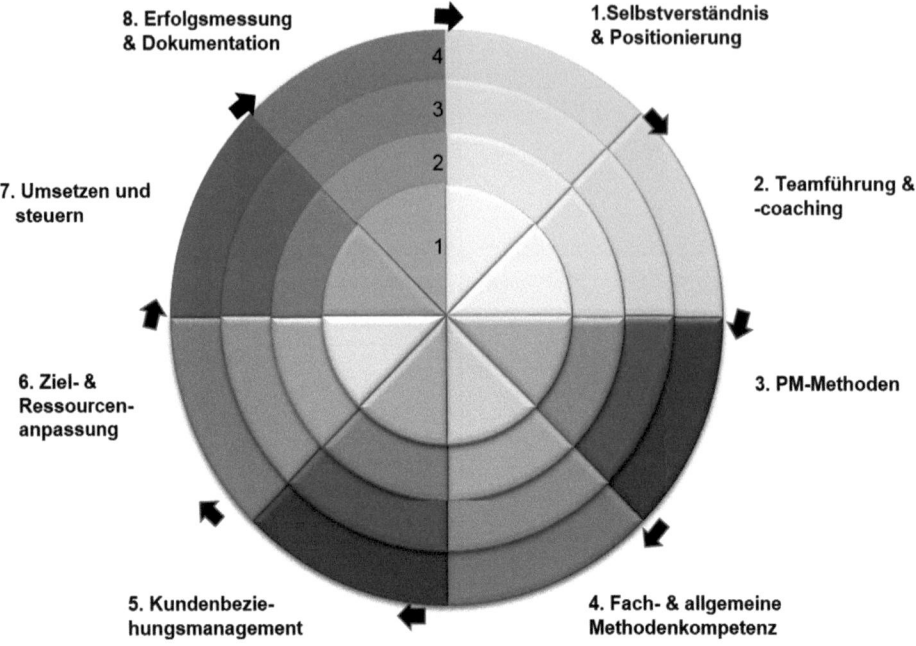

Abb. 5.25 Die acht Kompetenzfelder erfolgreicher Projektmanager

Tab. 5.7 Aufgabenstellungen und dafür in Frage kommende Werkzeuge

Aufgabenstellung	Mögliche Werkzeuge		Empfehlung
Projektmanagement	• Excel • Trello • Meistertask • …	• Mindmaps: • xMinds • Mindmeister	Meistertask lässt sich mit gängigen Tools wie Dropbox und Skype verknüpfen
Kommunikation	• WhatsApp • Slack • E-Mail • Facebook	• Skype • Webcast • Teamspeak • …	Einigung auf *ein* zentrales Kommunikationstool
Datensammlung/ -austausch	• Dropbox • Google Drive	• WeTransfer • SharePoint • …	Sinnvolle Ordnerstruktur und Nomenklatur für Dokumente anlegen
Werkzeugauswahl	Im Team die Vor- und Nachteile der einzelnen Tools abwägen und die für die Gruppe passendsten Werkzeuge auswählen und sinnvoll und fördernd ausgestalten		

Hinweis: Die genannten Tools können nur insoweit eingesetzt werden, als sie mit den Datenschutzvorgaben der Hochschule kompatibel sind.

5.4 Fallbeispiel: Hochschule Würzburg

bearbeitet. Deshalb muss sich das Team zu Beginn der Projektarbeit intensiv mit der Organisation auseinandersetzen. Schlüsselfragen hierbei sind: Welche Strukturen brauchen wir?

Welche Werkzeuge gibt es und welches davon ist für unser Team am hilfreichsten?

Hat sich das Team auf ein Werkzeug geeinigt, so gilt es sicherzustellen, dass jedes Teammitglied die Funktionsweisen des Werkzeugs versteht und nutzen kann. Tab. 5.7 gibt einen Überblick über die bekanntesten Werkzeuge, die von mehreren Projektgruppen 2016/2017 erprobt wurden.

Aktuell wird den Studierenden empfohlen, die Projektstruktur und Projektaufgaben über das Werkzeug Meistertask (www.meistertask.com) zu managen. Auf YouTube findet sich ein kurzes Erklärvideo dazu (www.youtube.com/watch?v=ktrtBJhKyQw). Meistertask lässt sich gut mit dem Kommunikationstool Slack (www.slack.com), einer Kommunikationsapp, kombinieren. Für virtuelle Meetings wird Skype empfohlen, da man seinen Bildschirm übertragen und gemeinsam Dokumente ansehen und durchgehen kann. Zur Sammlung und Speicherung von Daten ist, soweit datenschutzrechtlich zulässig, Dropbox empfehlenswert. Slack, Skype und Dropbox sind alle mit Meistertask verknüpfbar. Um größere Datenmengen auszutauschen, wie zum Beispiel Filme, ist WeTransfer (www.wetransfer.com) praktisch.

Ausgehend von den Erfahrungen und Arbeitspräferenzen der Teammitglieder und des Coaches sollte jedes Team für sich ein optimales Werkzeug-Set herausfinden. Nur so kann sichergestellt werden, dass die Werkzeuge wirkungsvoll genutzt werden. Bei der Wahl geeigneter Werkzeuge müssen folgende Anforderungen berücksichtigt werden:

- Lassen sich möglichst alle Aufgaben in einem Werkzeug zusammenfassen?
- Gibt es Schnittstellen und Importfunktionen zu weiteren verwendeten Werkzeugen?
- Wie hoch ist der Pflegeaufwand?
- Wie ist die Benutzerfreundlichkeit (Usability)?
- Funktioniert es auch auf dem Smartphone?
- Wie lange braucht die Synchronisation?
- Ist das Werkzeug mit umfassenden Funktionen kostenlos erhältlich?
- Können Datenschutz und Datensicherheit gewährleistet werden?

Neben den Anforderungen an die Werkzeuge selbst muss das Team prüfen, welche Anforderungen für die eigene Teamkonstellation eine Rolle spielen. Denkbare Konstellationen sind:

- Teamleiter monopolisiert und verteilt
- Rolle des Protokollanten wird zugewiesen
- Rollierende Aufgaben, z. B. beim Führen des Protokolls

Es empfiehlt sich zu prüfen, welche Konstellation für das eigene Team am ehesten Ziel führend ist. Teamexterne und teaminterne Einflussfaktoren beeinflussen die Tool-Wahl:

Teamexterne Einflussfaktoren:
- Dynamik der Ereignisse
- Komplexität und Vielfalt der Aufgaben
- Anspruchsniveau des Projektpartners
- Anforderungen und Toleranz des Coaches

Teaminterne Einflussfaktoren:
- Charakteristika der Führungsperson(en)
- Sorgfalt der Teamleitung
- Vertrauensniveau untereinander

Neben den Werkzeugen zur Organisation und Kommunikation in Teams ist die Auftragsklärung am Anfang des Projekts sicherzustellen und schriftlich zu fixieren. Das Projektteam, der Coach und der Praxispartner bestätigen allesamt mit ihrer Unterschrift die Ziele als auch Nicht-Ziele des Projekts. Damit wird eine gemeinsame Basis geschaffen, die ein gemeinsames Verständnis der Erwartungen an das Projekt sicherstellt, die am Ende mit den Ergebnissen abgeglichen werden können.

Des Weiteren soll jedes Teammitglied die Zeit, die es für das Projekt aufwendet, in einem gemeinsamen Projektwerkzeug erfassen. Abgestimmt auf die genutzte Softwarelösung für das Projektmanagement gilt es, einen Projektstrukturplan zu erstellen, in dem aufgezeigt wird, welche Aufgaben in welcher Zeit von wem zu bearbeiten sind. Auch eine Kalkulation der benötigten Ressourcen sollte hierbei nicht fehlen.

5.4.5 Projektmanagement-Standards für Studierende

Etwa eine Woche nach dem Kick-off wird in Abstimmung mit dem Projektpartner präzisiert, welche Aufgaben mit welchen Methoden bearbeitet werden sollen und gegebenenfalls, welche Informationen und Ressourcen der Praxispartner bereitstellt. Insbesondere wird auch geklärt, ob und gegebenenfalls wie möglicherweise entstehende Rechte an den Arbeitsergebnissen von den Studierenden an den Partner abgetreten werden. Dabei gilt: Der lehrende Coach unterschreibt diese Vereinbarung nicht, da die Studierenden im Innenverhältnis zum Partner alleine für den Projekterfolg verantwortlich sind. Für diese Projektaufgabenvereinbarung wird den Studierenden ein Muster zur Verfügung gestellt.

Je nach Fragestellung gilt es, unterschiedliche Inhalte in zentrale Präsentationen, insbesondere in Kick-off-, Zwischen- und Abschlusspräsentation, systematisch zu integrieren. In Tab. 5.8 sind zentrale Standards aufgeführt, die häufig wiederkehrend in den verschiedenen Projektphasen (und Präsentationsterminen) gezeigt werden können und sollten.

Grundsätzlich gilt: Die Inhalte der Kick-off- und der Abschlusspräsentation sind meist relativ ähnlich und deshalb häufig relativ starr vorgegeben. Insbesondere die Zwischenpräsentation weist einzigartige Merkmale auf, da die Inhalte gemäß der Aufgabenstellung spezifiziert werden – und damit häufig die verwendeten Ansätze, Methoden und Modelle

Tab. 5.8 Standards für die Start-, Zwischen- und Abschlusspräsentation

Phase	Bestandteile	Zentrale Präsentationen		
		Start-	Zwischen-	Abschluss-
1	Deckblatt	X	X	X
	Agenda	X	X	X
	Teamvorstellung	X		
	Projekt-Totalmodell	X		
	Auftragspräzisierung	X		X
	SMARTIES-Zielsetzung	X		X
	Forschungsleitfragen	X	X	X
2	Benchmark-Betrachtung	X		
	SWOT-Analyse	X		
	Punktwertverfahren	X	X	
	Szenario-Technik		X	
	Zielgruppenanalyse	X		
	Literaturauswertung	X		
	z. B. Touchpoint-Analyse	X	X	
	z. B. Experteninterviews		X	
	z. B. Medienformat-Entwicklung	X		
	z. B. Medien-Geschäftsmodelle (Wirtz)	X		
3	Konzept mit strategischem Ansatz		X	
	Maßnahmen inkl. Bewertung		X	
	Totalmodell, z. B.: Zielgruppen, Ziele, Vorgehen, KPIs, Erfolgsfaktoren		X	
	Projektstrukturplan mit Meilensteinen		X	
	Budgetschätzung (Mini-Kalkulation)		X	
	z. B. Videomodell (Büsching/Meidel)		X	
	z. B. Social-Media-Modell (Büsching)		X	
	Maßnahmenplan mit Feinkonzept		X	
4	Erste Ergebnisse		X	
	z. B. KURS-Kriterien (Kilian)		X	X
	z. B. Markensteuerrad (Icon)		X	X
	Next Steps		X	
5	Ergebnisse		X	X
	Learnings Projektmanagement			X
	Danke mit Wow-Faktor (Bild, Film etc.)			X
	Ideen für Folgeprojekte			X

variieren. Sie hängen primär vom Projektbriefing ab. Einzelne Standards wiederum sind nur für Projekte auf Masterniveau relevant, da höhere Erwartungen an die Wissenschaftlichkeit des Vorgehens gestellt werden.

Ergänzend zu obiger Aufstellung bietet es sich an, eine Musterpräsentation bereitzustellen, die, auf Basis früherer Projekte, eine Sammlung beispielhafter Folien für die einzelnen Standards enthält. Es ergibt sich aus der fließenden Projektlogik, dass eine ganze Reihe Werkzeuge nicht eindeutig nur einer Phase zugeordnet werden können. Letztendlich liegt es im Ermessen des Projektteams, die Werkzeuge optimal einzusetzen. So eine Checkliste kann und soll das eigenständige Denken nicht ersetzen.

Änderungsmanagement
Die Ausgangsfrage für High-Performer lautet: Wie können sie das Projektmanagement organisieren, dass sie schnell Änderungsbedarf erkennen und in der Lage sind, auf diese Änderungen zu reagieren? Ziel sollte es sein, die Aufgabenbearbeitung bis zum Schluss schrittweise weiter zu optimieren und gegebenenfalls aufgrund neuer Erkenntnisse anzupassen.

Hierfür eignet sich das Proaktive Änderungsmanagement, das in das ZAPAZ-Modell integriert ist und hier erstmals kurz vorgestellt wird. Es kombiniert Methoden des Innovations- und des Veränderungsmanagements mit den Ansätzen des agilen und systemisch-evolutionären Projektmanagements. Im Einzelnen unterscheidet sich das Proaktive Projektmanagement vom traditionellen Projektmanagement wie folgt:

- Der Anspruch der laufenden positiven Veränderung erfordert Offenheit für Neues, permanente Reflexion, Resilienz und Lösungsorientierung im Stile des „think positive".
- Die Umsetzung erfolgt nicht auf Basis eines schnell fixierten Feinkonzeptes, sondern auf Basis eines Grobkonzeptes, das im Verlauf immer weiter optimiert wird und damit anstelle einer mittelfristigen Planorientierung eine kurzfristige Resultateorientierung ermöglicht.
- Die sukzessive Transformation des Grobkonzeptes in ein zeitnahes Umsetzungskonzept erfolgt mit Hilfe von ein- bis zweiwöchigen Arbeitsintervallen, den sogenannten Sprints.
- Ziel jedes Sprints ist es, eine klar definierte Leistung bzw. einen Mehrwert für den internen Auftraggeber (Product Owner) bzw. den Projektpartner zu erreichen.
- Die Präzisierung der Aufgaben für diese Sprints erfolgt dezentral im Projektteam und nicht durch den internen Auftraggeber oder den Projektpartner.
- Ähnlich wie im systemisch-evolutionären Projektmanagement ist bei SCRUM (Gedränge) das Ergebnis des jeweiligen Sprints Ausgangspunkt für die weitere Präzisierung des Grobkonzeptes, die Anforderungslisten, die Detailaufgaben und die nächsten Sprints.

Ziel des Prozesses ist es, schnell Ergebnisse mit klarem Mehrwert für den Partner zu erreichen. Die Verantwortung für die Ziel-Mittel-Relation obliegt dem Projektteam. Nicht

5.4 Fallbeispiel: Hochschule Würzburg

mehr Systeme, Pläne, Ziele und Regeln dominieren das Praxisprojekt, sondern die ausführenden Menschen und die Abstimmungsprozesse zwischen ihnen. Je nach Komplexität und Innovationsgrad der Aufgabenstellung werden traditionelle Projektmanagementmethoden mit konsequenten Empowerment verbunden. In der Mischung beider Systeme liegt die eigentliche Kunst des proaktiven Projektmanagements.

Das permanente Erfassen und Initiieren von Änderungen ist weitaus komplexer als eine mechanische Rückführung im Sinne einer Soll-/Ist-Abweichung. Änderungen müssen initiiert, erkannt, präzisiert, im Gesamtkontext analysiert, bewertet und nach reiflicher Beurteilung umgesetzt oder nicht umgesetzt werden. Der gesamte Änderungsprozess muss Schritt für Schritt abgestimmt und kommuniziert werden. Tab. 5.9 transformiert den beispielsweise von Platz beschriebenen Problemlösungsprozess in einen 6-phasigen proaktiven Änderungsmanagement-Prozess (vgl. Platz und Platz 2009, S. 44).

Bei genauerer Betrachtung lässt sich feststellen, dass der sechsphasige Änderungsmanagement-Prozess einen ähnlichen Prozess wie der ZAPAZ-Navigator beschreibt. Der Unterschied ist lediglich, dass die erste ZAPAZ-Phase der Team-Zusammenführung dient und die erste Phase beim „Proaktiven Änderungsmanagement" zum Erkennen von Änderungspotenzialen genutzt wird. Da die Teamleitung vielfältige Methoden beherrschen

Tab. 5.9 Der sechsphasige proaktive Änderungsmanagement-Prozess

Phase	Frage
1. Kognition	Wie stellen wir z. B. durch Soll-Ist-Abgleiche und das Einholen von Feedbacks sicher, dass wir schnell von erfolgskritischen Änderungen erfahren? Beobachten Sie genau?
2. Initiierung	Wie können wir selbst stetig das Projektergebnis, die Leistungen, Termine, Budgets, Methoden und Prozesse im Team verbessern?
3. Klärung	Wie erkennen wir den grundsätzlichen Wert einer Änderung?
	Was ist genau die Ursache einer Änderungsoption?
	Wie sind die Folgen für das Magische Dreieck, die Partner und die Stimmung im Projektteam, insbesondere die Teamleistungs-Motivation?
4. Lösung	Wie kann die Veränderung analytisch bzw. kreativ umgesetzt werden?
	Welche Methoden können eine schlüssige Bewertung sicherstellen? Welche Änderungen sind nur zeitlich limitiert möglich?
	Abschließende Entscheidung: Ablehnung, Annahme oder weitere Beratung der Änderungsoption?
5. Umsetzung	Wie kann die Änderung optimal integriert und realisiert werden? Wie und an wen kommunizieren wir die Änderung und ihre Auswirkungen?
	Stimmen die Rahmenbedingungen und Ressourcen noch?
	Leistet die Änderung den angestrebten Beitrag zum großen Ganzen?
6. Lernen	Welche Erkenntnisse (Lessons Learned) lassen sich daraus (z. B. für zukünftige Projekte) ableiten?

muss, ist das Proaktive Änderungsmanagement insbesondere für kompetente, motivierte und sich selbst steuernde Teams geeignet. Dies gilt insbesondere für die Projektmanagement-Teams an dieser Hochschule und das Online-Projektmanagement, wie Büsching, Hellbrück und Teluk gezeigt haben (vgl. Büsching et al. 2011a). Diese „Optimierungs-Philosophie" bedarf eines intensiven Coachings.

5.4.6 Coaching von Studentengruppen

Der ZAPAZ-Projekt-Coach soll – neben den fachlichen und methodischen Inputs – die Arbeitsfähigkeit der Teams stärken und ein Resilienz förderndes Projektklima aufbauen. Dabei begleitet der Coach das Team aus einer neutralen, inhaltsoffenen Sicht und behält auf der Meta-Ebene das große Ganze im Blick. Für den erfolgreichen Projektabschluss ist stets das Team in enger Abstimmung mit dem Auftraggeber verantwortlich.

Grundhaltung eines Coaches Der Coach präjudiziert keine inhaltlichen Lösungen. Er gibt nicht vor, was genau oder wie etwas erledigt werden soll, sondern stellt sicher, dass das Team Wege findet, diese Fragen selbst zu beantworten. D. h. er wird durch entsprechende konkrete ZAPAZ-Fragen dazu anregen, dass das Team nach eigenen Antworten sucht bzw. sich bewusstmacht, welche Informationen und Methoden fehlen. Der ZAPAZ-Projektcoach findet Wege, diese zu erhalten. Er unterstützt dabei, die Selbstorganisation, die Projektziele, die Ressourcen, die Maßnahmen und klaren Kommunikationswege systemisch zu verstehen, zu reflektieren und zu managen. Er hilft bei Schwierigkeiten, aktiv Lösungen zu finden und dass das Team lernt. Besondere Aufgabe des ZAPAZ-Coaches ist es, eine Resilienz fördernde Projektkultur zu entwickeln.

Definition von Resilienz Resilienz ist die Fähigkeit eines Menschen, Widrigkeiten und Rückschläge zu verkraften und an ihnen zu wachsen (vgl. Borgert 2013, S. 9). Umgangssprachlich wird das gerne als Wieder-Aufsteh-Männchen-Qualität beschrieben, gerne auch in der Form: „Wenn Du fällst, schüttle Dich, stehe auf, setz die Krone gerade und gehe mutig weiter." Resilienz verleiht Menschen die Fähigkeit, große Ziele zu verfolgen und trotz Rückschlägen zu erreichen. Diese Fähigkeit ist erlernbar. Je bewusster die Zielsetzung, resilient zu werden und je positiver die Umweltfaktoren dafür, desto höher ist die Erfolgswahrscheinlichkeit (vgl. Borgert 2013, S. 14). Die folgenden Grundhaltungen resilienter Menschen (Resilienzfaktoren) sind hilfreich bei der Zusammenarbeit im Projekt, müssen aber nicht bei jedem Projektmitglied gleich stark ausgeprägt sein. Borgert unterscheidet in diesem Zusammenhang folgende sieben Faktoren: Optimismus, Akzeptanz, Lösungsorientierung, Zukunft gestalten, Beziehungen gestalten, Verantwortung übernehmen, Selbstregulation (vgl. Borgert 2013, S. 14 ff).

Borgert verwandelt diese Resilienzfaktoren in Maßnahmen, mit denen sich im Projekt die Resilienz der einzelnen Mitarbeiter fördern lässt (vgl. Borgert 2013, S. 17 ff). Diese

5.4 Fallbeispiel: Hochschule Würzburg

		1. Zusammenkommen (Z)	2. Analyse (A)	3. Planung (P)	4. Ausführung (A)	5. Zusammenfassung (Z)
So fördern Sie Resilienz	Sinnhafte Projekteinbindung	x	x	x	x	x
	Respektieren & wertschätzen	x	x	x	x	x
	Positive Beziehungen im Team	x	x	x	x	x
	Klare Rollen und Strukturen		x	x	x	x
	Selbstregulation vs. Projektleitung	x	x	x	x	x
	Zugriff auf Ressourcen	x	x	x	x	x
	Freiheit für Entscheidungen	x	x	x	x	x
	Effektives Feedback	x	x	x	x	x
	Lernmöglichkeiten	x	x	x	x	x
	Stress- & Ruhephasen wechseln				x	

Oben: Ergebnis- und Partnerorientierung. Unten: Coaching / Zeiterfassung.

Abb 5.26 Resilienzförderung im ZAPAZ-Modell

neun Maßnahmen wurden in Würzburg präzisiert und um eine weitere ergänzt: Die laufende Klärung des Innenverhältnisses zwischen Selbstregulation und der Rolle der Projektleitung Motivation des Teams durch die Projektleitung. In der Summe ergeben sich zehn Maßnahmen, die sich in (fast) jeder ZAPAZ-Phase herstellen lassen. In der Abb 5.26 „Resilienzförderung" im ZAPAZ-Modell wurden die Maßnahmen den einzelnen ZAPAZ-Phasen zugeordnet.

Häufig ergibt sich ein Mix von besonders resilienten, robusten und energetischen Teammitgliedern und Personen, die weniger stark ausgeprägte Resilienzfaktoren in das Team „investieren". In der Praxis der angewandten Forschungsprojekte mit Studierenden hat sich gezeigt, dass starke Projektleitungen, die Ihre Freundinnen und Freunde „mitbringen", besonders erfolgreich arbeiten, da sie Krisen und Rückschläge im Projekt nutzen, neue, andere Lösungen zu finden.

5.4.7 Dokumentation und Qualitätssicherung

Ein zentraler Erfolgsfaktor des ZAPAZ-Navigators ist die Qualitätssicherung und die Qualitätsdokumentation im Projekt. Die **methodische Projektmanagementqualität** im Sinne des ZAPAZ-Modells und des Proaktiven Änderungsmanagements wird gesichert durch:

- Wöchentliche Coachings durch die Dozenten, Lehrbeauftragten oder die Tutoren,
- Regelmäßige Abstimmung mit dem Projektpartner,
- Gegenseitige Bewertung in den Teams (mit einem eigenen Formblatt),
- Dreimal stattfindende Meetings der Projektleiter im Semester und
- die Evaluation des Dozenten ca. sechs Wochen vor Projektende.

Die **Qualität des Kompetenzaufbaus und des Lernerfolgs** wird so dokumentiert:

- Kick-off, Zwischen- und Schluss-Präsentation
- Schreiben eines Aufsatzes im E-Book „Projekt perfekt? So managen Studierende Projekte erfolgreich.", das mit ca. 20 Projektbeiträgen alle halbe Jahre auf Amazon und in Opus veröffentlicht wird.
- Klausur mit 120 Minuten im BA, davon ca. 60 Minuten zum Projekt
- Projekt-Zertifikat unterschrieben vom Projektpartner und vom Dozenten

5.4.8 Wesentliche Erkenntnisse

Die enge Führung und die permanente Qualitätssicherung ist ein zentraler Erfolgsfaktor für die Umsetzung des ZAPAZ-Navigators. In Anlehnung an dessen fünf Phasen lassen sich, ergänzt um die Aspekte Rahmenbedingungen sowie Networking, sieben zentrale Erfolgsfaktoren für studentische Praxisprojekte benennen, die in Tab. 5.10 näher erläutert werden.

Wie gezeigt werden konnte, sind die Erfolgsfaktoren für Praxisprojekte mit Studierenden zahlreich und, von der Aufgabenstellung abhängig, sehr vielfältig. Von zentraler Bedeutung ist die Selektion geeigneter Praxispartner und Fragestellungen, die Zusammenstellung der Teams samt flankierendem Teamtraining, die Auswahl der Projektleiter, die Motivation der Studierenden durch die Fragestellungen des Projekts, eine effiziente Organisation und Kommunikation im Projektteam, die gemeinsame Präzisierung der Aufgabenstellung, die Verwendung etablierter und/oder neuer Ansätze, Modelle und Methoden zur Erarbeitung eines Lösungsansatzes, regelmäßige Coachings, z. B. wöchentlich, die sukzessive und koordinierte Umsetzung definierter Aufgaben, eine offene Feedbackkultur sowie die umfassende Dokumentation der Arbeitsfortschritte.

Im Zuge der weiteren, schrittweisen Optimierung bieten sich folgende Maßnahmen als nächste Schritte an:

- Umfassende Dokumentation von Best-Practices und idealtypischen Lösungswegen.
- Erarbeitung gut strukturierter Checklisten.
- Systematische Auswertungen von Erfahrungen der Studierenden und Praxispartner.

Tab. 5.10 Sieben Erfolgsfaktoren für studentische Praxisprojekte

Bereich	Erfolgsfaktoren
0. Rahmenbedingungen	• Die Hochschulleitung und die Fakultät fördern den Kompetenzaufbau durch Projekte mit Praxispartnern. • Praxisprojekte sind im Curriculum (Modulhandbuch) berücksichtigt. • Projektmanagement-Grundlagen werden im Studium vermittelt. • Es gibt einen didaktischen Ansatz, z. B. den ZAPAZ-Navigator, der die Persönlichkeits-, Team-, Methoden- und Fachwissenentwicklung kontinuierlich und integrativ fördert. • Der didaktische Projektmanagement-Ansatz ist offen genug, um neuere Ansätze, z. B. SCRUM, einbinden zu können. • Die Auswahl der Praxisprojekte orientiert sich, soweit möglich, an den Anforderungen des Arbeitsmarktes. • Die Aufgabenstellungen werden so definiert, dass eine umfassende Bearbeitung innerhalb von 4 Monaten möglich ist. • Die Teams versuchen, relevante Praxisprobleme konkret zu lösen. • Die Coaches tauschen sich regelmäßig über Praxiserfahrungen aus und entwickeln den Projektmanagement-Ansatz schrittweise weiter. • Es gibt einen klaren Rechtsrahmen, ob und inwieweit mit den Praxisprojekten Hochschul-Drittmittel eingeworben werden können.
1. Zusammenführung	• Die Teamentwicklung wird durch Teamtrainings flankiert. • Persönlichkeitstypologien und Selbsteinschätzungshilfen unterstützen gezielt die Reflexion von Präferenzen, Rollen und Beiträge in Teams. • Soweit möglich, werden Studierende unterschiedlicher Semester integriert, sodass erfahrene Studierende als Vorbilder dienen, die das Voneinander-Lernen fördern. • Die Coaches fördern mit einer inspirierenden Aktion (z. B. gemeinsam Kochen, Kinobesuch, Bootsfahrt, Bowling o. Ä.) gezielt das gegenseitige Kennenlernen. • Die Studierenden werden für das Projekt nach Kompetenzen, Erfahrungen, Motivation und Teampassung ausgewählt. • Der Projektleiter und sein Stellvertreter werden vom Team auf Basis hoher persönlicher Motivation und Kompetenz sowie im Hinblick auf Teamakzeptanz und bisheriger Projekterfolge bestimmt; fallweise kann der Coach einen Vorschlag unterbreiten.
2. Analyse	Die wissenschaftliche Analyse der Ausgangslage und die Präzisierung des Forschungsdesigns werden gefördert. Mögliche Ansatzpunkte: • gesonderte Bibliotheksbesuche • Lehrveranstaltungen, Skripte, Vorträge und Exkursionen, die sich an den Erfordernissen des Projekts orientieren • klare Vorgaben, welche Modelle und Methoden erwartet werden • gegebenenfalls neueste Softwarelösungen, die die Analyse unterstützen • Best-Practices vergangener Semester

Tab. 5.10 (Fortsetzung)

Bereich	Erfolgsfaktoren
3. Planung	• Es gibt einen klar definierten Prozess (vgl. ZAPAZ-Navigator in Abschn. 5.4.2), wie Inputs in umsetzbare Ansätze verwandelt werden können. • Wirkungsvolle, moderne Werkzeuge finden Anwendung, um die einzelnen Aktivitäten und Maßnahmen in realistische Aufgabenpakete für die einzelnen Mitglieder des Projektteams zu transferieren.
4. Ausführung	• Die Umsetzung erfolgt Schritt für Schritt. • Die Umsetzungsfortschritte werden mit dem Projektpartner regelmäßig abgestimmt und berücksichtigt Änderungen, die einen Projektmehrwert ermöglichen. • Dem Risikomanagement und Alternativlösungen wird Rechnung getragen.
5. Zusammenfassung	• Die Ergebnisse des Projektes werden nach innen und außen in verschiedenen Formaten dokumentiert, z. B. in Präsentationen, Protokollen, Klausurfragen, Aufsätzen und Projektbescheinigungen.
6. Networking	• Der Projektpartner richtet seine Anforderungen an der Leistungsfähigkeit der Studierenden aus. • Der Projektpartner akzeptiert die Limitierungen eines studentischen Praxisprojekts und weiß, dass von den Hochschulen keinerlei Erfolgsgarantien gewährt werden können. • Der Projektpartner unterstützt die Hochschule langfristig durch die Bereitstellung von Ressourcen und durch die Förderung des Wissenstransfers.

Die auf diese Weise gewonnenen Erkenntnisse gilt es schrittweise weiter zu verdichten und zu verfeinern. Auch sollten die Dokumentationen, Checklisten und Auswertungen auf einer Onlineplattform zukünftigen Projektteams zur Verfügung gestellt werden.

Auf der Basis von über 150 Praxisprojekten der Würzburger Dozenten in den letzten Jahren lässt sich thesenartig formulieren, dass keine andere Lehrform derartig viel Motivation, vielfältige fachliche, methodische, soziale und persönliche Kompetenzen aufbaut und fördert wie das Lernen in Praxisprojekten! Mit dem hier vorgestellten Team- und Projektmanagement Didaktiksystem möchten die Würzburger Dozenten dazu beitragen, dass diese Lehrform an Hochschulen und Universitäten weiter Verbreitung findet. Sie sind davon überzeugt, dass Teamprojekte Theorie und Praxis auf bestmögliche Art und Weise verbinden.

Die Projekt- und Teamarbeit sorgt für einen umfassenden Kompetenzerwerb, der spürbar dazu beiträgt, dass sich die Studierenden fachlich, methodisch und menschlich deutlich weiterentwickeln. Im Ergebnis sind die Studierenden in der Lage, komplexe Projekte in dynamischen Umfeldern erfolgreich zu managen. Die Begeisterung der Studierenden und die Qualität der Ergebnisse beflügelt uns, das aktuelle System des Team- und Projektmanagements weiter zu verbessern.

Literatur

Beneken, G. (2015). *Fail Better: Erfahrungen aus 12 Jahren Requirements Engineering in studentischen Projekten.* Presented at the SagWas Workshop auf der INFORMATIK 2015-45. Jahrestagung der Gesellschaft für Informatik e. V., Cottbus. https://innovationlab.fh-rosenheim.de/dokumente/Beneken_SagWas.pdf.

Beneken, G., & Deubler, M. (2017). Studentische Projekte, Software Engineering an der Hochschule Rosenheim [WWW Document]. https://innovationlab.fh-rosenheim.de/dokumente/StudentischeProjekteInfRosenheim.pdf. Zugegriffen: 31. März 2017).

Bolsinger, H., & Büsching, T. (Hrsg.) (2017). *Projekt perfekt? So managen Studierende Projekte erfolgreich Vol. Band 3*. Würzburg: Eigenverlag.

Borgert, S. (2013). *Resilienz im Projektmanagement: Bitte anschnallen, Turbulenzen! Erfolgskonzepte adaptiver Projekte*. Wiesbaden: Springer Gabler.

Bundesministerium des Innern. (2012). Praxisleitfaden Projektmanagement für die öffentliche Verwaltung [WWW Document]. https://www.bmi.bund.de/SharedDocs/Downloads/DE/Broschueren/2013/praxisleitfaden_projektmanagement.pdf?__blob=publicationFile. Zugegriffen: 31. März 2017.

Bundesministerium für Bildung und Forschung. (2011). Deutscher Qualifikationsrahmen für lebenslanges Lernen [WWW Document]. https://www.dqr.de/media/content/Der_Deutsche_Qualifikationsrahmen_fue_lebenslanges_Lernen.pdf. Zugegriffen: 31. März 2017.

Büsching, T., Hellbrück, R., & Teluk, P. (2011a). Erfolgsfaktoren des Management von Onlineprojekten: empirische Beleg und Empfehlungen. *Medienwirtschaft – Zeitschrift für Medienmanagement und Medienökonomie*, 8.

Büsching, T., Sell, C., & Spiesmacher, G. (2011b). Teamtraining – lernen Sie, Projekte und Beziehungen zu managen. *Festschrift zum vierzigjährigen Bestehen der Fakultät Wirtschaftswissenschaften an der Hochschule Würzburg-Schweinfurt*, 24–29.

Hochschule Augsburg. (2017). [WWW Document]. https://www.hs-augsburg.de. Zugegriffen: 31. März 2017.

Hochschule Augsburg Auslandsprojekte. (2017). [WWW Document]. https://www.hs-augsburg.de/Informatik/Projekte/Ausland.htm. Zugegriffen: 31. Jan. 2017.

Hochschule Augsburg Projekttag. (2017). [WWW Document]. https://www.hs-augsburg.de/Informatik/Projekte.htm. Zugegriffen: 31. Jan. 2017.

Platz, J., & Platz, K. (2009). Problemlösung. In Deutsche Gesellschaft für Projektmanagement,. & M. Gessler (Hrsg.), *Kompetenzbasiertes Projektmanagement (PM 3): Handbuch für die Projektarbeit, Qualifizierung und Zertifizierung auf Basis der IPMA Competence Baseline Version 3.0. GPM Deutsche Gesellschaft für Projektmanagement e.V* S. (431–508). Nürnberg: Eigenverlag.

Satow, L., (2011). Improvements in recruitment processes: Selection of employees with online tests and the Big Five personality model. In Duale Hochschule Baden-Württemberg Ravensburg (Hrsg.), International Business and Economics Discussion Papers 6. Ravensburg.

Sempro [WWW Document]. https://https://sempro.hs-augsburg.de. Zugegriffen: 31. Jan. 2017.

Stöhler, C. (2016). *Projektmanagement im Studium: vom Projektauftrag bis zur Abschlusspräsentation* (2. Aufl.) ed, Lehrbuch. Wiesbaden: Springer Gabler

Vetter, F., Seitz, F., Nabutovskii, K., & Büsching, T. (2015). Die acht Kompetenzfelder der erfolgreichen Projektleitung E-ProMa 8x4. In H. Bolsinger & T. Büsching (Hrsg.), *Projekt perfekt? So managen Studierende Projekte erfolgreich. Band 1*. Würzburg: Eigenverlag.

MIX
Papier aus verantwortungsvollen Quellen
Paper from responsible sources
FSC® C105338

If you have any concerns about our products,
you can contact us on
ProductSafety@springernature.com

In case Publisher is established outside the EU,
the EU authorized representative is:
Springer Nature Customer Service Center GmbH
Europaplatz 3, 69115 Heidelberg, Germany

Printed by Libri Plureos GmbH
in Hamburg, Germany